“十四五”职业教育国家规划教材

会计信息化实务
(用友U8 V10.1)

(第二版)

主　编　赵德良　侯红英　刘小海
副主编　陈　序　陈晓娟　蔡文春
参　编　王新玲　万　伟　毛恒博
　　　　胡志华　朱宏捷　柯希均

微信扫码
查看更多资源

南京大学出版社

图书在版编目(CIP)数据

会计信息化实务 ：用友 U8 V10.1 / 赵德良，侯红英，刘小海主编. -- 2 版. -- 南京 ：南京大学出版社，2024.3

ISBN 978-7-305-27925-6

Ⅰ. ①会… Ⅱ. ①赵… ②侯… ③刘… Ⅲ. ①会计信息一财务管理系统一教材 Ⅳ. ①F232

中国国家版本馆 CIP 数据核字(2024)第 005519 号

出版发行　南京大学出版社
社　　址　南京市汉口路 22 号　　邮　　编　210093

书　　名　**会计信息化实务(用友 U8 V10.1)**
　　　　　KUAIJI XINXIHUA SHIWU(YONGYOU U8 V10.1)
主　　编　赵德良　侯红英　刘小海
责任编辑　武　坦　　编辑热线　025－83592315

照　　排　南京布克文化发展有限公司
印　　刷　南京京新印刷有限公司
开　　本　787mm×1092mm　1/16　印张 19　字数 486 千
版　　次　2024 年 3 月第 2 版　2024 年 3 月第 1 次印刷
ISBN 978-7-305-27925-6
定　　价　49.80 元

网　　址　http://www.njupco.com
官方微博　http://weibo.com/njupco
微信服务号　njuyuexue
销售咨询热线　025－83594756

前言

2021年12月30日财政部印发的《会计信息化发展规划(2021—2025年)》(财会〔2021〕36号)文件,明确提出"积极支持加快数字化发展、建设数字中国,提升会计信息化水平,推动会计数字化转型""各单位要加强复合型会计信息化人才培养,高等院校要适当增加会计信息化课程内容的比重,加大会计信息化人才培养力度。在会计人员能力框架、会计专业技术资格考试大纲、会计专业高等和职业教育大纲中增加对会计信息化和会计数字化转型的能力要求"。为此,我们编写了本教材。

本教材贯彻党的二十大精神,以《国务院关于印发国家职业教育改革实施方案的通知》(国发〔2019〕4号)、《教育部关于印发〈高等学校课程思政建设指导纲要〉的通知》(教高〔2020〕3号)及全国财政职业教育教学指导委员会印发的"会计信息管理"专业教学标准等文件为依据,从立德树人、课程再造和数字化转型,对会计学习者提出更高的能力和素质要求出发,培养学生树立历史使命感和责任担当意识,养成细致严谨、精益求精的工作态度及诚实守信、遵纪守法的职业素养。

本教材基于工学结合的工作过程导向式课程开发思路,以用友 ERP-U8 V10.1 软件为蓝本,以企业财务业务一体化应用为背景,以一个贯穿全书的企业案例为导引,对构成财务业务一体化应用的主要模块,根据智能财税与传统的会计信息化软件所共通的数据处理流程设计案例内容,选择两者之间关联性最紧密的部分,按企业实际会计岗位划分教学模块,全面介绍系统管理、总账、应收款管理、应付款管理、薪资管理、固定资产、UFO 报表、采购与销售、库存与存货等10个子系统的应用方法,以中小企业财务处理流程为主线,用不同业务参数来实现不同类型业务的数据处理,确保教学内容与企业实际经济业务无缝对接,帮助学生深刻理解会计信息化软件标准化、数据化、管理化的精髓和企业数字化转型的意义,让学生能熟练操作 ERP 软件中的基础模块,具备信息化环境下企业业务处理的实践能力和信息技术能力,为进一步深入学习"业财税审"融合平台奠定基础。

本教材逻辑结构如下:

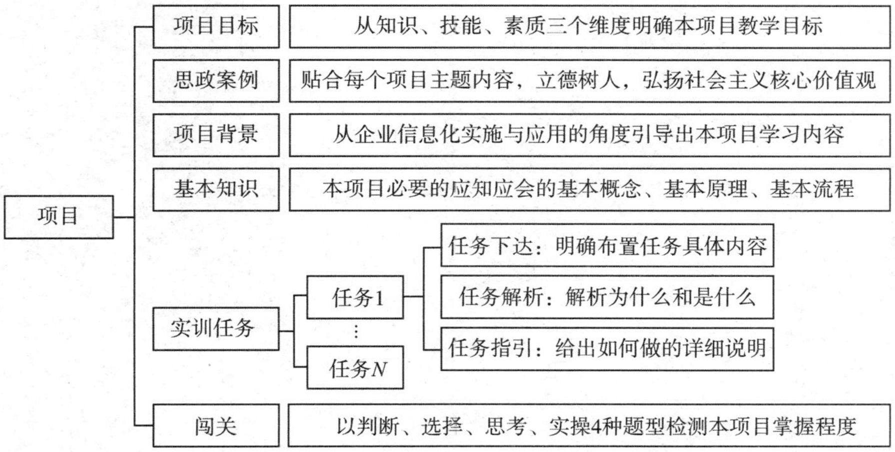

从以上逻辑结构可以看出,本教材内容由项目目标、思政案例、项目背景、基本知识、实训任务、闯关形成一个完整的闭环,从多个层面帮助读者理解基本知识、把握整体流程、提升实务能力,培养职业素养。教材中设有不同数量的"提醒""栏目说明""解惑"等小栏目,广泛应用二维码技术,依托用友公司智慧云平台,配有教案、电子课件等教学文件;所有实训任务的操作过程视频;教材案例的初始账套、结果账套等丰富的教学资源。这些资源可以帮助学生加深对教材内容的理解和掌握,达到事半功倍的效果。教材附录中了还提供一套完整综合实训模拟试卷,该试卷参照全国职业院校会计技能大赛出题,也配套考评系统操作录屏。

本教材的编写团队成员包括全国职业院校会计技能大赛金奖指导教师、国赛选手、全国注册会计师人才、财务软件开发企业专家和多年从事会计信息系统教学的一线教师。教材讲义已在六期全国会计专业实践教学改革研讨会暨师资培训班上作为培训教材反复研讨,深受师生们的一致好评。

本教材由咸宁职业技术学院赵德良、武汉船舶职业技术学院侯红英、郴州职业技术学院刘小海担任主编;咸宁职业技术学院陈序、陈晓娟、蔡文春担任副主编;天津财经大学王新玲、咸宁职业技术学院万伟,新道科技股份有限公司毛恒博,咸宁职业技术学院胡志华、朱宏捷参编。全书由赵德良负责统稿和审定,具体编写分工为:赵德良编写项目 3、项目 4 和项目 5,侯红英编写项目 6,刘小海编写项目 2、项目 10,陈序、胡志华编写项目 9,王新玲编写项目 7 和项目 11,陈晓娟、朱宏捷编写项目 8,蔡文春编写项目 1,毛恒博、万伟、柯希均编写附录。

作为校企共建合作单位,本书的编写得到了湖北同业会计师事务有限公司主任会计师钱雄军等专家对典型任务的设计支持和具体指导,在此表示感谢。本书在编写过程中参阅了国内相关优秀教材和论著,同时走访了很多家企业,在此也一并表示致谢。

限于作者的认知水平和实践经验有限,书中不妥和疏漏之处在所难免,敬请同行和读者批评指正,以使本教材日臻完善。联系方式:

E-mail:65543874@qq.com　教师 QQ 群:59427148

编　者

2023 年 11 月

目 录

项目1
会计信息化基本理论

知识目标：

1. 了解会计信息化的概念。
2. 了解会计软件的分类及知名软件品牌。
3. 了解会计信息化发展规划。
4. 了解企业会计信息化的建设过程。

技能目标：

1. 能检测用友U8安装环境。
2. 能够安装并配置用友U8。

项目背景

北京菲尼电器有限公司(以下简称菲尼电器)是一家小家电制造企业,创建于2020年,专业从事电热水壶、电饭煲等小家电及其配件的研发、生产和销售,产品畅销全国各地,为消费者提供一种便捷、时尚、健康的生活方式。电热水壶目前的主打产品为不锈钢热水壶和养生煮茶壶。在激烈的市场竞争中,菲尼电器意识到信息化是加强管理、提升企业竞争力的有效手段,在2023年10月成立信息化领导小组,由总经理康凡亲自挂帅,主持企业信息化规划、软件选型等前期工作。

基本知识

1.1 基本概念

1.1.1 会计电算化与会计信息化

1. 会计电算化

我国最早将计算机用于会计工作的尝试是从1979年财政部给长春第一汽车制造厂拨款500万元试点开始的。1981年,在长春召开的“财务、会计、成本应用电子计算机专题研讨会”上正式把电子计算机在会计工作中的应用简称为“会计电算化”。

会计电算化是以电子计算机为主的当代电子和信息技术应用到会计工作中的简称。它主要是应用电子计算机代替人工记账、算账、报账,以及代替部分由大脑完成的对会计信息的处理、分析和判断的过程。

会计电算化是会计发展史上的一次革命，对会计工作的各个方面都产生了深刻的影响。会计电算化的普及应用，有利于促进会计工作的规范化，提高会计工作质量；减轻会计人员的劳动强度，提高会计工作的效率，更好地发挥会计的职能作用，为实现会计工作现代化奠定良好的基础。

2. 会计信息化

2000 年，在深圳召开的“会计信息化理论专家座谈会”上首次提出从会计电算化走向会计信息化的观点，之后逐渐形成会计信息化的概念。

按照《企业会计信息化工作规范》①，会计信息化是指企业利用计算机、网络通信等现代信息技术手段开展会计核算，以及利用上述手段将会计核算与其他经营管理活动有机结合的过程。会计信息化不仅包括与会计核算相关的信息化，同时，考虑到企业其他经营管理职能与会计职能可能存在交叉重叠，其他信息系统可能是会计信息系统重要数据来源的情况，也将会计核算与其他经营管理活动相结合的内容纳入会计信息化范围。这样定义，有利于企业正确认识会计信息化与其他领域信息化的密切关系，有利于企业财务会计部门适当地参与企业全领域的信息化工作，从而使业务管理子系统与财务核算子系统能更顺畅地对接，做到数出一门、信息共享。

会计信息化是在会计电算化的基础上逐步演进的，两者既相互联系，又有所区别。会计信息化是会计电算化在两个方向上发展的结果。一是在横向上与企业管理信息系统相结合，形成融物流、资金流、信息流和业务流为一体的开放性会计系统；二是在纵向上为了满足企业决策层和管理层对信息的需求，由会计核算信息化逐步拓展到财务管理信息化和决策支持信息化，进而形成完整的会计信息化体系。因此，会计信息化是会计电算化的高级阶段，是会计观念上的重大突破，它要求人们站在整个企业的新视角来认识信息化工作，它体现了会计的全面创新、变革和发展。

3. 会计信息化发展规划

2022 年 1 月 6 日，财政部发布的《会计信息化发展规划（2021—2025 年）》（以下简称规划），分为面临的形势与挑战、总体要求、主要任务、实施保障几个部分，是引领我国会计信息化发展的纲领性文件。

（1）总体目标

“十四五”时期，我国会计信息化工作的总体目标是：服务我国经济社会发展大局和财政管理工作全局，以信息化支撑会计职能拓展为主线，以标准化为基础，以数字化为突破口，引导和规范我国会计信息化数据标准、管理制度、信息系统、人才建设等持续健康发展，积极推动会计数字化转型，构建符合新时代要求的国家会计信息化发展体系。

（2）主要任务

规划中提出 9 项主要任务，如图 1-1 所示。

① 加快建立会计数据标准体系，推动会计数据治理能力建设。

② 制定会计信息化工作规范和软件功能规范，进一步完善配套制度机制。

---

① 财政部印发财会〔2013〕20 号《企业会计信息化工作规范》，自 2014 年 1 月 6 日起施行。

图 1-1　国家会计信息化发展体系图

③ 深入推动单位业财融合和会计职能拓展，加快推进单位会计工作数字化转型。

④ 加强函证数字化和注册会计师审计报告防伪等系统建设，积极推进审计工作数字化转型。

⑤ 优化整合各类会计管理服务平台，切实推动会计管理工作数字化转型。

⑥ 加速会计数据要素流通和利用，有效发挥会计信息在服务资源配置和宏观经济管理中的作用。

⑦ 探索建立共享平台和协同机制，推动会计监管信息的互通共享。

⑧ 健全安全管理制度和安全技术标准，加强会计信息安全和跨境会计信息监管。

⑨ 加强会计信息化人才培养，繁荣会计信息化理论研究。

1.1.2　会计软件

1. 会计软件的界定

按照《企业会计信息化工作规范》，会计软件是指企业使用的，专门用于会计核算、财务管理的计算机软件、软件系统或者其功能模块。会计软件具有以下功能：

① 为会计核算、财务管理直接采集数据。

② 生成会计凭证、账簿、报表等会计资料。

③ 对会计资料进行转换、输出、分析、利用。

在界定会计软件时应当注意：会计软件具有专用性，它是专门为财会领域应用而设计开发的。按照以上界定，通用电子表格软件 Excel 就不符合会计软件的定义，ERP（企业资源计划）系统中的部分子系统符合会计软件的定义。

2. 会计软件的分类

按照不同的分类方法，会计软件可以划分为不同的类型。

(1) 按软件适用范围划分

按软件适用范围划分，可分为通用会计软件、行业会计软件和定点开发会计软件。

通用会计软件是指满足大部分企业应用需求的会计软件。通用会计软件是通过在系统内预置大量的系统参数和多种核算方法，由用户根据企业自身的特点，通过参数设定，将通用软件改造成适合本企业的软件。因此，软件越通用，意味着需要设置的参数就越多，系统初始化的工作量就越大。

行业会计软件是针对某一行业会计核算和企业管理需求开发的，适用于该行业应用的会计软件。例如，针对能源行业的远光软件。

定点开发会计软件一般是指面向特定企业，采用自行开发方式或委托开发方式开发，只适用于个别单位使用的会计软件。

(2) 按软件来源划分

按软件来源划分，可分为国内软件和国外软件。

国内知名的软件品牌有用友、金蝶、神州数码、浪潮等；国外知名的软件品牌有德国的SAP、美国的 ORACLE 等。

(3) 按照软件的网络架构划分

按软件的网络架构划分，可分为基于 C/S(客户/服务器)架构的软件和基于 B/S(浏览器/服务器)架构的软件。例如，用友 U8 是基于 C/S 架构的软件；而用友 NC、基于云平台的柠檬云等是基于 B/S 架构的软件。

3. 会计软件和服务的基本规范

《企业会计信息化工作规范》中对会计软件和服务提出了一些基本规范，企业配备的会计软件应当符合《企业会计信息化工作规范》中关于会计软件和服务规范部分的要求。

(1) 会计软件基本规范

会计软件应当保障企业按照国家统一会计准则制度开展会计核算，不得有违背国家统一会计准则制度的功能设计。

会计软件的界面应当使用中文并且提供对中文处理的支持，同时提供外国或者少数民族文字界面对照和处理支持。

会计软件应当提供符合国家统一会计准则制度的会计科目分类和编码功能。

会计软件应当提供符合国家统一会计准则制度的会计凭证、账簿和报表的显示和打印功能。

会计软件应当提供不可逆的记账功能，确保对同类已记账凭证的连续编号，不得提供对已记账凭证的删除和插入功能，不得提供对已记账凭证日期、金额、科目和操作人员的修改功能。

会计软件应当具有符合国家统一标准的数据接口，满足外部会计监督需要。

会计软件应当具有会计资料归档功能，提供导出会计档案的接口，在会计档案存储格式、元数据采集、真实性与完整性保障方面，符合国家有关电子文件归档与电子档案管理的要求。

会计软件应当记录生成用户操作日志，确保日志的安全、完整，提供按操作人员、操作时间和操作内容查询日志的功能，并能以简单易懂的形式输出。

(2) 软件供应商应提供的服务

鼓励软件供应商在会计软件中集成可扩展商业报告语言（XBRL）功能，便于企业生成符合国家统一标准的 XBRL 财务报告。

客户以远程访问、云计算等方式使用会计软件生成的电子会计资料归客户所有。以远程访问、云计算等方式提供会计软件的供应商，应当在技术上保证客户会计资料的安全、完整。对于因供应商原因造成客户会计资料泄露、毁损的，客户可以要求供应商承担赔偿责任。

软件供应商应当提供符合国家统一标准的数据接口供客户导出电子会计资料，不得以任何理由拒绝客户导出电子会计资料的请求。

以远程访问、云计算等方式提供会计软件的供应商，应当做好在本厂商不能维持服务的情况下，保障企业电子会计资料安全以及企业会计工作持续进行的预案，并在相关服务合同中与客户就该预案做出约定。

软件供应商应当努力提高会计软件相关服务质量，按照合同约定及时解决用户使用中的故障问题。

会计软件存在影响客户按照国家统一会计准则制度进行会计核算问题的，软件供应商应当为用户免费提供更正程序。

鼓励软件供应商采用呼叫中心、在线客服等方式为用户提供实时技术支持。

软件供应商应当就如何通过会计软件开展会计监督工作，提供专门教程和相关资料。

1.2　企业会计信息化建设

无论企业规模大小、所属行业及业务复杂程度如何，企业会计信息化的建设过程都大致相同，如图 1-2 所示。

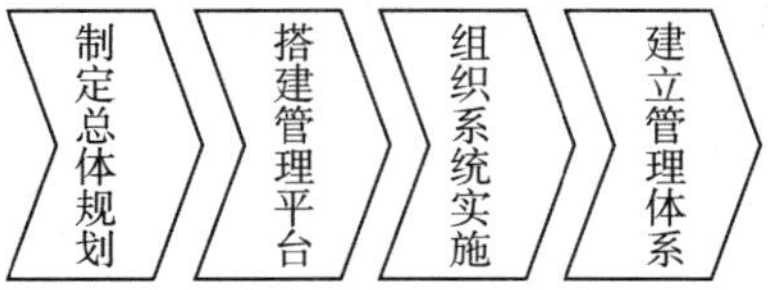

图 1-2　企业会计信息化的建设过程

1.2.1　制定总体规划

企业会计信息化总体规划是对企业会计信息化所要达到的目标及如何有效地、分步骤地实现这个目标所做的规划。它是企业会计信息化建设的指南，是开展具体工作的依据。

企业会计信息化总体规划应立足本单位实际。

1. 企业会计信息化建设的目标

企业会计信息化建设的目标应与企业总体战略目标相适应，应指明企业会计信息化建设的基本方向，明确建设的规模和业务处理范围。按时间划分，企业会计信息化建设的目标可以分为近期目标和中长期目标。

2. 企业会计信息化建设的步骤

企业会计信息化建设的步骤是按照建设目标的要求和企业实际情况对会计信息化建设过程的任务进行分解，主要规定系统的建设分哪几步进行、每一步的阶段目标和任务、各阶段的资源配置情况等。按照《企业会计信息化工作规范》的指导意见，企业开展会计信息化工作，应当根据发展目标和实际需要，合理确定建设内容，避免投资浪费。

① 处于会计核算信息化阶段的企业，应当结合自身情况，逐步实现资金管理、资产管理、预算控制、成本管理等财务管理的信息化；处于财务管理信息化阶段的企业，应当结合自身情况，逐步实现财务分析、全面预算管理、风险控制、绩效考核等决策支持的信息化。

② 企业应当促进会计信息系统与业务信息系统的一体化，通过业务的处理直接驱动会计记账，减少人工操作，提高业务数据与会计数据的一致性，实现企业内部信息资源的共享。

③ 企业应当根据实际情况，开展本企业信息系统与银行、供应商、客户等外部单位信息系统的互联，实现外部交易信息的集中自动处理。

④ 分公司、子公司数量多、分布广的大型企业、企业集团应当探索利用信息技术促进会计工作的集中，逐步建立财务共享服务中心。

3. 企业会计信息化建设的组织

会计信息化建设不仅会改变会计工作的操作方式，还会引起会计业务处理流程、机构及岗位设置、管理模式的一系列重大变革。因此，企业在信息化建设过程中，需要投入大量的时间，组织专门的人员根据本企业的具体情况建立适应新系统的工作流程、管理制度、组织形式和绩效考核标准等。因此，企业会计信息化建设是一项复杂的系统工程，是一项长期的、艰苦的工作。在总体规划中应明确规定会计信息化建设过程中的管理体制及组织机构，以利于统一领导、专人负责，高效率地完成系统建设的任务。

4. 资金预算

会计信息化建设需要较多的资金投入，因此要对资金统筹安排、合理使用。会计信息化建设过程中的资金耗费主要是由商品化软件购买、系统硬件配置、软件实施与人员培训以及后期的运行维护等费用构成。

1.2.2 搭建管理平台

企业会计信息化需要借助信息化的管理手段，所以需要搭建管理平台。管理平台包括硬件和软件两大部分：硬件部分包括计算机、服务器等硬件设备和网络设备；软件部分包括系统软件和应用软件，其中会计软件选型是最核心的一项工作。

1. 会计软件取得

企业配备会计软件应当根据自身技术力量及业务需求，考虑软件的功能、安全性、稳定性、响应速度、可扩展性等，合理选择购买、定制开发、购买与开发相结合等方式。

企业通过委托外部单位开发、购买等方式配备会计软件，应当在有关合同中约定操作培训、软件升级、故障解决等服务事项，以及约定软件供应商对企业信息安全的责任。

选购商品化会计软件时，还要注意考察供应商的品牌及提供的服务、行业用户的应用情况等。

2. 选择数据库管理系统

数据库管理系统是一种专门用于存储、管理数据的系统软件。会计软件属于应用软件，其运行必须有数据库管理系统作为支撑。

数据库管理系统按规模分为大型数据库、中型数据库和桌面数据库。目前，大型数据库Oracle的应用比较普遍，SQL Server则是中型数据库的代表。

3. 硬件平台建设

软件选型完成后，应根据软件对硬件的要求进行服务器、计算机及相关网络设备等的购置、搭建和配置，以确保软件系统的正常运行。

1.2.3 组织系统实施

由于会计信息化软件突破了单纯财务核算的范围，扩展到了企业业务管理，所以从应用上涉及企业的各个业务部门。同时，通用软件系统参数多且设置灵活，并且不同企业有各自的行业特点和核算需求，企业内部业务流程繁多复杂。因此，如何将通用软件系统的功能与企业具体的管理需求相对接是一项非常专业的工作。

从企业购置软件到软件能正常运转起来，其间需要做大量的工作。系统实施就是在企业信息化建设的过程中，由软件公司实施顾问和企业各部门业务骨干组成实施项目组，通过企业调研、业务分析、流程梳理、数据准备、人员培训、系统配置与测试、试运行、方案调整等一系列工作，完成管理软件的客户化工作，确保系统上线并正常运行。

大型企业、企业集团进行会计信息化实施时，应当注重整体规划，统一技术标准、编码规则和系统参数，实现各系统的有机整合，消除信息孤岛。

1.2.4 建立管理体系

任何形式的管理软件都只是企业管理提升的一种工具，经过艰难的项目实施实现系统上线只是第一步，要充分发挥信息系统的效益，还应当注重信息系统与经营环境的契合，通过信息化推动管理模式、组织架构、业务流程的优化与革新，建立健全适应信息化工作环境的制度体系，如会计信息化环境下的组织与岗位职责、系统运行维护管理制度、软硬件管理制度、会计档案管理制度及各种内部控制机制。

1.3 会计信息化实训平台

本书选择用友U8 V10.1(以下简称用友U8)作为会计信息化实训平台。

1.3.1 用友U8简介

1. 用友U8功能概述

用友U8以“精细管理 敏捷经营”为设计理念，定位于中国企业管理软件的中端应用市场，可以满足不同的竞争环境下，不同的制造、商务模式下，以及不同的运营模式下的企业经营，以全面会计核算和企业级财务管理为基础，实现购销存业务处理、会计核算和财务监控的一体化管理。用友 U8 涵盖财务管理、供应链管理、生产制造、管理会计、人力资源管理、协同办公、客户关系管理、产品全生命周期管理、分销管理、零售管理、电子商务、商业智能、移动商务等十余个应用领域，支持组建个性化工作流程，提供从企业日常运营、人力资源管理到办公事务处理等全方位的企业管理解决方案，符合企业“全面应用、按需部署、快速见效”的管理需求。

2. **用友 U8 总体结构**

软件通常由若干个子系统（也称为功能模块）组成，每个子系统具有特定的功能，各个子系统之间又存在紧密的数据联系，它们相互作用、相互依存形成一个整体。会计信息系统的总体结构就是指一个完整的会计信息系统由哪些子系统组成，每个子系统完成怎样的功能，以及各子系统之间的相互关系。

用友 U8 管理软件的总体结构如图 1-3 所示。

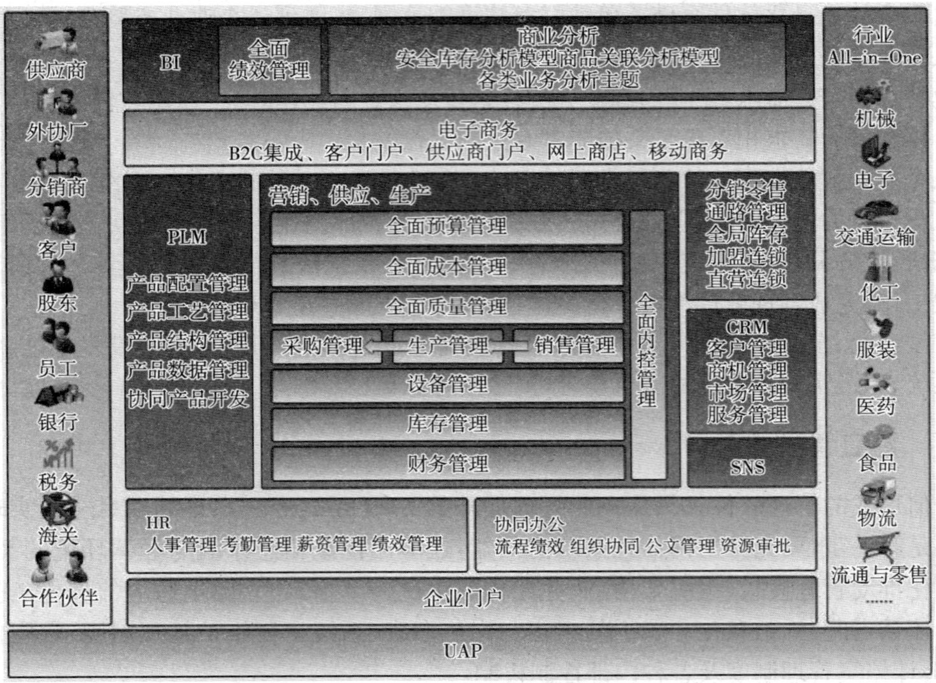

图 1-3　用友 U8 的总体结构

从图 1-3 可见，用友 U8 提供了企业信息化全面解决方案，它对应了高等教育的多个专业方向，如企业管理、物流管理、信息管理、会计、人力资源管理等。对于教学而言，如果全面展开上述所有内容无疑会面临资源瓶颈——教学学时不足。因此，在综合考虑教学对象、教学内容、教学学时的基础上，我们选择了其中的财务管理和企业内部供应链管理两部分中的常用模块搭建了本教材的实验体系，以支撑企业财务业务的一体化管理。财务管理系统中选择了总账、UFO 报表、固定资产、应收款管理、应付款管理、存货核算等主要模块，供应链管理系统中选择了采购管理、销售管理、库存管理等主要模块。另外，还包括人力资源管理系统中的薪资管理模块。

3. 用友U8安装要点

(1) 检查硬件环境

目前主流的硬件配置都可以满足安装用友U8的硬件需求,不再赘述。

(2) 检查操作系统

用友U8支持主流的Windows系列操作系统。

(3) 检查计算机名称

计算机名称中不能带"—"字符,不能为中文。

(4) 关闭杀毒软件

检查杀毒软件是否运行。安装前关闭杀毒软件,否则有些文件无法写入。

(5) 安装IIS

若系统中未安装IIS(Internet信息服务),需要安装IIS。可通过"控制面板"|"程序和功能"|"打开或关闭Windows功能"命令,添加Internet Information Services可承载的Web核心和Internet信息服务来安装。

(6) 安装数据库管理系统

用友U8的运行需要数据库管理系统的支持,因此需要安装SQL Server数据库管理系统。推荐安装Microsoft SQL Server 2008。

(7) 安装用友U8

以Windows系统管理员Administrator身份进入Windows系统,运行安装程序,按照提示安装用友U8。

(8) 进行客户端和服务端的配置连接

建立应用服务器与数据服务器、客户端与应用服务器的连接。

解惑 用友U8教学版与企业版是一样的吗?

用友U8教学版与企业版功能完全一致。为了防止盗版,用友U8教学版在两处做了特别限制,一是自企业建账之日起只能连续做三个月的业务,超过三个月即提示"演示版已到期",之后便不能再使用该账套。二是封存了打印功能。

1.3.2 理解实训内容设计

1. 理解用友U8应用流程

企业安装用友U8之后,无论选购了哪几个子系统,都要按照企业建账—系统初始化—日常业务处理—期末处理流程开始应用之旅。

(1) 企业建账

用友U8安装完成后,需要首先进行企业建账,即在数据库管理系统中为该企业设置一套用于存储企业基本信息、核算规则、业务数据的数据表。

(2) 系统初始化

系统初始化一般包括以下内容:系统参数设置、基础信息录入、输入期初数据。

① 系统参数设置。

用友 U8 是通用管理软件，需要适用于多个行业、多种企业类型，而不同的行业存在不同的行业特点，不同类型的企业也有不同的管理要求，如何体现这些差异，各个子系统中预置了一些反映企业会计核算和管理要求的选项，企业需要在系统初始化时根据单位的具体情况做出选择。通过这一环节，把通用的管理软件改造为适合企业特点的专用软件。

② 基础信息录入。

企业核算或汇总分析必需的基础信息，如与业务处理相关的组织机构设置、职员、客户、供应商、固定资产分类、人员类别、存货、仓库、采购及销售类型等，在手工环境下，这些信息分散在各个部门进行管理，大多根本就没有规范的档案，这对计算机来说是致命的。计算机业务处理建立在全面规范的基础档案管理之上，且要求事先设置各种分类、统计口径，才能在业务处理过程中分类归拢相关信息，并在事后提供对应的分析数据。

③ 输入期初数据。

很多企业多年一直采用手工核算方式，采用计算机信息管理后，为了保证手工业务与计算机系统的衔接，继承历史数据，保证业务处理的连续性，要将截至目前的手工核算的余额过入计算机信息处理系统中作为期初数据，才能保持业务的完整性。

对财务业务一体化管理系统来说，不仅要准备各个账户截至目前的累计发生额和上个期间的期末余额，还要准备各业务环节未完成的初始数据。

(3) 日常业务处理

企业日常业务涵盖了人、财、物、产、供、销方方面面，既要反映物料的流动，也要反映资金的流动，以确保财务、业务信息的同步和一致。日常业务处理主要完成原始业务的记录，数据输入、处理和输出等。

企业购买的模块不同或同时启用的模块不同，数据流程及应用方案也不同。按照本书展开次序，先介绍总账和报表编制，此阶段的假设是企业只启用了总账系统，所有的业务处理均在总账系统中填制凭证。然后介绍薪资管理，此阶段的假设是企业启用了总账系统和薪资管理系统，此时所有与薪资相关的费用计提均在薪资管理系统中处理，总账系统不再处理这类业务，固定资产同理。最后介绍供应链管理，此阶段的假设是企业同时启用了总账、应付款管理、应收款管理、采购管理、销售管理、库存管理和存货核算七个子系统，所有与业务相关联的处理均在对应的子系统进行，总账系统不再处理。

(4) 期末处理

每个会计期末，企业需要完成以下工作：月末结转业务、财务成果核算、各项税费计算计提、账账核对、账实核对、结账处理。

2. 企业信息化应用方案

为了让大家亲身感受企业信息化实施过程，本书的实训案例是基于企业信息化完整过程，从建账开始完成企业一个月的全部业务处理。

由于企业选购模块不同，在信息系统中的业务处理流程及处理方法也不同，表 1-1 中以同一笔业务为例，对比了 3 种应用方案下的业务处理过程。因此，实训设计必须基于确定的企业应用方案。

表 1-1 不同应用方案下对同一笔业务的处理对比

应用方案	企业从鸿飞公司采购一批温控器,同时收到一张专用发票
总账	在总账系统中直接填制凭证。 借:原材料 　进项税额 　贷:应付账款
总账+应付款	1. 货到入库,在总账系统中填制凭证。 借:原材料 　贷:在途物资 2. 收到发票,在应付款管理系统中录入采购专用发票,审核并制单。 借:在途物资 　进项税额 　贷:应付账款
总账+应付款+采购管理+库存管理+存货核算	1. 货到入库,在库存管理系统中录入采购入库单。 2. 收到发票,在采购管理系统中录入采购专用发票。 3. 结算采购成本,在采购管理系统中进行采购结算。 4. 入库记账并生成凭证,在存货核算系统中对入库单记账并生成凭证。 借:原材料 　贷:在途物资 5. 确认应付款,在应付款管理系统中审核发票并制单。 借:在途物资 　进项税额 　贷:应付账款

3. 实训内容设计

按照循序渐进、逐步提高的认知规律,本书各项目的实训设计与企业应用方案间的关系如表 1-2 所示。

表 1-2 各项目实训设计与企业应用方案间的关系

项目实训	对应应用方案
项目 3～项目 5	总账+报表
项目 6	总账+薪资管理
项目 7	总账+固定资产
项目 8～项目 11	总账+应收款管理+应付款管理+采购管理+销售管理+库存管理+存货核算

实训任务

任务 1 检查用友 U8 的运行环境

任务下达

查看本机是否满足用友 U8 的安装要求。

任务解析

用友 U8 安装及运行需要满足以下条件：

① 以 Windows 7 旗舰版为例。

② 计算机名称符合要求。

③ 操作系统及硬件配置符合要求。

④ 已安装数据库管理系统 SQL Server。

⑤ 已安装 IIS。

任务指引

（1）查看本机计算机名称

右击“计算机”，从快捷菜单中选择“属性”命令，打开“查看有关计算机的基本信息”窗口，可以看到本机完整的计算机名称。计算机名称中不能含有“—”。

（2）查看本机操作系统及硬件配置

在“查看有关计算机的基本信息”窗口中，向下找到“系统”，可以看到本机安装的操作系统、版本信息、硬件的基本配置情况。

（3）查看是否已安装数据库管理系统

选择“开始”|“所有程序”|“ Microsoft SQL Server 2008 R2”|“SQL Server Management Studio”命令，打开“连接服务器”对话框。单击“连接”按钮，检查服务管理器是否能正常连接。

（4）查看是否已安装 IIS

右击“计算机”，从快捷菜单中选择“管理”，进入“计算机管理”窗口。在左侧列表中选择“服务和应用程序”，查看右侧是否存在“Internet 信息服务(IIS)管理器”。

任务 *2*　查看用友 U8 的数据服务器

任务下达

查看用友 U8 的数据服务器是否为本机。

任务解析

在教学环境中，通常设置为单机应用用友 U8 模式，即数据服务器、应用服务器和客户端均为本机。

任务指引

① 执行“开始”|“所有程序”|“用友 U8 V10.1”|“系统服务”|“应用服务器配置”命令，打开“U8 应用服务器配置工具”对话框，如图 1-4 所示。

② 双击“数据库服务器”按钮，打开“数据源配置”对话框，如图 1-5 所示。

③ 查看数据服务器处显示的是否为本机名称。

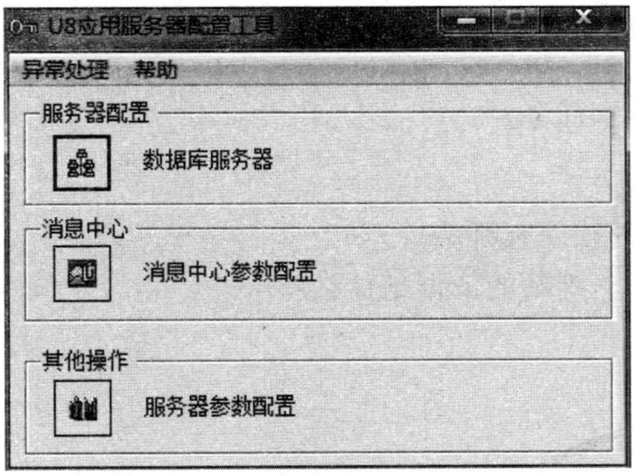

图 1-4 U8 应用服务器配置工具

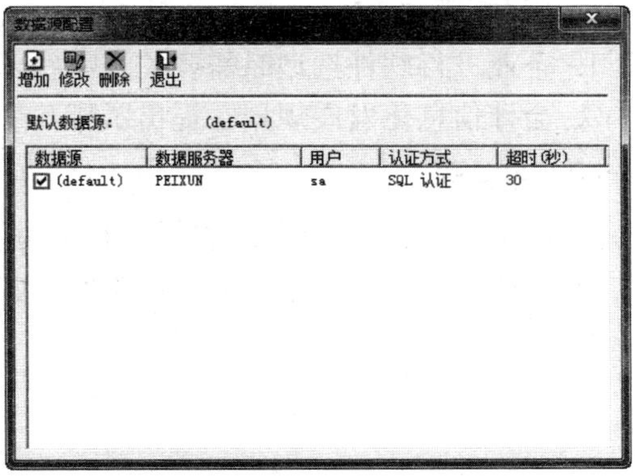

图 1-5 数据源配置

闯 关

在线测试

一、判断题

1. 会计信息化是指企业利用计算机、网络通信等现代信息技术手段开展会计核算,以及利用上述手段将会计核算与其他经营管理活动有机结合的过程。 ( )
2. 软件越通用,内置的参数选项就越少。 ( )
3. 数据库管理系统是运行用友 U8 必需的软件。 ( )
4. 会计软件存在影响客户按照国家统一会计准则制度进行会计核算问题的,软件供应商应当为用户免费提供更正程序。 ( )
5. 企业自行开发的会计软件不受《企业会计信息化工作规范》的约束。 ( )

二、选择题

1. 用友 U8 属于( )。
   A. 通用软件 B. 专用软件 C. 定制开发软件 D. 行业软件
2. 企业会计信息化资金预算包括( )。
   A. 购置硬件 B. 购置系统软件 C. 购置应用软件 D. 实施维护
3. 企业配备的会计软件应当符合( )中关于会计软件和服务规范部分规定的要求。
   A.《会计法》 B.《企业会计准则》
   C.《企业会计信息化工作规范》 D.《会计制度》
4. 以下( )软件是数据库管理系统。
   A. Windows B. Excel C. SQL Server D. 用友 U8
5. 以下( )是《企业会计信息化工作规范》中对会计软件的功能要求。
   A. 应当提供中文界面和对中文处理的支持
   B. 应当按照我国会计准则确定的原则进行科目分类和编码
   C. 应当提供符合我国习惯的凭证和账簿格式
   D. 应当提供需要上报的财务报表模板

三、思考题

1. 企业进行软件选型时需要关注哪些要点？
2. 会计信息化发展规划中提出了哪几项基本任务？

四、实操题

1. 登录“用友网络”网站，查看其目前提供的软件有哪些。
2. 你的实训环境是单机应用还是网络应用？判断的依据是什么？

项目2

企业建账

知识目标：

1. 理解企业建账的含义。
2. 理解系统管理的作用及基本功能。
3. 熟悉企业建账的完整工作流程。
4. 理解权限的作用及设置方法。
5. 了解系统管理员的工作职责。

技能目标：

1. 掌握增加用户、建立企业账套、设置用户权限的操作。
2. 掌握账套输出及引入的操作。

项目背景

目前，用友技术人员已经完成菲尼电器用友 U8 的安装及配置，企业也已经成立由用友实施顾问和企业各部门抽调的业务骨干组成的项目实施团队，财务总监于美琪任组长。经过反复沟通，确定于 2024 年 1 月正式开始使用用友 U8 管理企业业务。为了达成这一目标，按照循序渐进的学习规律，分企业建账—财务信息化—业财一体化三个阶段对项目组成员进行培训，每个阶段培训内容不同，所要达成的目标也不同，如表 2-1 所示。

表 2-1　菲尼电器培训计划

阶段	目标	对应培训内容	对应本教材内容
企业建账	完成企业建账、用户及权限设置	系统管理	项目 2
财务信息化	掌握会计核算信息化主要内容，包括账务处理、薪资核算、固定资产核算和编制报表	企业应用平台	项目 3
		总账	项目 4
		UFO 报表	项目 5
		薪资管理	项目 6
		固定资产	项目 7
业财一体化	理解业财一体化与单纯财务信息化的区别，熟悉业财一体化模式下企业业务流程	购销存初始化	项目 8
		采购与应付款管理	项目 9
		销售与应收款管理	项目 10
		库存管理与存货核算	项目 11

基本知识

2.1 理解企业建账

用友 U8 安装完成之后，只是在计算机中安装了一套可以用来管理企业业务的程序，其中没有任何数据。无论企业原来是用手工记账，还是使用其他软件进行财务核算，都需要把既有的数据建立或转移到新系统中。

在用友 U8 中建立企业的基本信息、核算方法、编码规则等，称之为建账。其本质是在数据库管理系统中为企业创建一个新的数据库，用于存储和管理企业的各种业务数据。

2.2 理解系统管理员

在用友 U8 中，只有系统管理员才能进行企业账套的创建。

用友 U8 中预设了一个特殊用户，称之为系统管理员，其名称为 admin，不区分大小写，默认初始密码为空。系统管理员主要负责以下工作：

① 按照企业内部控制要求，根据岗位分工在用友 U8 中设置用户，并为其分配适当权限；

② 按照账套主管确认的企业核算特点及管理需求进行企业建账；

③ 随时监控系统运行过程中出现的问题，清除异常任务，排除运行故障；

④ 定期进行数据备份，保障数据安全、完整；

⑤ 做好网络系统维护，预防计算机病毒侵犯，保障网络系统的安全。

企业信息化后，需设置专人或专岗负责以上工作。

系统管理员工作性质偏技术，他不能参与企业实际业务处理工作。

2.3 认识系统管理

在用友 U8 中有一个特殊的模块——系统管理，用于对整个用友 U8 的公共任务进行统一管理，用友 U8 中其他任何模块的独立运行都必须以此为基础。

系统管理模块安装在企业的数据服务器上，其具体功能包括以下几个方面。

2.3.1 账套管理

一个企业在用友 U8 中存放的全部资料就称之为一个账套。在用友 U8 中，可以为多个企业（或企业内多个独立核算的部门）分别立账，且各账套数据之间相互独立、互不影响，从而使资源得到充分的利用。

账套管理功能包括建立账套、修改账套、删除账套、引入账套和输出账套。

2.3.2 账套库管理

账套库和账套是两个不同的概念。账套是账套库的上一级，账套是由一个或多个账套库组成的。一个账套对应一个独立核算企业，账套中的某个账套库对应该企业的某年度区间内的业务数据。例如，菲尼电器在用友 U8 中建立了“777 菲尼电器”账套并于 2023 年启用，然后在 2024 年年初建立了 2024 年的账套库，则“777 菲尼电器”账套中有两个账套库，即“777 菲尼电器 2023 年”和“777 菲尼电器 2024 年”；如果连续使用也可以不建新账套库，直接录入 2024 年数据，则“777 菲尼电器”账套中就只有一个账套库，即“777 菲尼电器 2023—2024 年”。

设置账套和账套库两层结构的好处是：第一，便于企业管理，如进行账套的上报，跨年度区间的数据管理结构调整等；第二，方便数据备份输出和引入；第三，减少数据的负担，提高应用效率。

账套库管理包括账套库的建立、引入、输出，账套库初始化和清空账套库数据。

2.3.3 用户及权限管理

为了保证系统及数据的安全，系统管理提供了权限管理功能。通过限定用户的权限，一方面可以避免与业务无关的人员进入系统，另一方面可以对用友 U8 所包含的各个模块的操作进行协调，以保证各负其责，流程顺畅。

用户及权限管理包括设置角色、用户及为用户分配功能权限。

2.3.4 系统安全管理

对企业来说，系统运行安全、数据存储安全是至关重要的，用友 U8 系统管理中提供了三种安全保障机制。第一，在系统管理界面，可以监控整个系统运行情况，随时清除系统运行过程中的异常任务和单据锁定；第二，一方面可以设置备份计划让系统自动进行数据备份，另一方面在账套管理和账套库管理中可以随时进行人工备份；第三，可以管理上机日志。上机日志对系统所有操作都进行了详细记录，为快速定位问题原因提供了线索。

2.4 企业建账的工作流程

为了引导大家快速掌握企业建账的工作流程，我们把企业建账过程总结为五部曲，如图 2-1 所示。

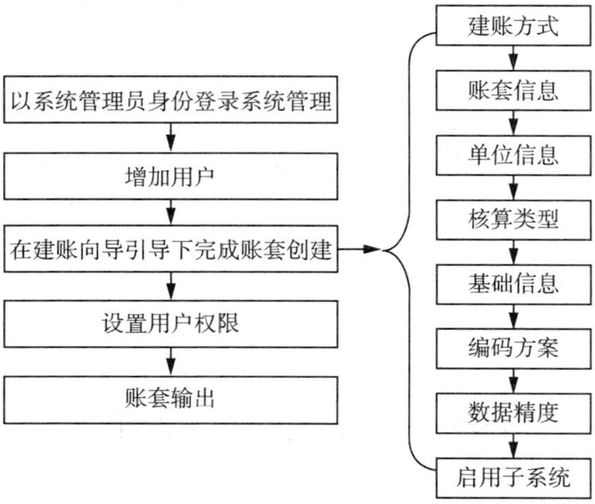

图 2-1 企业建账的工作流程

实训任务

任务 1 以系统管理员身份登录系统管理

任务下达

以系统管理员身份登录系统管理。

任务解析

鉴于系统管理在用友 U8 中的地位和重要性,因此对能够登录系统管理的人员做了严格限制。系统只允许以两种身份注册进入系统管理:一是以管理员的身份;二是以账套主管的身份。

管理员分为系统管理员 admin、安全管理员 sadmin 和一般管理员,管理员的职能是负责系统安全和数据维护。这里重点介绍系统管理员。系统管理员负责整个系统的安全运行和数据维护。以系统管理员身份登录系统,可以进行账套的建立、备份和恢复,设置用户和为用户分配权限,监控系统运行过程,清除异常任务等。

账套主管是用友 U8 中权限最高的用户,他一般是企业高层或业务主管,如财务主管。账套主管的工作任务是确定企业会计核算的规则、组织企业业务处理按既定流程进行。在系统管理中,账套主管可以修改账套信息、管理账套库和为用户设置除账套主管之外的权限。在用友 U8 中,账套主管拥有用友 U8 所有业务系统的操作权限。

初次使用用友 U8,一定是以系统管理员身份登录系统管理。

任务指引

① 执行"开始"|"所有程序"|"用友 U8 V10.1"|"系统服务"|"系统管理"命令,或双击桌面上的"系统管理"图标,进入"用友 U8[系统管理]"窗口,如图 2-2 所示。

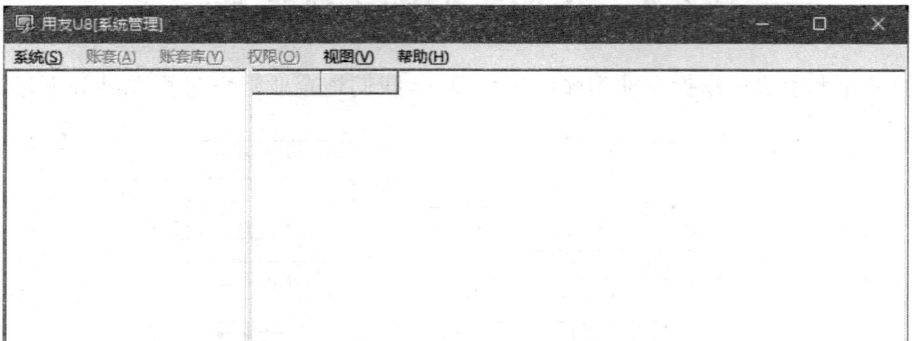

图 2-2 "用友 U8[系统管理]"窗口

② 执行“系统”|“注册”命令，打开“登录”对话框，如图 2-3 所示。

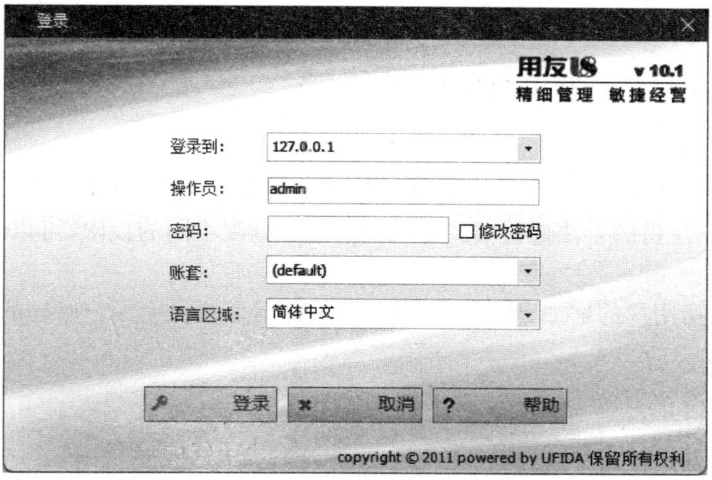

图 2-3　以系统管理员身份登录系统管理

栏目说明

➤登录到：需要给出用友 U8 应用服务器的名称或 IP 地址，如果是单机应用模式，此处即为本机名称，也可输入本机 IP 地址 127.0.0.1。

➤操作员：默认用友 U8 系统管理员“admin”，不区分大小写。

➤密码：系统管理员初始密码默认为空。

➤账套：选择(default)。

➤语言区域：默认“简体中文”。

③ 单击“登录”按钮，以系统管理员身份进入系统管理，系统管理界面最下行的状态栏中显示当前操作员[admin]。

系统管理界面中标注为黑色字体的功能菜单项表明了系统管理员可以操作的权限范围。可见，以系统管理员身份登录系统管理，可以进行账套的建立、引入和输出，设置用户及权限，进行系统安全管理等。

提醒

• admin 是用友 U8 默认的系统管理员，不区分大小写字母，其初始密码为空，密码可以修改。例如，设置系统管理员密码为“ufidau8”的方法是：在“登录”对话框中，选中“修改密码”复选框，单击“登录”按钮，打开“设置操作员密码”对话框，在“新密码”和“确认新密码”后面的文本框中均输入“ufidau8”，最后单击“确定”按钮返回系统管理。

• 如果是企业实际应用，为了保证系统的安全，必须为系统管理员设置密码。考虑到学校教学环境中，一台机器需要供多个学员使用，一旦设置密码，他人无法进入系统，因此建议保持空密码。

除系统管理员外，账套主管也可以登录系统管理，进行修改账套、账套库管理、为用户赋权等操作。

任务 2　用户管理

任务下达

由系统管理员在系统管理中设置用户。

任务解析

用户是指有权登录系统，并对系统进行操作的人员，也称为操作员。每次注册登录系统，都要进行用户身份的合法性检查。对不同的用户分配不同的权限，可以有效地维护系统安全。

用户管理包括用户的增加、修改和删除。只有系统管理员有用户管理的权限。

任务指引

1. 增加用户

按照企业目前岗位分工，整理需要增加的用友 U8 用户信息，如表 2-2 所示。

表 2-2　用友 U8 用户信息

编号	姓名	用户类型	认证方式	口令	所属角色
700	康凡	普通用户	用户＋口令	1	账套主管
701	于美琪	普通用户	用户＋口令	空	
702	马群	普通用户	用户＋口令	空	
703	姜楠	普通用户	用户＋口令	空	
704	蒋雨	普通用户	用户＋口令	空	

① 以系统管理员身份登录系统管理，执行“权限”|“用户”命令，打开“用户管理”对话框，如图 2-4 所示。图中所显示的几个操作员是系统预置的。

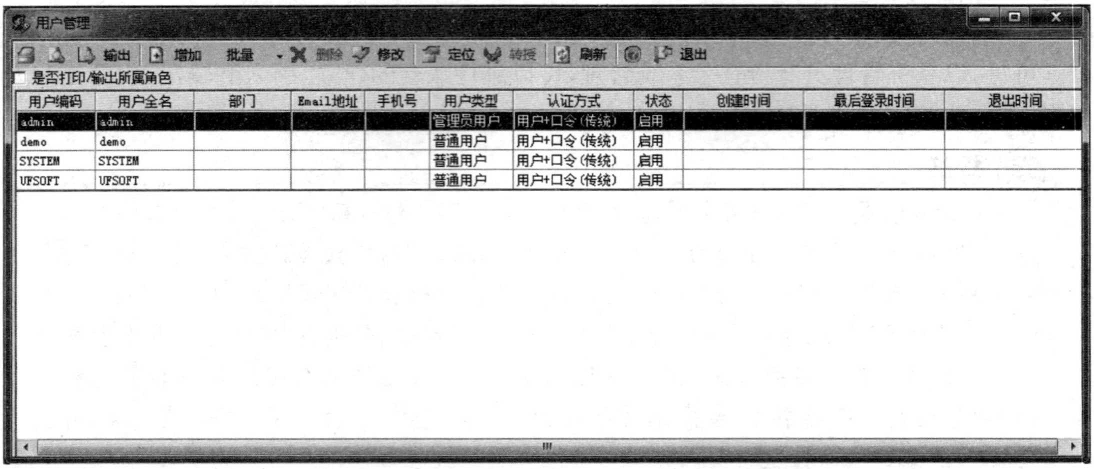

图 2-4　用户管理

② 单击“增加”按钮，打开“操作员详细情况”对话框，输入编号“700”、姓名“康凡”、口令及确认口令均为“1”，所属角色勾选“账套主管”，如图 2-5 所示。

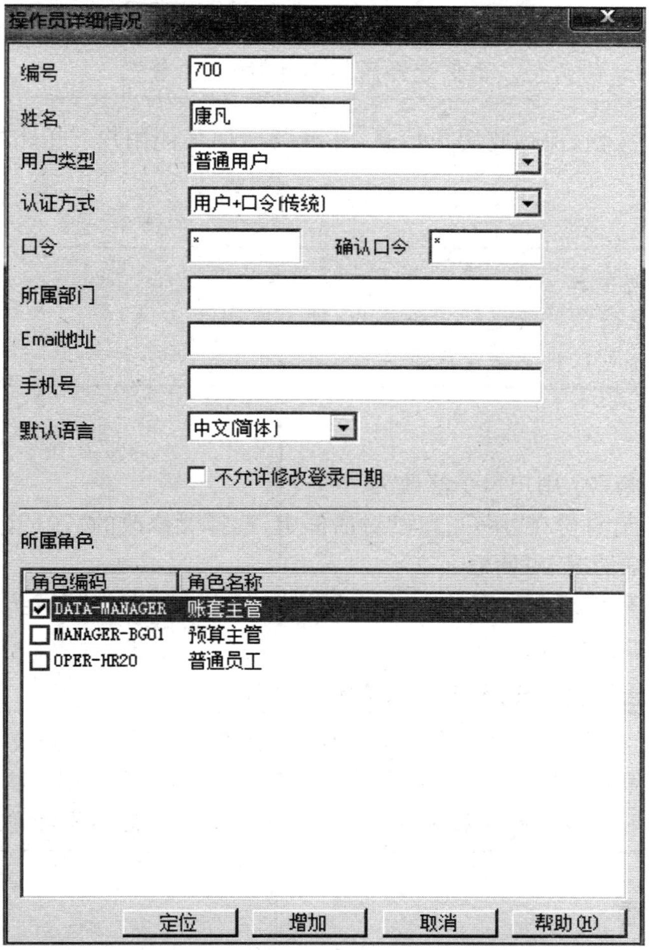

图 2-5　增加用户

栏目说明

➢编号：用户编号在用友 U8 中必须唯一，即使是不同的账套，用户编号也不能重复。本例输入“700”。

➢姓名：准确输入该用户的中文全称。用户登录用友 U8 进行业务操作时，此处的姓名将会显示在业务单据上，以明确经济责任。本例输入“康凡”。

➢用户类型：有普通用户和管理员用户两种。普通用户指登录系统进行各种业务操作的人；管理员用户的性质与 admin 相同，他们只能登录系统管理进行操作，不能接触企业业务。本例选择“普通用户”。

➢认证方式：提供用户＋口令(传统)、动态密码、CA 认证、域身份验证四种认证方式。用户＋口令(传统)是用友 U8 默认的用户身份认证方式。本例采取系统默认的认证方式。

➢口令：设置用户口令时，为保密起见，输入的口令在屏幕上以“*”号显示。本例设置口令为“1”。

➢所属角色：系统预置了账套主管、预算主管、普通员工三种角色。可以执行“权限”|“角色”增加新的角色。本例选择所属角色“账套主管”。

③ 单击“增加”按钮，保存此用户信息，并继续增加其他用户。单击“取消”按钮则视为放弃本次操作。

提醒

- 操作界面中显示为蓝色的栏目为必须输入项。
- 用户一旦登录系统进行业务操作，便不能删除。
- 一个账套可以设置多个账套主管。

2. 修改用户

由系统管理员将 701 用户口令修改为“1”。

① 以系统管理员身份在“用户管理”对话框中，选择要修改的“701”记录，单击“修改”按钮，打开“操作员详细情况”对话框。

② 清除口令与确认口令内容，输入口令密码“1”，完成后单击“确定”按钮返回。除操作员编号外，其他信息均可修改。

解惑　什么情况下会用到“注销当前用户”？

如果出纳员蒋雨一年以后调出本企业，因为她曾经使用过系统，因此不能被删除，但是又不能保留其用户身份，此时系统管理员可以在“操作员详细情况”对话框中选择“注销当前用户”，取消其用户身份。被注销的用户此后不能再登录用友 U8。

任务 3　建立账套

任务下达

由系统管理员为菲尼电器创建账套号为 777 的账套。

任务解析

企业在应用用友 U8 之前需要为本单位建立一套账簿文件。这些文件存放在数据库中，用于存放企业日后发生的各种经济业务信息。

建账时需要根据本单位的具体情况进行行业类型、所执行的会计制度及各项参数选择，建账过程可在建账向导引导下完成。

任务指引

建账相关信息如下：

北京菲尼电器有限公司（简称菲尼电器）位于北京市昌平区跃进路 64 号，法人代表康凡，企业纳税登记号 911101144732872155。

该企业属于工业企业，采用 2007 年新会计制度科目进行会计核算，记账本位币为人民币，于 2024 年 1 月启用用友 U8 进行会计核算及企业日常业务处理。

企业只有几个主要供应商，不用分类，但客户很多，最好分类管理，有外币业务。

编码规则：科目编码级次 422；客户分类编码级次和存货分类编码级次均为 122；部门编码级次、结算方式编码级次和收发类别编码级次均为 12。

数据精度：数量和单价均精确到两位小数。

建账完成后暂不启用任何系统。

① 以系统管理员身份登录系统管理，执行“账套”|“建立”命令，打开“创建账套—建账方式”对话框。选中“新建空白账套”选项，单击“下一步”按钮，打开“创建账套—账套信息”对话框。

② 输入账套信息，包括账套号、账套名称、账套路径及启用会计期，如图 2-6 所示。

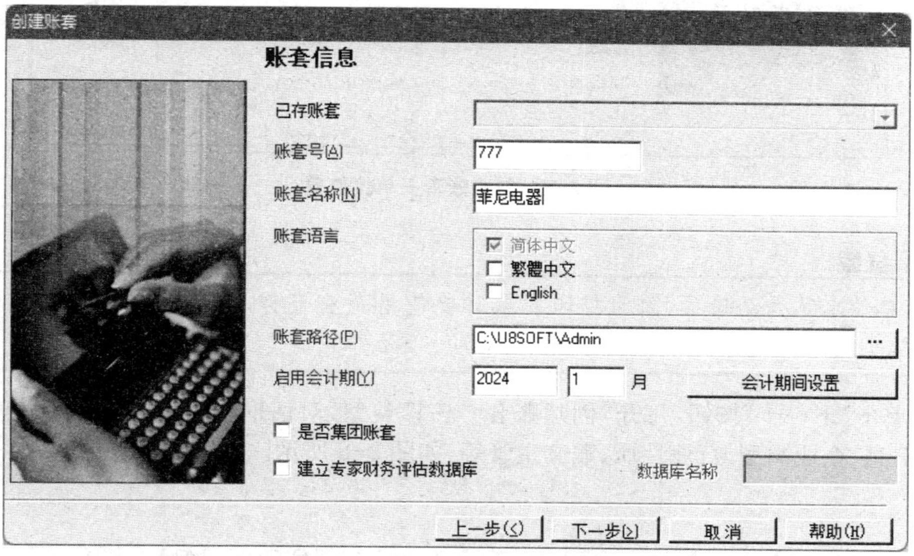

图 2-6　创建账套—账套信息

栏目说明

➢账套号：一个系统中可以建立多个企业账套，账套号作为区分不同账套数据的唯一标志，不能与系统内已有账套号重复。本例输入“777”。

➢账套名称：一般用来描述账套的基本特性，可以输入核算单位简称。账套名称将显示在运行的系统界面的最下行。本例输入“菲尼电器”。

➢账套路径：用来指明账套在计算机系统中的存放位置，为方便用户，应用系统中一般预设一个存储位置，称其为默认路径，但允许用户更改。

➢启用会计期：用于规定该企业用计算机进行业务处理的起点。启用日期一旦设定不可更改。本例输入“2024”“1”。

③ 单击“下一步”按钮，打开“创建账套—单位信息”对话框。输入单位信息，包括单位名称、单位简称、单位地址、法人代表等，如图 2-7 所示。

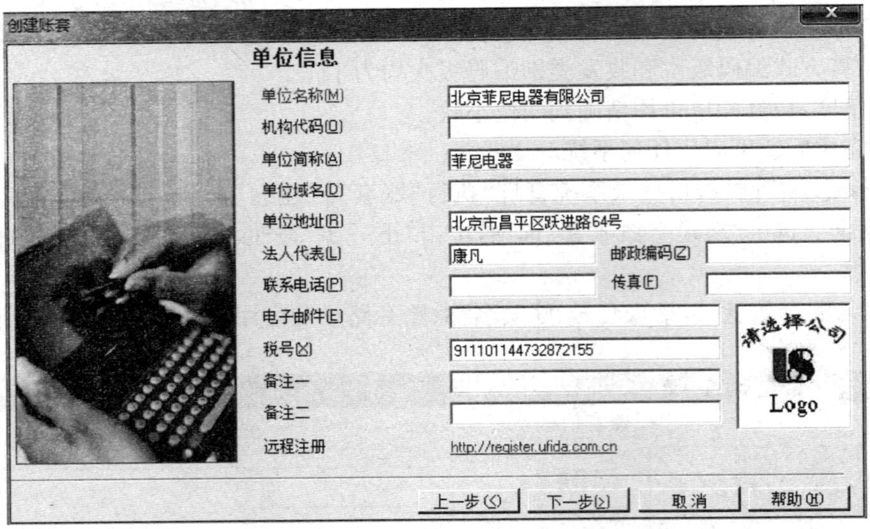

图 2-7　创建账套—单位信息

提醒

单位名称是必输项，因为打印发票时要使用企业全称，其余情况全部使用单位简称。

④ 单击“下一步”按钮，打开“创建账套—核算类型”对话框。输入核算类型，包括记账本位币信息、企业类型、行业性质、账套主管等，如图 2-8 所示。

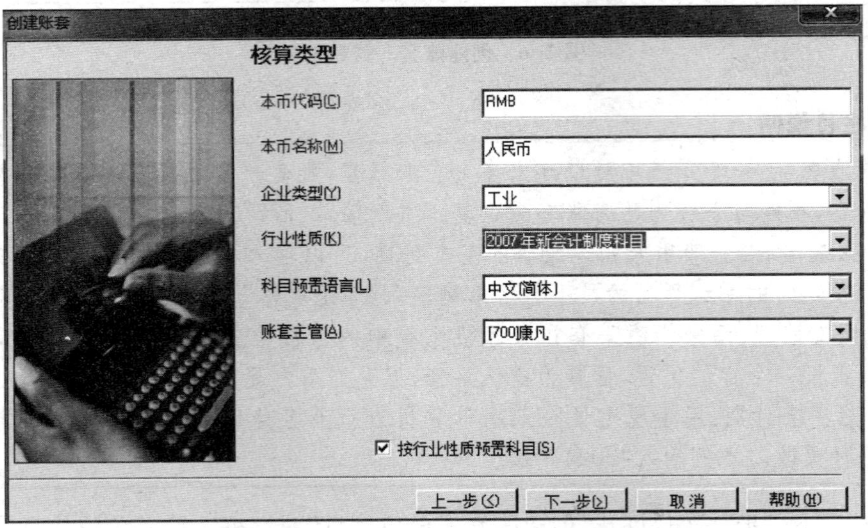

图 2-8　创建账套—核算类型

栏目说明

➢本币代码：记账本位币是企业建账必须明确指定的，用友 U8 默认为人民币。

➢企业类型：系统提供了工业、商业两种核算类型。如果选择“工业”，系统不能处理受托代销业务；如果选择“商业”，系统不能处理产成品入库和材料出库业务。

➢行业性质：表明企业所执行的会计制度。目前企业使用的仍为 2007 年颁布的会计制度科目。

➢账套主管：可以在建账时选择账套主管，也可以在增加用户和设置用户权限功能中由系统管理员指定账套主管。

➢按行业性质预置科目：选择该项则按照行业性质所选择的行业提供设置好的一级科目和部分二级科目供用户使用，在此基础上，用户可以根据本单位的实际需要增设或修改必要的明细核算科目。

⑤ 单击“下一步”按钮，打开“创建账套—基础信息”对话框。选中“存货是否分类”“客户是否分类”“有无外币核算”三个复选框，如图 2-9 所示。

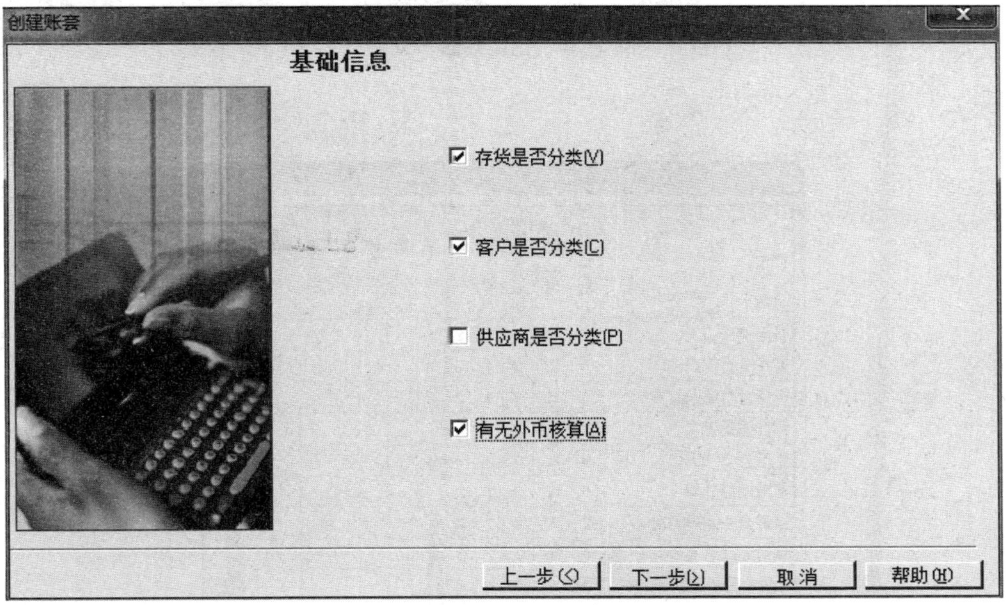

图 2-9　创建账套—基础信息

⑥ 单击“下一步”按钮，打开“创建账套—开始”对话框。单击“完成”按钮，系统弹出“可以创建账套了么?”信息提示框，如图 2-10 所示。单击“是”按钮，系统依次进行初始化环境、创建新账套库、更新账套库、配置账套信息等工作，需要一段时间才能完成，请耐心等待。完成以上工作后，打开“编码方案”对话框。

⑦ 在“编码方案”对话框中，按要求进行设置，如图 2-11 所示。

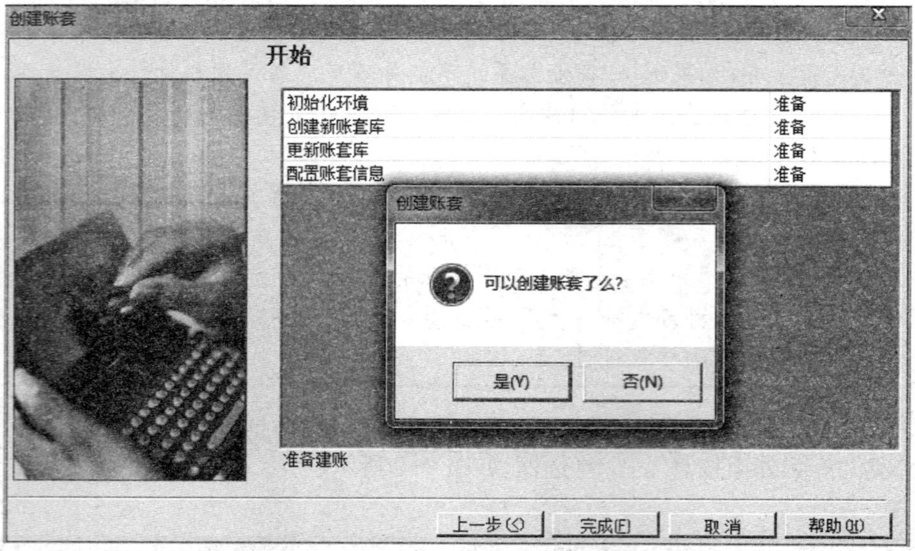

图 2-10　创建账套—开始

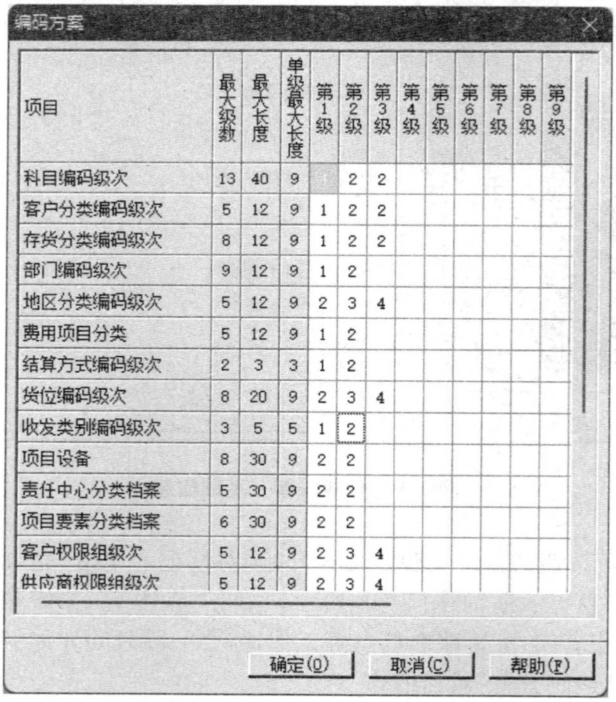

项目	最大级数	最大长度	单级最大长度	第1级	第2级	第3级	第4级	第5级	第6级	第7级	第8级	第9级
科目编码级次	13	40	9	[illegible]	2	2						
客户分类编码级次	5	12	9	1	2	2						
存货分类编码级次	8	12	9	1	2	2						
部门编码级次	9	12	9	1	2							
地区分类编码级次	5	12	9	2	3	4						
费用项目分类	5	12	9	1	2							
结算方式编码级次	2	3	3	1	2							
货位编码级次	8	20	9	2	3	4						
收发类别编码级次	3	5	5	1	2							
项目设备	8	30	9	2	2							
责任中心分类档案	5	30	9	2	2							
项目要素分类档案	6	30	9	2	2							
客户权限组级次	5	12	9	2	3	4						
供应商权限组级次	5	12	9	2	3	4						

图 2-11　编码方案

提醒

• 第一级科目编码的编码位数“4”由建账时所选择的行业性质“2007年新会计制度科目”决定，不能修改。

• 若需要删除级次，需要从最末一级逐级向前删除。

⑧ 单击“确定”按钮后，再单击“取消”按钮，打开“数据精度”对话框，默认系统数据精度设置。

解惑　为什么要设置数据精度？

数据精度是指定义数据的保留小数位数。在会计核算过程中，由于各企业对数量、单价的核算精度要求不一致，有必要明确定义主要数量、金额的小数保留位数，以保证数据处理的一致性。

⑨ 单击“确定”按钮，系统提示“正在更新单据模板，请稍等……”，完成后弹出“菲尼电器[777]建立成功，您可以现在进行系统启用的设置，或以后从[企业门户—基础信息]进入[系统启用]功能，现在进行系统启用的设置”信息提示框。

⑩ 单击“否”按钮，暂不启用用友U8子系统。系统弹出“请进入企业应用平台进行业务操作！”，单击“确定”按钮返回。再单击“退出”按钮，退出建账。

任务4　设置用户权限

任务下达

由系统管理员查看于美琪是否为777账套的账套主管，并为菲尼电器其他用户赋权。

任务解析

为了保证权责清晰和企业经营数据的安全与保密，按照企业内部控制的要求，需要对用友U8所有的用户设置对应的操作权限。

只有系统管理员和该账套的账套主管有权进行用户权限设置，但两者的权限又有所区别。系统管理员既可以为某账套指定账套主管，也可以对各个账套的操作员进行权限设置；账套主管只可以对所管辖的操作员进行权限设定。

任务指引

根据企业内部控制的要求，需要为用户设置的权限如表2-3所示。

表2-3　用户权限

编号	姓名	角色	用友U8中拥有的权限
701	于美琪	账套主管	系统管理—修改账套、设置用户权限、账套库管理 所有用友U8子系统操作权限
702	马群		财务会计—总账、固定资产
703	姜楠		财务会计—应收款管理、应付款管理 供应链—存货核算

续 表

编号	姓名	角色	用友 U8 中拥有的权限
704	蒋雨		财务会计—总账—凭证—出纳签字和凭证查询 财务会计—总账—出纳

1. 设置于美琪为账套主管

① 以系统管理员的身份在系统管理中执行“权限”|“权限”命令，打开“操作员权限”对话框。

② 在最上行账套主管旁边的下拉列表中选择“[777]菲尼电器”账套，在左侧的操作员列表中选择“701 于美琪”，在右侧窗口中可以查看目前于美琪无任何权限。

③ 选中“账套主管”复选框，系统弹出“设置普通用户：[701]账套主管权限吗？”信息提示框，单击“是”按钮，在右侧窗口可以看到账套主管拥有用友 U8 所有子系统的操作权限。

2. 为其他用户赋权

① 在操作员列表中选择“702 马群”，单击“修改”按钮。在右侧窗口中单击“财务会计”前的“⊞”号展开其下模块，选中“总账”和“固定资产”前面的复选框，单击“保存”按钮，如图 2-12 所示。

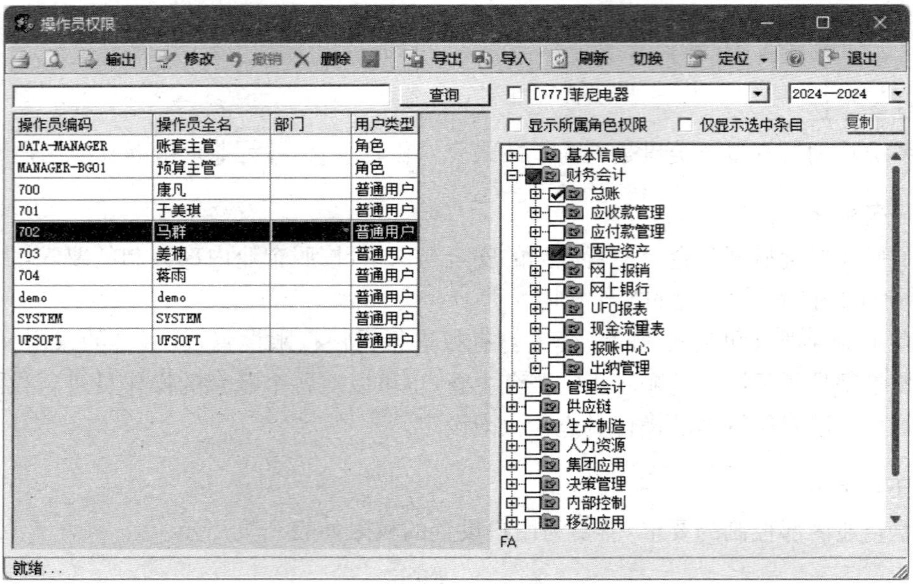

图 2-12　为马群赋权

② 在操作员列表中选择“704 蒋雨”，单击“修改”按钮。单击右侧窗口中“总账”前的“⊞”号展开总账的下级功能，再展开“凭证”的下级功能，选中“出纳签字”和“查询凭证”复选框，再选中“出纳”复选框，单击“保存”按钮，如图 2-13 所示。

③ 同理，为其他操作员赋权。

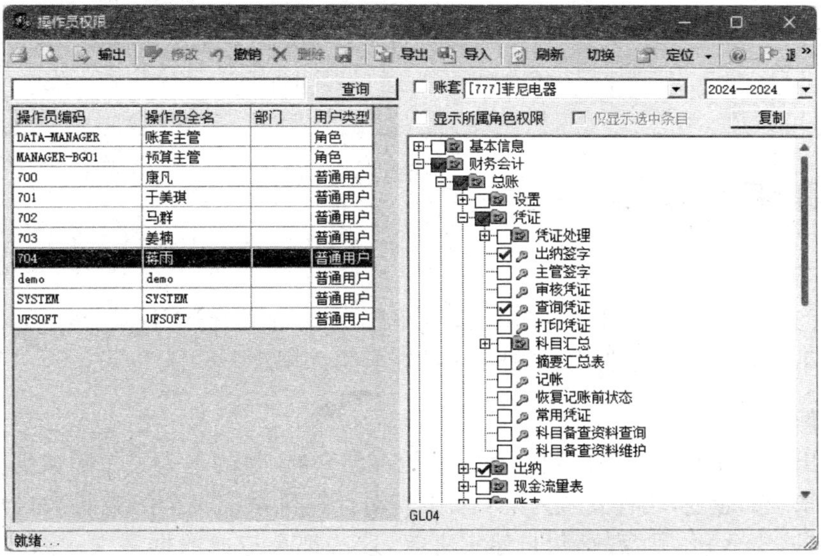

图 2-13 为蒋雨赋权

解惑 理解角色

京剧中有老生、小生、花旦等角色；财务人员有会计主管、总账会计、出纳等角色；学校有校长、系主任、教师等角色。在用友 U8 中，角色是指在企业管理中拥有某一类职能的组织。这个角色组织可以是实际的部门，也可以是由拥有同一类职能的人构成的虚拟组织。例如，如果某集团公司有会计主管 10 位、总账会计 30 位、预算会计 10 位、出纳 15 位，现在让你给这 65 位人员分别赋权，应如何设置？

如果首先增加 65 位用户，然后再分别对 65 位用户进行赋权，虽然可以达成，但操作过于烦琐，工作量大，容易出错，并且一旦用户职位发生变化，如小王以前担任出纳，现在调到总账会计岗，就需要重新修改用户权限。下面我们利用用友 U8 中角色设置轻松解决这类问题。

① 执行“权限”|“角色”命令，分别建立会计主管、总账会计、预算会计、出纳四种角色。

② 执行“权限”|“权限”命令，分别为以上角色赋予相应的权限。

③ 执行“权限”|“用户”命令，增加用户时指定对应的角色，角色权限便自动传递给用户，这样就不用一一给用户赋权了。

以后用户岗位一旦发生变化，在用友 U8 中只需要通过“修改”用户，重新指定用户的角色即可。这样是不是简便很多呢？

提醒

- 用户和角色设置不分先后顺序，但对于自动传递权限来说，应该首先设定角色，然后为角色分配权限，最后进行用户的设置。这样在设置用户的时候，只要选择其归属哪一个角色，则用户将自动具有该角色的权限。

- 一个角色可以拥有多个用户，一个用户也可以分属于多个不同的角色。
- 角色不是一个具体的人，无法落实责任，因此不能以角色身份登录用友 U8 进行操作。

任务 5　输出和引入账套

任务下达

① 由系统管理员将 777 账套输出至“D:\菲尼电器\企业建账”目录中。

② 将“D:\菲尼电器\企业建账”目录中的账套引入用友 U8 中。

任务解析

账套输出是将账套数据备份到硬盘或其他存储介质，目的是为了保障数据安全。任何使用计算机系统的企业，均视安全为第一要务。对计算机系统安全的威胁来自众多的不可预知因素，如病毒入侵、硬盘故障、自然灾害等，这些都会造成数据丢失。因此，应定期将系统中的数据进行备份并保存在另外的存储介质上。一旦系统内数据损坏，可以通过恢复最近一次备份的数据及时恢复到上一次备份的水平，从而保证企业日常业务的正常进行。

通过账套输出的账套数据，必须通过账套引入功能引入系统后才能使用，因此引入账套是输出账套的对应操作。无论是计算机故障还是病毒入侵，都会致使系统数据受损，这时利用账套引入功能，恢复备份数据，可以将损失降到最小。另外，这一功能也为集团公司的财务管理提供了方便。子公司的账套数据可以定期输出，并引入母公司系统中，以便进行有关账套数据的分析和合并工作。

输出和引入账套只能由系统管理员进行。

任务指引

1. 输出账套

① 首先建立“D:\菲尼电器\企业建账”目录。

② 以系统管理员身份登录系统管理，执行“账套”|“输出”命令，打开“账套输出”对话框。

③ 从“账套号”下拉列表中选择“[777]菲尼电器”。

④ 单击“输出文件位置”文本框后“…”按钮，打开“请选择账套备份路径”对话框。

⑤ 选择“D:\菲尼电器\企业建账”为备份路径，单击“确定”按钮，返回“账套输出”对话框，如图 2-14 所示。

⑥ 单击“确认”按钮，系统进行账套输出工作，完成后，弹出“输出成功”信息提示框，单击“确定”按钮返回。

提醒

账套输出后，在“D:\菲尼电器\企业建账”目录下生成 2 个文件：UFDATA.BAK 和 UfErpAct.Lst。

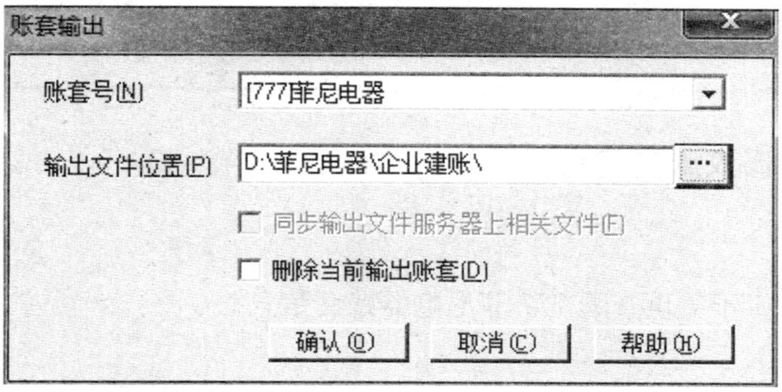

图 2-14　账套输出

解惑　如何删除账套?

如果企业初始建账时有很多数据错误或由于某些情况无须再保留企业账套，可以在“账套输出”界面选中“删除当前输出账套”复选框，点击“确认”按钮进行删除，账套删除会一次性地将该账套下的所有数据彻底清除，因此执行此操作时应格外慎重。

2. 引入账套

① 以系统管理员的身份在系统管理中执行“账套”|“引入”命令，打开“请选择账套备份文件”对话框。

② 选择“D:\菲尼电器\企业建账”目录中的 UfErpAct. Lst 文件，单击“确定”按钮，系统弹出“请选择账套引入的目录 当前默认路径为 C:\U8SOFT\Admin\”信息提示框。

③ 单击“确定”按钮，打开“请选择账套引入的目录……”对话框，选择账套将被引入的目录，单击“确定”按钮。

④ 因为系统内已存在 777 账套，因此系统弹出如图 2-15 所示的信息提示框。

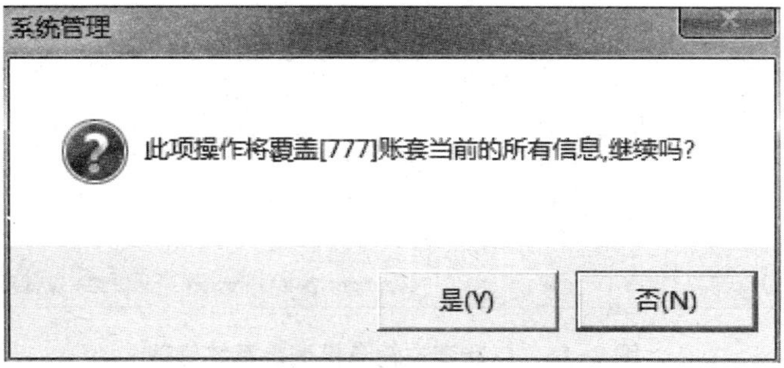

图 2-15　引入账套时的信息提示

⑤ 单击“是”按钮，系统进行账套引入工作，完成后系统弹出“账套[777]引入成功!”信息提示框，单击“确定”按钮返回。

提醒

引入账套将覆盖系统中同账套号内的所有数据，且一旦覆盖不能恢复，因此应慎重操作。

任务 6　查看或修改账套信息

任务下达

由账套主管 701 于美琪查看 777 菲尼电器账套信息。

任务解析

账套建立完成后，在未使用相关信息的基础上，可以根据业务需要，对某些已设定的内容进行调整。当系统运行一段时间后，如果发现账套的某些参数需要重新设置，也需要对已经建立的账套信息进行修改。

修改账套只能由账套主管操作。

任务指引

① 执行“系统”|“注册”命令，打开“登录”对话框。操作员栏录入“701”或“于美琪”，密码为“1”，单击“账套”栏右侧的下三角按钮，选择“[777]（default）菲尼电器”，操作日期为“2024-01-01”，如图 2-16 所示。

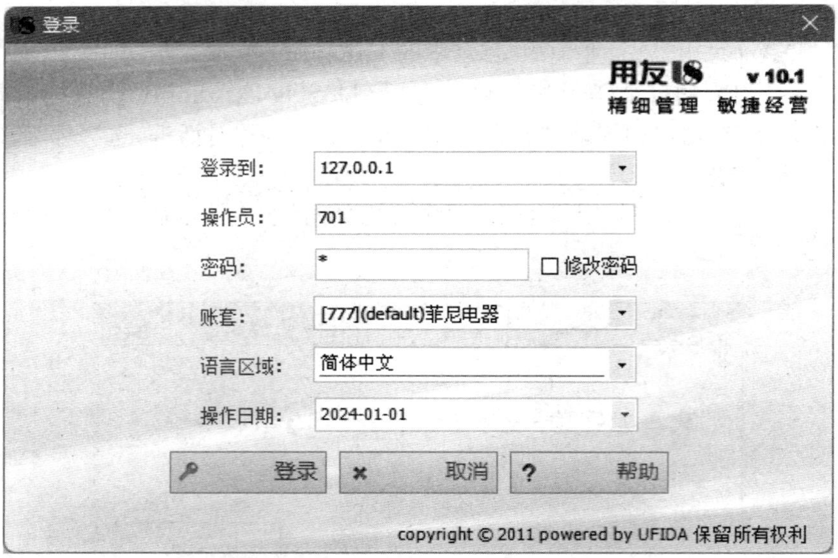

图 2-16　以账套主管身份登录系统管理

② 单击“登录”按钮，以账套主管的身份登录系统管理。浏览系统管理功能菜单，黑色字体功能项即为账套主管的权限范围。由此可见，账套主管有修改账套、账套库管理、为本账套用户赋权等权限。

③ 执行“账套”|“修改”命令，打开“修改账套”对话框，可以查看或修改账套信息。

提醒

• 如果此时系统管理员已经登录了系统管理，则应先通过执行“系统”|“注销”命令注销当前操作员后，再由账套主管重新登录。

• 部分账套信息无法修改，如账套号、启用会计期。

• 在用户登录界面，操作员可以单击“修改密码”按钮为自己重新设置密码。

闯　关

在线测试

一、判断题

1. 只有以账套主管的身份登录系统管理才能进行创建账套的工作。（　　）
2. 从系统安全考虑，操作员应定期通过系统管理员更改自己的密码。（　　）
3. 一个账套，可以指定多个账套主管。（　　）
4. 必须先建立角色，再建立用户。（　　）
5. 系统不提供删除账套的功能。（　　）

二、选择题

1. 不需要在建立账套过程中确定的项目是（　　）。
   A. 会计主管　B. 企业行业类型　C. 账套启用会计期　D. 单位名称
2. 系统管理员无权进行的操作是（　　）。
   A. 建立账套　B. 修改账套　C. 删除账套　D. 引入账套
3. 如果出纳员张欣一年后调出本企业，为确保系统安全，应在系统管理中（　　）。
   A. 删除账套　B. 删除操作员　C. 注销当前操作员　D. 停用当前账套
4. 引入账套时，如果系统内已存在相同账套号的数据，则（　　）。
   A. 无法引入
   B. 覆盖系统中同账套号内的所有数据
   C. 恢复为账套号不同的另外一个账套
   D. 将引入的数据追加到系统中同账套号的账套中
5. 增加操作员时，必须输入的项目包括（　　）。
   A. 操作员编号　B. 操作员姓名　C. 操作员口令　D. 操作员所属部门

三、思考题

1. 企业的所有员工都是用户吗？为什么要设置用户？
2. 是不是必须在建立账套时选定账套主管，为什么？
3. 选择不同企业类型的区别在哪里？
4. 如果在建账时忘记对客户进行分类，还有办法修改吗？如何修改？
5. 系统提供了哪些保障系统安全的手段？

四、实操题

1. 用友U8提供账套的自动备份功能吗？找一找，尝试设置自动备份计划。
2. 用友U8中有上机日志吗？其中记录了哪些内容？

项目3

财务信息化基础设置

知识目标：

1. 了解用友 U8 企业应用平台的作用。
2. 理解设置基础档案的重要性。
3. 理解设置系统启用的意义。
4. 了解企业财务信息化需要整理哪些基础档案。
5. 理解各项基础档案的含义。

技能目标：

1. 掌握在企业应用平台进行系统启用的方法。
2. 掌握不同类别的基础档案的输入方法。

项目背景

菲尼电器建账完成后，只相当于在数据库中建立了一套数据库文件空表，其中是不包括任何数据的。用信息系统管理企业业务的优势之一是数据处理速度快、精确度高、分析统计汇总方便，而基础档案是计算机进行汇总统计的依据，必须先行建立在系统中才能在业务处理环节调用。由于项目实施小组本阶段的学习目标是财务核算信息化，因此在本项目中先介绍财务信息化相关基础档案的整理及录入。

基本知识

3.1 理解基础设置

建账完成后只是在数据库管理系统中为菲尼电器建立了一个新的数据库，用来存放企业即将录入的各种业务数据。当经济业务发生时，企业要进行正确的记录和计量，首先，需要保证将要使用的子系统已经启用，因为只有启用的子系统才可以登录。其次，进行业务记录要用到很多基础信息，如收款要涉及客户、报销要涉及部门和人员、录入凭证要用到凭证类型和会计科目等。因此，只有事先将这些公共的基础档案建立到企业账套中，才能开始日常业务处理。以上所提及的系统启用、基础档案设置都属于基础设置的范畴。

3.2　认识企业应用平台

用友 U8 中有一个企业应用平台。顾名思义，企业应用平台就是用友 U8 管理软件的集成应用平台，它是用户、合作伙伴访问用友 U8 系统的唯一入口。

按照不同的用途，企业应用平台划分为三个功能组，即系统服务、基础设置和业务工作。这三个功能组的主要功能，如图 3-1 所示。

图 3-1　企业应用平台的三个功能组

3.2.1　系统服务

系统服务主要是为系统安全正常运行而设，主要包括系统管理、服务器配置、工具和权限。

用友 U8 中，提供了三种不同性质的权限管理，即功能权限、数据权限和金额权限。功能权限在系统管理中进行设置，主要规定了每个操作员对各模块及细分功能的操作权限。数据权限是针对业务对象进行的控制，可以选择对特定业务对象的某些属性或某些记录进行查询和录入的权限控制。金额权限的主要作用体现在两个方面：一是设置用户在填制凭证时对特定科目允许输入的金额范围；二是设置用户在填制采购订单时允许输入的采购金额范围。

3.2.2　基础设置

基础设置主要是设置用友 U8 各模块公用的基本信息、基础档案、单据设置等。

1. 基本信息

在基本信息中，可以对企业建账过程中设定的会计期间、编码方案和数据精度进行修改，还可以进行用友 U8 子系统启用设置。

系统启用是指设定在用友 U8 中各个子系统开始使用的日期。只有设置为启用的子系统才可以登录。

2. 基础档案

每个企业选购的是用友 U8 中不同的子系统，这些子系统共享基础档案信息，基础档案是用友 U8 运行的基石。企业在启用新账套之始，应根据本单位的实际情况及业务需求，进行基础档案的整理工作，并正确地录入系统。

设置基础档案的前提是确定基础档案的分类编码方案。基础档案的设置必须要遵循分类编码方案中所设置的级次及各级编码长度的规定。按照基础档案的用途不同，系统将基础档案划分为机构人员、客商信息、存货、财务。

由于企业基础数据之间存在前后承接关系（如必须在设置客户分类的基础上设置客户档案），因此，基础档案的设置应遵从一定的顺序。

3. 单据设置

原始单据是企业经济业务发生的证明，如代表货物发出的销售发货单、代表材料入库的采购入库单、购销业务中的专用发票等。单据设置包括单据格式设置、单据编号设置和单据打印控制。

不同企业各项业务处理中使用的单据可能存在细微的差别，用友 U8 中预置了常用单据模板，允许用户对各单据类型的多个显示模板和多个打印模板进行设置，以满足企业个性化的单据格式需求。单据编号是单据的标识，用友 U8 默认单据采取流水编号。如果企业根据业务需要有特定的编号规则，可以设置为手工编号方式。

3.2.3 业务工作

业务工作中集成了登录用户拥有操作权限的所有功能模块，它们分类归属于各功能组中。企业应用平台为企业用户提供了进入用友 U8 的唯一入口。

3.3 基础档案设置的注意事项

进行基础档案设置时，需要注意以下两个问题。

① 事先做好基础档案的整理。

用友 U8 中需要的基础档案涉及方方面面，手工环境下，这些资料可能由不同部门进行管理。例如，客户档案是由销售部门或业务员分管，其掌握的客户信息一般包括客户名称、发运地址、主要联系人等。信息系统的特点是数出一门、信息共享，U8 基础档案中所包含的内容更为丰富，不仅包括业务部门要使用的信息，还包括财务结算、业务及管理控制等各方面的基础信息，如 U8 客户档案中包含了客户银行账户信息、信用额度、信用级别、应收余额等管理信息。因此，在输入基础档案之前，需要准备好模板，并分派给各部门，力求做到资料完整、准确。

信息系统中，每一项档案均需要设置唯一编码，按编码进行检索、查询是信息系统的特点之一。在企业建账环节已经设置了编码方案，对基础档案进行编码要符合编码方案的规定。

② 注意基础档案录入的先后顺序。

录入基础档案时，有分类的需要先设置分类，然后在明细分类下建立相应的档案。比如先建立客户分类再建立客户档案。

基础档案的设置有一定的先后顺序，如必须先设置部门档案才能设置人员档案。

实训任务

提醒

请以系统管理员的身份在系统管理中引入“企业建账”账套。

任务 1 系统启用

任务下达

由账套主管于美琪启用总账系统，启用日期为 2024 年 1 月 1 日。

任务解析

用友 U8 是通用的管理软件，包含若干个子系统，它们既可以独立运行，又可以集成使用，但两种用法下的数据流程是有差异的。企业可以根据本身的管理特点选购不同的子系统；企业也可以采取循序渐进的策略有计划地先启用一些模块，一段时间之后再启用另外一些模块。系统启用为企业提供了选择的便利，它可以表明企业在哪个时点启用了哪些子系统。只有设置了系统启用的模块才可以登录。

有两种方法可以设置系统启用。一种方法是在系统管理中创建账套完成时启用子系统；另一种方法是在建账结束后，由账套主管在企业应用平台基础设置中执行“基本信息”|“系统启用”命令，进行系统启用设置。

任务指引

① 执行“开始”|“所有程序”|“用友 U8 V10.1”|“企业应用平台”命令，或双击桌面上的“U8 企业应用平台”图标，打开“登录”对话框。

② 在操作员文本框中输入“701”，密码为“1”，在账套下拉列表中选择“[777]菲尼电器”，操作日期为“2024-01-01”，单击“登录”按钮，以账套主管于美琪的身份登录企业应用平台。

③ 在企业应用平台左侧的业务导航视图中选择“基础设置”，执行“基本信息”|“系统启用”命令，打开“系统启用”对话框。

④ 选中“总账”复选框，打开“日历”对话框。单击“←”“→”可选择年份；单击月份下拉列表框可选择月份，选择“2024 年 1 月 1 日”，如图 3-2 所示。

提醒

- 只有账套主管有权在企业应用平台中进行系统启用。
- 系统启用日期应大于等于账套启用日期。账套启用日期在窗口右上角显示。

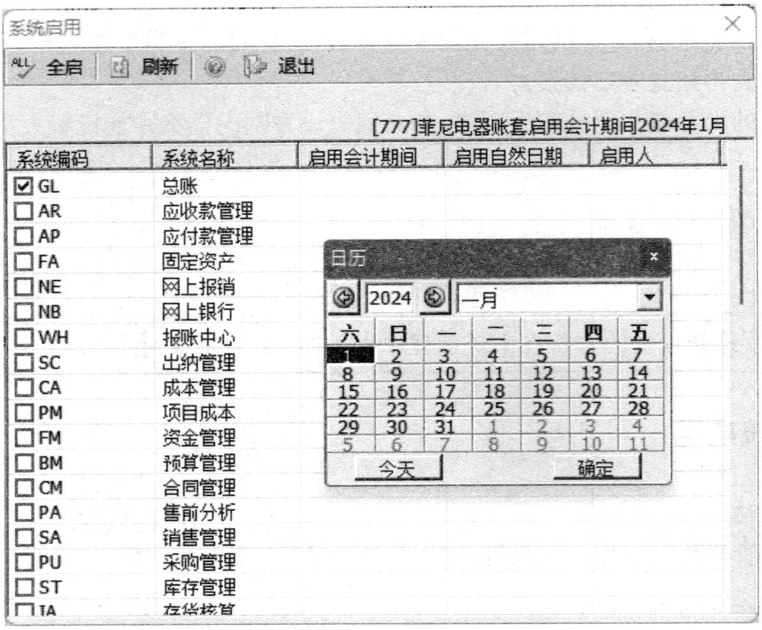

图 3-2　启用总账系统

⑤ 单击“确定”按钮，系统弹出“确实要启用当前系统吗?”提示信息，单击“是”按钮，完成总账系统的启用，启用人一栏显示为于美琪。

任务 2　设置机构人员

任务下达

以账套主管的身份进行机构人员设置。

任务解析

设置机构人员主要包括设置部门档案、设置人员类别、设置人员档案等。

1. 设置部门档案

这里的部门是指与企业财务核算或业务管理相关的职能单位，不一定与企业设置的现存部门一一对应。设置部门档案的目的在于按部门进行数据汇总和分析。

2. 设置人员类别

人员类别是按某种特定的分类方式将企业职工进行分类。企业中不同类别人员的工资将计入不同的成本费用项目，如生产工人的工资计入生产成本、企业管理人员的工资计入管理费用、销售人员的工资计入销售费用。因此，设置工资类别的目的是在工资及相关费用分摊分配时，设置入账科目。

人员类别是人员档案中的必选项目，需要在人员档案建立之前设置。

3. 设置人员档案

人员档案的作用是设置企业全体员工，为后续进行薪资核算和管理做好铺垫。设置人员档案时，对参与业务核算与管理的员工要标注为“业务员”，对可以登录使用 U8 系统的人员要标注为“操作员”。

任务指引

1. 设置部门档案

菲尼电器部门设置，如表 3-1 所示。

表 3-1 部门设置

部门编码	部门名称
1	企管部
2	财务部
3	采购部
4	销售部
5	生产部
6	仓储部

① 在企业应用平台基础设置中，执行“基础档案”|“机构人员”|“部门档案”命令，进入“部门档案”窗口。

② 单击“增加”按钮，输入部门编码“1”、部门名称“企管部”，如图 3-3 所示，输入完成后单击“保存”按钮。

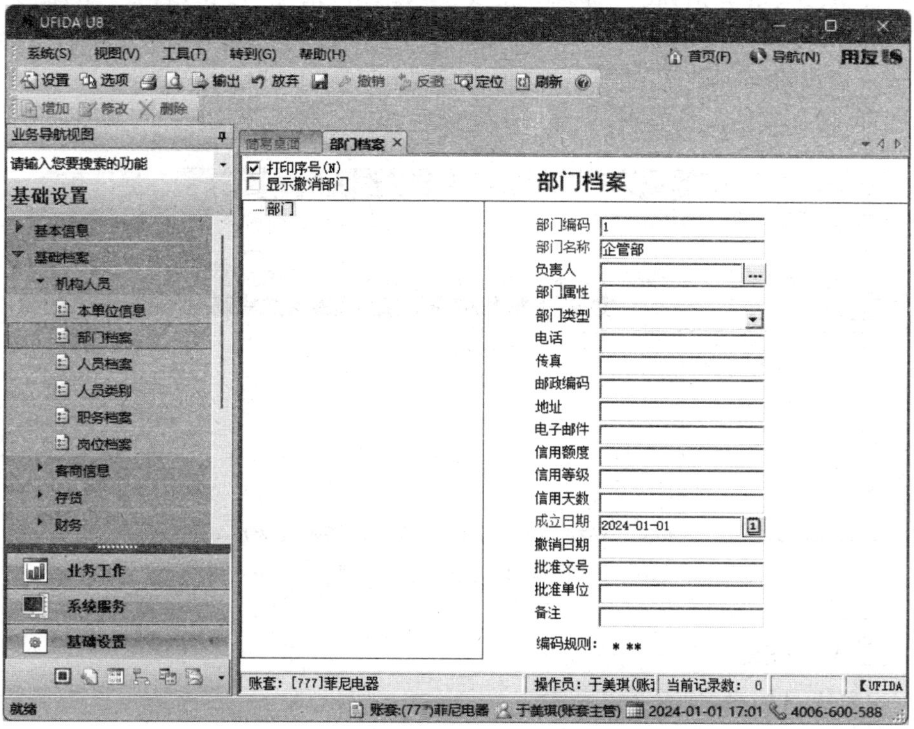

图 3-3 部门档案

提醒

- 编码档案的设置必须遵循分类编码方案中的级次和各级编码长度的设定。
- 在未建立人员档案前，不能选择输入负责人信息。待人员档案建立完成后，才能通过“修改”功能补充输入负责人信息。
- 部门一旦已经使用，就不能被修改或删除。

③ 按表 3-1 增加其他部门。

2. 设置人员类别

菲尼电器正式工人员类别细分为 4 类，如表 3-2 所示。

表 3-2　人员类别

人员类别编码	人员类别名称
1011	企业管理人员
1012	车间管理人员
1013	销售人员
1014	生产人员

① 在企业应用平台基础设置中，执行“基础档案”|“机构人员”|“人员类别”命令，进入“人员类别”窗口。

② 在左侧的人员类别列表中选择“正式工”，单击“增加”按钮，打开“增加档案项”对话框。

③ 输入档案编码“1011”、档案名称“企业管理人员”，单击“确定”按钮。

④ 同理，增加其他人员类别，全部增加完毕后，单击“取消”按钮返回，如图 3-4 所示。

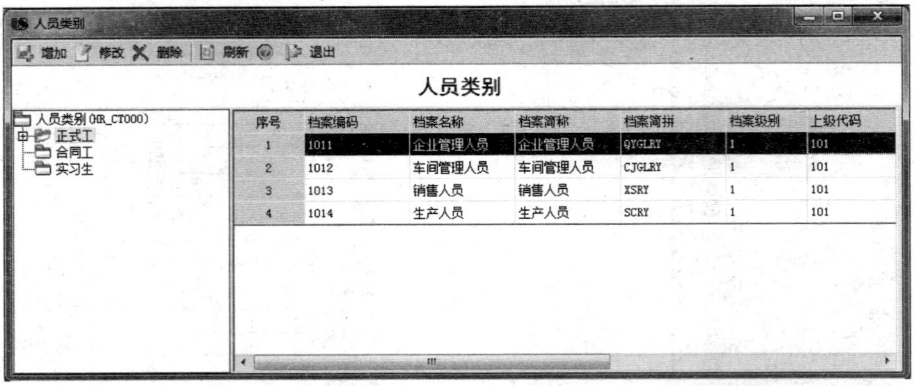

图 3-4　设置人员类别

3. 设置人员档案

菲尼电器人员档案，如表 3-3 所示。

表 3-3　人员档案

人员编号	人员姓名	性别	人员类别	行政部门	是否业务员	是否操作员
101	康　凡	男	企业管理人员	企管部	是	否
201	于美琪	女	企业管理人员	财务部	是	否
202	马　群	男	企业管理人员	财务部	是	否
203	姜　楠	男	企业管理人员	财务部	是	否
204	蒋　雨	女	企业管理人员	财务部	是	否
301	王　曼	女	企业管理人员	采购部	是	否
401	苏美美	女	销售人员	销售部	是	否
501	李　咏	男	车间管理人员	生产部	是	否
502	张庆龙	男	生产人员	生产部	否	否
601	徐　乐	男	企业管理人员	仓储部	否	否

① 在企业应用平台基础设置中，执行“基础档案”|“机构人员”|“人员档案”命令，进入“人员列表”窗口。

② 在部门分类中选择“企管部”，单击“增加”按钮，输入人员编码“101”、人员姓名“康凡”、性别“男”、行政部门“企管部”、雇佣状态“在职”、人员类别“企业管理人员”，输入其他内容，如图 3-5 所示，输入完成后单击“保存”按钮。

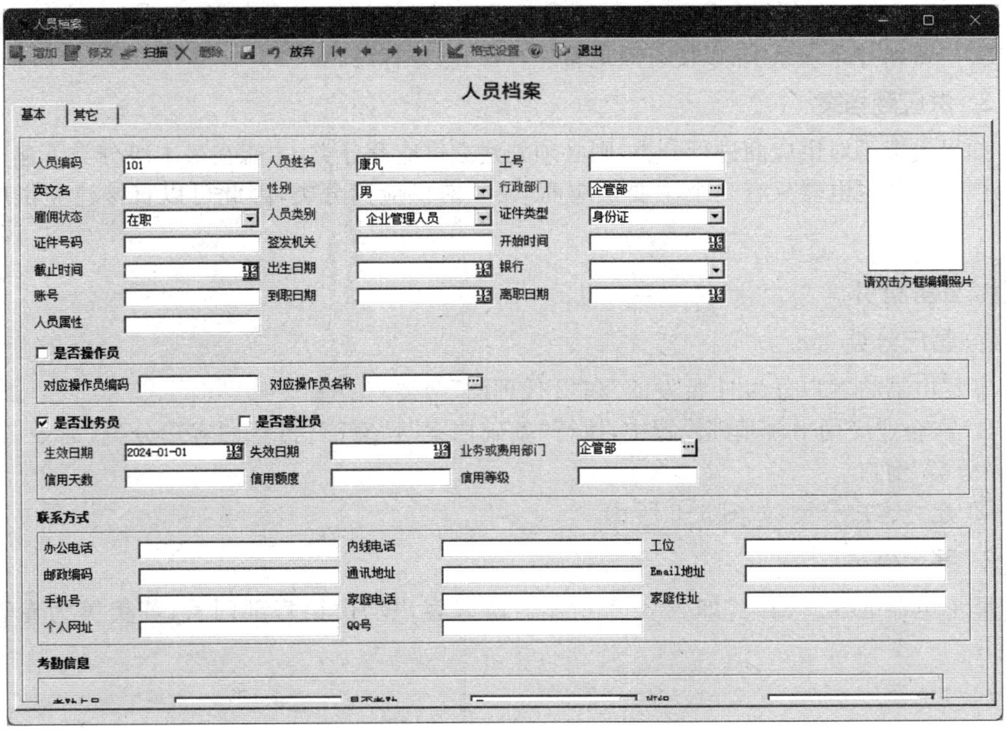

图 3-5　增加人员档案

③ 按表 3-3 继续输入其他人员档案。

提醒

- 如果新增的人员设置为操作员时，则将操作员的所属行政部门、Email 地址、手机号输入用户档案中，用户及口令默认为人员编码。
- 如果增加人员已为操作员，则不需再选择“是否操作员”复选框。

任务 3　设置客商信息

任务下达

以账套主管的身份进行客商信息设置。

任务解析

客商信息主要包括客户分类、客户档案、供应商档案等。

1. 客户分类

当企业的往来客户较多时，可以按照某种分类标准对客户进行分类管理，以便分类汇总统计。可以根据合作时间将客户分为长期客户、中期客户和短期客户；也可以按信用等级分类或按客户所属行业分类。

2. 客户档案

客户是企业的重要资源。手工方式下，客户详细信息掌握在相应业务员手中，一旦业务员工作变动，就会遗失大量客户信息，给企业带来损失。建立计算机管理系统时，需要全面整理客户资料并录入系统，以便有效地管理客户、服务客户。

3. 供应商档案

如果设置了对供应商进行分类，则必须先建立供应商分类，才能在最末级分类下建立供应商档案。菲尼电器只有几个主要供应商，无须对供应商分类，因此可以直接建立供应商档案。

任务指引

1. 客户分类

菲尼电器将客户分为“1 批发商”和“2 代理商”两类。

① 在企业应用平台基础设置中，执行“基础档案”|“客商信息”|“客户分类”命令，进入“客户分类”窗口。

② 建立客户分类，如图 3-6 所示。

2. 客户档案

菲尼电器的客户档案，如表 3-4 所示。所有客户均由销售部门管，苏美美为专管业务员。

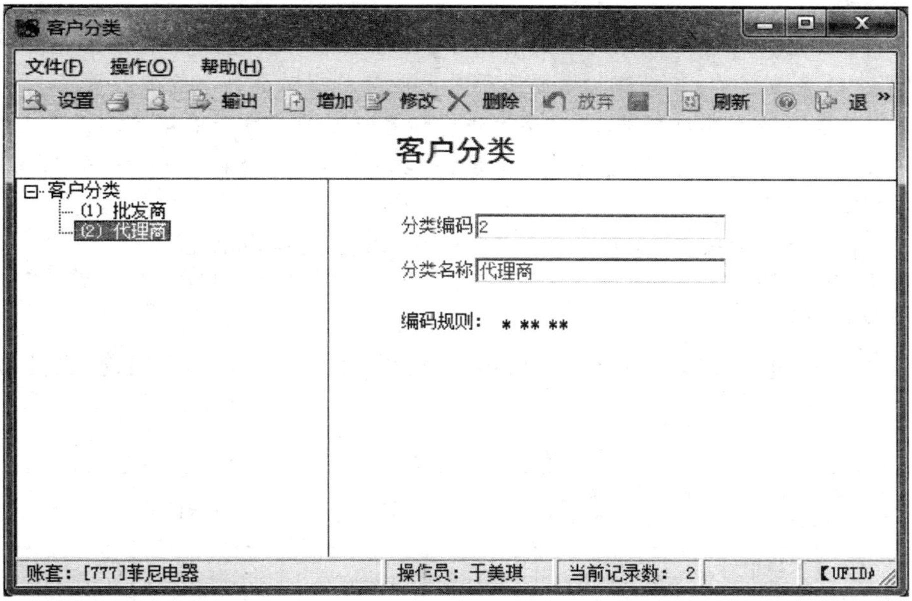

图 3-6　客户分类

表 3-4　客户档案

客户编号	客户名称	客户简称	所属分类码	税号	开户银行	账号	默认值
001	北京唯品贸易城	唯品	1	911101153489854999	工行北京分行	11015892349	是
002	山东鲁阳经贸有限公司	鲁阳	1	913701023884322855	工行山东分行	22100032341	是
003	福建银泰贸易有限责任公司	银泰	2	913501113487928511	工行福建分行	44210499852	是

① 在企业应用平台基础设置中，执行“基础档案”|“客商信息”|“客户档案”命令，进入“客户档案”窗口。

② 选择客户分类后，单击“增加”按钮，按表 3-4 建立客户档案，如图 3-7 所示。

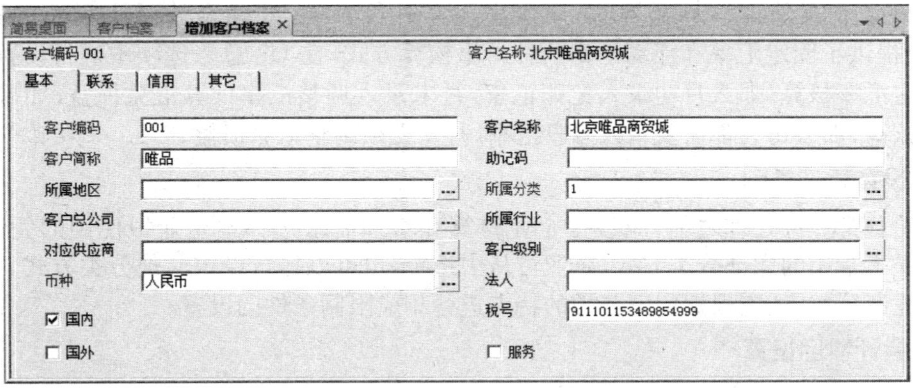

图 3-7　客户档案

提醒

• 客户名称与客户简称的用法有所不同，客户名称要输入客户全称，是用于销售发票上的企业名称；客户简称主要用于录入业务单据时屏幕上的参照显示。

• 如果不输入客户税号，之后将无法为该客户开具销售专用发票。

• 客户的开户银行、银行账号等信息，需要单击左上角“银行”按钮进入“客户银行档案”窗口录入。

• 客户的分管部门、专管业务员等信息在“联系”页签中记录。

3. 供应商档案

菲尼电器的供应商档案，如表 3-5 所示。所有供应商均由采购部门管，王曼为专管业务员。

表 3-5　供应商档案

供应商编号	供应商名称	供应商简称	所属分类码	税号	开户银行	银行账号	税率(%)
001	北京天翼不锈钢有限公司	天翼	00	91110115000102972A	工行北京分行	01099888890	13
002	上海鸿飞科技有限公司	鸿飞	00	913604033487928511	工行上海分行	24318792378	13

① 在企业应用平台基础设置中，执行“基础档案”|“客商信息”|“供应商档案”命令，进入“供应商档案”窗口。

② 在左侧窗口中，选择“00 无分类”，单击“增加”按钮，按表 3-5 分别在“基本”选项卡和“联系”选项卡中输入相关信息。

任务 4　设置财务

任务下达

以账套主管的身份设置财务基础档案。

任务解析

1. 外币设置

如果企业有外币核算业务，需要事先定义外币种类，并确定外币业务的核算方式。U8 系统提供了固定汇率和浮动汇率两种外币核算方式，在 U8 总账选项中进行设置。如果采用固定汇率核算，那么月初录入记账汇率，月末录入调整汇率计算汇兑损益；如果采用浮动汇率核算，那么每天都需要录入当日汇率，月末无须调整汇兑损益。

2. 设置凭证类别

开始日常业务处理之前，应根据企业核算和管理需求选择本企业拟使用的凭证类别。系统提供了常用的凭证分类方式，企业可从中选择，也可以另行设定其他分类方式。选定了某一种凭证分类，还应根据凭证分类的特点进行相应限制条件的设置。

3. 会计科目设置

按照企业建账时选择的企业性质，用友 U8 中预置了现行会计制度规定的一级会计科目，企业可根据本单位实际情况修改科目属性并补充明细科目。

在设置会计科目的同时可以设置科目的辅助核算账类，用于说明本科目是否有其他核算要求，在手工作业下是通过设置明细科目完成辅助核算管理需求的。例如，应收账款科目下按客户设置明细科目，其他应收款明细科目下按职工设置明细等。在会计信息化系统中，应收账款下不再设明细科目，而设成“客户往来”以辅助核算，将客户作为辅助核算目录建立。日常发生客户往来业务时，系统会要求选择该业务对应的客户，记账时将该业务同时记录于总账和辅助明细账上。

U8 系统提供以下几种专项核算功能：部门核算、个人往来核算、客户往来核算、供应商往来核算、项目核算。一般地，收入或费用类科目可设部门辅助核算，日常运营中，当收入或费用发生时，系统要求实时确认收入或费用的部门归属，记账时同时登记总账、明细账和部门辅助账；与客户的往来科目，如应收账款、应收票据、预收账款，可设成客户往来核算；应付账款、应付票据、预付账款可设成供应商往来核算；在建工程及收入成本类科目，可设成项目核算，用于按项目归集收入或费用。

(1) 增加会计科目

在建立账套时系统提供了按所选行业性质预置科目的功能，如果选择预置科目，系统内已预装了 2007 年新会计准则规定的一级科目，因此企业需要增加的主要是明细科目。

(2) 修改会计科目

如果需要对已建立会计科目的某些属性进行修改，如账页格式、辅助核算、汇总打印、封存标识等，可以通过系统提供的“修改”功能来完成。

(3) 指定会计科目

指定会计科目是指定出纳的专管科目，一般指现金科目和银行存款科目。指定科目后，才能执行出纳签字，从而实现现金、银行管理的保密性，才能查看现金、银行存款日记账。

4. 设置项目目录

项目可以是工程，可以是订单，也可以是产品。总之，我们可以把需要单独计算成本或收入的这样一种对象都视为项目。在企业中通常存在多种不同的项目，对应地在软件中可以定义多类项目核算。将具有相同特性的一类项目定义为一个项目大类，为了便于管理，对每个项目大类还可以进行细分类，在最末级明细分类下再建立具体的项目档案。为了在业务发生时将数据准确归入对应的项目，需要在项目和已设置为项目核算的科目间建立对应关系。这是不是有些复杂呢？其实，你只要遵循以下提示就可以快速建立项目档案。

① 定义项目大类。定义项目大类包括指定项目大类名称、定义项目级次和定义项目栏目三项工作。项目级次是确定该项目大类下所管理的项目的级次及每级的位数。项目栏目是针对项目属性的记录。

② 指定核算科目。指定设置了项目辅助核算的科目具体要核算哪一个项目，建立项目与核算科目之间的对应关系。

③ 定义项目分类。例如，将企业产品分为“自行生产”和“委外生产”。

④ 定义项目目录。定义项目目录是将每个项目分类中所包含的具体项目录入系统。具体每个项目录入哪些内容取决于项目栏目的定义。

任务指引

1. 外币设置

菲尼电器采用固定汇率核算外币，外币只涉及美元一种，美元币符假定为＄，2024 年 1 月初汇率为 6.2。

① 在企业应用平台基础设置中，执行"基础档案"|"财务"|"外币设置"命令，打开"外币设置"窗口。

② 输入币符"＄"、币名"美元"，其他项目采用默认值，单击"确认"按钮。

③ 输入 2024 年 1 月初的记账汇率 6.2，回车确认，如图 3-8 所示。

④ 单击"退出"按钮，完成外币设置。

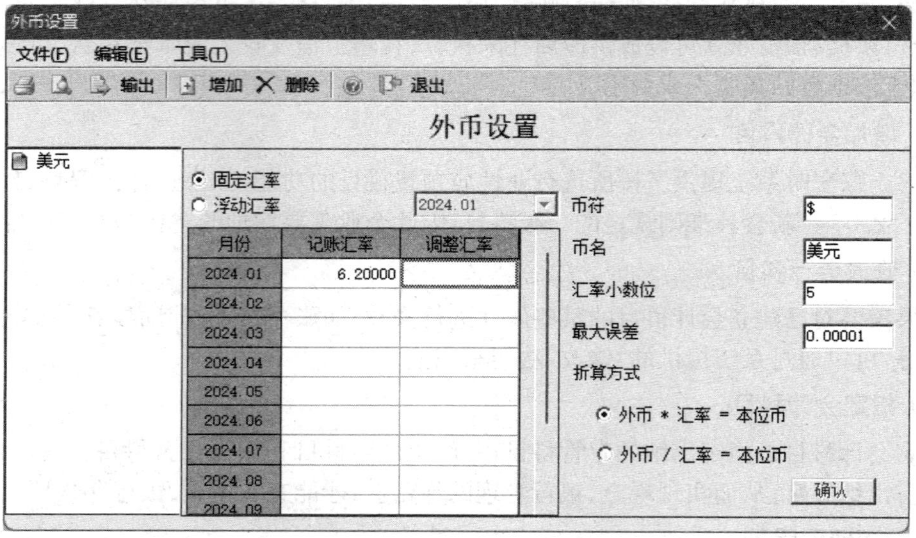

图 3-8　外币设置

2. 设置凭证类别

菲尼电器采用收款凭证、付款凭证和转账凭证三类凭证核算企业业务，并根据凭证性质设置限制类型和限制科目。

① 在企业应用平台基础设置中，执行"基础档案"|"财务"|"凭证类别"命令，打开"凭证类别预置"对话框。

② 单击选中"收款凭证 付款凭证 转账凭证"选项，如图 3-9 所示。单击"确定"按钮，打开"凭证类别"对话框。

③ 单击"修改"按钮，在收款凭证所在行双击"限制类型"一栏，出现下拉箭头，选择"借方必有"；双击"限制科目"一栏，单击"参照"按钮，选择

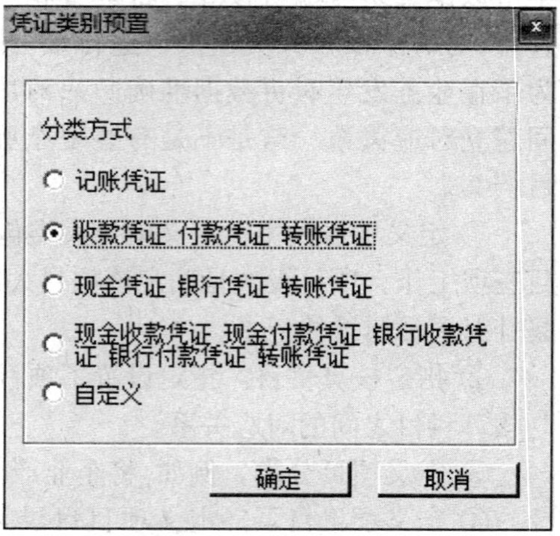

图 3-9　凭证类别预置

“1001”和“1002”或在“限制科目”一栏直接输入限制科目“1001,1002”。

提醒

限制科目之间的标点符号一定为半角符号。

④ 在付款凭证所在行双击“限制类型”一栏，出现下拉箭头，选择“贷方必有”，在“限制科目”一栏选择或输入“1001,1002”。

⑤ 选择转账凭证的限制类型为“凭证必无”，如图 3-10 所示。在“限制科目”一栏选择或直接输入“1001,1002”，单击“退出”按钮。

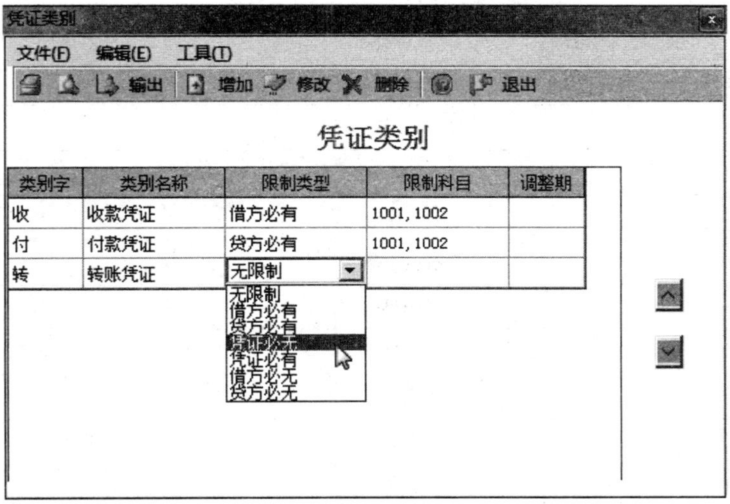

图 3-10 凭证类别

提醒

可以通过图 3-10 右侧的上下箭头调整凭证类别在明细账中的显示顺序。

3. 会计科目设置

(1) 新增会计科目

按表 3-6 增加会计科目。

表 3-6 增加会计科目

科目编码	科目名称	辅助核算
100201	工行存款	日记账、银行账
10020101	人民币户	日记账、银行账
10020102	美元户	日记账、银行账 外币核算:美元
140301	不锈钢板材	数量核算:张
140302	温控器	数量核算:个
140303	手柄	数量核算:个

续　表

科目编码	科目名称	辅助核算
140304	底座	数量核算:个
140305	加热底盘	数量核算:个
140306	壶体	数量核算:个
220201	应付货款	供应商往来
220202	暂估应付款	
221101	应付工资	
221102	应付福利费	
221103	社会保险费	
221104	住房公积金	
222101	应交增值税	
22210101	进项税额	
22210102	销项税额	
410415	未分配利润	
500101	直接材料	项目核算
500102	直接人工	
500103	制造费用	
510101	工资	
510102	折旧费	
660101	工资	
660102	福利费	
660103	折旧费	
660104	差旅费	
660105	招待费	
660201	工资	部门核算
660202	福利费	部门核算
660203	折旧费	部门核算
660204	差旅费	部门核算
660205	招待费	部门核算
660301	利息	
660302	手续费	
6702	信用减值损失	

① 在企业应用平台基础设置中,执行“基础档案”|“财务”|“会计科目”命令,进入“会计科目”窗口。

② 单击“增加”按钮，打开“新增会计科目”对话框，按表 3-6 所示增加科目，如图 3-11 所示。

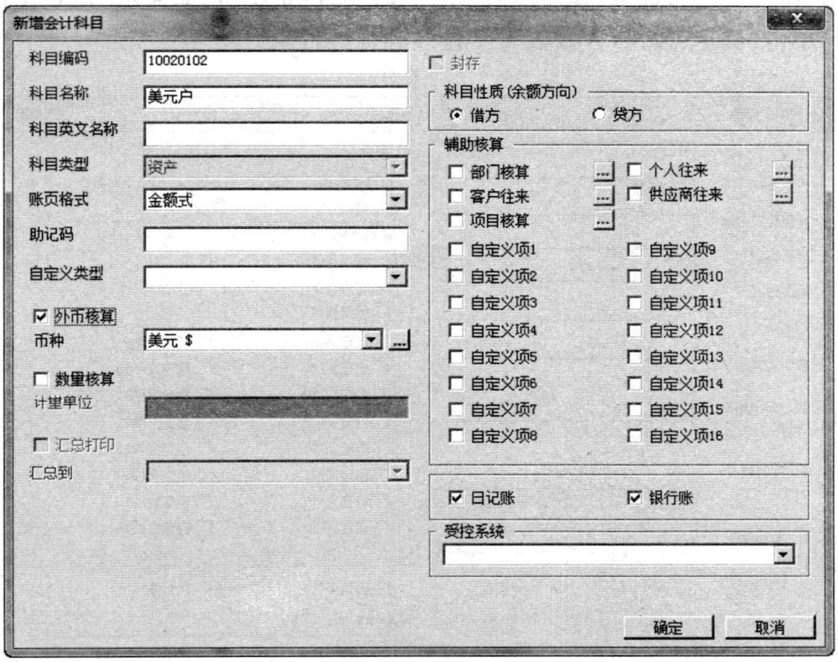

图 3-11 新增会计科目

(2) 修改会计科目

按表 3-7 修改会计科目。

表 3-7 修改会计科目

科目编码	科目名称	修改内容
1001	库存现金	日记账
1002	银行存款	日记账、银行账
1121	应收票据	客户往来
1122	应收账款	客户往来
1123	预付账款	供应商往来
1221	其他应收款	个人往来
1405	库存商品	项目核算
2201	应付票据	供应商往来
2203	预收账款	客户往来
6001	主营业务收入	项目核算
6401	主营业务成本	项目核算

① 在会计科目窗口中，单击“资产”页签，双击“1122 应收账款”科目，进入“会计科目—修改”窗口。

② 单击“修改”按钮，选中“客户往来”复选框，“受控系统”自动显示为“应收系统”，如图 3-12 所示。单击“确定”按钮，并按表 3-7 修改其他科目。

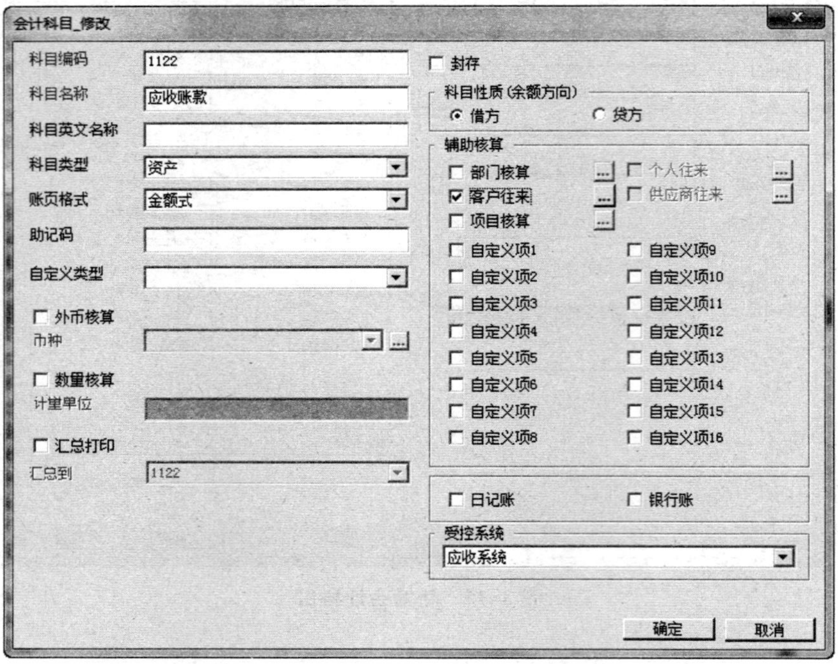

图 3-12 修改会计科目

解惑 “受控系统”的含义是什么？

选择“客户往来”辅助核算后受控系统自动默认为“应收系统”，意即该科目只能被应收款系统使用，在总账系统中不可以使用应收系统受控科目制单。同理，选择“供应商往来”辅助核算后受控系统自动默认为“应付系统”，意即该科目只能被应付款系统使用，在总账系统中不可以使用应付系统受控科目制单。

提醒

已使用的会计科目不能修改科目编码。

(3) 指定会计科目

指定“1001 库存现金”为现金科目，“1002 银行存款”为银行科目。

① 在“会计科目”窗口中，执行“编辑”|“指定科目”命令，打开“指定科目”对话框。

② 单击“现金科目”按钮，从待选科目列表框中选择“1001 库存现金”科目，单击“>”按钮，将现金科目添加到已选科目列表中。

③ 同理，将银行存款科目设置为银行科目，如图 3-13 所示。

④ 单击“确定”按钮，保存。

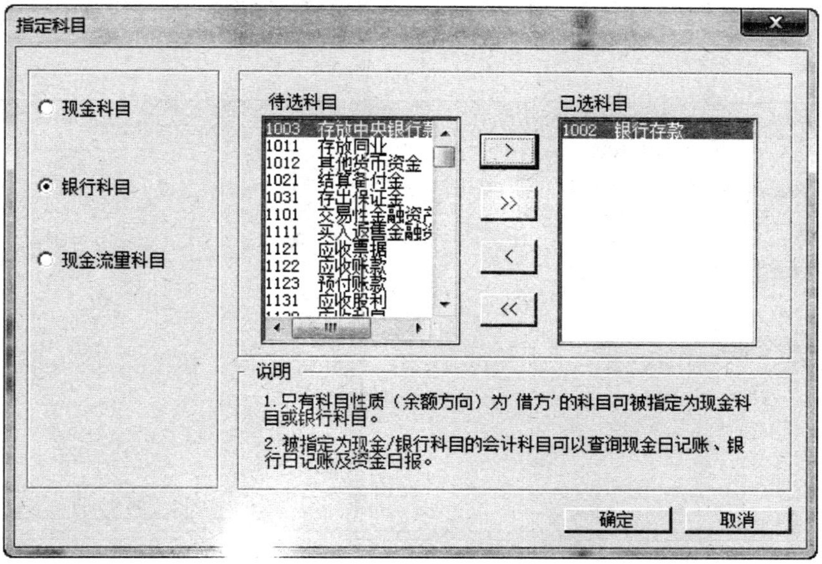

图3-13 指定科目

4. 设置项目目录

菲尼电器为了准确核算各产品的收入、成本，对产品进行项目核算管理。

项目大类：产品。

项目分类：1—电热水壶、2—电压力锅。

核算科目：1405 库存商品、500101 直接材料、6001 主营业务收入、6401 主营业务成本。

项目目录：电热水壶分为 01—全钢热水壶、02—养生煮茶壶。

① 在企业应用平台基础设置中，执行“基础档案”|“财务”|“项目目录”命令，进入“项目档案”窗口。

② 单击“增加”按钮，打开“项目大类定义—增加”对话框。

③ 输入新项目大类名称“产品”，选择新增项目大类的属性“普通项目”，如图3-14所示。

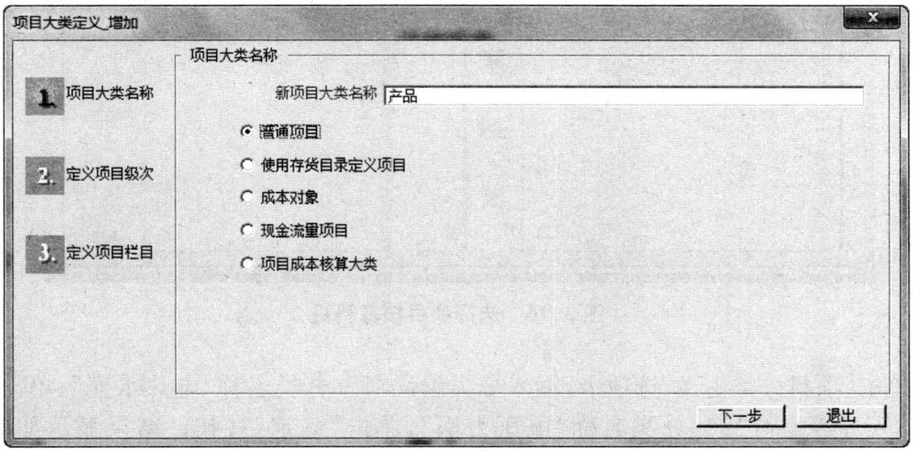

图3-14 新增项目大类

④ 单击“下一步”按钮，打开“定义项目级次”对话框，设定项目级次：一级 1 位，如图 3-15 所示。

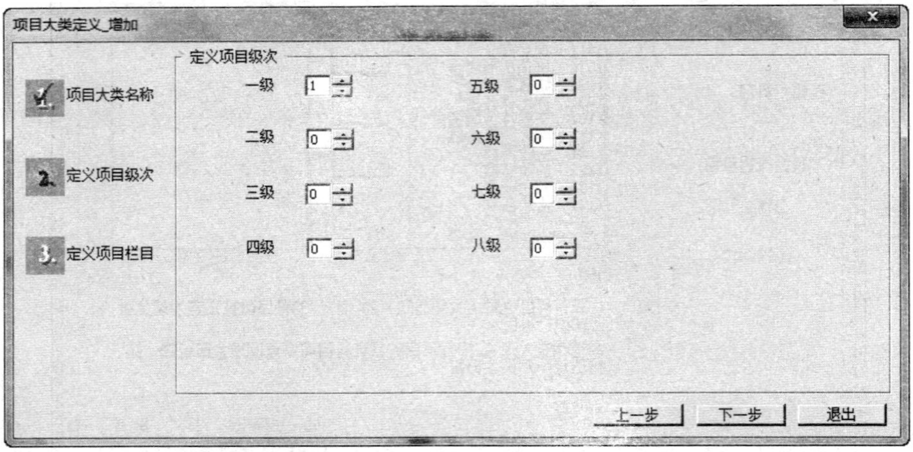

图 3-15　定义项目级次

⑤ 单击“下一步”按钮，打开“定义项目栏目”对话框，采取系统默认，不做修改。

⑥ 单击“完成”按钮，返回“项目档案”界面。

⑦ 从项目大类下拉列表中选择“产品”，单击“核算科目”选项卡，单击“»”按钮将全部待选科目选择为按产品项目大类核算的科目，单击“确定”按钮保存，如图 3-16 所示。

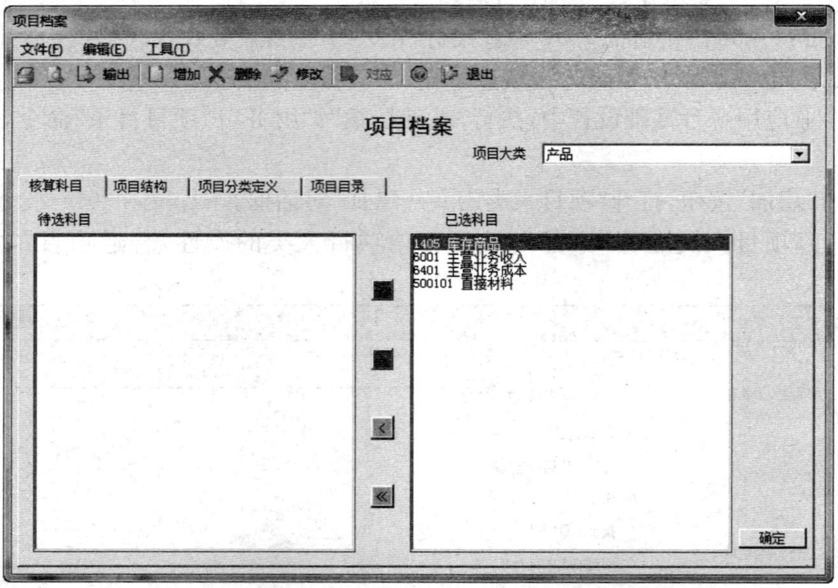

图 3-16　选择项目核算科目

⑧ 单击“项目分类定义”选项卡，输入分类编码“1”、分类名称“电热水壶”，单击“确定”按钮。输入分类编码“2”、分类名称“电压力锅”，单击“确定”按钮。结果显示如图 3-17 所示。

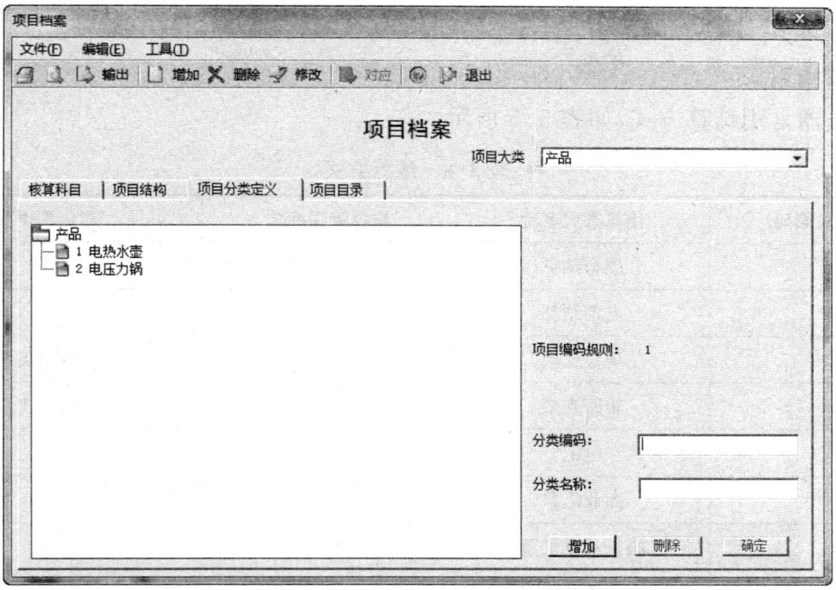

图 3-17　项目分类定义

⑨ 单击“项目目录”选项卡，单击“维护”按钮，进入“项目目录维护”窗口。

⑩ 单击“增加”按钮，输入项目档案，如图 3-18 所示。

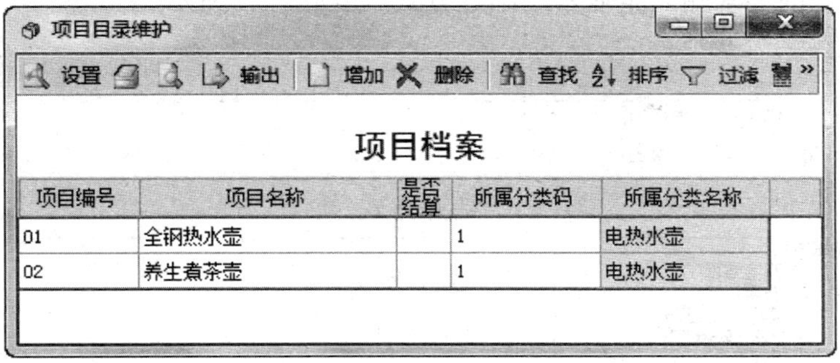

图 3-18　项目目录维护

任务 5　设置收付结算

任务下达

以账套主管的身份进行收付结算设置。

任务解析

设置结算方式的目的一是为了提高银行对账的效率，二是根据业务自动生成凭证时可以识别相关的科目。会计信息化系统中需要设置的结算方式与财务结算方式基本一致，如现金结算、支票结算等。手工系统中一般设有支票登记簿，因业务需要借用支票时需要在支票登记簿上登记签字，回来报销支票时再注明报销日期。会计信息化系统中同样提供票据管理的功能，如果某种结算方式需要进行票据管理，只需选中“是否票据管理”标志即可。

任务指引

菲尼电器常用结算方式，如表 3-8 所示。

表 3-8　结算方式

结算方式编码	结算方式名称	票据管理标志	对应票据类型
1	现金结算		
2	支票结算		
201	现金支票	是	现金支票
202	转账支票	是	转账支票
3	电汇		
4	商业汇票		
401	银行承兑汇票		
402	商业承兑汇票		
5	其他		

① 在企业应用平台基础设置中，执行“基础档案”|“收付结算”|“结算方式”命令，进入“结算方式”窗口。

② 按表 3-8 的要求输入企业常用结算方式，如图 3-19 所示。

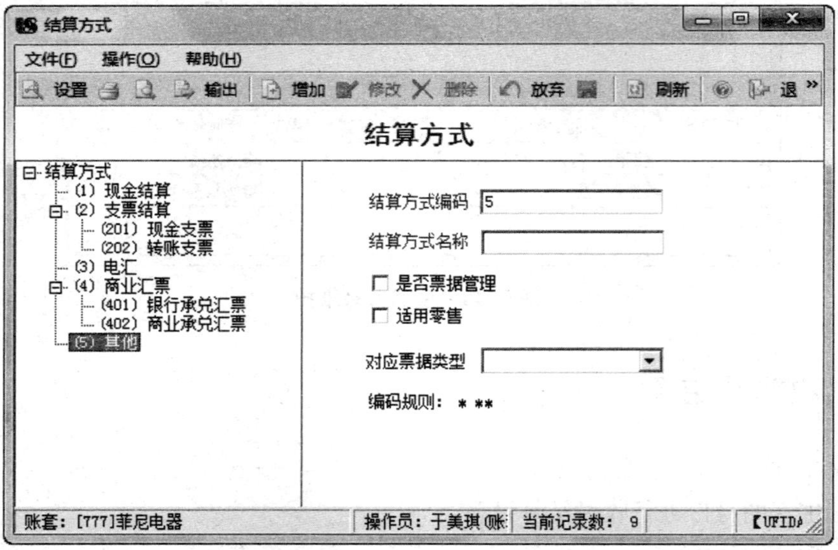

图 3-19　结算方式定义

全部完成后，将账套备份至“基础设置”。

在线测试

闯　关

一、判断题

1. 从系统安全考虑，操作员应定期更改自己的密码。（　　）
2. 部门档案中的负责人信息只能从已经建立的人员档案中进行选择。（　　）
3. 不设置客户的税号，则不能给该客户开具销售专用发票。（　　）
4. 用户可以按照本单位的需要对记账凭证进行分类，不同的凭证分类方式将产生不同的记账结果。（　　）
5. 指定现金、银行总账科目的作用是指定出纳的专管科目。（　　）

二、选择题

1. 必须先建立（　　），才能建立人员档案。
   A. 本单位信息档案　B. 部门档案　C. 职务档案　D. 岗位档案
2. 在企业应用平台中，可以进行修改的账套信息是（　　）。
   A. 会计期间　B. 编码方案　C. 账套主管　D. 数据精度
3. 关于总账的启用日期，正确的说法是（　　）。
   A. 总账启用会计期必须小于等于账套的启用日期
   B. 总账启用会计期必须小于等于系统日期
   C. 总账启用会计期必须大于等于账套的启用日期
   D. 总账启用会计期必须大于等于系统日期
4. 关于增加会计科目，以下说法错误的是（　　）。
   A. 必须先建上级科目再建下级科目
   B. 会计科目编码的长度及每级位数必须符合会计科目编码规则的规定
   C. 会计科目不能删除
   D. 会计科目已经使用后则不能再增加下级科目
5. 关于项目，以下说法错误的是（　　）。
   A. 相同特性的一类项目可以定义为一个项目大类
   B. 一个项目大类可以核算多个科目
   C. 可以定义项目的具体栏目
   D. 一个科目也可以对应到不同项目大类

三、思考题

1. U8 子系统的启用有哪些方法？
2. 客户档案中客户全称和客户简称各用于哪种情况？
3. 指定会计科目的意义是什么？
4. 企业中哪些科目适合设置为部门核算？
5. 什么是项目？举例说明不同类型的企业可能存在的项目。

四、实训题

1. 查看菲尼电器分类编码方案。
2. 如果企业是旅行社，需要对每个团次进行收入、成本、毛利核算，请用用友 U8 提供的项目辅助核算设计解决方案。

项目4 总　账

知识目标：

1. 了解总账系统的主要功能。
2. 掌握总账系统初始化的工作内容。
3. 理解总账系统中各选项的含义。
4. 熟悉凭证填制、审核、记账账务处理流程。
5. 掌握出纳管理的基本工作内容。
6. 了解期末自定义凭证的作用，掌握自定义凭证的方法。
7. 理解科目辅助核算的作用。
8. 理解结账的含义。

技能目标：

1. 学会设置总账系统选项。
2. 掌握不同科目期初余额输入的操作。
3. 掌握凭证填制、修改、审核、记账、查询等基本操作。
4. 掌握出纳签字、银行对账的基本操作。
5. 掌握如何进行转账定义。
6. 掌握期末结账的操作。

项目背景

基础铺垫完成，从哪里开始入手学习呢？对从事财务工作的初学者来说，通常会选择从总账子系统开始。手工环境下，总账是指总分类账簿，是根据总分类科目开设账户，用来登记全部经济业务，进行总分类核算，提供总括核算资料的分类账簿。总分类账所提供的核算资料，是编制会计报表的主要依据。用友 U8 中的总账系统与传统手工会计中的总账概念有着根本不同，在用友 U8 总账系统中支持凭证处理、账簿登记及查询、出纳管理等涉及企业资金变动的全部账务处理。经济业务发生时，只需根据原始凭证在总账系统中填制记账凭证，再根据内部控制要求由他人对凭证进行审核，之后记账工作由系统自动完成。总账系统是用友 U8 财务会计系统的核心子系统，也是企业会计信息化的起点。

基本知识

4.1 总账系统的主要功能

用友 U8 总账系统的主要功能包括初始设置、凭证管理、账簿管理、辅助核算管理、月末处理。

4.1.1 初始设置

由用户根据本企业的具体需要建立账务应用环境，将用友 U8 总账系统设置为适合本单位实际需要的专用系统。主要工作包括设置总账选项、设置基础档案、设定明细账权限和录入期初余额等。

4.1.2 凭证管理

通过严密的制单控制保证填制凭证的正确性。提供资金赤字控制、支票控制、预算控制、外币折算误差控制以及查看最新余额等功能，加强对发生业务的及时管理和控制。完成凭证的录入、审核、记账、查询、打印，以及出纳签字、常用凭证定义等。

4.1.3 账簿管理

强大的查询功能使整个系统实现总账、明细账、凭证联查，并可查询包含未记账凭证的最新数据。可随时提供总账、余额表、明细账、日记账等标准账表的查询。

4.1.4 辅助核算管理

总账系统除了提供总账、明细账、日记账等主要账簿数据的查询外，还提供以下辅助核算管理：个人往来核算、部门核算、往来管理、现金管理和项目管理。

4.1.5 月末处理

总账系统月末处理主要包括自动转账凭证的定义、自动转账凭证的生成、对账和结账等内容。

4.2 总账系统的应用流程

总账系统的应用流程如图 4-1 所示。应用流程指明了使用总账系统的操作顺序，便于快速学习和掌握总账系统的各项功能。

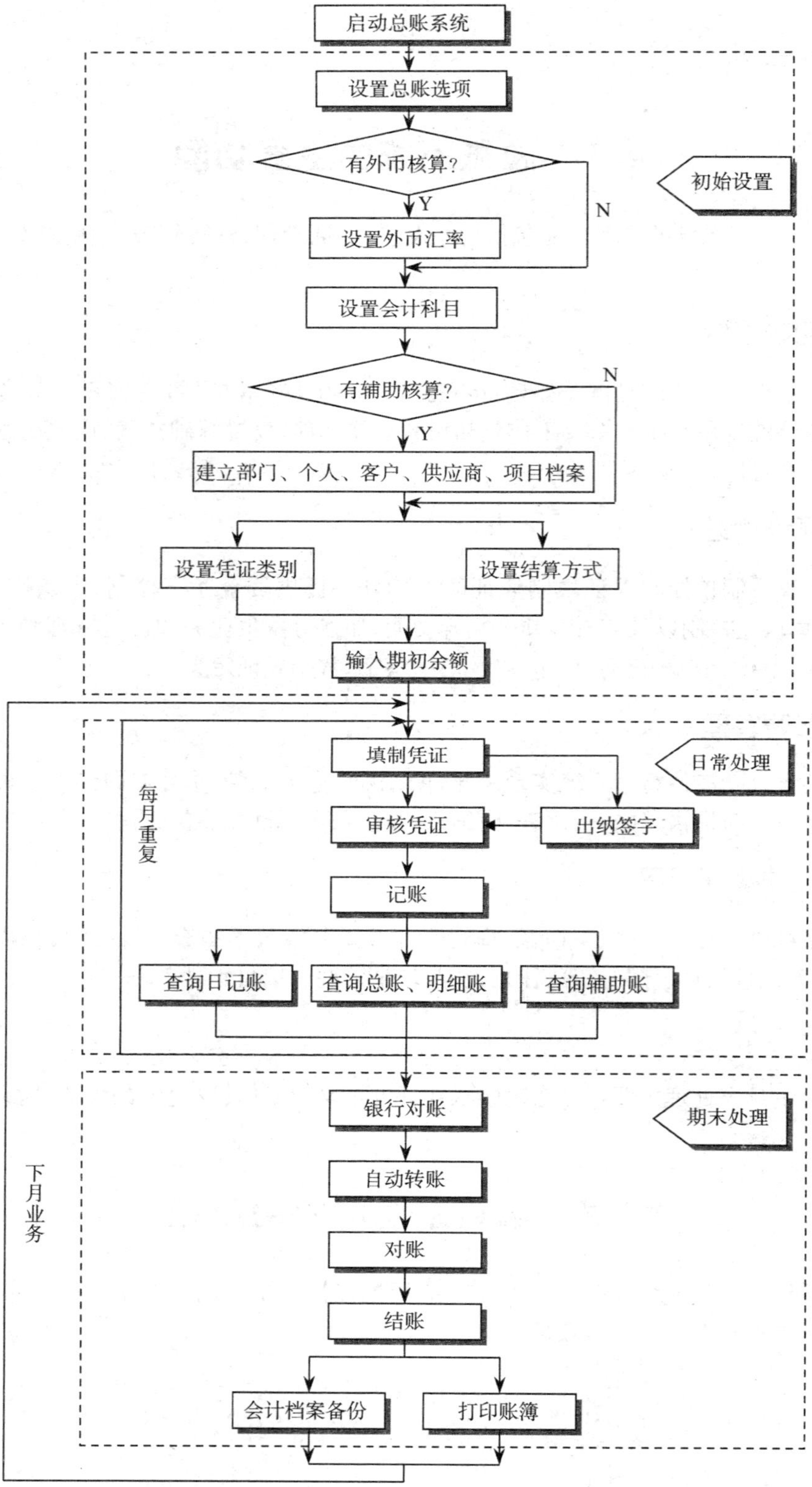

图 4-1　总账系统的应用流程

实训任务

提醒

- 将 Windows 系统日期分隔符调整为“-”。
- 请以系统管理员的身份在系统管理中引入“基础设置”账套。

任务 *1* 设置总账系统选项

任务下达

以账套主管 701 于美琪的身份进行总账系统选项设置。

任务解析

为了最大范围地满足不同企业用户的信息化应用需求，总账系统作为通用商品化管理软件的核心子系统，是通过内置大量的选项(也称参数)来提供面向不同企业应用的解决方案的。企业可以根据自身的实际情况进行选项设置，以确定符合企业个性特点的应用模式。

软件越通用，意味着系统内置的参数越多，系统参数的设置决定了企业的应用模式和应用流程。为了明确各项参数的适用对象，软件中一般将参数分门别类进行管理。

任务指引

按照表 4-1 进行总账系统选项设置。

表 4-1　总账系统选项设置

选项卡	选项设置
凭证	支票控制； 可以使用应收、应付受控科目； 取消“现金流量科目必录现金流量项目”选中标记
权限	出纳凭证必须经由出纳签字； 明细账查询权限控制到科目
会计日历	数量小数位和单价小数位设为 2 位
其他	部门、个人、项目按编码方式排序

① 以账套主管 701 于美琪的身份在企业应用平台的“业务工作”中，执行“财务会计”|“总账”|“设置”|“选项”命令，打开“选项”对话框。“选项”对话框中包括“凭证”“账簿”“凭证打印”“预算控制”“权限”“会计日历”“其他”等几个选项卡。

② 单击“编辑”按钮，再单击“凭证”选项卡，选中“支票控制”“可以使用应收受控科目”“可以使用应付受控科目”复选框，取消“现金流量科目必录现金流量项目”选中标记，如图 4-2 所示。

栏目说明

➢制单序时控制：选中该项意味着填制凭证时随凭证编号的递增，凭证日期按由小到大的顺序排列。

➢支票控制：如果在结算方式中启用了票据管理并选择此项的情况下，在制单时录入了未在支票登记簿中登记的支票号，系统将提供登记支票登记簿的功能。

➢资金及往来赤字控制：若选择了此项，则在制单时，当现金、银行科目的最新余额出现负数时，系统将予以提示。

➢可以使用应收受控科目：选中该项时，系统弹出“受控科目被其他系统使用时，会造成应收系统与总账对账不平”信息提示框，意即应收账款受控科目应该只能在应收款系统制单使用，如果允许在总账系统使用，会造成总账系统与应收款系统对账不平。单击“确定”按钮，允许在总账系统中使用应收受控科目制单。

➢现金流量科目必录现金流量项目：如果在会计科目设置中指定了现金流量科目，并且该选项是选中的话，那么在填制凭证时，如果凭证中使用了现金流量科目，就一定要把发生的现金金额指定到现金流量表的某个项目，否则凭证无法保存。

➢凭证录入时结算方式及票据号必录：因为系统提供银行对账的功能，而系统自动对账的基本条件就是结算方式、票据号和金额一致，因此如果要使用系统提供的对账功能，就尽量在进行凭证录入时保全这些信息。

➢凭证编号方式：选择“系统编号”，系统将按照凭证类别按月自动编制凭证编号；选择“手工编号”，在填制凭证时需要人工输入凭证编号。

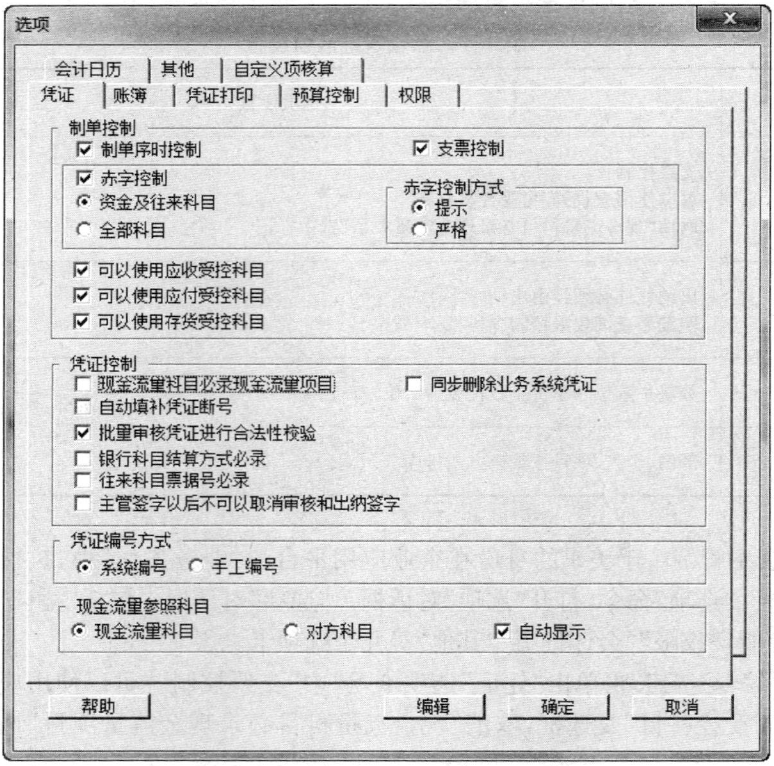

图 4-2 “凭证”选项卡

解惑 为什么要设置"可以使用应收受控科目""可以使用应付受控科目"?

目前菲尼电器只启用了总账系统，即企业的应用方案为总账+报表，所有的往来业务都需要在总账系统中处理，因此需要选中"可以使用应收受控科目""可以使用应付受控科目"选项，否则在总账系统中填制凭证时无法使用"应收账款""应付账款"等往来科目。

③ 单击"权限"选项卡，按要求选中"出纳凭证必须经由出纳签字""明细账查询权限控制到科目"，如图4-3所示。

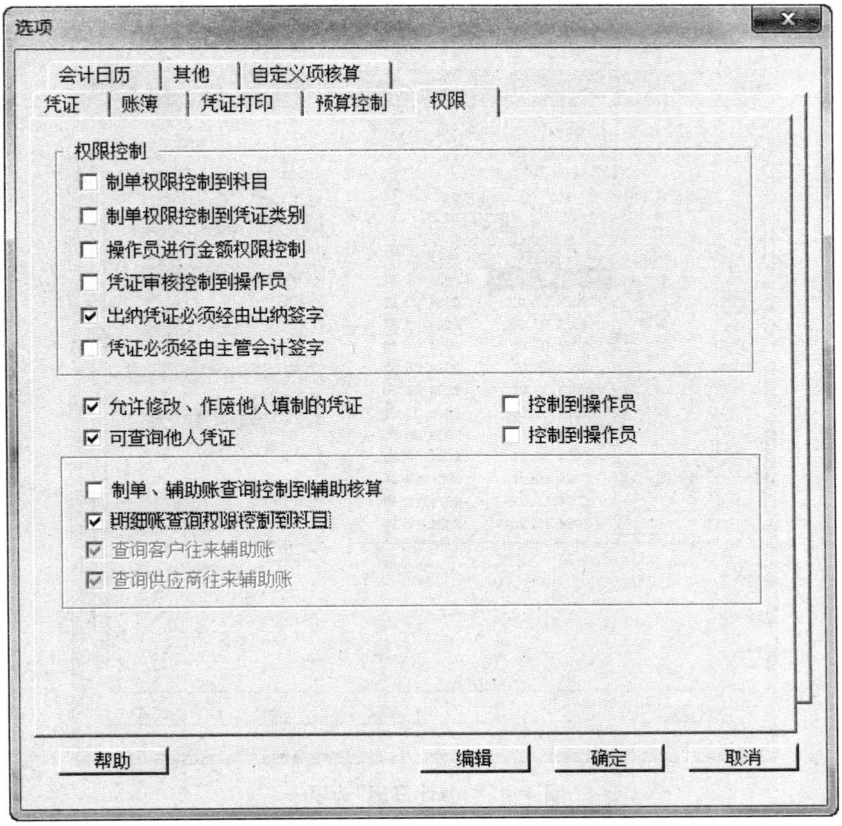

图4-3 "权限"选项卡

栏目说明

➤制单权限控制到科目：系统允许设置有制单权限的操作员可以使用哪些特定科目制单。

➤凭证审核控制到操作员：如果希望对审核权限作进一步细化，如只允许张三审核李四填制的凭证，而不能审核王五填制的凭证，则应选择此项。

➤出纳凭证必须经由出纳签字：若选择了此项，则含有现金、银行科目的凭证必须由出纳人员通过"出纳签字"功能对其核对签字后才能记账。

>允许修改、作废他人填制的凭证：选择该项，当前操作员可以修改或作废非本人填制的凭证。

>明细账查询权限控制到科目：有些时候，希望对查询和打印权限作进一步细化，如只允许某操作员查询或打印某科目明细账，而不能查询或打印其他科目的明细。这种情况下，则应选择此项，然后再到总账系统“设置”|“明细账权限”中去设置明细账科目查询权限。

④ 单击“会计日历”选项卡，修改“数量小数位”“单价小数位”为 2，如图 4-4 所示。数量、单价小数位设置：决定在制单或查账时系统对于数量、单价小数位的显示形式。

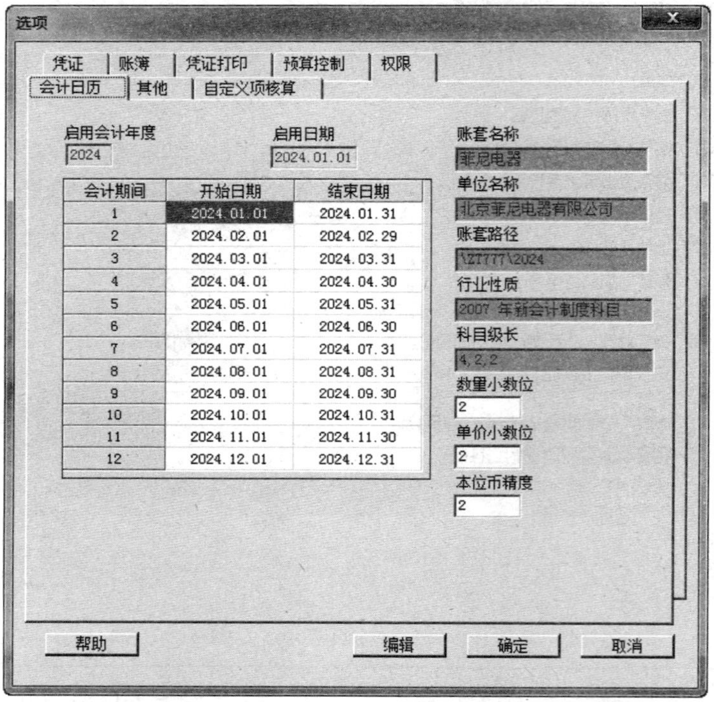

图 4-4 “会计日历”选项卡

提醒

此处仅能查看会计日历，不能修改，如需修改需到系统管理中修改账套。

⑤ 单击“其他”选项卡，选择部门、个人、项目排序方式为“按编码排序”，如图 4-5 所示。

栏目说明

>外币核算：如果企业有外币业务，则应选择相应的汇率方式。选择固定汇率，日常业务按月初汇率处理，月末进行汇兑损益调整。选择浮动汇率，日常业务按当日汇率折算本位币金额，月末无须进行调整。此处采用系统默认的“固定汇率”。

➢部门、个人、项目排序方式：决定在查询相关账目时，是按编码排序还是按名称排序。此处选择"按编码排序"。

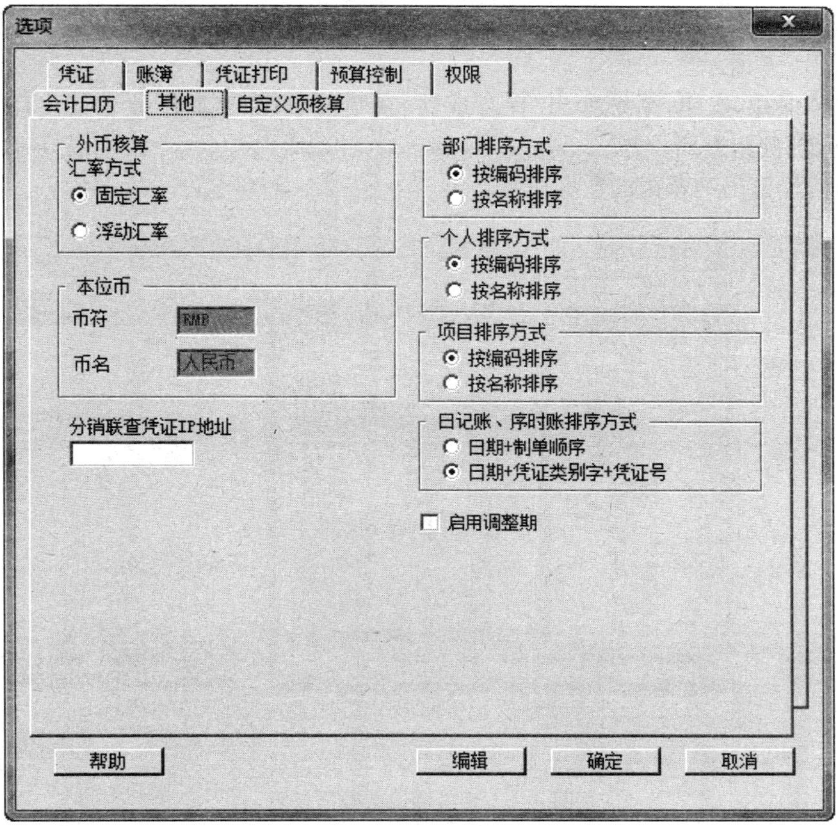

图 4-5 "其他"选项卡

⑥ 全部设置完成后，单击"确定"按钮返回。

任务 2 设置明细账权限

任务下达

以账套主管 701 于美琪的身份进行明细账权限设置。

任务解析

用友 U8 中包括功能权限、数据权限和金额权限。功能权限在项目 2 中已经介绍，此处不赘述。如果企业业务量大，内部控制比较严格，需要采用更精细的数据权限控制，则可以在开始总账日常业务处理之前的初始设置中完成该项工作。

任务指引

设置往来会计姜楠只能查询应收票据、应收账款、预收账款、应付票据、应付账款及其明细、预付账款科目明细账。设置出纳蒋雨只能查询库存现金、银行存款科目明细账。

① 执行“总账”|“设置”|“数据权限分配”命令，进入“权限浏览”窗口。

② 在左侧的用户列表中选择“姜楠”，在右侧窗口中选择“记录”选项卡，业务对象选择“科目”，目前右侧权限列表为空，姜楠没有任何权限。

③ 单击“授权”按钮，打开“记录权限设置”对话框。单击“ > ”按钮，将应收票据、应收账款、预付账款、应付票据、应付账款、应付货款、暂估应付款、预收账款科目从禁用列表选入可用列表，如图 4-6 所示。

④ 单击“保存”按钮，系统弹出“保存成功，重新登录门户，此配置才能生效”信息提示框，单击“确定”按钮返回。

⑤ 同理，设置出纳蒋雨的数据权限。

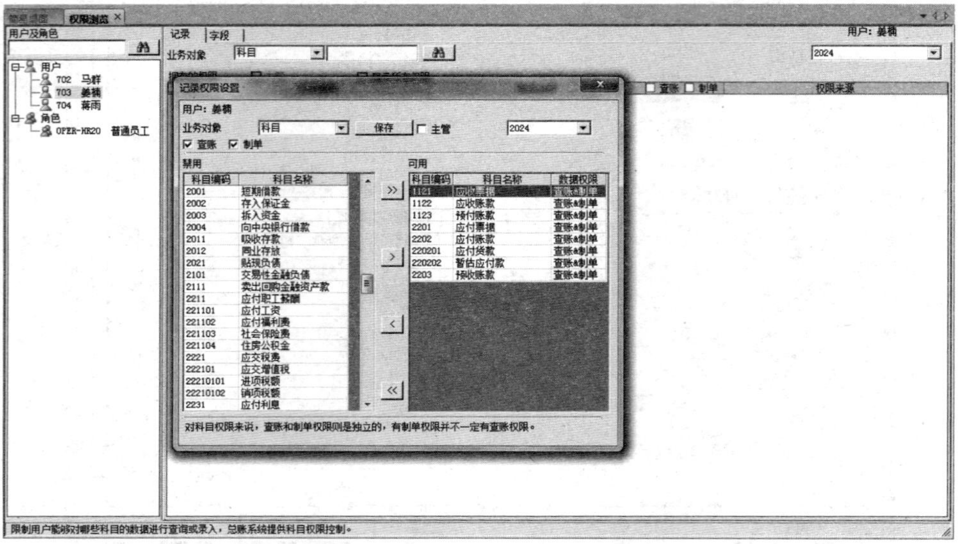

图 4-6　为姜楠设置数据权限

任务 3　期初余额录入

任务下达

以账套主管 701 于美琪的身份进行期初余额录入。

任务解析

企业账套建立之后，需要在系统中建立各账户的初始数据，才能继续手工业务处理进程。各账户余额数据的准备与总账启用的会计期间相关。

1. 准备期初数据

为了保持账簿资料的连续性，应该将原有系统下截至总账启用日的各账户年初余额、累计发生额和期末余额输入计算机系统中。但因为它们之间存在这样的关系：如果某账户余额在借方，则“年初余额＋本年累计借方发生额－本年累计贷方发生额＝期末余额”；如果某账户余额在贷方，则“年初余额＋本年累计贷方发生额－本年累计借方发生额＝期末余额”。因此一般只需要在系统中输入其中三个数据，另外一个可以根据上述关系自动计算。

选择年初启用总账和选择年中启用总账需要准备的期初数据是不同的。如果选择年初建账，只需要准备各账户上年年末的余额作为新一年的期初余额，且年初余额和月初余额是相同的。例如，某企业选择 2024 年 1 月启用总账系统，则只需要整理该企业 2023 年 12 月末各账户的期末余额作为 2024 年 1 月初的期初余额，因为本年没有累计数据发生，因此月初余额同时也是 2024 年年初余额。如果选择年中建账，不仅要准备各账户启用会计期间上一期的期末余额作为启用期的期初余额，还要整理自本年度开始截至启用期的各账户累计发生数据。例如，某企业 2024 年 8 月开始启用总账系统，那么，应将该企业 2024 年 7 月末各科目的期末余额及 1—7 月的累计发生额整理出来，作为计算机系统的期初数据录入总账系统中，系统将自动计算年初余额。

如果科目设置了某种辅助核算，那么还需要准备辅助项目的期初余额。例如，应收账款科目设置了客户往来辅助核算，除了要准备应收账款总账科目的期初数据外，还要详细记录这些应收账款是哪些客户的销售未收，因此要按客户整理详细的应收余额数据。

2. 录入期初数据

录入期初余额时，根据科目性质不同，分为以下几种情况：

① 末级科目的余额数据可以直接输入。

② 非末级科目的余额数据由系统根据末级科目数据逐级向上汇总而得。

③ 科目有数量、外币核算时，在输入本位币余额后，还要在下面一行输入相应的数量和外币余额。

④ 科目有辅助核算时，不能直接输入该账户的期初余额，而是必须输入辅助账的期初余额。辅助账余额输入完毕后，自动带回总账。

3. 试算平衡

期初数据输入完毕后应进行试算平衡。如果期初余额试算不平衡，可以填制、审核凭证，但不能进行记账处理。因为企业信息化时，初始设置工作量大，占用时间比较长，为了不影响日常业务的正常进行，故允许在初始化工作未完成的情况下进行凭证的填制。

凭证一经记账，期初数据便不能再修改，显示为“浏览、只读”。

任务指引

整理的菲尼电器 2024 年 1 月科目余额如表 4-2 所示、应收账款客户往来辅助核算明细如表 4-3 所示、其他应收款个人往来辅助核算明细如表 4-4 所示、应付货款供应商往来辅助核算明细如表 4-5 所示。

表 4-2 菲尼电器 2024 年 1 月科目余额表

单位：元

科目名称及编码	辅助核算	方向	余额	备注
库存现金(1001)		借	13 622	
银行存款(1002)		借	189 285	
工行存款(100201)		借	189 285	
人民币户(10020101)		借	189 285	
应收账款(1122)	客户往来	借	334 480	辅助明细见表 4-3

续 表

科目名称及编码	辅助核算	方向	余额	备注
其他应收款(1221)	个人往来	借	8 500	辅助明细见表 4-4
原材料(1403)		借	310 800	
不锈钢板材(140301)	数量核算	借	540 00	数量:300 张
温控器(140302)	数量核算	借	30 000	数量:2 000 个
手柄(140303)	数量核算	借	36 800	数量:4 600 个
底座(140304)	数量核算	借	87 500	数量:3 500 个
加热底盘(140305)	数量核算	借	29 000	数量:2 900 个
壶体(140306)	数量核算	借	73 500	数量:2 450 个
库存商品(1405)		借	524 700	全钢热水壶:418 500 养生煮茶壶:106 200
固定资产(1601)		借	2 785 000	
累计折旧(1602)		贷	369 040	
短期借款(2001)		贷	300 000	
应付账款(2202)		贷	76 680	
应付货款(220201)		贷	40 680	辅助明细见表 4-5
暂估应付款(220202)		贷	36 000	
应付职工薪酬(2211)		贷	204 855	
应付工资(221101)		贷	204 855	
应交税费(2221)		贷	104 436	
应交增值税(222101)		贷	104 436	
进项税额(22210101)		贷	−390 767	
销项税额(22210102)		贷	495 203	
实收资本(4001)		贷	3 000 000	
利润分配(4104)		贷	111 376	
未分配利润(410415)		贷	111 376	

表 4-3 应收账款客户往来辅助核算明细

日期	凭证号	客户	摘要	方向	金额/元
2023-10-20	转-156	唯品	期初数据	借	226 000
2023-11-28	转-235	鲁阳	期初数据	借	108 480

表 4-4 其他应收款个人往来辅助核算明细

日期	凭证号	部门	职员	摘要	方向	金额/元
2023-12-19	付-101	企管部	康凡	出差借款	借	5 000
2023-12-27	付-288	销售部	苏美美	出差借款	借	3 500

表 4-5　应付货款供应商往来辅助核算明细

日期	凭证号	供应商	摘要	方向	金额/元
2023-11-25	转-199	天翼	期初数据	贷	40 680

期初数据录入完成后，进行期初试算平衡。

1. 录入非辅助核算科目期初余额

① 执行“总账”|“设置”|“期初余额”命令，进入“期初余额录入”窗口。

② 单击“库存现金”期初余额栏，输入“13 622”，回车确认，数字自动靠右对齐。

③ 单击“人民币户”期初余额栏，输入“189 285”，回车确认，其上级科目工行存款和银行存款期初余额自动汇总生成。

提醒

录入红字余额时，先输入“—”号。

2. 录入数量核算科目期初余额

① 不锈钢板材科目显示为两行，第 1 行为人民币余额，第 2 行为数量余额，必须先输入第 1 行本位币期初余额 54 000。

② 再输入第二行数量期初余额 300。

③ 同理，输入其他数量核算科目的期初余额，如图 4-7 所示。

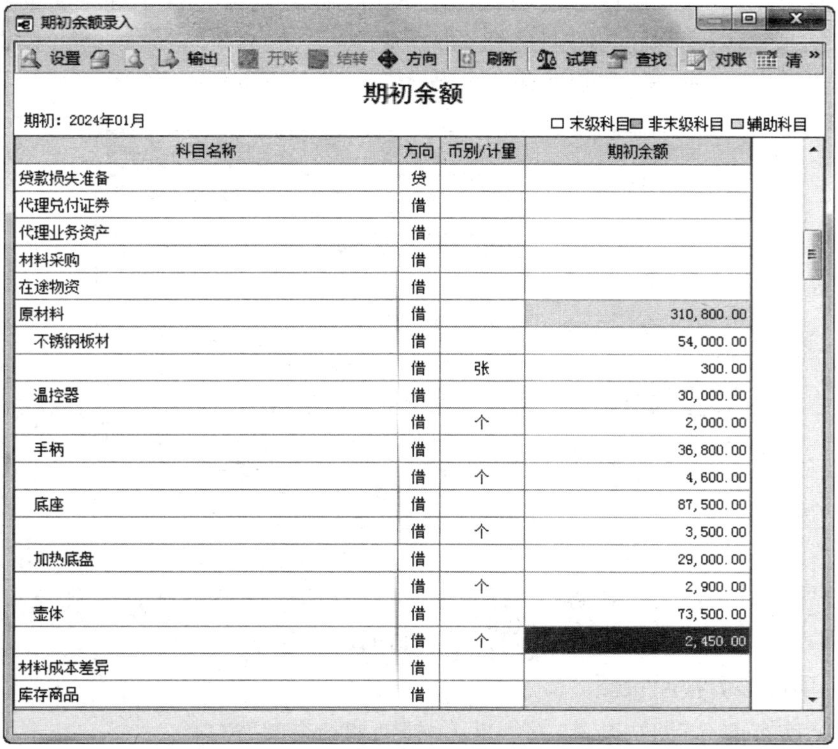

图 4-7　录入数量核算科目期初余额

提醒

有外币、数量核算的科目，期初余额显示为两行，第 1 行为人民币余额，第 2 行为数量、外币余额，必须先录入本币余额，才能输入外币和数量余额。

3. 录入客户往来科目的期初余额

① 双击“应收账款”期初余额一栏，进入“辅助期初余额”窗口。

② 单击工具栏上的“往来明细”按钮，进入“期初往来明细”窗口。

③ 单击“增行”按钮，按表 4-3 资料输入详细业务信息，如图 4-8 所示。

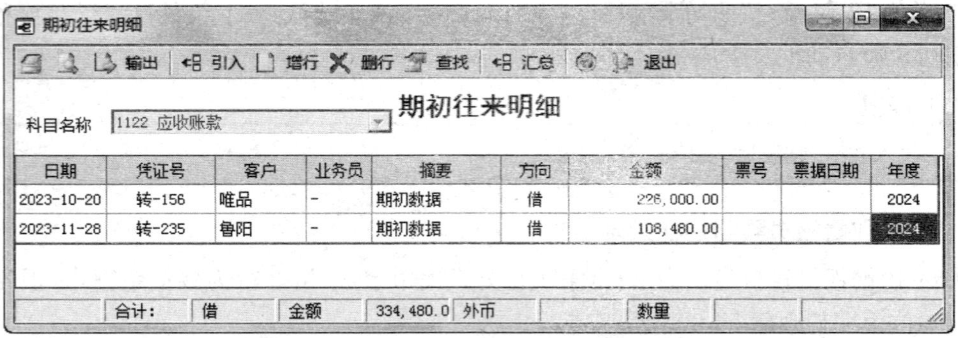

图 4-8　辅助期初往来明细

④ 在“期初往来明细”窗口中，单击“汇总”按钮，系统弹出“完成了往来明细到辅助期初表的汇总！”信息提示框，单击“确定”按钮返回。

⑤ 单击“退出”按钮，返回“辅助期初余额”窗口，如图 4-9 所示。

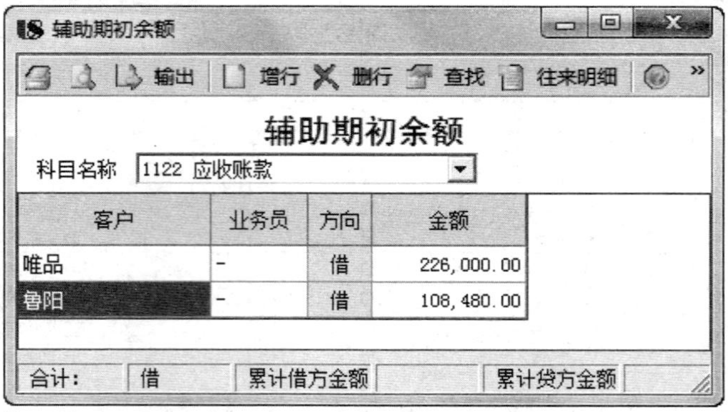

图 4-9　辅助期初余额

⑥ 单击“退出”按钮，返回“期初余额录入”窗口，自动带回应收账款余额 334480。

⑦ 同理，输入“其他应收款”“应付货款”科目的期初余额。

4. 输入项目核算科目余额

① 双击“库存商品”期初余额一栏，进入“辅助期初余额”窗口。

② 单击“增行”按钮，选择项目“全钢热水壶”，输入金额“418 500”，回车；选择项目“养生

煮茶壶”，输入金额“106 200”，如图 4-10 所示。

③ 单击“退出”按钮，返回“期初余额录入”窗口，库存商品科目期初余额自动生成。

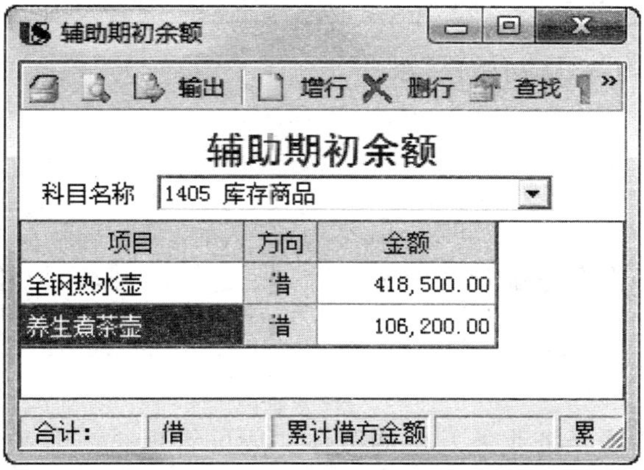

图 4-10 项目核算辅助期初余额

解惑 关于科目的余额方向

在手工科目体系中，允许存在上级科目与明细科目余额方向不一致的情况，如“应交税费”科目余额方向为“贷”，而“应交税费——应交增值税——进项税额”科目余额方向为“借”。在 U8 系统中，上级科目与明细科目的余额方向必须一致。这样，应交税金科目及其所有明细科目的余额方向均为“贷”，当期末余额与规定的余额方向不一致时，输入“—”号表示。

5. 试算平衡

① 在“期初余额录入”界面，单击“试算”按钮，打开“期初试算平衡表”对话框，如图 4-11 所示。

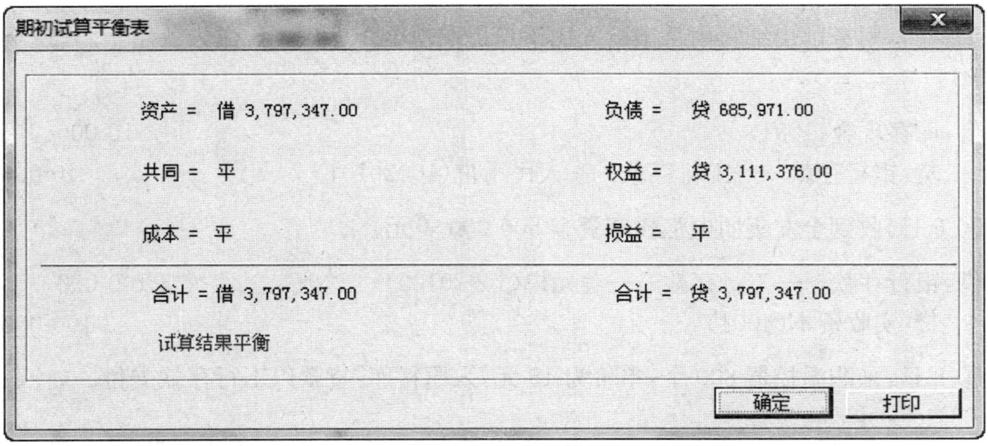

图 4-11 期初试算平衡表

② 查看试算结果，单击“确定”按钮退出。

提醒

- 期初余额试算不平衡，可以填制凭证，但不能记账。
- 已经记过账，则不能再输入、修改期初余额。

全部完成后，备份为"总账初始化"账套。

任务 4　填制凭证

任务下达

以系统管理员的身份在系统管理中引入"总账初始化"账套，以总账会计 702 马群的身份登录总账填制凭证。

任务解析

凭证是记录企业各项经济业务发生的载体。凭证管理是总账系统的核心功能，主要包括填制凭证、出纳签字、审核凭证、记账、查询打印凭证等。凭证是总账系统数据的唯一来源，为严把数据源的正确性，总账系统设置了严密的制单控制以保证凭证填制的正确性。另外，总账系统还提供资金赤字控制、支票控制、预算控制、外币折算误差控制、凭证类型控制、制单金额控制等功能，以加强对业务的及时管理和控制。

记账凭证按其编制来源可分为两大类，即手工填制凭证和机制凭证。机制凭证包括利用总账系统自动转账功能生成的凭证以及在其他子系统中生成传递到总账的凭证。本节主要介绍手工填制凭证。

任务指引

2024 年 1 月，菲尼电器发生以下经济业务：

① 2 日，销售部报销业务招待费 1 200 元，以现金支付。（附原始凭证餐票一张）

借：销售费用——招待费(660105)	1 200	
贷：库存现金(1001)		1 200

② 5 日，财务部出纳蒋雨从工行人民币户提取现金 10 000 元，作为备用金。（现金支票号 2101）

借：库存现金(1001)	10 000	
贷：银行存款——工行存款——人民币户(10020101)		10 000

③ 6 日，收到全友集团电汇投资资金 500 000 美元。

借：银行存款——工行存款——美元户(10020102)	3 100 000	
贷：实收资本(4001)		3 100 000

④ 9 日，采购温控器 800 个，单价为 15 元，入原料库，货款以工行存款支付。（转账支票号 2109）

借：原材料——温控器(140302)	12 000	
应交税费——应交增值税——进项税额(22210101)	1 560	
贷：银行存款——工行存款——人民币户(10020101)		13 560

⑤ 11日，收到山东鲁阳公司转账支票一张，金额为108 480元，用于偿还前欠货款。（转账支票号2111）

借：银行存款——工行存款——人民币户（10020101）　108 480
　贷：应收账款（1122）　108 480

⑥ 15日，从天翼购入不锈钢板材400张，单价为180元，货款暂欠，已验收入库。

借：原材料——不锈钢板材（140301）　72 000
　应交税费——应交增值税——进项税额（22210101）　9 360
　贷：应付账款——应付货款（220201）　81 360

⑦ 18日，企管部康凡出差归来，报销差旅费4 360元，交回现金640元，提供原始单据5张。

借：管理费用——差旅费（660204）　4 360
　库存现金（1001）　640
　贷：其他应收款（1221）　5 000

⑧ 20日，向唯品商贸城赊销全钢热水壶200把，无税单价为120元，养生煮茶壶300把，无税单价为200元，附单据2张。

借：应收账款（1122）　94 920
　贷：主营业务收入——全钢热水壶　24 000
　　主营业务收入——养生煮茶壶　60 000
　　应交税费——应交增值税——销项税额（22210102）　10 920

1. 填制第1张凭证

① 以总账会计马群的身份登录U8企业应用平台，在“业务工作”中，执行“财务会计”|“总账”|“凭证”|“填制凭证”命令，进入“填制凭证”窗口。

解惑　为什么马群在财务会计下只看到总账子系统？

在项目2中，我们为用户马群只授予了“总账”和“固定资产”两个子系统的操作权限，因为固定资产子系统目前尚未启用，因此马群只能看到总账子系统。

② 单击“增加”按钮，系统自动增加一张空白收款凭证。

③ 在凭证左上角单击“参照”按钮，选择凭证类型“付款凭证”，输入制单日期“2024.01.02”，输入附单据数“1”。

栏目说明

➢凭证类别：可以输入凭证类别字，也可以单击“参照”按钮进行选择。如果在设置凭证类别时设置了凭证的限制类型，那么必须符合限制类型的要求，否则系统会给出错误提示。例如，假定企业选择了“收、付、转”三类凭证，且设置了收款凭证的限制类型为“借方必有”科目“1001,1002”，如果企业发生了“销售产品，货款未收”的业务，应借记“应收账款”科目，贷记“主营业务收入”和“应交税费——应交增值税——销项税额”科目，如果用户误选择了“收款凭证”类别，保存时系统会提示“不满足借方必有条件”。

➢凭证编号：选择系统编号的情况下，由系统按凭证类别按月自动编号，即每类凭证每月都从 0001 号开始。系统同时也自动管理凭证页号，系统规定每页凭证有五条记录，当某张凭证不只一页时，系统将自动在凭证号后标上分单号。例如，收－0001 号 0002/0003 表示为收款凭证第 0001 号凭证共有三张分单，当前光标所在分录在第二张分单上。

➢制单日期：填制凭证的日期。系统自动取登录总账时的业务日期为记账凭证日期，如果日期不对，可进行修改或参照输入。采用制单序时控制时，日期只能随凭证号递增而增加，即不能逆序。凭证日期应大于等于系统启用日期，小于等于系统日期。

➢附单据数：记账凭证打印出来后，应将相应的原始凭证黏附其后，这里的附单据数就是指将来该记账凭证所附的原始单据数。

④ 摘要输入“报销招待费”，科目名称可以直接输入科目编码或科目名称，也可以单击“参照”按钮选择科目“660105”，借方金额“1 200”，按回车键；摘要自动带到下一行，输入贷方科目“1001”，光标位于贷方金额时，按“＝”键将借贷方差额“1 200”取到当前位置，如图 4-12 所示。

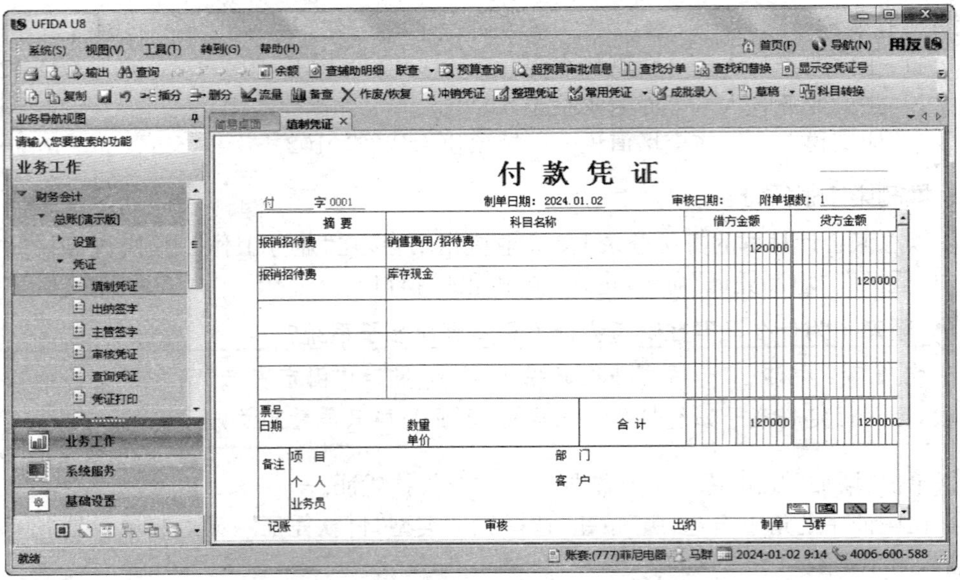

图 4-12 填制第 1 张凭证

栏目说明

➢摘要：输入本笔分录的业务说明，要求简洁明了，不能为空。凭证中的每个分录行都必须有摘要，各行摘要可以不同。可以利用系统提供的“常用摘要”功能预先设置常用摘要，以规范业务，加快凭证录入速度。

➢科目：输入或参照输入末级科目编码，系统自动将其转换为中文名称。也可以直接输入中文科目名称、英文科目名称或助记码。

➢辅助信息：对于设置了辅助核算的科目，系统提示输入相应的辅助核算信息。

➢金额：该笔分录的借方或贷方本币发生额，金额不能为零，但可以是红字，红字金额以负数形式输入。凭证上的借方金额合计应该与贷方金额合计相等，否则不能保存。

⑤ 单击“保存”按钮，系统提示“凭证已成功保存！”，单击“确定”按钮。

凭证底部主要标识该凭证的制单人、审核人、记账人信息，由系统根据登录操作员信息自动记录其姓名。

提醒

- 凭证一旦保存，其凭证类别、凭证编号不能修改。
- 可按“＝”键取当前凭证借贷方金额的差额到当前光标位置。
- 单击“增加”按钮可以在保存凭证的同时增加一张新凭证。

2. 填制第2张凭证

业务特征：“10020101 银行存款——工行存款——人民币户”科目设置了银行账辅助核算。

① 在“填制凭证”窗口中，单击“增加”按钮，选择凭证类型为“付款凭证”，输入制单日期“2024.01.05”，输入附单据数“1”。

② 摘要输入“从工行提现金”，科目名称输入科目编号“1001”或单击“参照”按钮，选择“1001 库存现金”科目，输入借方余额“10 000”，按回车键，摘要自动带到下一行。

③ 继续输入科目编号“10020101”，系统自动弹出“辅助项”对话框。单击“参照”按钮，选择结算方式“201”，票号输入“2101”，发生日期默认为制单日期，如图4-13所示。单击“确定”按钮返回。

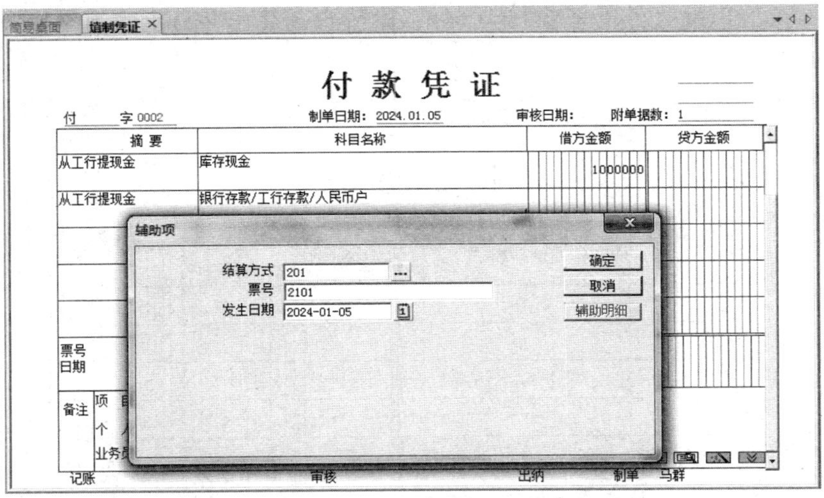

图4-13 带银行账辅助核算科目的凭证录入

④ 输入贷方余额“10 000”（或单击“＝”键取借贷方差额到当前光标处），单击“保存”按钮。

⑤ 系统提示“此支票尚未登记，是否登记?”，单击“是”按钮，打开“票据登记”对话框。按题意输入各项内容，如图 4-14 所示。

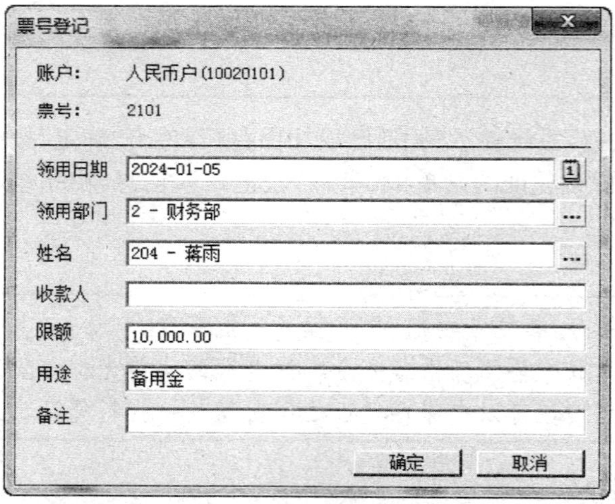

图 4-14　进行票号登记

⑥ 票号登记完成后，单击“确定”按钮返回。系统提示“凭证已成功保存!”，单击“确定”按钮返回。

3. **填制第 3 张凭证**

业务特征：“10020102 银行存款——工行存款——美元户”科目为外币辅助核算科目。

① 在“填制凭证”窗口中，增加一张收款凭证，凭证日期为“2024.01.06”，附单据数为“1”。

② 输入凭证第 1 行。摘要输入“收投资款”，科目选择“10020102 银行存款——工行存款——美元户”，在“辅助项”对话框中选择结算方式“电汇”，单击“确定”按钮返回，系统自动显示外币汇率“6.2”，输入外币金额“500 000”，系统自动算出并显示本币金额“3 100 000”，如图 4-15 所示。

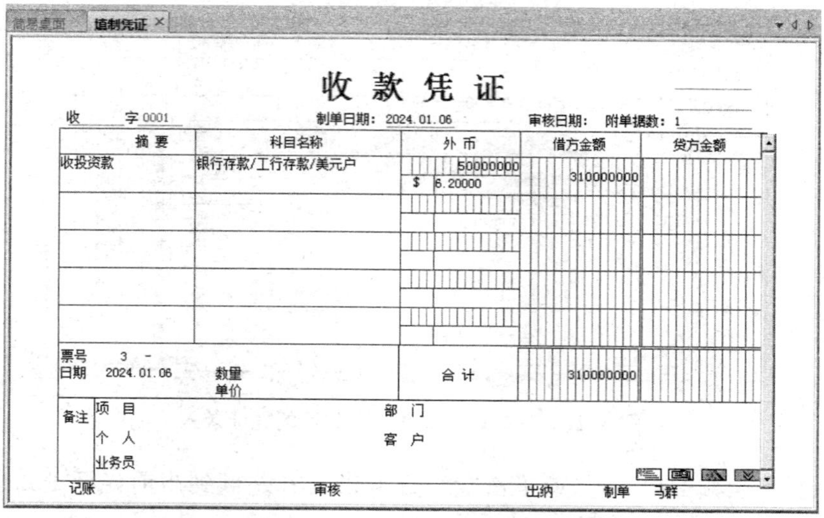

图 4-15　外币辅助核算科目的凭证录入

③ 继续输入第2行信息，选择“4001 实收资本”科目及其他相关信息。

提醒

汇率栏中内容是固定的，不能输入或修改。如使用浮动汇率，汇率栏中显示最近一次汇率，可以直接在汇率栏中修改。

4. 填制第4张凭证

业务特征：“140302 原材料——温控器”为数量辅助核算科目。

① 在“填制凭证”窗口中，增加一张付款凭证，凭证日期为“2024.01.09”，附单据数为“1”。

② 输入凭证第1行。摘要输入“采购温控器”，科目选择“140302 原材料——温控器”，系统弹出“辅助项”对话框，输入数量“800”、单价“15”，如图4-16所示，单击“确定”按钮返回。

③ 输入凭证第2行。科目选择“22210101 应交税金——应交增值税——进项税额”，借方金额输入“1 560”。

④ 输入凭证第3行。科目选择“10020101”，输入辅助项内容，保存凭证，登记支票登记簿。

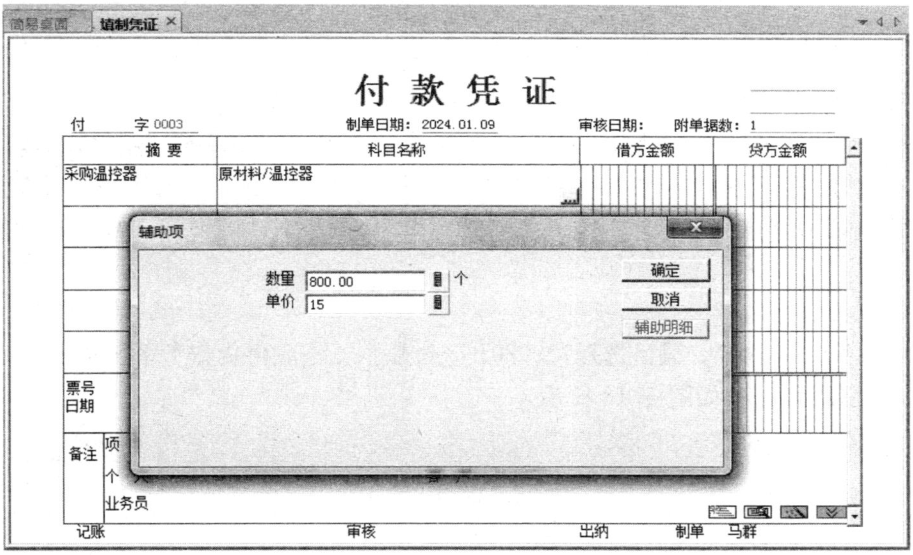

图4-16 数量辅助核算科目的凭证录入

提醒

系统根据数量×单价自动计算出金额，并将金额先放在借方，如果方向不符，可按空格键调整到贷方。

5. 填制第5张凭证

业务特征：“1122 应收账款”科目设置了客户往来辅助核算。

① 增加一张收款凭证，凭证日期为“2024.01.11”，附单据数为“1”。

② 输入第1行内容。摘要输入“收回前欠货款”，科目选择“10020101”，输入辅助项信

息及金额，单击“确定”按钮返回。

③ 输入第 2 行内容。科目选择“1122 应收账款”，系统弹出“辅助项”对话框，输入辅助项信息，如图 4-17 所示。

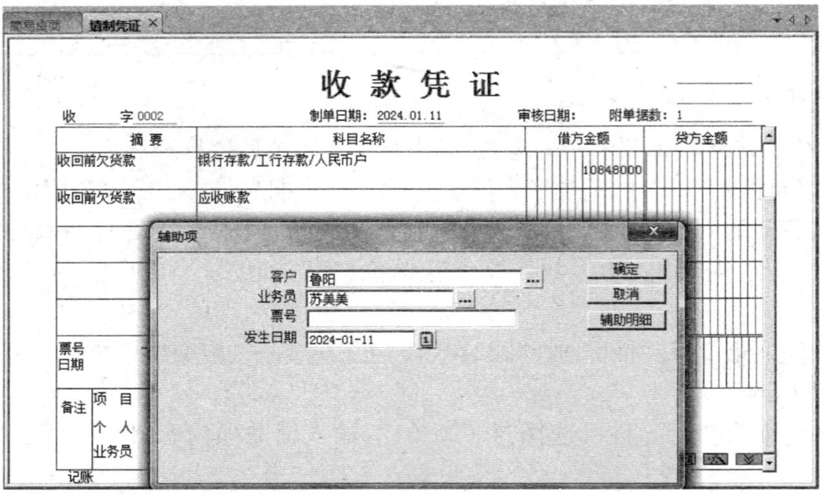

图 4-17　客户往来辅助核算科目的凭证录入

6. 填制第 6 张凭证

业务特征：“220201 应付账款——应付货款”科目设置了供应商往来辅助核算。

① 在“填制凭证”窗口中，增加一张转账凭证，凭证日期为“2024.01.15”，附单据数为“1”。

② 输入第 1 行内容。摘要输入“采购板材”，科目选择“140301”，输入数量辅助核算信息。

③ 输入第 2 行内容。

④ 输入第 3 行内容。科目选择“220201 应付账款——应付货款”，系统弹出“辅助项”对话框，输入辅助项信息，如图 4-18 所示。

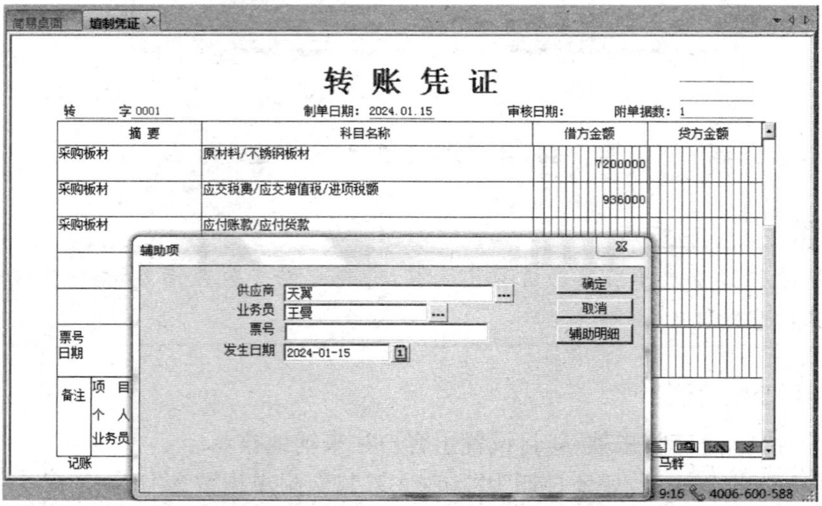

图 4-18　供应商往来辅助核算科目的凭证录入

7. 填制第7张凭证

业务特征："660204 管理费用——差旅费"科目设置了部门辅助核算，"1221 其他应收款"科目设置了个人往来辅助核算。

① 在"填制凭证"窗口中，增加一张收款凭证，凭证日期为"2024.01.18"，附单据数为"5"。

② 输入凭证第1行。摘要输入"报销差旅费"，科目选择"660204 管理费用——差旅费"，系统弹出"辅助项"对话框，单击"参照"按钮打开"部门参照"对话框，从中选择"企管部"，如图4-19所示。单击"确定"按钮返回。继续输入其他信息。

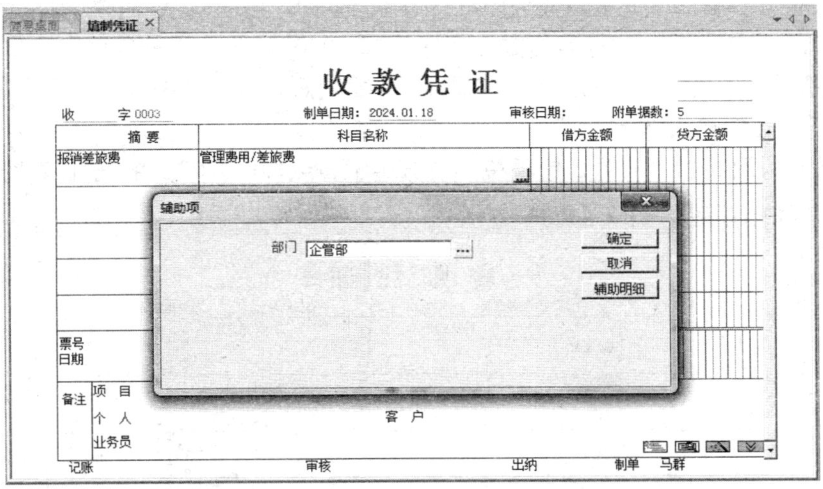

图4-19 部门辅助核算科目的凭证录入

③ 输入凭证第2行。科目选择"1001 库存现金"，借方金额输入"640"。

④ 输入凭证第3行。科目选择"1221 其他应收款"，系统弹出"辅助项"对话框，部门选择"企管部"，个人输入"康凡"，发生日期默认为制单日期，如图4-20所示。单击"确定"按钮返回。继续输入其他信息，并保存凭证。

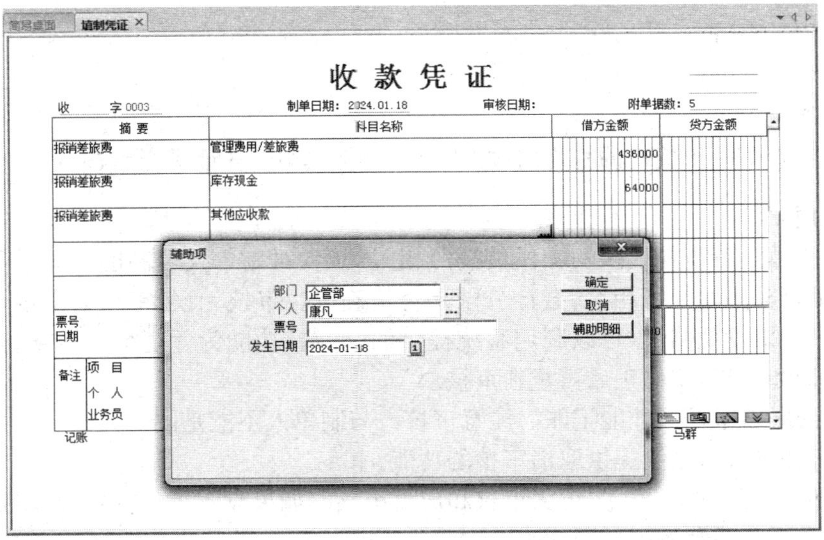

图4-20 个人往来辅助核算科目的凭证录入

提醒

如果不输入部门，只输入个人，系统会根据个人自动带出其所属部门。

8. 填制第 8 张凭证

业务特征："6001 主营业务收入"科目设置了项目辅助核算。

① 在"填制凭证"窗口中，增加一张转账凭证。

② 输入借方科目"1122 应收账款"，客户"唯品"，金额"94 920"。

③ 输入贷方科目"6001 主营业务收入"后，系统弹出"辅助项"对话框，项目名称输入"全钢热水壶"，单击"确定"按钮返回，贷方金额输入"24 000"。输入贷方科目"6001 主营业务收入"后，系统弹出"辅助项"对话框，项目名称输入"养生煮茶壶"，如图 4-21 所示，单击"确定"按钮返回，贷方金额输入"60 000"。

④ 输入贷方科目"22210102 销项税"，贷方金额输入"10 920"。单击"保存"按钮。

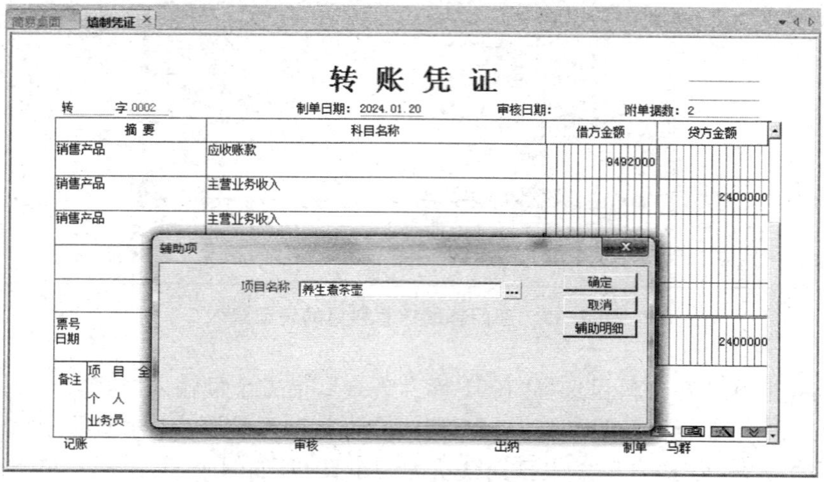

图 4-21 项目辅助核算科目的凭证录入

任务 5 审核凭证

任务下达

以账套主管 701 于美琪的身份对 2024 年 1 月份填制的凭证进行审核。

任务解析

审核是指由具有审核权限的操作员按照相关规定，对制单人填制的凭证进行合法合规性检查，如是否与原始凭证相符、会计分录是否正确等。审核无误，审核人需要签字以明确责任；审核中如果发现错误，可以利用系统提供的"标错"功能为凭证标注有错标记，便于制单人快速查询和更正，待修正后再重新审核。

所有凭证必须审核后才能记账。注意审核人与制单人不能是同一人。

对已审核的凭证，系统提供取消审核的功能。

系统提供了两种审核方式：单张审核和成批审核。如果设置了凭证审核明细权限的话，审核凭证还会受到明细权限的制约。

任务指引

于美琪审核过程中发现两个问题:第一,第 1 笔业务招待费金额应为 1 220 元,误录为 1 200 元;第二,第 6 笔业务是向供应商鸿飞采购不锈钢板材,误选了天翼。账套主管对这两张凭证标识错误,提醒制单人进行改正,对其他凭证进行审核签字。

① 在企业应用平台中,执行“重注册”命令,打开“登录”对话框,以“701 于美琪”的身份重新进入。

② 执行“总账”|“凭证”|“审核凭证”命令,打开“凭证审核”查询条件对话框。

③ 单击“确定”按钮,进入“凭证审核”的凭证列表窗口。

④ 双击要审核的凭证,进入“凭证审核”的审核凭证窗口。

⑤ 检查要审核的凭证,无误后,单击“审核”按钮,凭证底部的“审核”处自动签上审核人姓名,如图 4-22 所示,并自动显示下一张凭证。

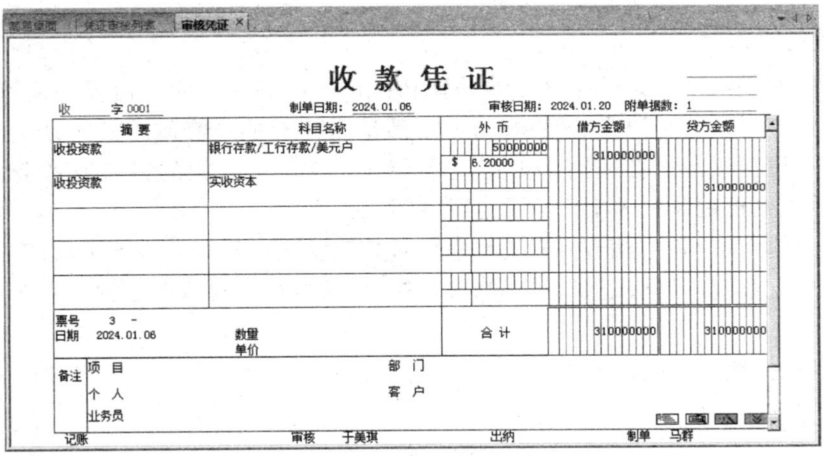

图 4-22 审核凭证

⑥ 找到付—0001 号凭证,单击“标错”按钮,打开“填写凭证错误原因”对话框,输入“金额错误”,单击“确定”按钮返回,凭证左上角显示“有错”字样。同理对转—0001 号凭证进行标错处理。

⑦ 执行“批处理”|“成批审核凭证”命令,对其他凭证进行审核签字,并弹出“审核结果”对话框。

⑧ 单击“确定”按钮,系统弹出“是否重新刷新凭证列表数据”提示框,单击“是”按钮。

⑨ 关闭“审核凭证”窗口,返回“凭证审核列表”窗口,可查看审核结果。

提醒

- 作废凭证不能被审核,也不能被标错。
- 凭证一经审核,不能被修改、删除,只有取消审核签字后才可修改或删除。
- 已标记作废凭证不能被审核,需先取消作废标记后才能被审核。
- 已标错凭证不能被审核,需先取消标错后才能被审核。
- 可以执行“批处理”|“成批审核凭证”命令对凭证进行成批审核。

任务 6　修改凭证

任务下达

以总账会计 702 马群的身份对错误凭证进行修改。

任务解析

如果发生凭证填制错误的情况，就涉及如何修改凭证。在信息化方式下，凭证的修改分为无痕迹修改和有痕迹修改。

1. 无痕迹修改

无痕迹修改，是指系统内不保存任何修改线索和痕迹。对于尚未审核和签字的凭证，可以直接进行修改；对于已经审核或签字的凭证，应该先取消审核或签字，然后才能修改。显然，这两种情况下，都没有保留任何审计线索。

2. 有痕迹修改

有痕迹修改是指系统通过保存错误凭证和更正凭证的方式而保留修改痕迹，因而可以留下审计线索。对于已经记账的错误凭证，一般应采用有痕迹修改。具体方法是采用红字更正法或补充更正法。前者适用于更正记账金额大于应记金额的错误或者会计科目的错误，后者适用于更正记账金额小于应记金额的错误。

能否修改他人填制的凭证，将取决于系统参数的设置。其他子系统生成的凭证，在总账系统中只能进行查询、审核、记账，不能修改和作废，只能在生成该凭证的子系统中进行修改和删除。

修改凭证时，凭证类别及编号一般是不能修改的。

任务指引

1 月 20 日，总账会计马群查找哪些凭证被标记了错误，并对错误凭证进行修改。

① 1 月 20 日，以马群的身份重新登录总账系统。执行“凭证”|“查询凭证”命令，打开“凭证查询”对话框。选择凭证标志为“有错凭证”，进入“查询凭证列表”窗口，可看到未通过审核的凭证列表。

② 执行“凭证”|“填制凭证”命令，进入“填制凭证”窗口。单击“首张 上张 下张 末张”按钮，找到要修改的凭证“付－0001 号”，直接修改借贷方金额为“1220”，单击“保存”按钮，“有错”字样不再显示。

③ 找到下一张要修改的凭证“转－0001”，将光标定位在“220201 应付账款——应付货款”辅助核算科目行，然后将光标移动到凭证下方的备注栏辅助项，待鼠标变形为“ ”时双击，弹出“辅助项”对话框，删除“天翼”，重新选择“鸿飞”，单击“保存”按钮。

提醒

• 外部系统传过来的凭证不能在总账系统中进行修改，只能在生成该凭证的系统中进行修改。

• 若不选择“允许修改或作废他人填制的凭证”权限控制，则不能修改或作废他人填制的凭证。

任务 7 删除凭证

任务下达

以总账会计 702 马群的身份删除凭证。

任务解析

在用友 U8 中，没有直接删除凭证的功能。如果需要删除凭证，要分为以下两步完成。

1. 作废凭证

对于尚未审核和签字的凭证，如果出现凭证重复录入或凭证上出现不便修改的错误时，可以利用系统提供的“作废/恢复”功能将错误凭证作废。作废凭证仍保留凭证内容及编号，仅显示“作废”字样。作废凭证不能修改，不能审核，但应参与记账，否则月末无法结账。记账时不对作废凭证进行数据处理，相当于一张空凭证。查询账簿时，查不到作废凭证的数据。

对于已作废凭证，可以执行“作废/恢复”命令，取消作废标志，将当前凭证恢复为有效凭证。

2. 整理凭证

如果无须保留作废凭证，可通过系统提供的“整理凭证”功能将标注有“作废”字样的凭证彻底删除，并对未记账凭证进行重新编号，以保证凭证编号的连续性。

任务指引

经查实，第 1 笔销售部报销招待费属个人行为，不予报销，由马群删除“付－0001 号”凭证。

① 执行“凭证”|“填制凭证”命令，进入“填制凭证”窗口，找到要作废的“付－0001 号”凭证。

② 单击“作废/恢复”按钮，凭证左上角显示“作废”字样，表示该凭证已作废，如图 4-23 所示。

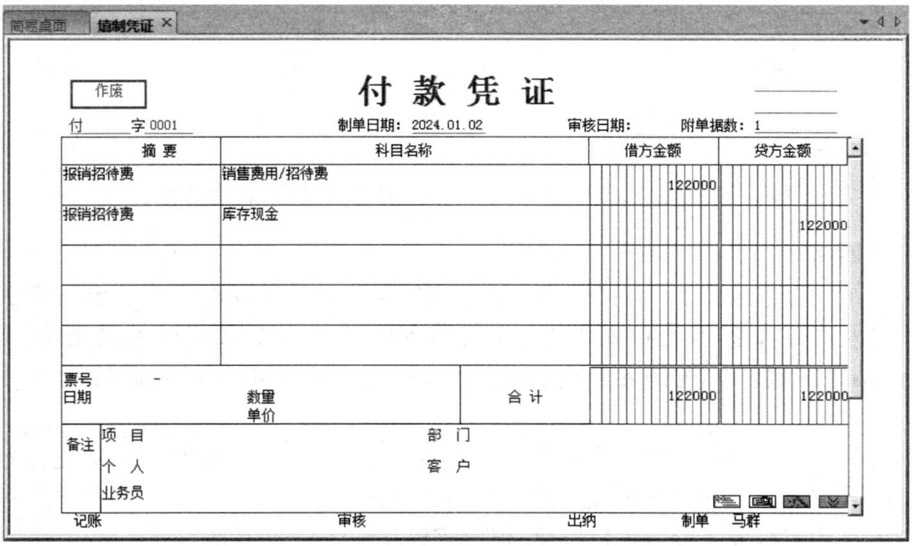

图 4-23 作废凭证

提醒

- 作废凭证仍保留原有凭证内容及凭证号。
- 作废凭证不能修改、不能审核。
- 作废凭证要参加记账，否则月末无法结账。

③ 在“填制凭证”窗口中，单击“整理凭证”按钮，打开“选择凭证期间”对话框。

④ 选择要整理的凭证期间“2024.01”，单击“确定”按钮，打开“作废凭证表”对话框。

⑤ 在要删除的凭证“删除?”一栏双击，如图 4-24 所示。

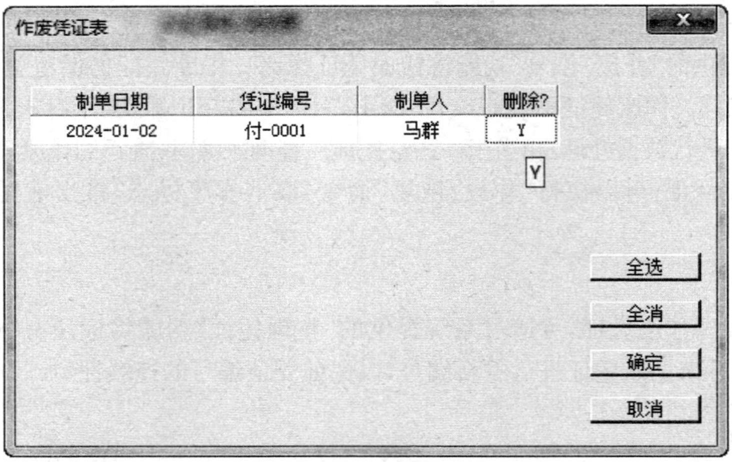

图 4-24　整理凭证

⑥ 单击“确定”按钮，系统显示“是否还需整理凭证断号?”，单击“是”按钮，系统将凭证彻底删除，并对凭证重新进行编号处理。

提醒

只能对未记账凭证进行凭证整理。

任务 *8*　出纳签字

任务下达

以出纳 704 蒋雨的身份对 2024 年 1 月份的出纳凭证进行出纳签字。

任务解析

由于出纳凭证涉及企业资金的收支，所以应加强对出纳凭证的管理。出纳签字功能要求出纳对涉及库存现金、银行存款的凭证进行检查核对，如果凭证正确无误，出纳便可签字确认，经出纳签字确认的凭证才能进行记账处理，否则需要由制单人进行修改后再重新核对。

出纳凭证是否必须由出纳签字取决于系统参数的设置，如果选择了“出纳凭证必须由出纳签字”选项，那么出纳凭证必须经过出纳签字才能够记账。

出纳签字和审核凭证没有先后顺序，但都需要在记账之前完成。

任务指引

① 以“704 蒋雨”的身份登录 U8 企业应用平台。执行“总账”|“凭证”|“出纳签字”命令，打开“出纳签字”查询条件对话框。

② 单击“确定”按钮，进入“出纳签字列表”窗口。窗口中显示所有出纳凭证，如图 4-25 所示。

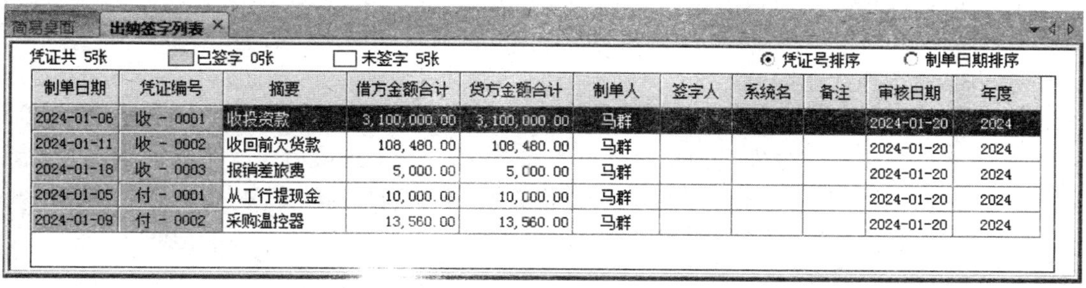

制单日期	凭证编号	摘要	借方金额合计	贷方金额合计	制单人	签字人	系统名	备注	审核日期	年度
2024-01-06	收 - 0001	收投资款	3,100,000.00	3,100,000.00	马群				2024-01-20	2024
2024-01-11	收 - 0002	收回前欠货款	108,480.00	108,480.00	马群				2024-01-20	2024
2024-01-16	收 - 0003	报销差旅费	5,000.00	5,000.00	马群				2024-01-20	2024
2024-01-05	付 - 0001	从工行提现金	10,000.00	10,000.00	马群				2024-01-20	2024
2024-01-09	付 - 0002	采购温控器	13,560.00	13,560.00	马群				2024-01-20	2024

图 4-25 出纳签字列表

③ 双击某一张要签字的凭证，进入“出纳签字”窗口，单击“签字”按钮，凭证底部的“出纳”处自动签上出纳人姓名，如图 4-26 所示。

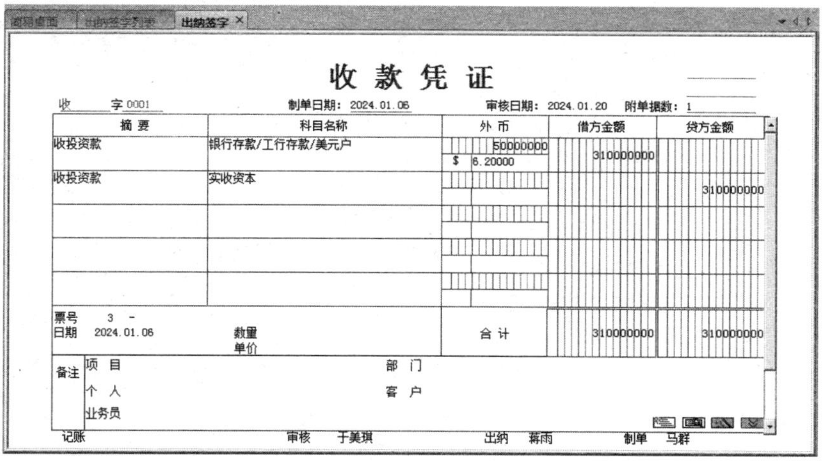

图 4-26 出纳签字

④ 单击“▶”按钮，查看其他凭证，进行签字确认。

提醒

- 出纳签字与审核凭证无先后顺序。
- 已经签字的凭证可由出纳本人单击“取消”按钮取消签字。
- 可以执行“批处理”|“成批出纳签字”命令对凭证进行成批签字。
- 凭证一经签字，就不能被修改、删除。

任务9 记 账

任务下达

以账套主管701于美琪的身份审核2024年1月份所有凭证，并进行记账。

任务解析

凭证经过审核签字后，便可以进行记账了。计算机系统中，记账是由计算机自动进行的。记账过程一旦因断电或其他原因造成中断，系统会自动调用“恢复记账前状态”功能恢复数据，再重新选择记账即可。

如果记账后发现输入的记账凭证有错误需要进行修改，需要人工调用“恢复记账前状态”功能。系统提供了两种恢复记账前状态方式：将系统恢复到最后一次记账前状态和将系统恢复到月初状态。只有账套主管才能选择将数据“恢复到月初状态”。

如果期初余额试算不平衡，则不能记账。如果上月未结账，则本月不能记账。

任务指引

① 以账套主管701于美琪的身份进入总账系统，执行“凭证”|“审核凭证”命令，对所有未审核凭证进行审核。

② 执行“凭证”|“记账”命令，进入“记账”窗口，单击“全选”按钮，选择所有凭证，如图4-27所示。

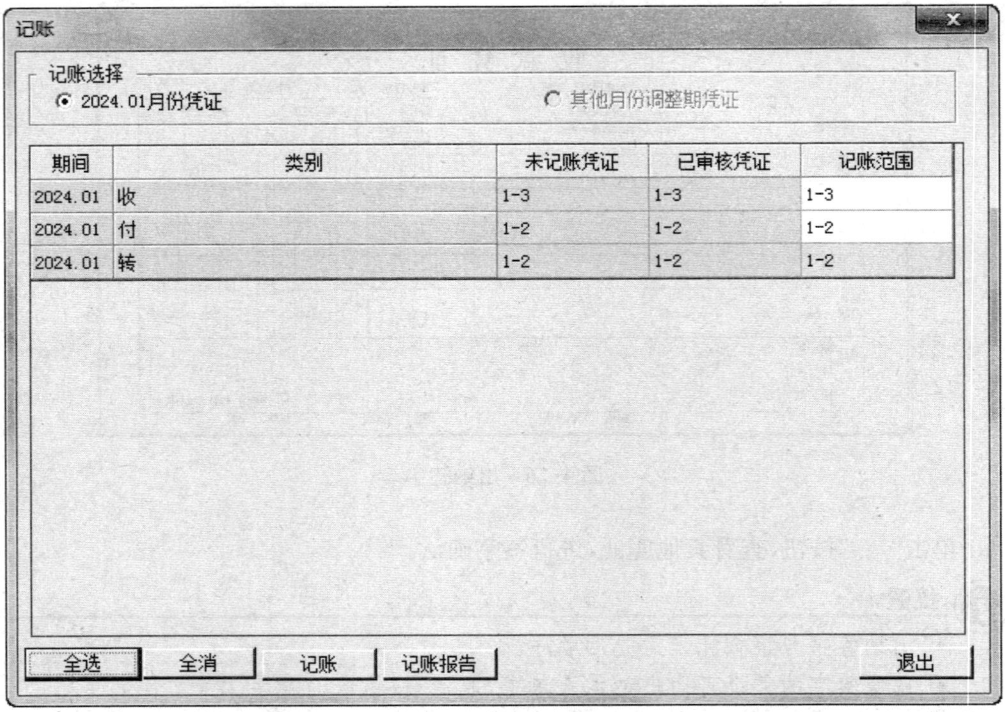

图4-27 记账—选择本次记账范围

提醒

除可以单击“全选”按钮选择所有未记账凭证外，还可以输入连续编号范围，如“1-9”，表示对该类别第1—9号凭证进行记账；也可以输入不连续的编号，如“3,7”，表示仅对第3张和第7张凭证记账。

③ 单击“记账”按钮，系统进行记账之前的检查，显示“期初试算平衡表”窗口，单击“确定”按钮，系统开始登录有关的总账、明细账以及辅助账。完成后，弹出“记账完毕”信息提示对话框，如图4-28所示。

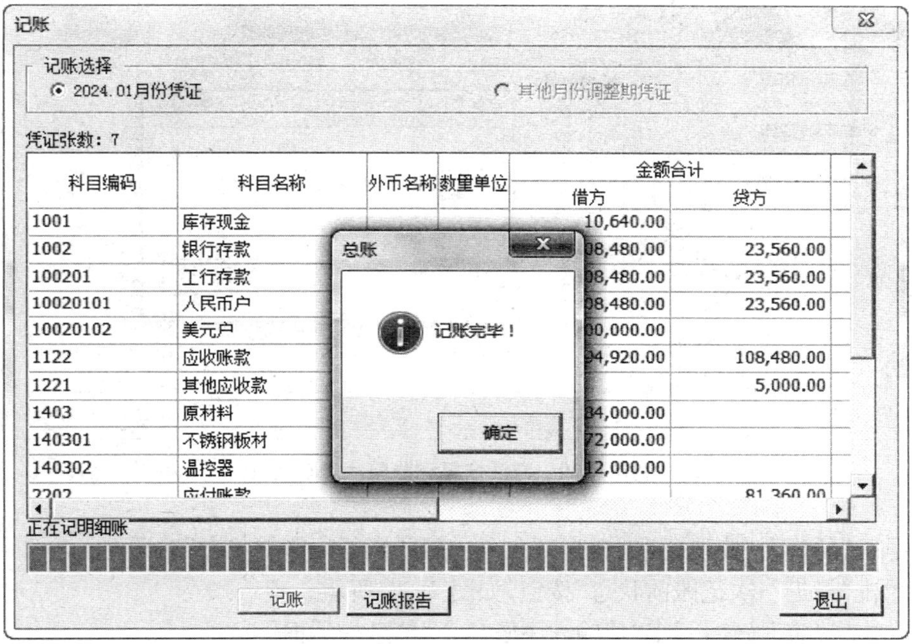

图4-28 记账—记账

④ 单击“确定”按钮返回。

提醒

• 如果是第一次记账，需要检查输入的期初余额是否平衡，期初余额不平，不允许记账。

• 上月未记账或结账，本月不能记账。

• 未审核凭证不能记账；作废凭证不需要审核可直接记账。

• 记账之前，系统将自动进行硬盘备份，保存记账前数据，一旦记账过程异常中断，可以利用这个备份将系统恢复到记账前状态。

解惑 记账之后发现错误还能无痕迹修改凭证吗？

不能！但可以通过逆序操作将凭证还原为未审核状态就可以无痕迹修改了。

逆序操作分为以下几步。

1. 恢复记账

① 执行“总账”|“期末”|“对账”命令，进入“对账”窗口。

② 按 Ctrl+H 键，弹出“恢复记账前状态功能已被激活。”信息提示框，如图 4-29 所示，单击“确定”按钮返回，在“凭证”菜单下显示“恢复记账前状态”菜单项。

③ 单击“退出”按钮。

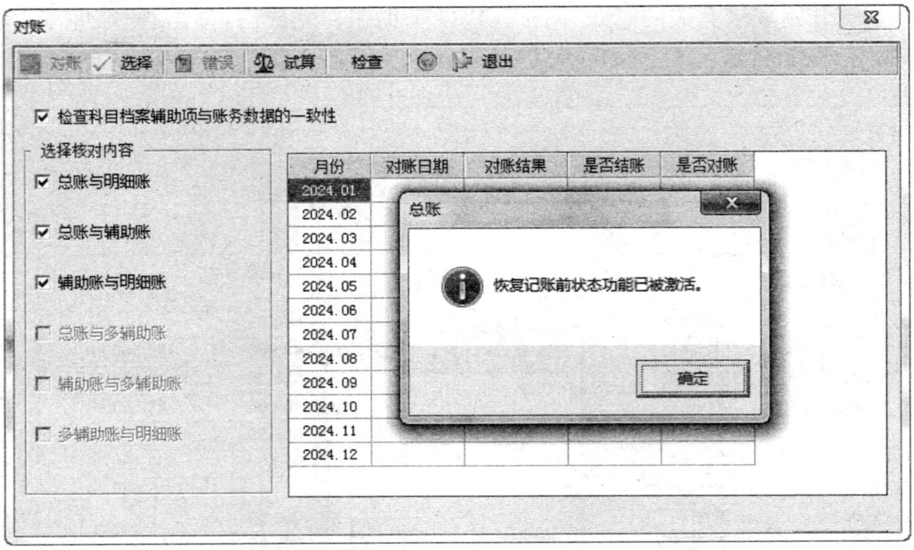

图 4-29　激活恢复记账前状态功能

④ 执行“凭证”|“恢复记账前状态”命令，打开“恢复记账前状态”对话框。

⑤ 单击“最近一次记账前状态”按钮，如图 4-30 所示。

⑥ 单击“确定”按钮，弹出“请输入主管口令”信息提示框。

⑦ 输入主管口令，单击“确定”按钮，稍候，系统弹出“恢复记账完毕！”信息提示对话框，单击“确定”按钮。

提醒

- 非主管人员，不能进行恢复记账前状态的操作。
- 已结账月份，不能恢复记账前状态。
- 如果在对账界面中再次按下 Ctrl+H 键，则隐藏“恢复记账前状态”功能。

2. 取消审核

由凭证原审核人执行“凭证”|“审核凭证”命令，进入“审核凭证”窗口，找到需要取消审核的凭证，单击“取消”按钮或执行“批处理”|“成批取消审核”命令，取消审核人签字。

3. 取消出纳签字

由凭证原出纳签字操作员执行“凭证”|“出纳签字”命令，进入“出纳签字”窗口，单击“取消”按钮或执行“批处理”|“成批取消签字”命令，取消出纳签字。

至此，凭证已处于未记账未审核未签字状态，可以无痕迹修改。

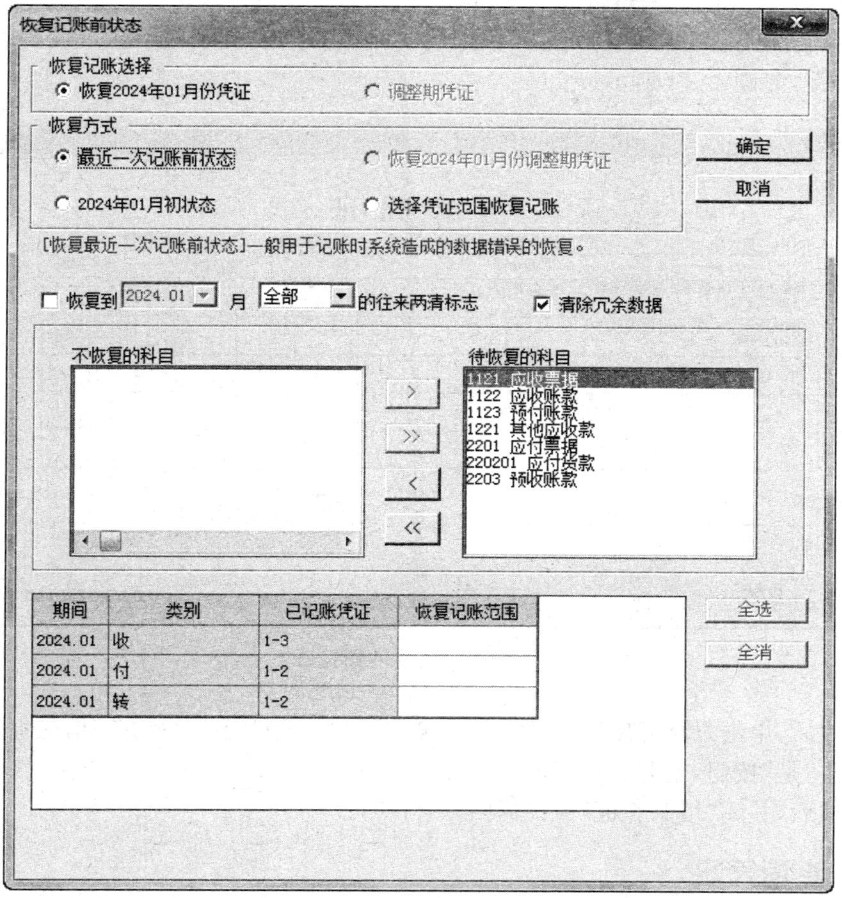

图 4-30　恢复记账前状态

任务 *10*　冲销凭证

任务下达

以总账会计 702 马群的身份尝试对已记账凭证进行红字冲销，但并未保存该冲销凭证。

任务解析

冲销凭证是针对已记账凭证而言的。红字冲销可以采用手工方式也可以由系统自动进行。如果采用自动红字冲销，只要告知系统要被冲销的凭证类型及凭证号，系统便会自动生成一张与该凭证相同只是金额为红字（负数）的凭证。

任务指引

1 月 20 日，以总账会计 702 马群的身份尝试生成一张冲销“收－0001 号”红字冲销凭证，不保存。

① 以总账会计 702 马群的身份进入总账系统，执行“凭证”|“填制凭证”命令，进入“填制凭证”窗口。

② 单击“冲销凭证”按钮，打开“冲销凭证”对话框。

③ 选择凭证类别“收　收款凭证”，凭证号“0001”，单击“确定”按钮，系统自动生成一张红字冲销凭证，如图 4-31 所示。

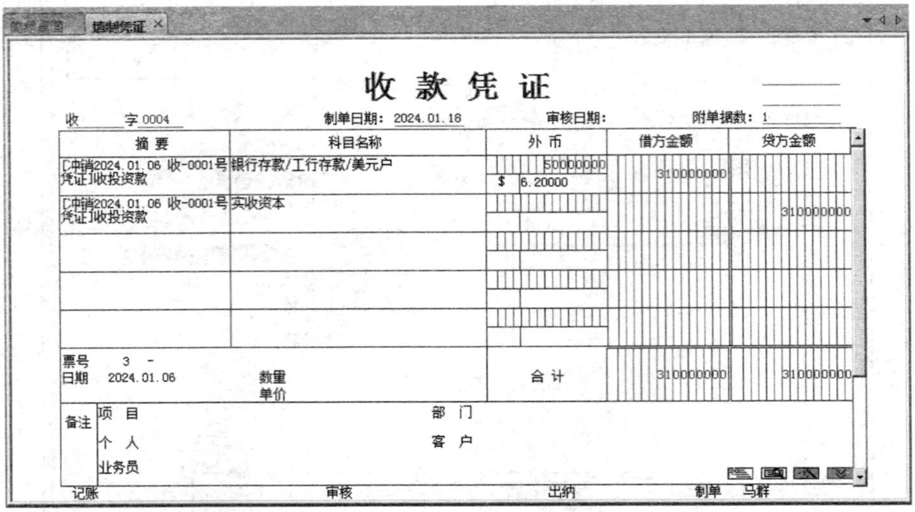

图 4-31　红字冲销凭证

④ 查看后，单击“放弃”按钮，系统弹出“确实要放弃当前新增的凭证”信息提示框。

⑤ 单击“是”按钮，放弃保存凭证。

⑥ 完成后，关闭“填制凭证”窗口返回。

任务 *11*　查询凭证

任务下达

以账套主管 701 于美琪的身份查询 2024 年 1 月“收—0002 号”凭证。

任务解析

查询是计算机系统较手工方式的优势之一。用友 U8 既可以查询已记账凭证，也可以查询未记账凭证；既可以查询作废凭证，也可以查询标错凭证；既可以按凭证号范围查询，也可以按日期查询；既可以按制单人查询，也可以按审核人或出纳员查询；通过设置查询条件，可以按科目、摘要、金额、外币、数量、结算方式或各种辅助项查询，快捷方便。

任务指引

① 执行“凭证”|“查询凭证”命令，打开“凭证查询”对话框。（在“填制凭证”界面，单击“查询”按钮，也可以打开“凭证查询”对话框）

② 从凭证类别下拉列表中选择“收　收款凭证”，选择月份“2024”年“1”月，在凭证号处输入“0002”，如图 4-32 所示。

③ 单击“确定”按钮，打开“查询凭证列表”窗口，列表中显示了要查找的凭证记录，双击该记录，即可打开该凭证。

④ 在凭证的右下方，有三个图标。单击“”图标，将显示光标所在当前分录是凭证

中的第几条分录；单击“ ”图标，将显示生成该分录的原始单据类型、单据日期和单据编号；单击“ ”图标，将显示当前科目的自定义。若当前凭证为外部系统生成的凭证，可将鼠标移到记账凭证的标题处，按下鼠标左键，系统显示当前凭证来自哪个子系统、凭证反映的业务类型与业务号。

⑤ 当光标位于凭证某分录科目时，执行“联查”|“联查明细账”命令，系统将显示该科目的明细账。如该科目有辅助核算，单击“查辅助明细”按钮，系统将显示该科目的辅助明细账。若当前凭证是由外部系统制单生成，执行“联查”|“联查原始单据”命令，系统将显示生成这张凭证的原始单据。

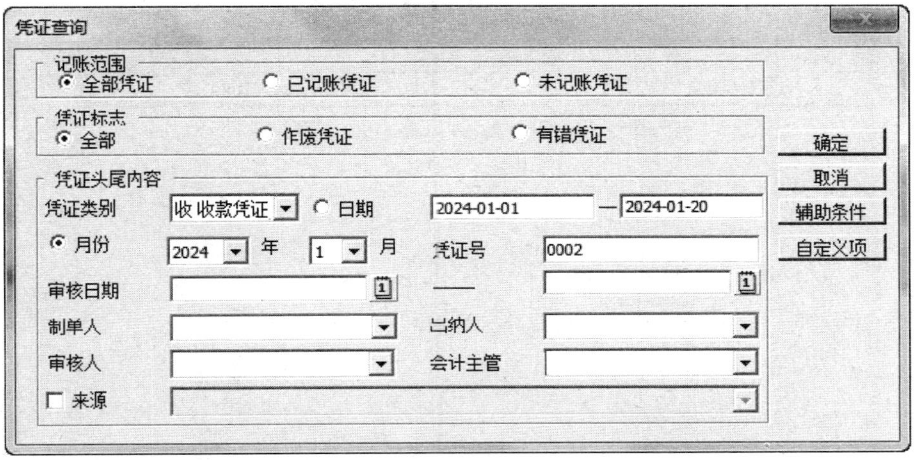

图 4-32 设置凭证查询条件

提醒

在“凭证查询”对话框中，单击“辅助条件”按钮，可设置更为丰富的查询条件。

任务 *12* 设置常用摘要

任务下达

以账套主管 701 于美琪的身份设置常用摘要“01 从工行提现金”，相关科目设置为“1001”。

任务解析

摘要是关于企业经济业务的简要说明，也是录入凭证时唯一需要输入汉字的项目，从某种程度上说，摘要的内容是制单的规范性的重要内容之一，而凭证的输入速度很大程度上取决于摘要的录入速度。因此，系统提供了设置常用摘要的功能，用于将企业经常发生的业务摘要事先存储起来，制单时调用，加快录入速度，提高规范性。

此外，U8 系统还提供了设置常用凭证的功能。企业发生的经济业务都有其规律性，有些业务在一个月内会重复发生若干次，因而在填制凭证的过程中，经常会有许多凭证完全相同或部分相同。可以将这些经常出现的凭证进行预先设置，以便将来填制凭证时随时调用，简化凭证的填制过程，这就是常用凭证。

任务指引

① 在企业应用平台基础设置中，执行“基础档案”|“其他”|“常用摘要”命令，进入“常用摘要”窗口。

② 单击“增加”按钮，摘要编码输入“01”，摘要内容输入“从工行提现金”，相关科目选择“1001”，如图 4-33 所示。

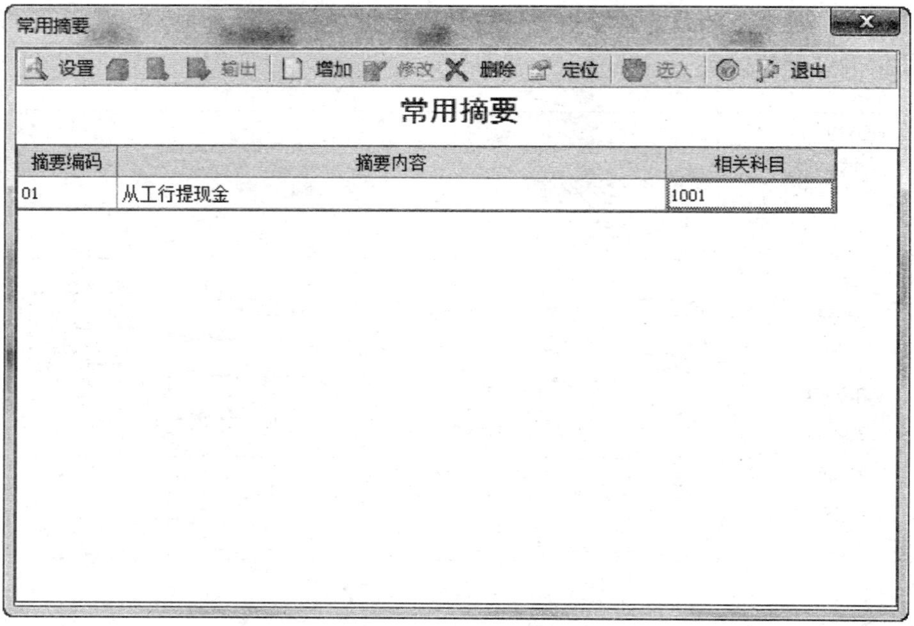

图 4-33　常用摘要

任务 *13*　账簿查询

任务下达

以账套主管 701 于美琪的身份进行账簿查询。

任务解析

企业发生的经济业务，经过制单、审核、记账等程序后，就形成了正式的会计账簿。账簿管理包括账簿的查询和打印。在用友 U8 中，账簿分为基本会计核算账簿和辅助核算账簿。

1. 基本会计核算账簿

基本会计核算账簿包括总账、余额表、明细账、多栏账、日记账、日报表等。

(1) 总账

总账查询不但可以查询各总账科目的年初余额、各月发生额合计和月末余额，而且可以查询所有明细科目的年初余额、各月发生额合计和月末余额。

(2) 余额表

总账是按照总账科目分页设账，如果查询一定范围或全部科目的发生额及余额就略显不便。余额表用于查询、统计各级科目的本月发生额、累计发生额和余额等，可输出某月或某几个月的所有总账科目或明细科目的期初余额、本期发生额、累计发生额、期末余额。

提醒

在实行计算机记账后，总账可以用“发生额及余额表”替代。

(3) 明细账

明细账查询用于查询各明细账户的年初余额、各月发生额和月末余额等。其查询过程中可以包含未记账凭证。明细账包括三种账簿查询类型：普通明细账、按科目排序明细账和月份综合明细账。

普通明细账是按科目查询，按发生日期排序的明细账。

按科目排序明细账是按非末级科目查询，按其有发生额的末级科目排序的明细账。

月份综合明细账是按非末级科目查询，包含非末级科目总账数据及末级科目明细数据的综合明细账。

(4) 多栏账

本功能用于查询多栏明细账。在查询多栏账之前，必须先定义查询格式。进行多栏账栏目定义有两种方式：自动编制栏目、手动编制栏目。一般先进行自动编制再进行手动调整，可提高录入效率。

(5) 日记账

本功能主要用于查询除现金日记账、银行日记账以外的其他日记账，现金日记账、银行日记账在出纳中查询。

(6) 日报表

本功能用于查询输出某日所有科目的发生额及余额情况(不包括现金、银行存款科目)。

2. 辅助核算账簿

辅助账在手工处理方式下一般作为备查账存在。

(1) 个人往来账

个人核算主要进行个人借款、还款管理工作，及时地控制个人借款，完成清欠工作。个人核算可以提供个人往来明细账、催款单、余额表、账龄分析报告及自动清理核销已清账等功能。

(2) 部门辅助账

部门核算主要用于考核部门收支的发生情况，及时地反映控制部门费用的支出，对各部门的收支情况加以比较分析，便于部门考核。部门核算可以提供各级部门的总账、明细账，以及对各部门收入与费用进行部门收支分析等功能。

(3) 项目辅助账

项目核算用于收入、成本、在建工程等业务的核算，以项目为中心为使用者提供各项目的成本、费用、收入、往来等汇总与明细信息，以及项目计划执行报告等。针对不同的企业类型，项目的概念有所不同，可以是科研课题、专项工程、产成品成本、旅游团队、合同、订单等。

项目辅助账包括项目总账、项目明细账和项目统计分析。

(4) 客户往来辅助账和供应商往来辅助账

客户核算和供应商核算主要进行客户和供应商往来款项的发生、清欠管理工作，及时掌握往来款项的最新情况。其可以提供往来款的总账、明细账、催款单、对账单、往来账清理、账龄分析报告等功能。如果用户启用了应收款管理系统和应付款管理系统，可以分别在这两个系统中对客户往来款和供应商往来款进行更为详细的核算与管理。

任务指引

1. 查询管理费用总账

① 在总账系统中，执行“账表”|“科目账”|“总账”命令，打开“总账查询条件”对话框。

② 在科目文本框中选择或输入“6602”。

提醒

- 如果科目范围为空，系统默认查询所有的科目。
- 如果选中“包含未记账凭证”复选框，则未记账凭证的数据也包含在账簿资料中。
- 单击“保存”按钮，可以把当前查询条件保存在“我的账簿”中。

③ 单击“确定”按钮，显示三栏式总账，如图 4-34 所示。

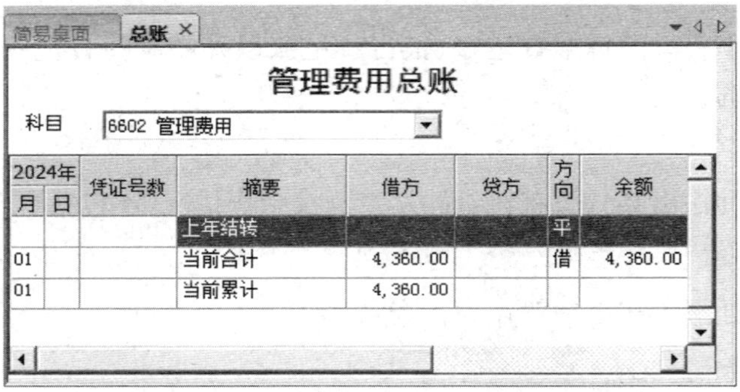

2024年 月	日	凭证号数	摘要	借方	贷方	方向	余额
			上年结转			平	
01			当前合计	4,360.00		借	4,360.00
01			当前累计	4,360.00			

图 4-34 管理费用总账

④ 将光标移至“当前合计”记录行，单击“明细”按钮，可查看管理费用科目的明细账。

提醒

- 如果所查询的科目设置了数量辅助核算，可以从账页格式下拉列表中选择“数量金额式”，即可显示数量金额式总账。
- 如果所查询的科目设置了外币辅助核算，可以从账页格式下拉列表中选择“外币金额式”，即可显示外币金额式总账。

2. 查询包括未记账凭证和末级科目在内的余额表

① 执行“总账”|“账表”|“科目账”|“余额表”命令，打开“发生额及余额查询条件”对话框。

② 选择级次为1至3级，选中“包含未记账凭证”复选框，如图4-35所示。

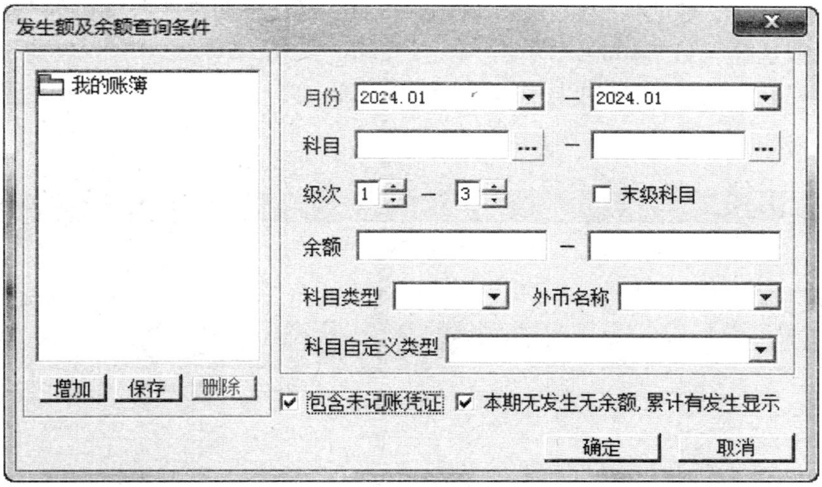

图4-35　发生额及余额查询条件

③ 单击“确定”按钮，进入“发生额及余额表”窗口，如图4-36所示。

发生额及余额表

月份：2024.01-2024.01

科目编码	科目名称	期初余额		本期发生		期末余额	
		借方	贷方	借方	贷方	借方	贷方
1001	库存现金	13,622.00		10,640.00		24,262.00	
1002	银行存款	189,285.00		3,208,480.00	23,560.00	3,374,205.00	
100201	工行存款	189,285.00		3,208,480.00	23,560.00	3,374,205.00	
10020101	人民币户	189,285.00		108,480.00	23,560.00	274,205.00	
10020102	美元户			3,100,000.00		3,100,000.00	
1122	应收账款	334,480.00		94,920.00	108,480.00	320,920.00	
1221	其他应收款	8,500.00			5,000.00	3,500.00	
1403	原材料	310,800.00		84,000.00		394,800.00	
140301	不锈钢板材	54,000.00		72,000.00		126,000.00	
140302	温控器	30,000.00		12,000.00		42,000.00	
140303	手柄	36,800.00				36,800.00	
140304	底座	87,500.00				87,500.00	
140305	加热底盘	29,000.00				29,000.00	
140306	壶体	73,500.00				73,500.00	
1405	库存商品	524,700.00				524,700.00	
1601	固定资产	2,785,000.00				2,785,000.00	
1602	累计折旧		369,040.00				369,040.00
资产小计		4,166,387.00	369,040.00	3,398,040.00	137,040.00	7,427,387.00	369,040.00
2001	短期借款		300,000.00				300,000.00
2202	应付账款		76,680.00		81,360.00		158,040.00
220201	应付货款		40,680.00		81,360.00		122,040.00
220202	暂估应付款		36,000.00				36,000.00

图4-36　发生额及余额表

④ 在图4-36中，单击“累计”按钮，系统自动增加显示累计发生额。将鼠标定位在设置了辅助核算的科目所在行，单击“专项”按钮，可打开该科目的辅助账。

3. 查询“140301 原材料/304 不锈钢板材”数量金额明细账

① 执行“总账”|“账表”|“科目账”|“明细账”命令，打开“明细账查询条件”对话框。

② 输入或选择科目“140301”，单击“确定”按钮。

③ 从窗口右上角的下拉列表中选择“数量金额式”，可显示数量金额式明细账，如图 4-37 所示。

2024年		凭证号数	摘要	单价	借方		贷方		方向	余额		
月	日				数量	金额	数量	金额		数量	单价	金额
			上年结转						借	300.00	180.00	54,000.00
01	15	转-0001	采购板材	180.00	400.00	72,000.00			借	700.00		126,000.00
01			当前合计		400.00	72,000.00			借	700.00	180.00	126,000.00
01			当前累计		400.00	72,000.00			借	700.00	180.00	126,000.00
			结转下年		400.00				借	700.00	180.00	126,000.00

图 4-37 数量金额明细账

4. 查询“6602 管理费用”多栏账

① 执行“总账”|“账表”|“科目账”|“多栏账”命令，打开“多栏账”对话框。

② 单击“增加”按钮，打开“多栏账定义”对话框。

③ 从核算科目下拉列表中选择“6602 管理费用”，单击“自动编制”按钮，系统自动地把管理费用下的明细科目作为多栏账的下级栏目，如图 4-38 所示。

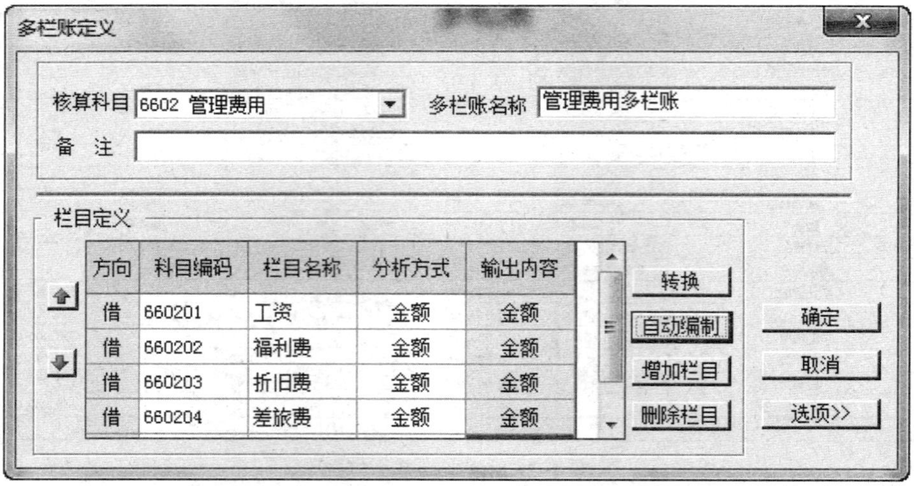

图 4-38 管理费用多栏账定义

④ 单击“确定”按钮，返回“多栏账”对话框。

⑤ 单击“查询”按钮，打开“多栏账查询”对话框。

⑥ 单击“确定”按钮，系统显示管理费用多栏账查询结果，如图 4-39 所示。

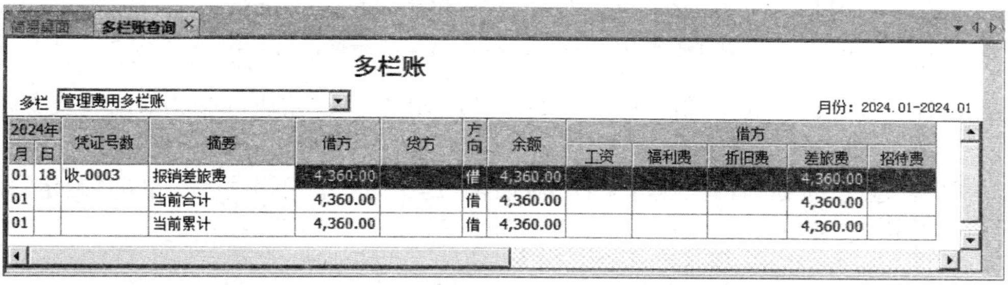

图 4-39 管理费用多栏账查询结果

5．查询企管部康凡个人往来记录情况

① 执行“账表”|“个人往来账”|“个人往来清理”命令，打开“个人往来两清条件”对话框。

② 选择个人“康凡”，选择“显示已两清”复选框，单击“确定”按钮，进入“个人往来两清”窗口。

③ 单击“勾对”按钮，系统弹出“是否对查询条件范围内的数据进行两清？…”信息提示框。

④ 单击“是”按钮，系统自动进行勾对，完成后打开“自动勾对结果”对话框。

⑤ 单击“确定”按钮，系统将自动勾对上的记录的“两清”栏打上两清标记“○”，如图 4-40 所示。

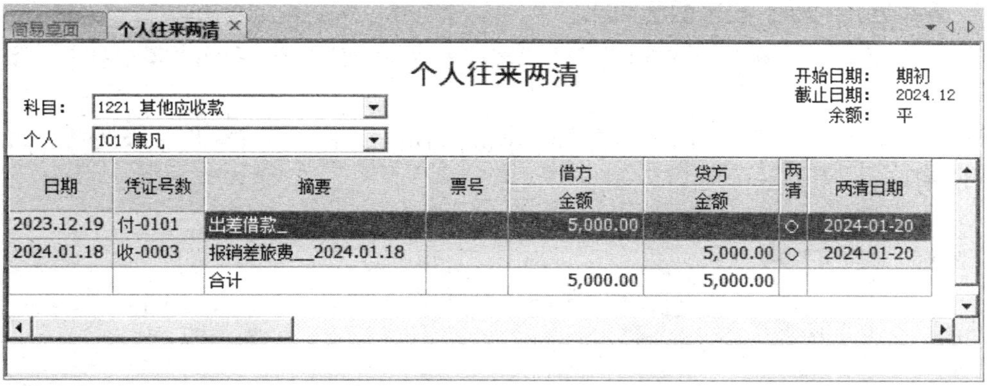

图 4-40 个人往来两清

提醒

- 两清表示往来业务已结清。
- 勾对是将已结清的业务打上两清标记。

6．查询本期部门支出情况

① 执行“账表”|“部门辅助账”|“部门收支分析”命令，打开“部门收支分析条件”对

话框。

② 选择分析科目。单击“>>”选择所有科目，单击“下一步”按钮。

③ 选择分析部门。单击“>>”选择所有部门，单击“下一步”按钮。

④ 选择分析月份。起止月份均为“2024.01”，单击“完成”按钮，进入“部门收支分析表”窗口。

⑤ 单击“过滤”按钮，打开“过滤条件”对话框，选中“借方”单选按钮，单击“确定”按钮，“部门收支分析表”窗口只显示本期各部门支出情况，如图 4-41 所示。

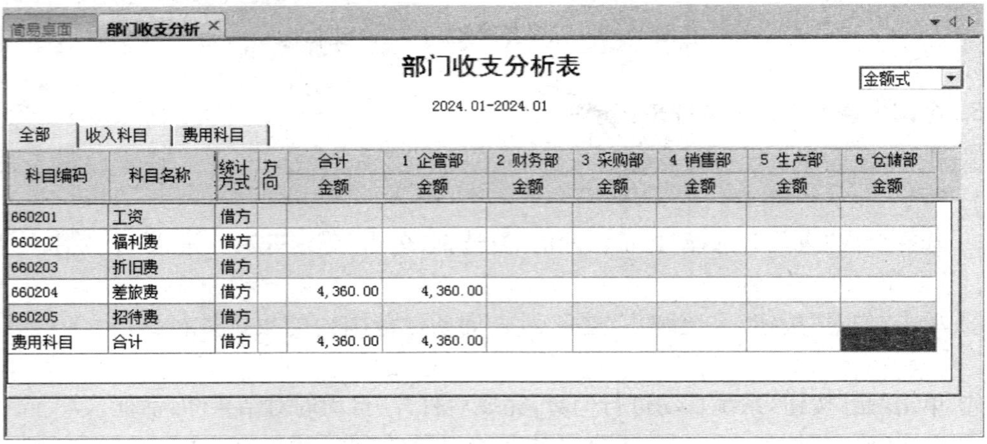

科目编码	科目名称	统计方式	方向	合计	1 企管部	2 财务部	3 采购部	4 销售部	5 生产部	6 仓储部
				金额	金额	金额	金额	金额	金额	金额
660201	工资	借方								
660202	福利费	借方								
660203	折旧费	借方								
660204	差旅费	借方		4,360.00	4,360.00					
660205	招待费	借方								
费用科目	合计	借方		4,360.00	4,360.00					

图 4-41　部门收支分析表

7. 查询客户“鲁阳”往来两清情况

① 执行“账表”|“客户往来辅助账”|“客户往来两清”命令，打开“客户往来两清”对话框。

② 选择科目“1122”，选择客户“鲁阳”，单击“确定”按钮，进入“客户往来两清”窗口，如图 4-42 所示。

日期	凭证号	摘要	业务号	借方	贷方	两清	两清日期
				本币	本币		
2023.11.28	转-0235	期初数据		108,480.00			
2024.01.11	收-0002	收回前欠货款_2024.01.11			108,480.00		
		合计		108,480.00	108,480.00		

图 4-42　客户往来两清

③ 单击“自动”按钮，系统弹出“是否对查询条件范围内的数据进行两清？如选择‘否’，则只对当前界面的数据进行两清。”信息提示框。

④ 单击"是"按钮，系统自动进行勾对，完成后显示客户往来勾对结果。

⑤ 单击"确定"按钮，关闭"勾对结果"对话框，系统自动删除已两清的记录。

任务 *14* 出纳管理

任务下达

由出纳704蒋雨进行日记账、日报表查询，银行对账及支票登记。

任务解析

出纳管理是总账系统为出纳人员提供的一套管理工具，主要包括现金日记账和银行存款日记账的管理、支票登记簿的管理以及银行对账功能，并可对银行长期未达账提供审计报告。

1. 日记账管理

日记账管理提供对现金日记账、银行日记账和资金日报表的查询。这些账簿在记账后自动生成，可随时查看。

资金日报表是反映现金、银行存款日发生额及余额情况的报表。手工方式下，资金日报表由出纳员逐日填写，反映当天营业终了时现金、银行存款的收支情况及余额；电算化方式下，资金日报表主要用于查询、输出或打印资金日报表，提供当日借、贷金额合计和余额，以及发生的业务量等信息。

2. 支票登记簿

在手工记账时，企业通常设有支票领用登记簿，用来登记支票领用情况。U8管理系统中也提供了"支票登记簿"功能，供登记支票领用人、领用日期、支票用途、是否报销等详细情况。

使用支票登记簿要注意：

① 只有在会计科目中设置了银行账辅助核算的科目才能使用支票登记簿。

② 只有在结算方式设置中选择了票据管理标记，才能登记支票登记簿。

③ 领用支票时，银行出纳员须进入"支票登记簿"功能据实登记领用日期、领用部门、领用人、支票号、备注等。

④ 支票支出后，经办人持原始单据(发票)报销，会计人员据此填制记账凭证，在录入该凭证时，系统要求录入该支票的结算方式和支票号，填制完成该凭证后，系统自动在支票登记簿中将支票写上报销日期，该号支票即为已报销。对报销的支票，系统用不同的颜色区分。

⑤ 支票登记簿中的"报销日期"栏，一般是由系统自动填写的，对于有些已报销但人为原因造成系统未能自动填写报销日期的支票，可进行手工填写。

⑥ 已报销的支票不能进行修改。可以取消报销标志，再行修改。

3. 银行对账

银行对账是出纳的一项重要工作。企业为了了解未达账项的情况，应定期(至少每月一次)将银行存款日记账与银行对账单进行核对，称为银行对账。银行对账的程序分以下几步。

(1) 银行对账期初录入

在首次使用U8中的银行对账功能之前，应将银行对账启用日的企业方银行日记账调整前余额与银行方的银行对账单调整前余额以及单位日记账和银行对账单的未达账项录入系统,并保证单位日记账调整后的余额与银行对账单调整后余额相等。

提醒

银行对账功能不一定和总账同时启用,可以在总账启用之后的任何一个月份开始使用。

(2) 录入银行对账单

银行对账单是银行记录的企业在银行存取款的明细账,由银行定期提供给企业进行账目核对。在每月对账前,必须将银行提供的银行对账单录入 U8 系统,以便与企业银行存款日记账进行对账。目前,有些系统提供了银行对账单导入功能,避免了烦琐的手工录入。

(3) 银行对账

用友 U8 提供了自动对账与手工对账两种方式。

自动对账,即由计算机根据对账依据将银行日记账与银行对账单进行自动核对、勾销。对账依据通常是"结算方式+结算号+方向+金额"或"方向+金额"。对于已核对上的银行业务,系统将自动地对银行存款日记账和银行对账单标记两清标志,并视为已达账项;否则,视为未达账项。由于自动对账是以银行存款日记账和银行对账单双方对账依据完全相同为条件,为了保证自动对账的正确和彻底,必须保证对账数据的规范合理。

手工对账是对自动对账的补充。采用自动对账后,可能还有一些特殊的已达账项没有核对上,而被视为未达账项,为了保证对账更加彻底正确,可通过手工对账进行调整勾销。

解惑 未达账项

即使银行对账单上的存款余额与本单位银行存款日记账上的存款余额都没有错误,也可能会出现对账不一致的情况,这是由于存在未达账项。所谓"未达账项"是指由于双方记账时间不一致而发生的一方已入账,另一方尚未入账的会计事项。如发现有未达账项,应据以编制未达账项调节表,以便检查双方的账面余额。调节以后的账面余额如果相等,表示双方所记账目正确;否则,说明记账有错误,应及时查明原因予以更正。

(4) 余额调节表查询

在对银行账进行两清勾对后,计算机自动整理汇总未达账项和已达账项,生成"银行存款余额调节表",以检查对账是否正确。该余额调节表为截至对账截止日期的余额调节表,若无对账截止日期,则为最新余额调节表。

(5) 查询对账勾对情况

查询对账勾对情况是为了查询单位日记账及银行对账单的对账结果。

(6) 核销银行账

为了避免文件过大,占用存储空间,可以利用核销银行账功能将已达账项删除。核销银行账不会影响银行日记账的查询和打印。

任务指引

1. 查询菲尼电器2024年1月银行存款日记账

① 在总账系统中，执行“出纳”|“银行日记账”命令，打开“银行日记账查询条件”对话框。

② 选择科目“1002 银行存款”，单击“确定”按钮，进入“银行日记账”窗口，如图4-43所示。

简易桌面 银行日记账

银行日记账

金额式

科目 1002 银行存款　　　　月份：2024.01-2024.01

2024年 月	日	凭证号数	摘要	结算号	对方科目	借方	贷方	方向	余额
			上年结转					借	189,285.00
01	05	付-0001	从工行提现金_201_2101_2024.01.05	现金支票-2101	1001		10,000.00	借	179,285.00
01	05		本日合计				10,000.00	借	179,285.00
01	06	收-0001	收投资款_3_2024.01.06	电汇	4001	3,100,000.00		借	3,279,285.00
01	06		本日合计			3,100,000.00		借	3,279,285.00
01	09	付-0002	采购温控器_202_2109_2024.01.09	转账支票-2109	140302,22210101		13,560.00	借	3,265,725.00
01	09		本日合计				13,560.00	借	3,265,725.00
01	11	收-0002	收回前欠货款_202_2111_2024.01.11	转账支票-2111	1122	108,480.00		借	3,374,205.00
01	11		本日合计			108,480.00		借	3,374,205.00
01			当前合计			3,208,480.00	23,560.00	借	3,374,205.00
01			当前累计			3,208,480.00	23,560.00	借	3,374,205.00

图4-43　银行日记账

提醒

如果本月尚未结账，银行日记账最下面两行显示“当前合计”“当前累计”字样。如果本月已经结账，则显示“本月合计”“本年累计”字样。

2. 查询菲尼电器2024年1月9日资金日报表

① 执行“出纳”|“资金日报”命令，打开“资金日报表查询条件”对话框。

② 选择日期“2024.01.09”，单击“确定”按钮，进入“资金日报表”窗口，如图4-44所示。

简易桌面 资金日报表

资金日报表

日期:2024.01.09

科目编码	科目名称	币种	今日共借	今日共贷	方向	今日余额	借方笔数	贷方笔数
1002	银行存款			13,560.00	借	3,265,725.00		1
合计				13,560.00	借	3,265,725.00		1

图4-44　资金日报表

③ 将光标移至“1002 银行存款”记录行，单击“日报”按钮显示当前科目的日报单。

3. 支票登记

采购部王曼于 26 日领用转账支票一张，采购温控器，票号为 2126，金额为 7 800 元。进行支票登记。

① 执行“出纳”|“支票登记簿”命令，打开“银行科目选择”对话框。

② 选择“人民币户（10020101）”科目，单击“确定”按钮，进入支票登记簿窗口。

③ 单击“增加”按钮，领用日期输入“2024.01.26”，领用部门输入“采购部”，领用人输入“王曼”，支票号输入“2126”，预计金额输入“7 800”，用途输入“采购温控器”，单击“保存”按钮，如图 4-45 所示。点击“关闭”按钮返回。

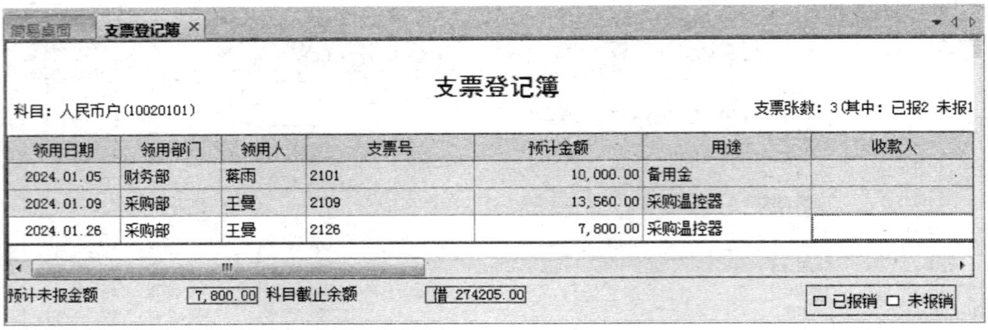

领用日期	领用部门	领用人	支票号	预计金额	用途	收款人
2024.01.05	财务部	蒋雨	2101	10,000.00	备用金	
2024.01.09	采购部	王曼	2109	13,560.00	采购温控器	
2024.01.26	采购部	王曼	2126	7,800.00	采购温控器	

图 4-45　支票登记簿

提醒

• 只有在总账选项中选择了“支票控制”且在结算方式设置中选择“票据管理标志”功能才能在此进行登记。

• 不同的银行账户分别登记支票登记簿。

• 领用日期和支票号必须输入，其他内容可输可不输。

• 支票登记簿中报销日期为空时，表示该支票未报销。已报销的支票可成批删除。

• 当支票支出后，在填制凭证时输入该支票的结算方式和结算号，系统会自动在支票登记簿中将该支票标注报销日期。

4. 银行对账

(1) 输入银行对账期初数据

菲尼电器从 2024 年 1 月 1 日启用银行对账。单位日记账工行人民币户调整前余额为 189 285 元，未达账项一笔，为 2023 年 12 月 22 日发生的企业已收、银行未收的款项 21 000 元；银行对账单调整前余额为 168 285 元。

① 执行“出纳”|“银行对账”|“银行对账期初录入”命令，打开“银行科目选择”对话框。

② 选择“人民币户（10020101）”科目，单击“确定”按钮，进入“银行对账期初”对话框。

③ 在单位日记账的“调整前余额”文本框中输入“189285”，在银行对账单的“调整前余额”文本框中输入“168285”。

④ 单击“日记账期初未达项”按钮，进入“企业方期初”窗口。

⑤ 单击“增加”按钮，凭证日期输入“2023. 12. 22”，借方金额输入“21 000”，单击“保存”按钮。

⑥ 单击“退出”按钮返回“银行对账期初”对话框，调整后余额平衡，如图 4-46 所示。

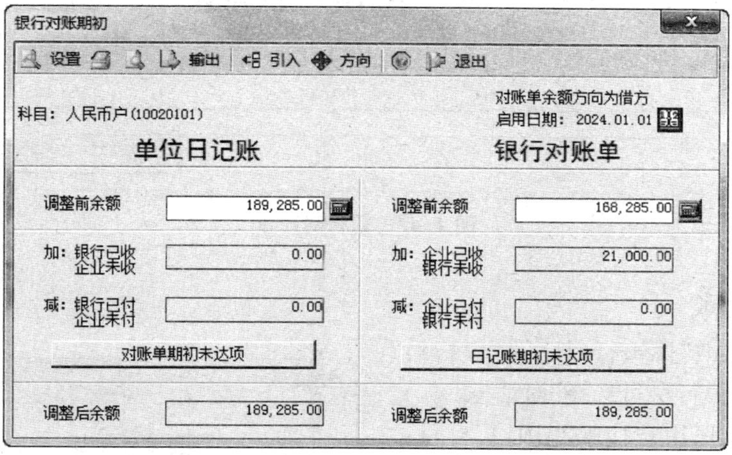

图 4-46 银行对账期初

提醒

期初录入完成后，不要再随意调整银行对账的启用日期。

(2) 输入银行对账单

2024 年 1 月末取得银行对账单，如表 4-6 所示。

表 4-6 银行对账单

日期	结算方式	票号	借方金额	贷方金额
2024 年 1 月 5 日	现金支票	2101		10 000
2024 年 1 月 9 日	转账支票	2109		13 560
2024 年 1 月 10 日	转账支票	2111	108 480	

① 执行“出纳”|“银行对账”|“银行对账单”命令，打开“银行科目选择”对话框。

② 选择“人民币户(10020101)”科目，月份选择“2024. 01—2024. 01”，单击“确定”按钮，进入“银行对账单”窗口。

③ 单击“增加”按钮，按表 4-6 输入各项记录，如图 4-47 所示。

④ 单击“保存”按钮，保存银行对账单。

提醒

- 银行对账单期初余额已录入在“银行对账期初”中，此处只录入日常发生的业务数据。
- 只需录入每笔业务的借方金额或贷方金额，系统自动计算余额。

图 4-47　银行对账单

(3) 银行对账

① 执行“出纳”|“银行对账”|“银行对账”命令，打开“银行科目选择”对话框。

② 选择“人民币户(10020101)”科目，系统默认选中“显示已达账”复选框，单击“确定”按钮，进入“银行对账”窗口。

③ 单击“对账”按钮，打开“自动对账”对话框。

④ 选择截止日期为“2024-01-31”，“方向相同，金额相同”为默认必选条件。默认保留系统对账条件，如图 4-48 所示。

⑤ 单击“确定”按钮，系统进行自动对账，并显示自动对账结果，如图 4-49 所示。

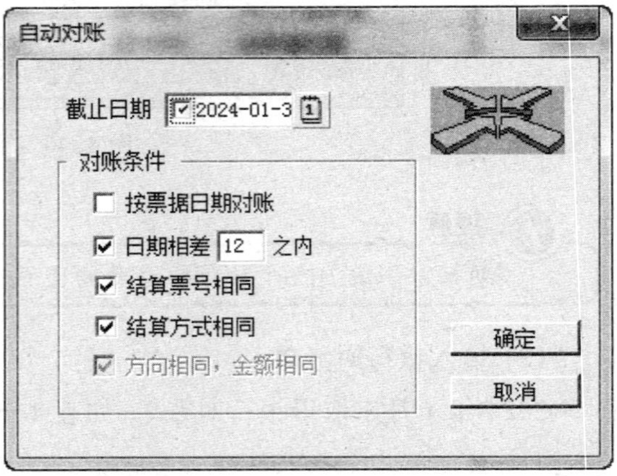

图 4-48　自动对账条件设置

图 4-49　银行对账结果

提醒

- 系统自动对账的结果是在已达账项的“两清”栏打上“○”标志。
- 手工对账的结果是在已达账项的“两清”栏打上“Y”标志。

(4) 余额调节表的查询

① 执行“出纳”|“银行对账”|“余额调节表查询”命令,进入“银行存款余额调节表”窗口。

② 单击“查看”按钮,可查看银行存款余额调节表,如图 4-50 所示。

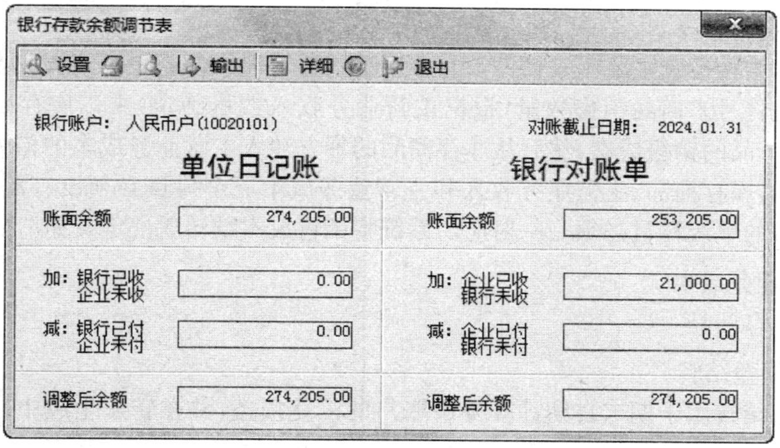

图 4-50 银行存款余额调节表

全部完成后,备份为“总账日常业务”账套。

任务 15 转账定义

任务下达

以系统管理员的身份在系统管理中引入“总账日常业务”账套,以总账会计 702 马群的身份进行转账凭证定义。

任务解析

转账分为内部转账和外部转账。外部转账是指将其他子系统自动生成的凭证转入总账系统,如薪资管理系统有关工资费用分配的凭证,固定资产系统有关固定资产增减变动及计提折旧的凭证,应收款管理系统有关应收账款发生、收回及坏账准备的凭证,应付款管理系统有关应付账款发生及偿还的凭证,外部转账一般由系统自动完成。而内部转账就是我们这里所讲的自动转账,是指在总账系统内部通过设置凭证模板把某个或某几个会计科目中的余额或本期发生额结转到一个或多个会计科目中。一些期末业务具有较强的规律性,而且每个月都会重复发生,如费用的分配、费用的分摊、费用的计提、税金的计算、成本费用的结转、期间损益的结转等。这些业务的凭证分录是固定的,金额来源和计算方法也是固定的,因而可以利用自动转账功能将处理这些经济业务的凭证模板定义下来,期末时通过调用这些模板来自动生成相关凭证。

1. 常用自动转账类型

用友 U8 中提供了自定义转账、对应结转、销售成本结转、售价结转、汇兑损益结转、自定义比例转账、费用摊销和预提几种类型的转账定义。自定义转账具有通用性,可以说其他几种类型的转账都是自定义转账对应某种具体应用的特殊情况。

① 对应结转。

当两个或多个上级科目的下级科目及辅助项有一一对应关系时，可将其余额按一定比例系数进行对应结转，可一对一结转，也可一对多结转。

对应结转只能结转期末余额。若结转发生额，需在自定义结转中设置。

② 销售成本结转。

销售成本结转设置主要用来辅助没有启用购销存管理的企业完成销售成本的计算和结转。其原理是将月末商品销售数量（根据主营业务收入数量确定）乘以库存商品的平均单价，计算各种产品的销售成本，然后从库存商品的贷方转入主营业务成本的借方。在进行销售成本结转时，库存商品、主营业务收入和主营业务成本三个科目必须设有数量辅助核算，且这三个科目的下级科目必须一一对应。系统将销售成本结转凭证定义如下：

借：主营业务成本

　　贷：库存商品

③ 汇兑损益结转。

汇兑损益结转用于期末自动计算外币账户的汇兑损益，并在转账生成中自动生成汇兑损益转账凭证。

④ 期间损益结转。

期间损益结转用于在一个会计期间终了将损益类科目的余额结转到本年利润科目中，从而及时反映企业利润的盈亏情况。

2. 定义自动转账凭证

要想利用自动转账功能自动生成记账凭证，首先应该定义凭证模板。定义凭证模板时，应设置凭证类别、摘要、借贷会计科目及其金额。其中，关键是金额公式的设置。因为各月金额不可能总是相同的，因而不能直接输入金额数，而必须利用 U8 系统提供的账务函数来提取账户数据，如期初余额函数、期末余额函数、发生额函数、累计发生额函数、净发生额函数等。

3. 注意自动转账凭证生成顺序

定义转账凭证时，一定要注意这些凭证的生成顺序。例如，定义结转销售成本、计算汇兑损益、结转期间损益、计提所得税、结转所得税等五张自动转账凭证。因为销售成本、汇兑损益是期间损益的一部分，所以一定要先生成结转销售成本、计算汇兑损益的凭证并复核记账后，才能生成结转期间损益的凭证；因为要依据本期利润计提所得税，所以一定要先生成结转期间损益的凭证并复核记账后，才能生成计提所得税的凭证；因为有了所得税费用才能结转所得税至本年利润，所以一定要先生成计提所得税的凭证并复核记账后，才能生成结转所得税的凭证。故这五张凭证的顺序是结转销售成本—计算汇兑损益—结转期间损益—计提所得税—结转所得税，并且前一张凭证必须复核记账后才能继续生成后一张凭证。

凭证模板只需定义一次即可，各月不必重复定义。

任务指引

1. 自定义转账

按短期借款期初余额计提短期借款利息(年利率为8%)。

借:财务费用——利息(660301)　　JG( )

　贷:应付利息 (2231)　　短期借款(2001)科目的期初余额×0.08÷12

① 在总账系统中,执行“期末”|“转账定义”|“自定义转账”命令,进入“自定义转账设置”窗口。

② 单击“增加”按钮,打开“转账目录”对话框。

③ 转账序号输入“0001”,转账说明输入“计提短期借款利息”,凭证类别选择“转　转账凭证”,如图4-51所示。

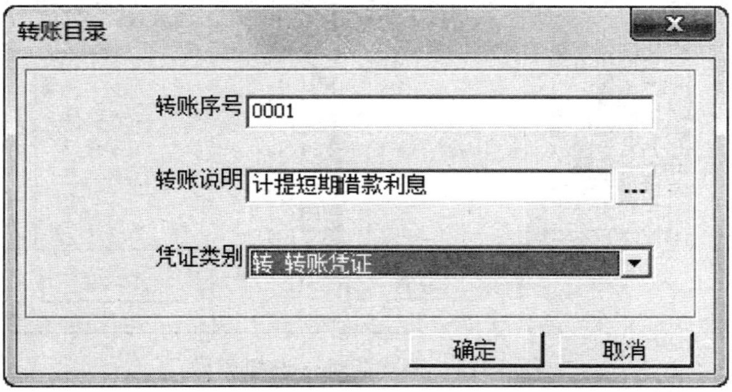

图4-51　转账目录

提醒

转账序号不是凭证号,只是该张转账凭证的代号。转账凭证的凭证号在每月转账时自动产生。一张转账凭证对应一个转账编号,转账编号可任意定义,但不能重号。

④ 单击“确定”按钮,继续定义转账凭证分录信息。

⑤ 单击“增行”按钮,确定分录的借方信息。科目编码选择“660301”,方向选择“借”,金额公式输入“JG()”,如图4-52所示。

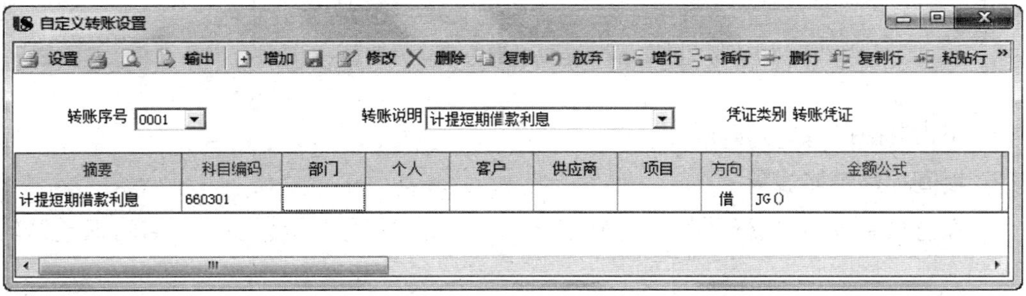

图4-52　定义转账分录借方信息

提醒

• 输入转账计算公式有两种方法：一是直接输入计算公式；二是采取引导输入的方式自动生成公式。

• JG()的含义为“取对方科目计算结果”，其中的“()”必须为英文符号，否则系统提示“金额公式不合法：未知函数名”。

⑥ 单击“增行”按钮，确定分录的贷方信息。科目编码选择“2231”，方向选择“贷”，在“金额公式”栏单击“参照”按钮，打开“公式向导”对话框，选择“期初余额”“QC()”，如图4-53所示。

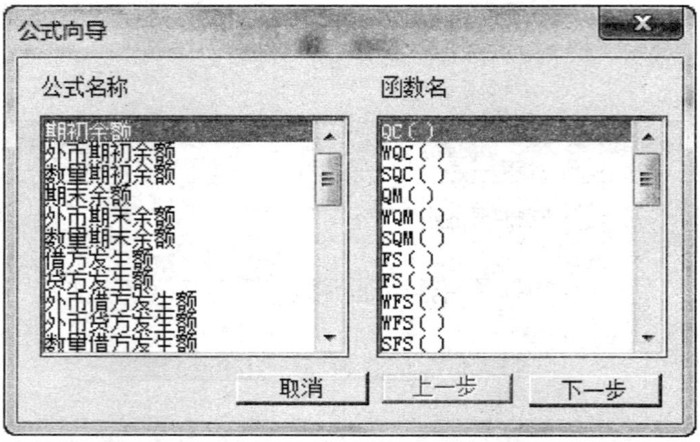

图 4-53　公式向导—选择函数

⑦ 单击“下一步”按钮，打开“公式向导”对话框，科目选择“2001”。

⑧ 单击“完成”按钮，返回“金额公式”栏，继续输入“*0.08/12”，如图4-54所示。

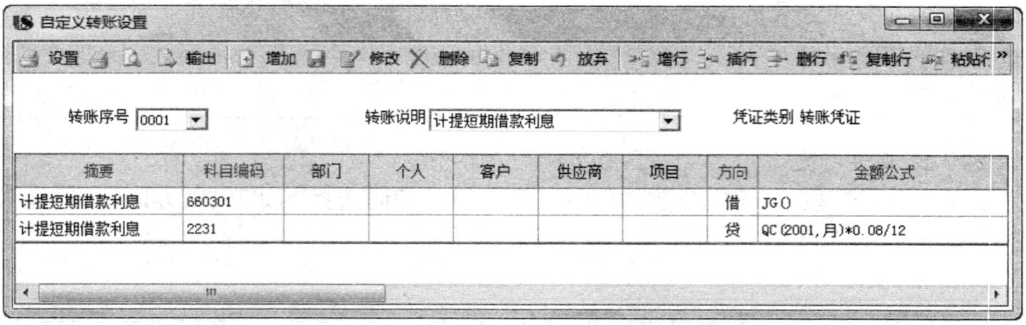

图 4-54　定义转账分录贷方信息

⑨ 单击“保存”按钮，完成转账凭证定义。

2. 期间损益结转设置

① 在总账系统中，执行“期末”|“转账定义”|“期间损益”命令，进入“期间损益结转设置”窗口。

② 凭证类别选择“转　转账凭证”，本年利润科目选择“4103”，如图4-55所示。

③ 单击“确定”按钮。

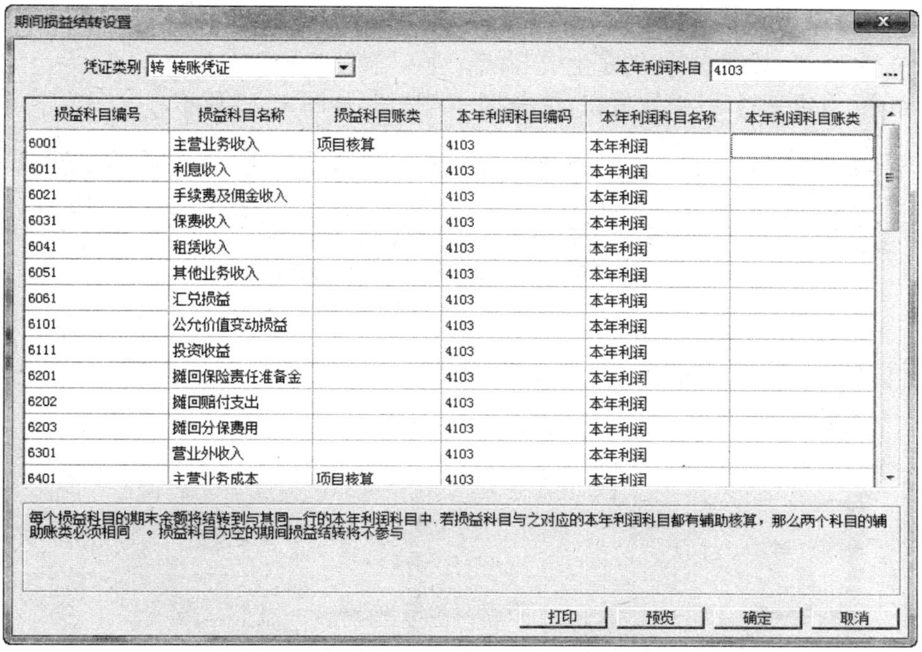

期间损益结转设置

凭证类别 转 转账凭证　　　本年利润科目 4103

损益科目编号	损益科目名称	损益科目账类	本年利润科目编码	本年利润科目名称	本年利润科目账类
6001	主营业务收入	项目核算	4103	本年利润	
6011	利息收入		4103	本年利润	
6021	手续费及佣金收入		4103	本年利润	
6031	保费收入		4103	本年利润	
6041	租赁收入		4103	本年利润	
6051	其他业务收入		4103	本年利润	
6061	汇兑损益		4103	本年利润	
6101	公允价值变动损益		4103	本年利润	
6111	投资收益		4103	本年利润	
6201	摊回保险责任准备金		4103	本年利润	
6202	摊回赔付支出		4103	本年利润	
6203	摊回分保费用		4103	本年利润	
6301	营业外收入		4103	本年利润	
6401	主营业务成本	项目核算	4103	本年利润	

每个损益科目的期末余额将结转到与其同一行的本年利润科目中。若损益科目与之对应的本年利润科目都有辅助核算，那么两个科目的辅助账类必须相同 。损益科目为空的期间损益结转将不参与

打印　预览　确定　取消

图 4-55　定义期间损益结转凭证

提醒

损益科目结转表中的本年利润科目必须为末级科目，且为本年利润入账科目的下级科目。

任务 *16*　转账生成

任务下达

以总账会计 702 马群的身份进行转账生成；由出纳 704 蒋雨进行出纳签字；由账套主管 701 于美琪对凭证进行审核、记账。

任务解析

凭证模板定义好以后，当每个月发生相关经济业务时可不必再手工录入凭证，而可以通过执行“转账生成”功能自动生成相关的记账凭证。

利用凭证模板生成记账凭证，需要各月重复进行。通过“转账生成”功能生成的凭证为未记账凭证，经过审核、记账后才能真正完成结转工作。

一般而言，只有在凭证记账后，账务函数才能取出相关数据。所以利用自动转账生成凭证时，一定要使得相关凭证已经全部记账，这样才能保证取出数据并且数据是完整的。例如，定义了一张根据本期利润计提所得税的凭证，那么要生成该张凭证，必须保证有关利润的凭证已经全部记账；否则，要么不能取出相应数据导致金额为零从而不能生成凭证，要么取出的数据不完整导致所得税计提错误。

任务指引

1. 生成计提短期借款利息自定义转账凭证

① 执行“总账”|“期末”|“转账生成”命令，进入“转账生成”窗口。

② 单击“自定义转账”单选按钮，单击“全选”按钮，如图 4-56 所示。

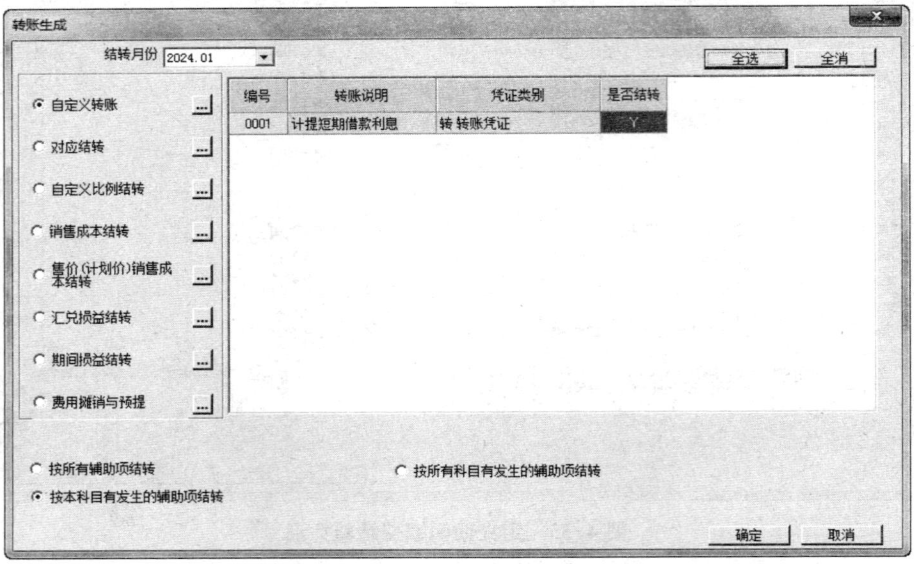

图 4-56　转账生成

③ 单击“确定”按钮，系统生成转账凭证。

④ 单击“保存”按钮，系统自动将当前凭证追加到未记账凭证中，凭证左上角出现“已生成”标志，如图 4-57 所示。

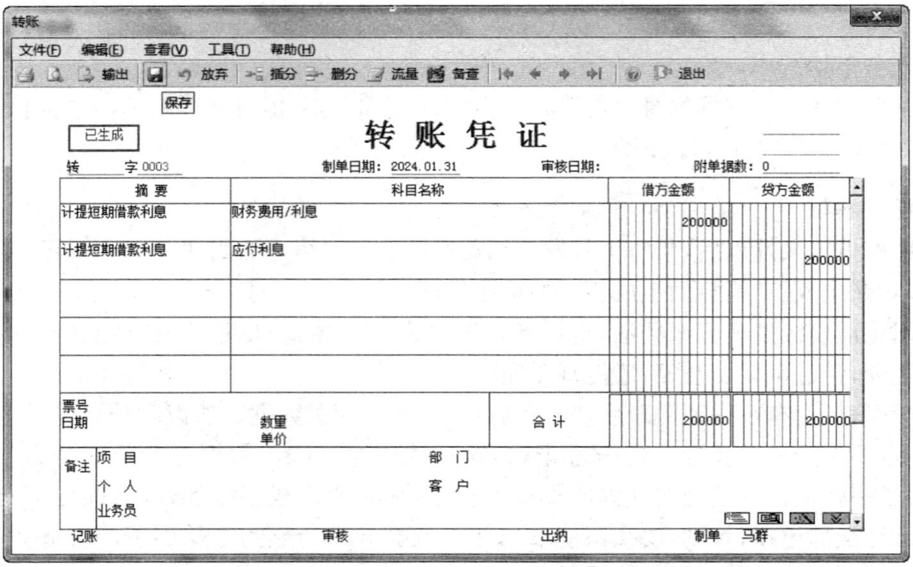

图 4-57　生成的自定义转账凭证

提醒

> 结转月份必须为当前会计月。

⑤ 执行“重注册”命令，更换操作员 701，对刚转账生成的凭证进行审核记账处理，以保证期间损益科目数据的完整性。

提醒

> 生成的凭证为未记账凭证，需要经过审核、记账才能进行期间损益结转。

2. 生成期间损益结转凭证

① 以 702 马群的身份登录企业应用平台，执行“总账”|“期末”|“转账生成”命令，进入“转账生成”窗口。

② 单击“期间损益结转”单选按钮，单击“全选”按钮，单击“确定”按钮，生成转账凭证。

③ 单击“保存”按钮，如图 4-58 所示，系统自动将当前凭证追加到未记账凭证中。

④ 执行“重注册”命令，更换操作员 701，对刚转账生成的凭证进行审核记账处理，以保证数据的完整性。

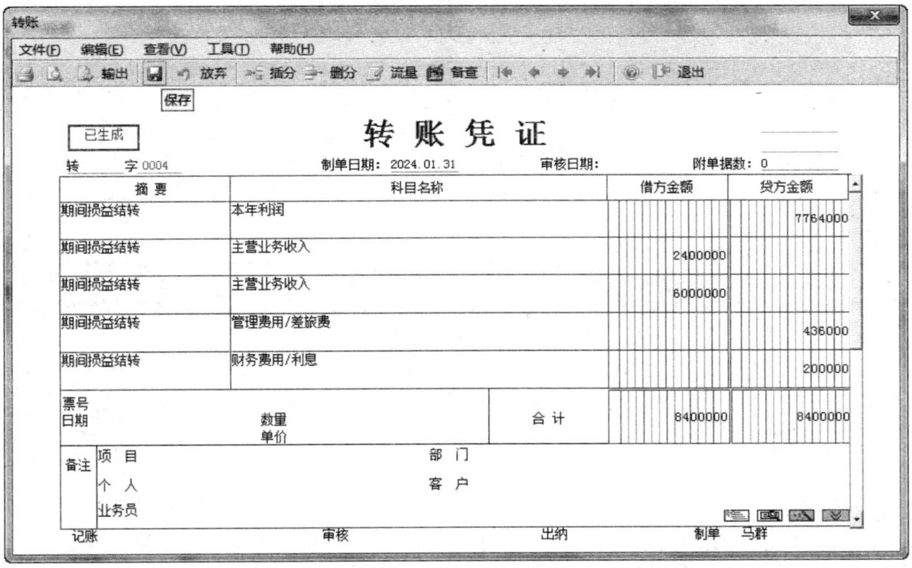

图 4-58　生成的期间损益结转凭证

任务 17　对　账

任务下达

以账套主管 701 于美琪的身份对 2024 年 1 月份业务进行对账。

任务解析

对账是对账簿数据进行核对，以检查记账是否正确，是否账账相符。对账包括总账与明细账、总账与辅助账的核对。

试算平衡时系统会将所有账户的期末余额按会计平衡公式“借方余额＝贷方余额”进行平衡检验，并输出科目余额表。正常情况下，系统自动记账后，应该是账账相符的，账户余额也是平衡的。但由于非法操作或计算机病毒等原因有时可能会造成数据被破坏，因而引起账账不符。为了检查是否账证相符、账账相符以及账户余额是否平衡，应经常使用对账及试算平衡功能。结账时，一般系统会自动进行对账和试算平衡。

任务指引

① 执行“总账”|“期末”|“对账”命令，进入“对账”窗口。

② 将光标定位在要进行对账的月份“2024.01”，单击“选择”按钮。

③ 单击“对账”按钮，开始自动对账，并显示对账结果是否正确，如图 4-59 所示。

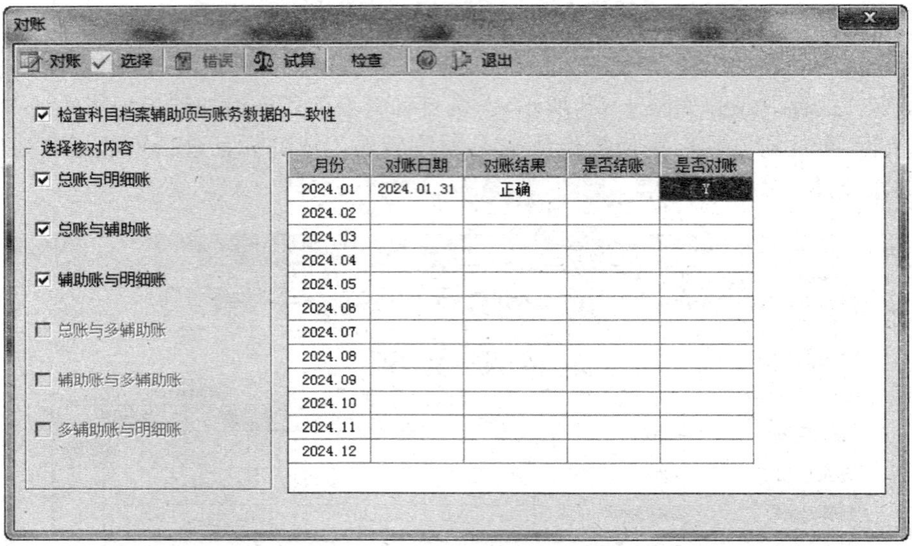

图 4-59　对账

任务 *18*　结　账

任务下达

以账套主管 701 于美琪的身份进行 2024 年 1 月结账。

任务解析

每月工作结束后，月末都要进行结账处理。结账实际上就是计算和结转各账簿的本期发生额和期末余额，并终止本期的账务处理工作。

1. 结账前工作

在结账之前要做下列检查：

① 检查本月业务是否全部记账，有未记账凭证的不能结账。

② 月末结转必须全部生成并记账，否则本月不能结账。

③ 检查上月是否已结账，上月未结账，则本月不能结账。实际上，上月未结账的话，本月也不能记账，只能填制、复核凭证。

④ 核对总账与明细账、主体账与辅助账、总账系统与其他子系统的数据是否一致，不一致的不能结账。

⑤ 损益类账户必须全部结转完毕，否则本月不能结账。

⑥ 若与其他子系统联合使用，其他子系统是否已结账，若没有，则本月不能结账。

2．结账

结账之前系统自动进行数据备份。结账后，当月不能再填制凭证，并终止各账户的记账工作。同时，系统会自动计算当月各账户发生额合计及余额，并将其转入下月月初。

任务指引

1．结账

① 执行“期末”|“结账”命令，打开“结账—开始结账”对话框。

② 单击要结账月份“2024.01”，单击“下一步”按钮，打开“结账—核对账簿”对话框。

③ 单击“对账”按钮，系统对要结账的月份进行账账核对，对账结束，显示“对账完毕”。

④ 单击“下一步”按钮，系统显示“2024年01月工作报告”，如图4-60所示。

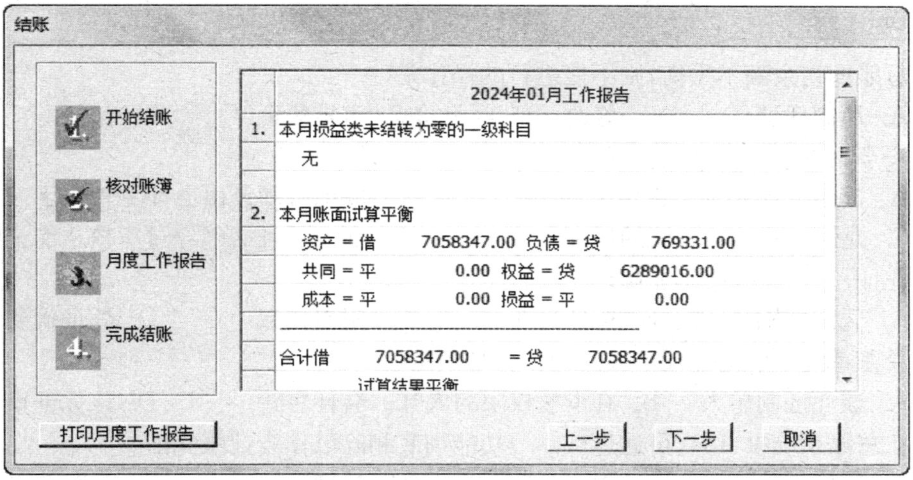

图4-60 结账—月度工作报告

⑤ 查看工作报告后，单击“下一步”按钮，单击“结账”按钮，若符合结账要求，系统将进行结账，否则不予结账。结账后，在2024年1月“是否结账”一栏打上“Y”标记。

如果结账以后发现本月还有未处理的业务或其他情况，可以进行“反结账”，取消本月结账标记，然后进行修正，再进行结账工作。

2．对2024年1月业务进行反结账处理

① 以账套主管身份执行“期末”|“结账”命令，打开“结账—开始结账”对话框。

② 将光标置于需取消结账的月份“2024.01”，按下Ctrl＋Shift＋F6，系统弹出“确认口令”对话框。

③ 输入主管口令“1”，单击“确定”按钮，系统进行反结账处理，2024年1月的结账标志取消。

全部完成后，备份为“总账期末业务”账套。

在线测试

闯　关

一、判断题

1. 制单序时控制是指凭证的填制日期必须大于等于系统日期。（　　）

2. 凭证上的摘要是对本凭证所反映的经济业务内容的说明，凭证上的每个分录行必须有摘要，且同一张凭证上的摘要应相同。（　　）

3. 在记账时，已作废的凭证将参与记账，否则月末无法结账，但系统不对作废凭证进行处理，即相当于一张空凭证。（　　）

4. 在总账系统中，取消出纳凭证的签字既可由出纳员自己进行，也可由账套主管进行。（　　）

5. 通过总账系统账簿查询功能，既可以实现对已记账经济业务的账簿信息查询，也可以实现对未记账凭证的模拟记账信息查询。（　　）

6. 每个月末，均需要先进行转账定义，再进行转账生成。（　　）

二、选择题

1. 总账期初余额不平衡，则不能进行的操作是（　　）。
   A. 填制凭证　B. 修改凭证　C. 审核凭证　D. 记账

2. 关于用友 U8，正确的描述是（　　）。
   A. 出纳凭证必须经由出纳签字　B. 凭证必须经由会计主管签字
   C. 允许修改他人填制的凭证　D. 所有凭证必须经过审核才能记账

3. 凭证一旦保存，则不能修改的内容是（　　）。
   A. 凭证类别　B. 凭证日期　C. 附单据数　D. 凭证摘要

4. 总账系统中取消凭证审核的操作员必须是（　　）。
   A. 该凭证制单人　B. 有审核权限的人　C. 会计主管　D. 该凭证审核人

5. 在总账系统中，用户可通过（　　）功能彻底删除已作废记账凭证。
   A. 冲销凭证　B. 作废凭证　C. 整理凭证　D. 删除分录

6. 在总账系统中，查询账簿的必要条件是（　　）。
   A. 凭证已记账　B. 当月已结账　C. 凭证已审核　D. 凭证已填制

7. 在总账系统中设置自定义转账分录时无须定义的内容是（　　）。
   A. 凭证号　B. 凭证类别　C. 会计科目　D. 借贷方向

8. 关于记账，以下说法正确的是（　　）。
   A. 可以选择记账范围
   B. 记账只能由账套主管进行
   C. 可以选择要记账的账簿，如总账、明细账、日记账、辅助账和多栏账
   D. 一个月可以多次记账

三、思考题

1. 总账系统有哪些主要功能？

2. 总账选项设置的意义是什么，内容是什么？

3. 计算机系统需要哪些期初数据？年初建账和年中建账有何不同？
4. 日常业务处理包括哪些主要内容？
5. 凭证处理的关键步骤是什么？
6. 凭证录入的主要项目包括哪些？系统提供了哪些控制手段？
7. 凭证查询时能查到哪些相关信息？
8. 总账系统中包括哪些基本会计核算账簿？
9. 出纳管理包括哪些主要功能？
10. 什么是转账定义？系统提供了哪些转账定义？
11. 如何进行转账定义？
12. 结账前需要进行哪些检查？

四、实操题

请尝试由系统生成一张红字冲销凭证。

项目5

编制财务报表

知识目标：

1. 了解财务报表系统的主要功能。
2. 认知报表格式设计的主要内容。
3. 认知报表数据处理的主要内容。
4. 掌握自定义报表的基本工作流程。
5. 理解报表模板的作用。
6. 识别常用报表公式的含义。

技能目标：

1. 掌握自定义报表的基本操作。
2. 学会利用报表模板生成资产负债表、利润表。
3. 掌握常用报表公式的定义方式。

项目背景

会计作为一个以提供财务信息为主的管理信息系统，其目的是向企业内外的信息使用者提供相关会计信息，表现形式为财务报告及各类管理报表。会计信息使用者可以分为国家宏观管理部门、企业的投资者和债权人、企业的管理者、职工及其他与企业有相关利益关系的群体。不同的会计信息使用者对会计信息的关注重点是有区别的。对外部信息使用者来说，企业需要提供：反映企业特定时点财务状况的资产负债表、反映企业特定会计期间经营成果的利润表和反映企业特定会计期间现金流动情况的现金流量表，这三张报表也称为基本财务报表。对于企业管理者来说，以上报表所提供的会计信息是远远不能满足其管理需求的，他们往往需要了解每一个业务部门、每一项业务活动、每一个员工、每一个产品对企业总体的价值贡献，这就需要编制各种形态的内部管理报表。

基本知识

5.1　UFO报表系统的基本功能

UFO报表是用友U8中的一个子系统，与通用电子表格软件如Excel相比，UFO报表系统能轻松实现与总账及其他业务系统的对接，即数据共享和集成。虽然报表中的数据可以从总账及其他业务系统获得，但并不意味着报表系统能自动提供所需要的报表。准确地讲，报表系统只提供了制作报表的工具及一些常见的模板，需要使用者利用这套工具，设计并制作出符合不同群体要求的会计报表。

报表管理系统的基本功能就是按需求设计报表的格式、编制并输出报表，并对报表进行审核、汇总，挖掘数据的价值，生成各种分析图表。具体分为以下几项功能：

① 文件管理功能。

财务报表系统中提供了各类文件的管理功能，除能完成一般的文件管理外，财务报表的数据文件还能够转换为不同的文件格式，如文本文件、MDB文件、XLS文件等。此外，通过财务报表系统提供的“导入”和“导出”功能，可以实现和其他流行财务软件之间的数据交换。

② 格式设计功能。

通过财务报表系统提供的格式设计功能，可以设置报表尺寸、组合单元、画表格线、调整行高列宽、设置字体和颜色、设置显示比例等。同时，财务报表系统还内置了11种套用格式和19个行业的标准财务报表模板，包括最新的现金流量表，方便用户制作标准报表。对于用户单位内部常用的管理报表，财务报表系统还提供了自定义模板功能。

格式设计中的重头戏是报表公式定义。报表系统是通过公式完成取数和计算的。公式分为计算公式、审核公式和舍位平衡公式。财务报表系统提供了种类丰富的函数，在系统向导的引导下轻松地从用友账务及其他子系统中提取数据，生成财务报表。

③ 数据处理功能。

财务报表系统的数据处理功能可以固定的格式管理大量数据不同的表页，并在每张表页之间建立有机的联系。此外，其还提供表页的排序、查询、审核、舍位平衡、汇总功能。

财务报表系统可以很方便地对数据进行图形组织和分析，制作包括直方图、立体图、圆饼图、折线图等多种分析图表，并能编辑图表的位置、大小、标题、字体、颜色、打印输出。

5.2　报表编制的基本概念

在编制财务报表之前，先让我们了解一下财务报表系统的相关概念。

5.2.1　格式状态和数据状态

我们把一张报表拆分为每月基本固定不变的项目(如报表标题、编制单位、报表中的项目等)和每月变化的项目(如报表中的数据、编报日期)。编制报表的工作也相应地分为两大部分：格式设计和数据处理，这两部分工作是在不同的状态下进行的，分别对应格式状态和数据状态。

在格式状态下主要完成报表表样的设计，如设定表尺寸、设定行高列宽、画表格线、设置单元属性和单元风格、设置报表关键字及定义组合单元，以及定义报表单元的计算公式、审核公式、舍位平衡公式。在格式状态下，所看到的是报表的格式，报表的数据全部隐藏。在格式状态下所做的操作对本报表所有表页发生作用，并且不能进行数据的录入、计算等操作。

在数据状态下管理报表的数据，如录入关键字、输入数据、报表计算、对表页进行管理、审核、舍位平衡、制作图形、汇总报表等。在数据状态下不能修改报表的格式，看到的是报表的全部内容，包括格式和数据。

报表工作区的左下角有一个“格式/数据”按钮，单击这个按钮可以在格式状态和数据状态之间切换。

5.2.2 二维表和三维表

确定某一数据位置的要素称为“维”。在一张有方格的纸上填写一个数，这个数的位置可通过行和列（二维）来描述。

如果将一张有方格的纸称为表，那么这个表就是二维表，通过行（横轴）和列（纵轴）可以找到这个二维表中任何位置的数据。

如果将多个相同的二维表叠在一起，找到某一个数据的要素需增加一个，即表页号（Z轴）。这一叠表称为一个三维表。

如果将多个不同的三维表放在一起，要从这多个三维表中找到一个数据，又需增加一个要素，即表名。三维表的表间操作即为“四维运算”。因此，在 UFO 中要确定一个数据所需的所有要素为表名、列、行、表页，如利润表第 2 页的 C5 单元，表示为“利润表”－〉C5@2。

5.2.3 报表文件及表页

报表在计算机中以文件的形式保存并存放，每个文件都有一个唯一的文件名，如“利润表. rep”，其中“rep”是财务报表管理系统的文件标志。

财务报表系统中的报表最多可容纳 99 999 张表页，每一张表页是由许多单元组成的。一个报表文件中的所有表页具有相同的格式，但其中的数据不同。表页在报表中的序号在表页的下方以标签的形式出现，称为“页标”。页标用“第 1 页”～“第 99 999 页”表示，当前表的第 2 页，可以表示为@2。

5.2.4 单元及单元属性

单元是组成报表的最小单位，单元名称由所在列、行标志，行号用数字 1～9 999 表示，列标用字母 A～IU 表示。例如，C8 表示第 3 列与第 8 行交叉的那个单元。单元属性包括单元类型及单元格式。

1. 单元类型

单元类型是指单元中可以存放的数据的类型，数据类型有数值型数据、字符型数据和表样型数据三种，相应地有数值单元、字符单元和表样单元。

数值单元用于存放报表的数据，在数据状态下可以直接输入或由单元中存放的单元公式运算生成。建立一个新表时，所有单元的类型缺省为数值型。

字符单元也是报表的数据，也在数据状态下输入。字符单元的内容可以是汉字、字母、数字及各种键盘可输入的符号组成的一串字符，一个单元中最多可输入 63 个字符或 31 个汉字。字符单元的内容也可由单元公式生成。

表样单元是报表的格式，是定义一个没有数据的空表所需的所有文字、符号或数字。一旦单元被定义为表样，那么在其中输入的内容对所有表页都有效。表样单元在格式状态下输入和修改，在数据状态下不允许修改。

2. 单元格式

单元格式是设定单元中数据的显示格式，如字体大小或颜色设置、对齐方式、单元边框线设置等。

5.2.5　区域与组合单元

由于一个单元只能输入有限个字符，在实际工作中有的单元有超长输入情况，这时，可以采用系统提供的组合单元。组合单元由相邻的两个或更多的单元组成，这些单元必须是同一种单元类型(表样、数值、字符)，财务报表系统在处理报表时将组合单元视为一个单元。可以组合同一行相邻的几个单元，也可以组合同一列相邻的几个单元，还可以把一个多行多列的平面区域设为一个组合单元。组合单元的名称可以用区域的名称或区域中的单元的名称来表示。例如，把B2到B3定义为一个组合单元，这个组合单元可以用“B2”“B3”或“B2:B3”表示。

区域由一张表页上的一组单元组成，自起点单元至终点单元是一个完整的长方形矩阵。在财务报表系统中，区域是二维的，最大的区域是一个表的所有单元(整个表页)，最小的区域是一个单元。例如，A6到C10的长方形区域表示为A6:C10，起点单元与终点单元用“:”连接。

5.2.6　关键字

关键字是一种特殊的数据单元，可以唯一标识一个表页，用于在大量表页中快速选择表页。例如，一个资产负债表的表文件可放一年12个月的资产负债表(甚至多年的多张表)，要对某一张表页的数据进行定位，就要设置一些定位标志，在财务报表系统中称为关键字。

财务报表系统中共提供了以下六种关键字：

① 单位名称：字符型(最多30个字符)，为该报表表页编制单位的名称。

② 单位编号：字符型(最多10个字符)，为该报表表页编制单位的编号。

③ 年：数字型(1904～2100)，为该报表表页反映的年度。

④ 季：数字型(1～4)，为该报表表页反映的季度。

⑤ 月：数字型(1～12)，为该报表表页反映的月份。

⑥ 日：数字型(1～31)，为该报表表页反映的日期。

除此之外，财务报表系统还增加了一个自定义关键字。

5.2.7　报表模板

在财务报表系统中，一般都预置了符合当前企业会计准则规范的常用会计报表，称为报表模板，企业可以调用报表模板，实现财务报告的快速编制。

5.3　报表编制的流程

不同的报表编制流程有所不同，对外财务报告可以调用报表模板快速生成，内部管理报表则需要先进行报表格式定义。

报表编制的基本操作流程如图5-1所示。

从图5-1中可以看出，编制报表时分为两种情况，如果报表此前已定义，直接打开报表文件进入数据处理状态生成报表即可；如果是第一次利用报表管理系统编制报表，就需要从格式设计开始。根据报表是对外财务报表还是内部管理报表，又分为两种处理方式：利用报表模板编制报表和自定义会计报表。无论哪种方式，编制报表都分为两个阶段：格式设计和数据处理。

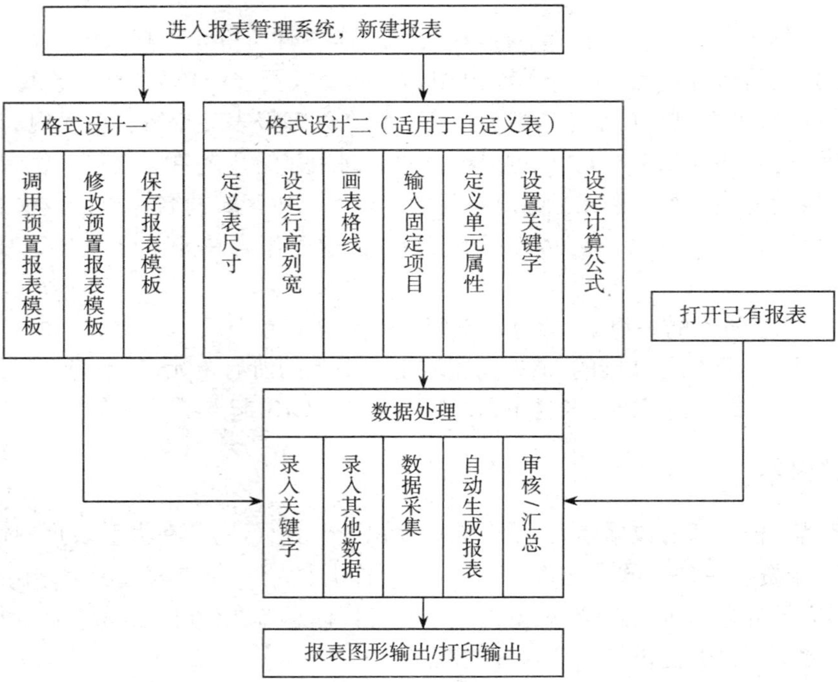

图 5-1　报表编制基本操作流程

5.3.1　格式设计

报表格式设计在“格式”状态下进行，报表格式设计决定了报表的外观和结构，格式对整个报表都有效。报表格式设计的具体内容包括设计表尺寸，定义报表行高、列宽，画表格线，定义组合单元，输入表头、表体和表尾内容，定义显示风格，定义单元属性等。

① 设置表尺寸。

定义报表的大小，即设定报表的行数和列数。计算行数时应包括自标题开始至表尾全部。

② 录入表内文字。

录入表内文字包括表头、表体和表尾(关键字值除外)。在格式状态下定义了单元内容自动默认为表样型，定义为表样型的单元在数据状态下不允许修改和删除。

③ 定义关键字。

确定关键字在表页上的位置，如单位名称、年、月等。

④ 定义行高和列宽。

⑤ 定义组合单元。

即把几个单元作为一个单元使用。

⑥ 设置单元风格。

设置单元的字型、字体、字号、颜色、图案、折行显示等。

⑦ 设置单元属性。

定义单元属性有两个方面的作用：一是设定单元存放的数据类型；二是设置数据的显示形式。

财务报表系统默认所有单元均为数值型，而在格式状态下输入的单元均为表样型。如果表尾中制表人每月相同，可以作为表样型数据处理，在“格式”状态下输入。如果制表人每月是不确定的，需要在“格式”状态下将单元设置为“字符”数据类型，才能每月手工输入制表人姓名。

数据的显示形式设定了数据的字体、字号、数据的显示样式。

⑧ 画表格线。

⑨ 设置可变区。

即确定可变区在表页上的位置和大小。

⑩ 定义各类公式。

UFO 系统中有三种不同性质的公式：单元公式、审核公式和舍位公式。定义公式编制报表的重点内容，在后续另行展开介绍。

5.3.2　数据处理

报表格式和报表中的各类公式定义好之后，就可以录入数据并进行处理了。报表数据处理在“数据”状态下进行，包括以下几项操作。

① 追加表页。

因为新建的报表只有一张表页，根据需要可以追加多个表页。

② 录入关键字。

关键字是报表系统从账务系统海量数据中读取所需要的数据的唯一标志。在自动生成报表之前一定要以录入关键字的方式确定数据源。

③ 生成报表。

在未设置公式的数值单元或字符单元中输入数据，设置了公式的单元将自动显示结果。如果报表中设置了审核公式和舍位平衡公式，可以执行审核和舍位，还可以进行进一步的图形处理。

④ 报表汇总。

报表汇总是将具有相同结构的几张报表进行数据汇总生成汇总报表。其主要用于主管单位对基层单位的上交报表进行汇总或将同一企业不同时期的报表数据进行阶段汇总。财务报表系统提供了表页汇总和可变区汇总两种汇总方式。

5.4　报表公式定义

由于各种报表数据之间存在密切的逻辑关系，报表中各种数据的采集、运算和勾稽关系的检测就用到了不同的公式。主要有计算公式、审核公式和舍位平衡公式，其中计算公式必须要进行设置，而审核公式和舍位平衡公式则根据实际需要进行设置。

5.4.1　计算公式

财务报表中的数据可能有不同的来源：有些数据需要手工输入，如在资产负债表中直接输入各项目的数据；有些数据是由其他报表项目运算得到的，如“固定资产净值”“所有者权益合计”“税后利润”等项目；有些数据是从其他报表中取来的，如“期末未分配利润”项目；有些数据可以从账务系统中直接提取。除了手工输入的数据，其他数据都需要通过定义计算公式得到。

计算公式可以直接定义在报表单元中，这样的公式称为“单元公式”。单元公式定义在报表中的数值型或字符型单元内，用来建立表内各单元之间、报表与报表之间或报表系统与其他系统之间的运算关系。

单元公式在格式状态下定义。在报表中选择要定义公式的单元，按“＝”号弹出“单元公式”对话框，在其中输入单元公式。如果定义的公式符合语法规则，单击“确认”按钮后公式写入单元中。如果公式有语法错误，则将提示错误。一个单元中如果定义了单元公式，则在格式状态下，单元中显示“公式单元”这 4 个汉字，单元公式显示在编辑栏中；在数据状态下，单元中显示公式的结果，单元公式显示在编辑栏中。

财务报表中的很多数据都来自账簿，从账簿中获取数据是通过函数实现的，函数在计算公式中占有重要的位置。

按照函数的用途不同，函数又分为账务函数、其他业务系统取数函数、统计函数、数学函数、日期时间函数、本表他页取数函数等。下面举例说明常用函数的用法。

1. 账务函数

账务函数通常用来采集总账中的数据，因此使用较为频繁。

常用账务函数如表 5-1 所示。

表 5-1　常用账务函数

函数意义	中文函数名	函数名
取对方科目发生数	对方科目发生	DFS
取某科目本期发生数	发生	FS
取汇率	汇率	HL
取某科目借、贷方发生净额	净额	JE
取某科目累计发生额	累计发生	LFS
取某科目期初数	期初	QC
取某科目期末数	期末	QM
取对方科目数量发生数	数量对方科目发生	SDFS
取某科目本期数量发生数	数量发生	SFS
取某科目借、贷方数量发生净额	数量净额	SJE
取某科目数量累计发生额	数量累计发生	SLFS
取某科目数量期初数	数量期初	SQC
取某科目数量期末数	数量期末	SQM
取符合指定条件的数量发生数	数量条件发生	STFS
取符合指定条件的发生数	条件发生	TFS
取对方科目外币发生数	外币对方科目发生	WDFS

续　表

函数意义	中文函数名	函数名
取某科目本期外币发生数	外币发生	WFS
取某科目借、贷方外币发生净额	外币净额	WJE
取某科目外币累计发生额	外币累计发生	WLFS
取某科目外币期初数	外币期初	WQC
取某科目外币期末数	外币期末	WQM
取符合指定条件的外币发生数	外币条件发生	QTFS

2. 统计函数

统计函数一般用来做报表数据的统计工作，如报表中的“合计”项。常用统计函数如表 5-2 所示。

表 5-2　常用统计函数

函数	固定区	可变区	立体方向
合计函数	PTOTAL	GTOTAL	TOTAL
平均值函数	PAVG	GAVG	AVG
计数函数	PCOUNT	GCOUNT	COUNT
最小值函数	PMIN	GMIN	MIN
最大值函数	PMAX	GMAX	MAX

3. 本表他页取数函数

本表他页取数函数用于从同一报表文件的其他表页中采集数据。

很多报表数据是从以前的历史记录中取得的，如本表其他表页。当然，这类数据可以通过查询历史资料而取得，但是，查询既不方便，又会由于抄写错误而引起数据的失真。而如果在计算公式中进行取数设定，既减少工作量，又节约时间，同时数据的准确性也得到了保障。这就需要用到表页与表页间的计算公式。

① 取确定页号表页的数据。

当所取数据所在的表页页号已知时，用以下格式可以方便地取得本表他页的数据：

〈目标区域〉＝〈数据源区域〉@〈页号〉

如下面单元公式令各页 B2 单元均取当前表第一页 C5 单元的值。

B2＝C5@1

② 按一定关键字取数。

SELECT()函数常用于从本表他页取数计算。

如在“损益表”中，累计数＝本月数＋同年上月累计数，表示为：

D＝C＋SELECT(D,年@＝年 and 月@＝月＋1)

4. 从其他报表取数计算

当我们从他表取数时，已知条件并不是页号，而是希望按照年、月、日等关键字的对应关系来取他表数据，就必须用到关联条件。

报表间的计算公式与同一报表内各表页间的计算公式很相近，主要区别就是把本表表名换为他表表名。

报表与报表间的计算公式分为：取他表确定页号表页的数据和用关联条件从他表取数。

① 取他表确定页号表页的数据。

用以下格式可以方便地取得已知页号的他表表页数据：

〈目标区域〉＝"〈他表表名〉"－＞〈数据源区域〉[@〈页号〉]

当〈页号〉缺省时为本表各页分别取他表各页数据。

② 用关联条件从他表取数。

当我们从他表取数时，已知条件并不是页号，而是希望按照年、月、日等关键字的对应关系来取他表数据，就必须用到关联条件。

表页关联条件的意义是建立本表与他表之间以关键字或某个单元为联系的默契关系。

从他表取数的关联条件的格式为：

RELATION〈单元｜关键字｜变量｜常量〉WITH"〈他表表名〉"－＞〈单元｜关键字｜变量｜常量〉

5.4.2 审核公式

在经常使用的各类财务报表中，每个数据都有明确的经济含义，并且各个数据之间一般都有一定的勾稽关系。为了确保报表编制的准确性，我们经常利用这种报表间或报表内的勾稽关系对报表进行正确性检查。一般来讲，我们称这种检查为数据的审核。为此财务报表系统特意提供了数据的审核公式，它将报表数据之间的勾稽关系用公式表示出来，我们称为审核公式。

审核公式的一般格式为：

〈表达式〉〈逻辑运算符〉〈表达式〉[MESS"说明信息"]

5.4.3 舍位平衡公式

如果是集团公司，对下属单位报表进行汇总时，有可能遇到：下属单位报送的报表的计量单位不统一；汇总完成后汇总表的数据按现有金额单位衡量过大。这时需要将报表的数据单位进行转换，如将"元"转化为"千元"或"万元"，称为舍位操作。舍位之后，报表中原有的平衡关系可能会因为小数位的四舍五入而被破坏，因此需要对数据重新进行调整。在财务报表系统中，这种用于对报表数据舍位及重新调整报表舍位之后平衡关系的公式，称为舍位平衡公式。

定义舍位平衡公式时，需要指明要"舍位表名""舍位范围""舍位位数"和"平衡公式"几项，如图 5-1 所示。

提醒

- 每个公式一行，各公式之间用逗号","（半角）隔开，最后一条公式不用写逗号，否则公式无法执行。
- 等号左边只能为一个单元（不带页号和表名）。
- 舍位公式中只能使用"＋""－"符号，不能使用其他运算符及函数。

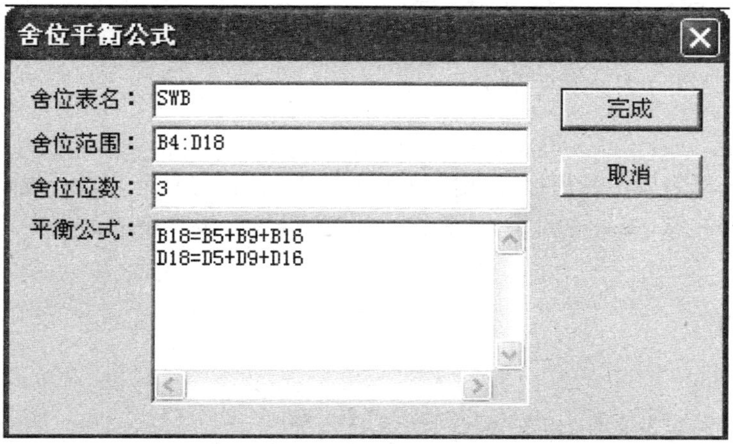

图 5-1 定义舍位平衡公式

实训任务

请以系统管理员的身份在系统管理中，引入“总账期末业务”账套。

任务 *1* 自定义会计报表

任务下达

以账套主管 701 于美琪的身份自定义销售毛利分析表(见表 5-3)。

表 5-3 销售毛利分析表

编制单位：菲尼电器　　　　年　　月　　　　金额单位：元

产品	主营业务收入	主营业务成本	毛利
全钢热水壶			
养生煮茶壶			
……			
合计			

会计主管：　　　　制表人：

具体要求如下：

① 标题在报表中居中，设为黑体 16 号字；

② 将年、月设置为关键字；

③ 设置第 1 行行高为 8 毫米、A-D 列列宽均为 35 毫米；

④ 将 B4:D8 区域设置为带千位分隔的数值格式，将 D9 单元定义为字符型；

⑤ 利用账务函数定义“主营业务收入”“主营业务成本”计算公式；

⑥ 利用统计函数定义“合计”计算公式；

⑦ 利用表内计算定义“毛利”计算公式；

⑧ 生成 2024 年 1 月销售毛利分析表。

任务解析

销售毛利分析表属于管理报表，用友 U8 无模板调用，需要企业自行设计报表格式。定义该报表时需要注意，表头中的年、月要作为关键字设置，报表中的数据要通过设置计算公式自动获取。

任务指引

1. 格式设计

(1) 建立一张新表文件，定义表尺寸为 9 行 4 列

① 以账套主管 701 于美琪的身份在 U8 企业应用平台中选择财务会计中的 UFO 报表，进入“UFO 报表”窗口。

② 执行“文件”|“新建”命令，系统自动显示一张空白表 report 1，并自动进入“格式”状态。

③ 执行“格式”|“表尺寸”命令，打开“表尺寸”对话框。在“行数”文本框中输入“9”，在“列数”文本框中输入“4”，如图 5-2 所示。

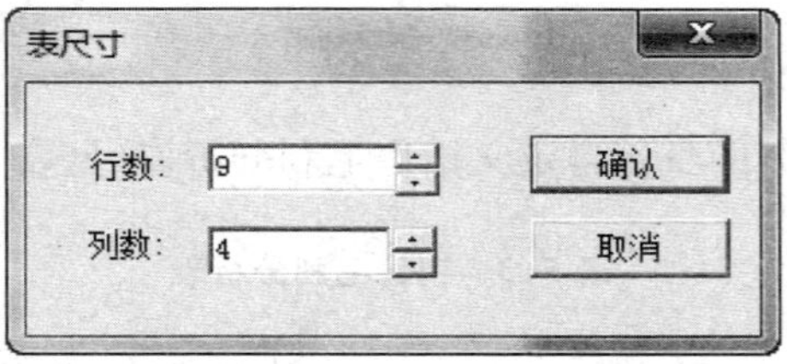

图 5-2　定义表尺寸

④ 单击“确认”按钮，屏幕上只保留 9 行 4 列，其余部分为灰色。

> **提醒**
> 如果在设计过程中发现表尺寸有误，可以通过“编辑”菜单下的“插入”和“删除”增减行列数。

(2) 设置组合单元，将报表标题居中，设置黑体 16 号字

① 在 A1 单元输入报表标题“销售毛利分析”。

② 用鼠标单击行号“1”或选择 A1:D1 区域，执行“格式”|“组合单元”命令，打开“组合单元”对话框，如图 5-3 所示。

③ 选择“整体组合”或“按行组合”，将 A1:D1 组合为一个单元。

④ 单击工具栏中的“水平居中”按钮，将报表标题居中放置。

⑤ 再执行“格式”|“单元属性”命令，在“字体图案”选项页中设置表头字体为黑体、字号为 16 号，单击“确定”按钮返回。

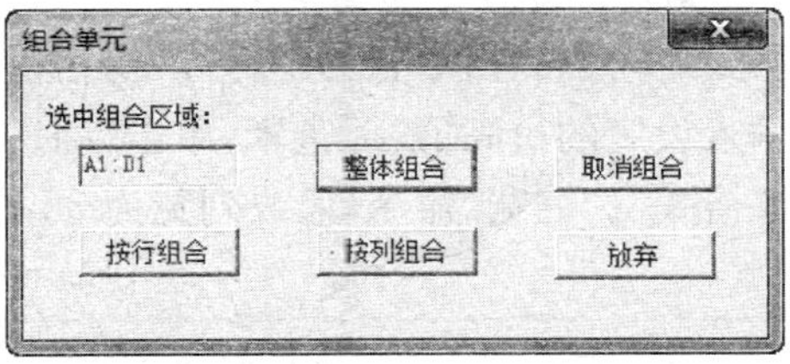

图 5-3 组合单元

(3) 设置表头定义关键字

① 组合 A2～B2 单元,输入“编报单位:菲尼电器”,单击工具栏中“居左”按钮。

② 在 D2 单元中,输入“金额单位:元”,单击工具栏中“居右”按钮。

③ 单击 C2 单元,执行“数据”|“关键字”|“设置”命令,打开“设置关键字”对话框,选择“年”,如图 5-4 所示。单击“确定”按钮退出,C2 单元显示红色字体“年”,其中的××××标注了日期的位置。

④ 单击 C2 单元,以同样方法设置关键字“月”。关键字“年”和“月”重叠在一起。

⑤ 执行“数据”|“关键字”|“偏移”命令,打开“定义关键字偏移”对话框,设置“年”关键字偏移“－30”,即从当前位置向左偏移 30,如图 5-5 所示,单击“确定”按钮返回。

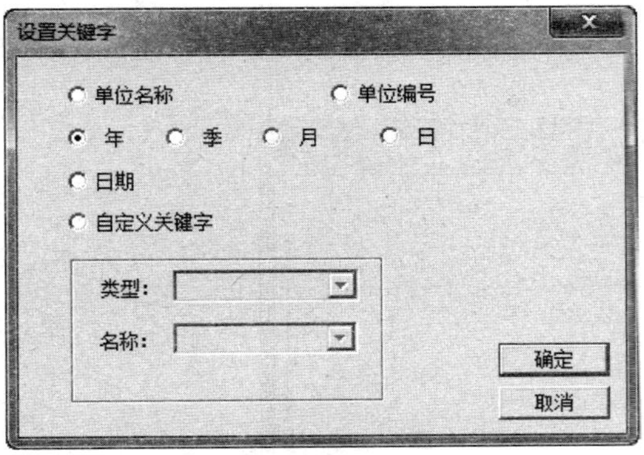

图 5-4 设置“年”关键字

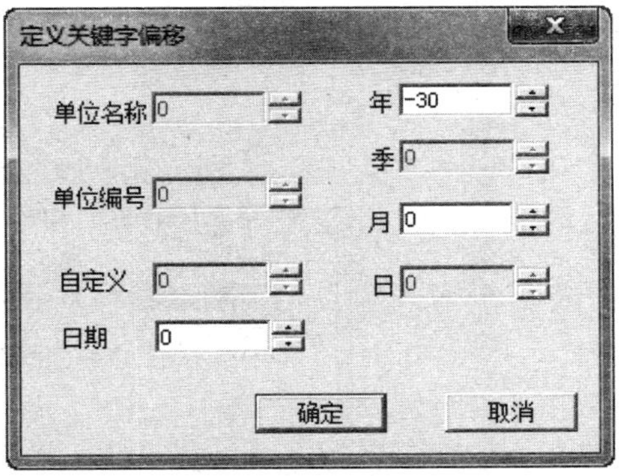

图 5-5 定义关键字偏移

解惑 如何正确设置关键字?

关键字的显示位置在格式状态下设置,关键字的值则在数据状态下录入。每张报表可以定义多个关键字,但一个关键字在一张报表中只能定义一次。

如果在同一个单元或组合单元中设置了两个关键字,两个关键字会重叠在一起,这时需要对关键字的位置进行调整。执行“数据”|“关键字”|“偏移”命令,打开“定义关键字偏移”对话框,在需要调整位置的关键字后面输入偏移量,输入负数值表示向左偏移,输入正数值表示向右偏移。

如果关键字位置设置错误,可以选择“数据”|“关键字”|“取消”命令,取消关键字设置。

(4) 设置第 1 行行高为 8 毫米、A～D 列列宽均为 35 毫米

① 选中第 1 行，执行“格式”|“行高”命令，打开“行高”对话框。

② 在“行高”文本框中输入设定的行高值“8”毫米，单击“确认”按钮。

③ 选中 A～D 列，执行“格式”|“列宽”命令，修改列宽为 35 毫米，单击“确认”按钮。

提醒

可以将鼠标对准两行之间（或两列之间）的分隔线，待鼠标变形后，直接拖拽到合适位置。

(5) 画表格线

① 选中报表中需要画线的区域：第 3 行到第 8 行或 A3:D8 区域。

② 执行“格式”|“区域画线”命令，打开“区域画线”对话框。

③ 选择“网线”，单击“确认”按钮，表体部分已画上格线。

④ 输入表内其他汉字项目及表尾内容。

(6) 定义单元属性

① 选择 B4:D8 区域，执行“格式”|“单元属性”命令，打开“单元格属性”对话框。

② 选择单元类型“数值”，选中“逗号”复选框，如图 5-6 所示，单击“确定”按钮返回。

③ 选择 D9 单元，执行“格式”|“单元属性”命令，选择单元类型为“字符”型，单击“确定”按钮返回。

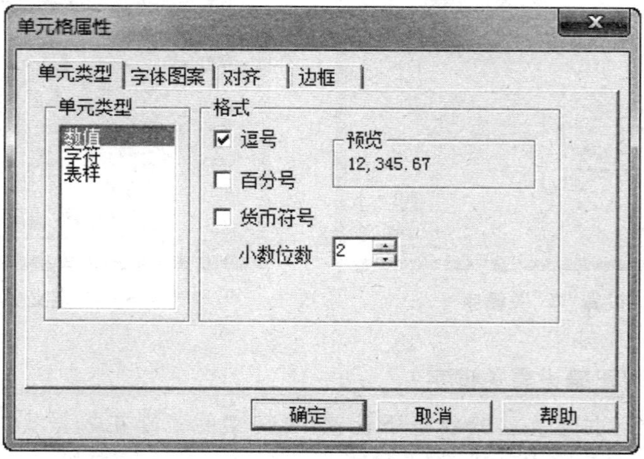

图 5-6 单元格属性

(7) 设定报表公式：设定 B4 单元“全钢热水壶”“主营业务收入”的单元公式

① 选择 B4 单元，单击“fx”，打开“定义公式”对话框。

② 单击“函数向导”按钮，打开“函数向导”对话框。

③ 选择左边函数分类下的“用友账务函数”，选择右边“函数名”下的“发生(FS)”，如图 5-7 所示。

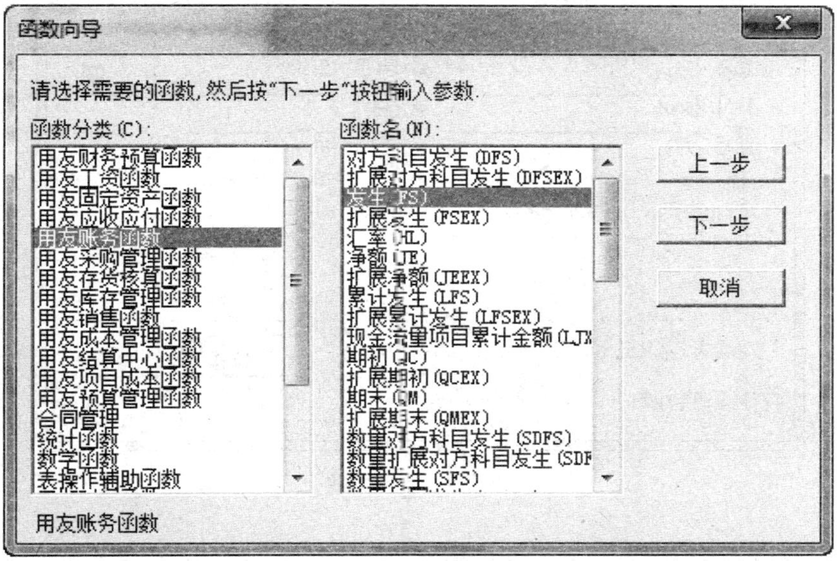

图 5-7　函数向导-选择函数分类

④ 单击"下一步"按钮，进入"用友账务函数"对话框，如图 5-8 所示。

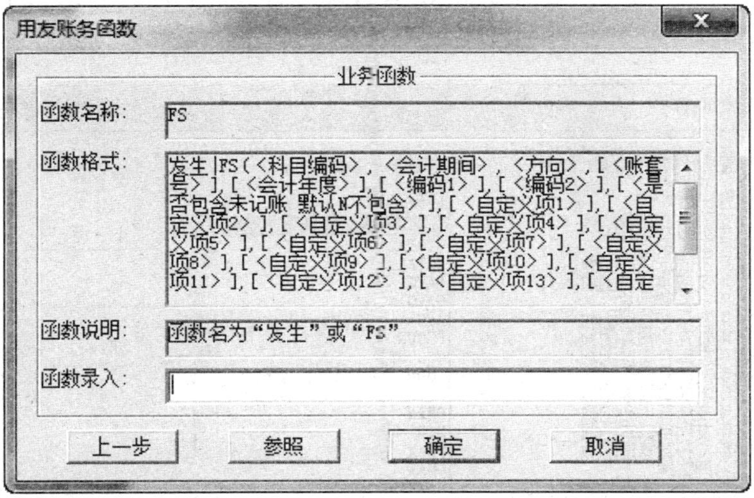

图 5-8　用友账务函数

⑤ 单击"参照"按钮，打开"账务函数"对话框，科目选择"6001"，方向选择"贷"，项目选择"全钢热水壶"，如图 5-9 所示，单击"确定"按钮，返回"用友账务函数"对话框。

⑥ 单击"确定"按钮返回"定义公式"对话框。

⑦ 单击"确认"按钮，完成公式定义，B4 单元中显示"公式单元"字样，公式显示在公式栏中。

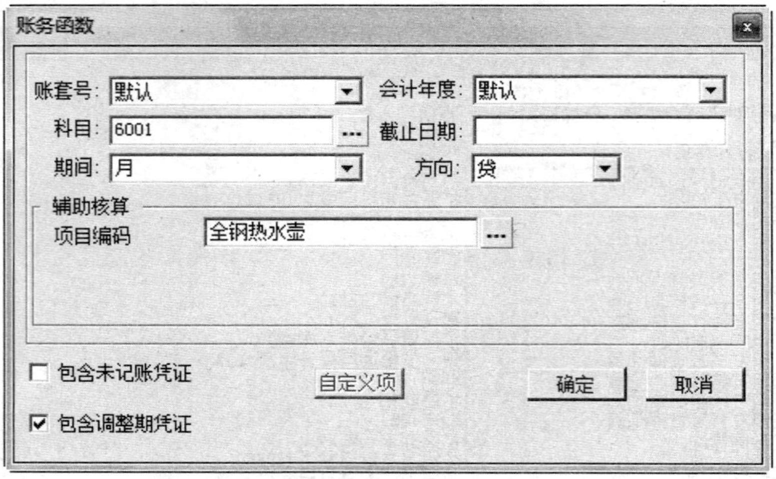

图 5-9　账务函数

⑧ 同理，设置 B5、C5、C6 单元格的计算公式。

(8) 利用统计函数定义 B8“合计”单元计算公式

① 选择 B8 单元，单击“fx”，打开“定义公式”对话框，单击“函数向导”按钮，打开“函数向导”对话框。

② 选择左边“函数分类”下的“统计函数”，选择右边“函数名”下的“PTOTAL”，如图 5-10 所示。

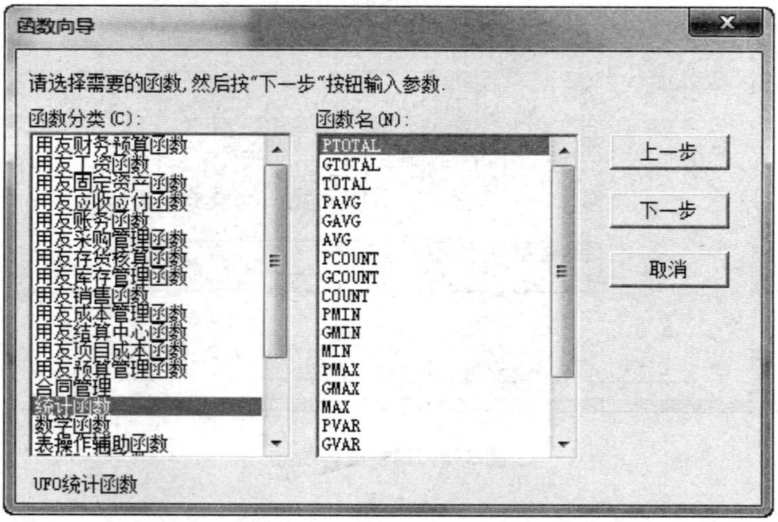

图 5-10　统计函数

③ 单击“下一步”按钮，打开“固定区统计函数”对话框，在固定区区域文本框中输入“B4:B7”，如图 5-11 所示。单击“确认”按钮返回“定义公式”对话框。

④ 将光标移至 B8 单元格右下角，光标变为黑色加号，向右拖动黑色加号填充柄，将

B8 单元中的公式复制到 C8 和 D8。

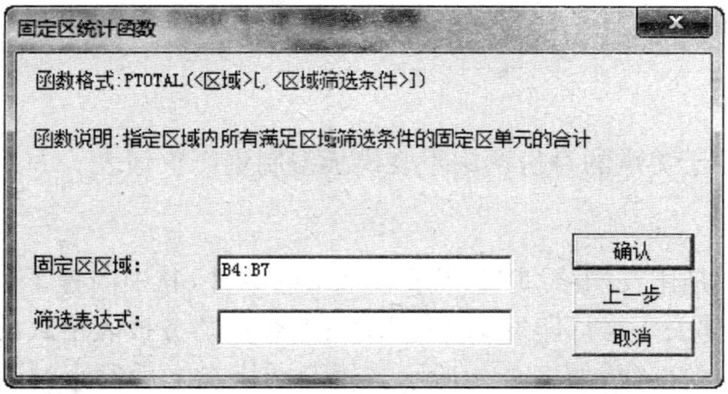

图 5-11　固定区统计函数

(9) 利用表内计算定义“毛利”计算公式

① 选择 D4 单元，单击“fx”，打开“定义公式”对话框。

② 直接输入公式为“B4－C4”，单击“确认”按钮返回。

③ 向下拖动 D4 单元格右下角的填充柄，将 D4 单元中的公式复制到 D5，D5 中的公式为“B5－C5”。

④ 将报表保存为“销售毛利分析表”。

2. 数据处理

(1) 录入关键字生成报表

① 单击“格式”|“数据”按钮，切换到数据状态。

② 选择“数据”|“关键字”|“录入”命令，打开“录入关键字”对话框，录入关键字“2024”年“1”月，如图 5-12 所示。

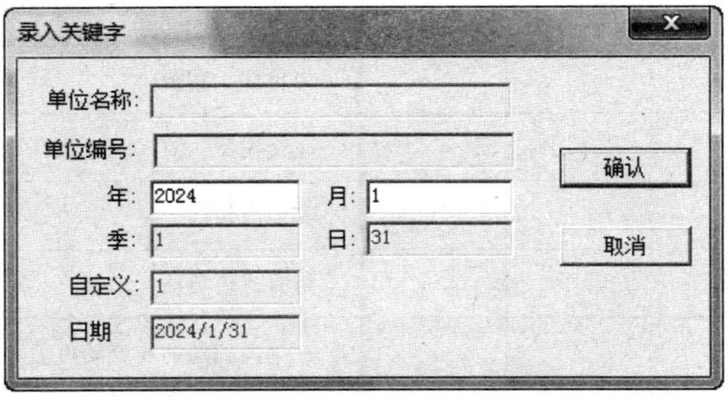

图 5-12　录入关键字

③ 单击“确认”按钮，系统弹出“是否重算第 1 页”信息提示框，单击“是”按钮，系统自动生成销售毛利分析表。

④ 单击“保存”按钮。

(2) 表页管理：在产品销售毛利分析表中追加 2 张表页，以备生成全年 2、3 月份报表

① 在“数据”处理状态，执行“编辑”|“表页”|“追加”命令，打开“追加表页”对话框。

② 设置追加数量为“2”,单击“确认”按钮返回。

任务 2　调用模板编制资产负债表

任务下达

以账套主管 701 于美琪的身份调用报表模板编制资产负债表。

任务解析

用友 U8 V10.1 是用友网络 2012 年发版上市的软件,其中内置了国家规定的资产负债表格式。依据《财政部关于修订印发 2018 年度一般企业财务报表格式的通知》的规定,资产负债表的格式有了新的变化,如表 5-4 所示。用友网络在之后发布的软件新版本中内置了最新格式的资产负债表。本任务仅需要调用旧版本资产负债表,了解调用模板的方法。

表 5-4　资产负债表　　会企 01 表

编制单位:　　　　年　　月　　日　　　　单位:元

资产	期末余额	年初余额	负债和所有者权益	期末余额	年初余额
流动资产:			流动负债:		
货币资金			短期借款		
交易性金融资产			交易性金融负债		
衍生金融资产			衍生金融负债		
应收票据			应付票据		
应收账款			应付账款		
应收款项融资			预收款项		
预付款项			合同负债		
其他应收款			应付职工薪酬		
存货			应交税费		
合同资产			其他应付款		
持有待售资产			持有待售负债		
一年内到期的非流动资产			一年内到期的非流动负债		
其他流动资产			其他流动负债		
流动资产合计			流动负债合计		
非流动资产:			非流动负债:		
债权投资			长期借款		
其他债权投资			应付债券		

续 表

资产	期末余额	年初余额	负债和所有者权益	期末余额	年初余额
长期应收款			**其中:优先股**		
长期股权投资			**永续债**		
其他权益工具投资			租赁负债		
其他非流动金融资产			长期应付款		
投资性房地产			预计负债		
固定资产			递延收益		
在建工程			递延所得税负债		
生产性生物资产			其他非流动负债		
油气资产			非流动负债合计		
使用权资产			负债合计		
无形资产			所有者权益(或股东权益):		
开发支出			实收资本(或股本)		
商誉			其他权益工具		
长期待摊费用			其中:优先股		
递延所得税资产			永续债		
其他非流动资产			资本公积		
非流动资产合计			减:库存股		
			其他综合收益		
			专项储备		
			盈余公积		
			未分配利润		
			所有者权益合计		
资产总计			负债和所有者权益合计		

任务指引

1. 格式设计

① 在UFO报表系统中,执行“文件”|“新建”命令,新建一张报表。

② 在格式状态下,执行“格式”|“报表模板”命令,打开“报表模板”对话框。

③ 从“您所在的行业”下拉列表中选择“2007年新会计制度科目”,从“财务报表”下拉列表中选择“资产负债表”,如图5-13所示。

④ 单击“确认”按钮,系统弹出“模板格式将覆盖本表格式!是否继续?”信息提示框,单

击“确定”按钮，打开“资产负债表”模板，如图 5-14 所示。

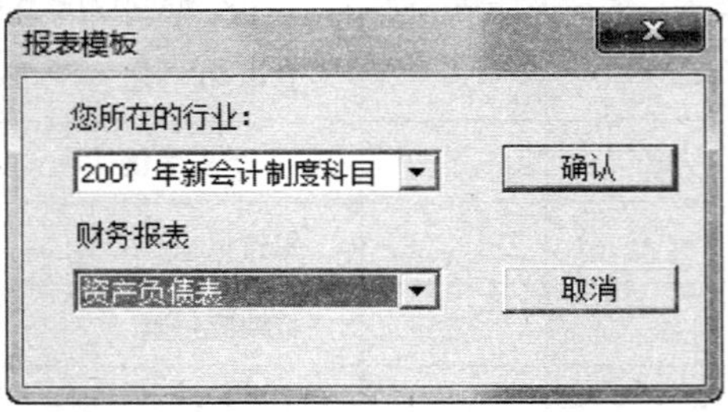

图 5-13 报表模板

	A	B	C	D	E	F	G	H
1					资产负债表			
2								会企01表
3	编制单位：		xxxx 年	xx 月	xx 日			单位：元
4–5	资　产	行次	期末余额	年初余额	负债和所有者权益（或股东权益）	行次	期末余额	年初余额
6	流动资产：				流动负债：			
7	货币资金	1	公式单元	公式单元	短期借款	32	公式单元	公式单元
8	交易性金融资产	2	公式单元	公式单元	交易性金融负债	33	公式单元	公式单元
9	应收票据	3	公式单元	公式单元	应付票据	34	公式单元	公式单元
10	应收账款	4	公式单元	公式单元	应付账款	35	公式单元	公式单元
11	预付款项	5	公式单元	公式单元	预收款项	36	公式单元	公式单元
12	应收利息	6	公式单元	公式单元	应付职工薪酬	37	公式单元	公式单元
13	应收股利	7	公式单元	公式单元	应交税费	38	公式单元	公式单元
14	其他应收款	8	公式单元	公式单元	应付利息	39	公式单元	公式单元
15	存货	9	公式单元	公式单元	应付股利	40	公式单元	公式单元
16	一年内到期的非流动资产	10			其他应付款	41	公式单元	公式单元
17	其他流动资产	11			一年内到期的非流动负债	42		
18	演示数据流动资产合计	12	公式单元	公式单元	其他流动负债	43		
19	非流动资产：				流动负债合计	44	公式单元	公式单元
20	可供出售金融资产	13	公式单元	公式单元	非流动负债：			
21	持有至到期投资	14	公式单元	公式单元	长期借款	45	公式单元	公式单元
22	长期应收款	15	公式单元	公式单元	应付债券	46	公式单元	公式单元

图 5-14 资产负债表模板

提醒

- 当前报表套用报表模板后，原有的格式和数据全部丢失。
- 报表模板需根据国家法规、会计制度要求及企业实际情况进行修改。
- 调用模板不等于照搬，还要根据企业实际情况进行审核确认，如果需要修改，必须在格式状态下完成。

2. 数据处理

① 单击“格式”/“数据”切换按钮，切换到数据状态。

② 执行“关键字”|“录入”命令，打开“录入关键字”对话框，输入关键字“2024”年“1”月“31”日，单击“确认”按钮，系统弹出“是否重算第 1 页”信息提示框，单击“是”按钮，生成资产负债表。

③ 保存报表。

任务 3　编制现金流量表

任务下达

以账套主管 701 于美琪的身份调用报表模板编制现金流量表。

任务解析

用友 U8 中虽然提供了现金流量表模板，但只提供了小计及合计项目的计算公式，每个现金流入或流出项目的公式需要自行定义。资产负债表中的项目一般取本期会计科目的期末数。利润表中的项目一般取本期损益类科目的发生数。现金流量表中的项目需要从两个维度划分，一是将企业经济活动划分为经营活动、投资活动和筹资活动；二是现金流入还是流出。为了生成现金流量表，就必须对企业日常发生的每一笔涉及现金流量的经济活动进行现金流量项目的确认，可以在业务发生即填制凭证时即时确认，也可以在编制现金流量表之前进行确认。

任务指引

1. 指定"1001 库存现金""1002 银行存款""1012 其他货币资金"为现金流量科目

① 在企业应用平台基础设置中，执行"基础档案"|"财务"|"会计科目"命令，进入"会计科目"窗口。

② 选择"编辑"|"指定科目"，打开"指定科目"对话框。

③ 指定"1001 库存现金、10020101 人民币户、10020102 美元户、1012 其他货币资金"科目为现金流量科目，如图 5-15 所示。

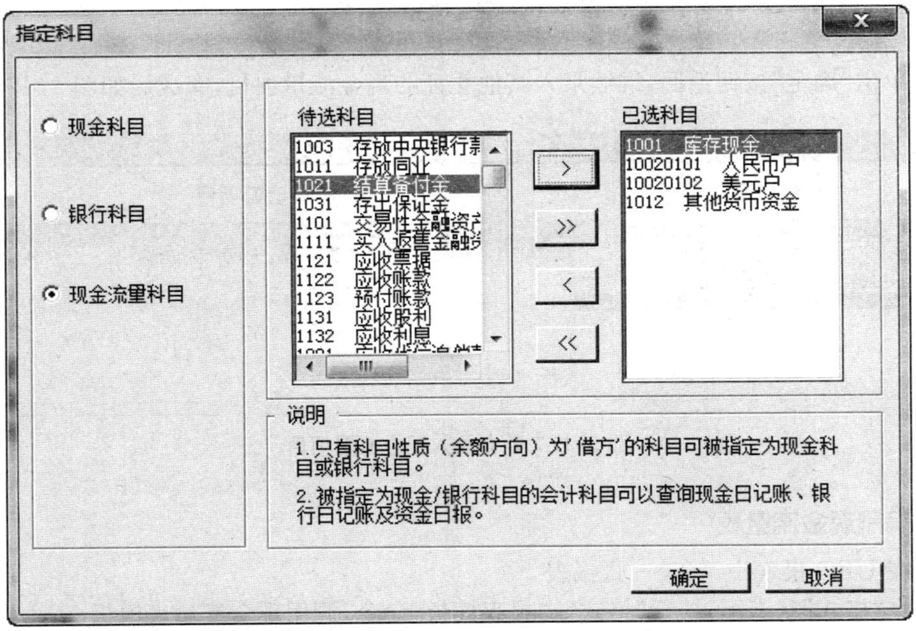

图 5-15　指定现金流量科目

2. 现金流量凭证查询及修改

① 在总账中，执行“现金流量表”|“现金流量凭证查询”命令，打开“现金流量凭证查询”对话框，单击“确定”按钮，进入“现金流量查询及修改”窗口。

② 在左边的现金流量凭证窗口中选择要确认现金流量项目的凭证，单击“修改”按钮，打开“现金流量录入修改”对话框。

③ 单击“项目编码”参照按钮，从“参照”对话框中选择合适的现金流量项目，如图 5-16 所示。

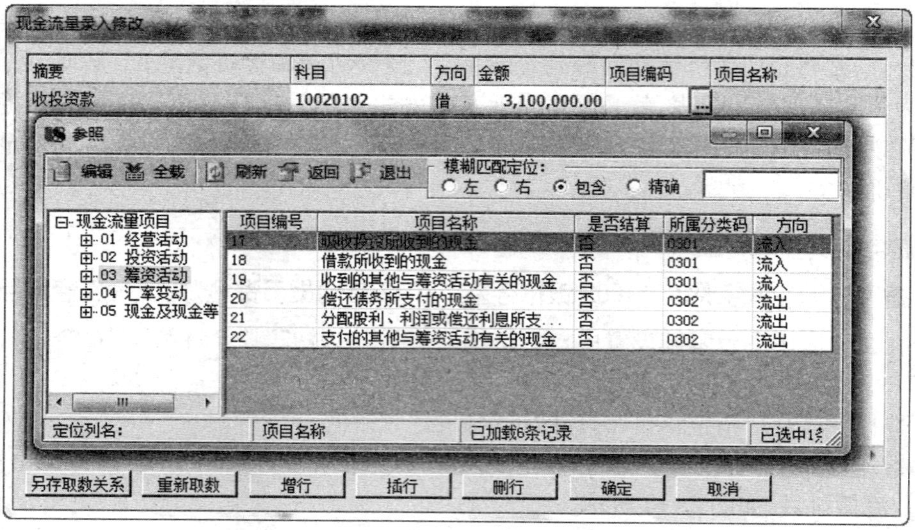

图 5-16　现金流量录入修改

④ 单击“确定”按钮返回，继续录入其他凭证的现金流量项目，完成后如图 5-17 所示。

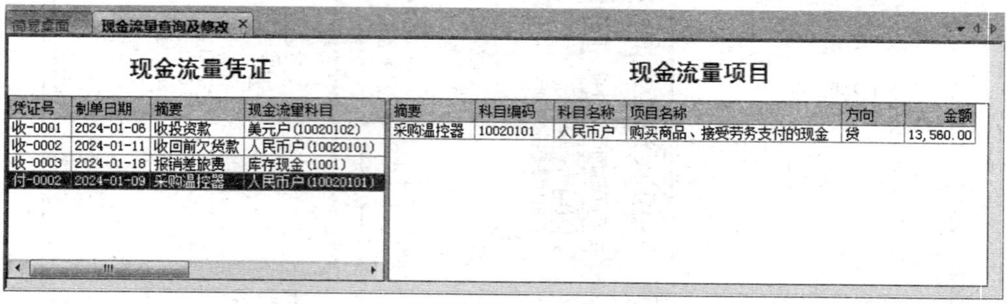

图 5-17　补充录入现金流量项目

3. 编制现金流量表

① 在 UFO 报表中，新建一张报表。

② 在“格式”状态下，执行“格式”|“报表模板”命令，调用现金流量表模板。

③ 利用公式向导引导输入公式。单击“C6”单元，在“函数向导”对话框中，左左边“函数分类”下选择“用友账务函数”，在右边“函数”名下选择“现金流量项目金额(XJLL)”函数，如图 5-18 所示。

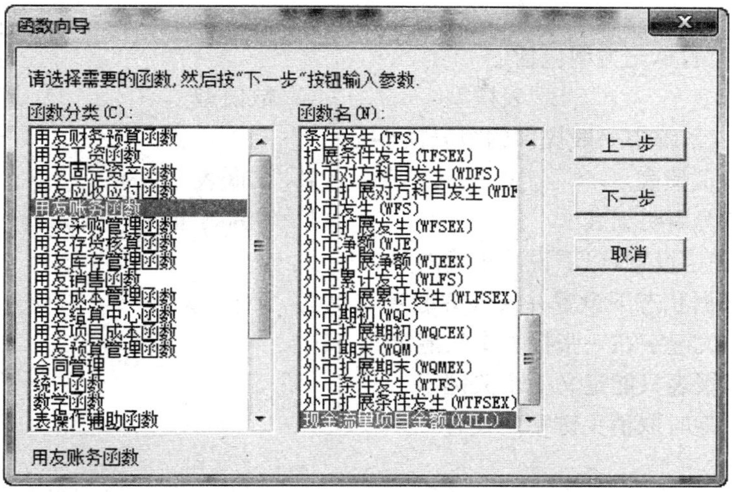

图 5-18　现金流量公式函数

④ 接下来选择对应的现金流量项目，如图 5-19 所示。

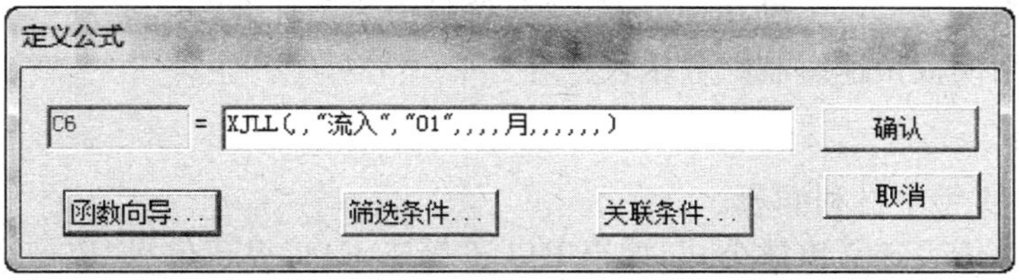

图 5-19　现金流量公式定义

⑤ 定义完成后，保存报表。

⑥ 进入"数据"状态，输入关键字，生成报表。

闯　关

在线测试

一、判断题

1. 各表页同样位置上的表样单元的内容和显示方式都相同。　（　　）
2. 在财务报表系统中生成一张新表时，所有的单元都被默认为数值型单元。　（　　）
3. 字符型单元不能在数据状态下输入数据。　（　　）
4. 财务报表只能从总账系统中提取数据。　（　　）
5. 在数据状态下可以进行增加表页、设置单元公式及关键字、表页计算等操作。　（　　）

二、选择题

1. 在财务报表系统的数据处理中能够完成的任务是（　　）。
   A. 格式排版　　B. 舍位平衡　　C. 修改单元公式　　D. 设置关键字

2. 财务报表系统提供的关键字中不包括(　　)。
   A. 单位名称　　B. 年　　C. 月　　D. 制表人
3. 财务报表的单元类型包括(　　)。
   A. 字符型　　B. 表样型　　C. 数值型　　D. 逻辑型
4. 财务报表系统中一般提供的报表模板是(　　)。
   A. 资产负债表　　B. 利润表
   C. 管理费用明细表　　D. 产品销售毛利分析表
5. 关于关键字设置,以下说法正确的是(　　)。
   A. 在数据状态下设置并录入关键字
   B. 一个关键字在一张报表中只能定义一次
   C. 每张报表只能定义一个关键字
   D. 可以随时取消关键字的设置

三、思考题

1. 自定义报表的基本流程是什么?
2. 关键字的含义是什么?报表系统中提供了哪些关键字?
3. 报表系统中提供了哪几类公式,各自的作用是什么?
4. 财务报表系统提供了哪几种数据类型,各自用途是什么?
5. 如何利用模板快速编制财务报表?

四、实操题

1. 编制 2024 年 1 月利润表。
2. 为资产负债表定义审核公式,如果 B44 不等于 E44,提示信息“资产合计不等于负债与所有者权益合计”。

项目6

薪资管理

知识目标：

1. 了解薪资管理系统的主要功能。
2. 熟悉薪资管理系统的操作流程。
3. 熟悉薪资管理系统初始化的工作内容。
4. 掌握薪资管理系统日常业务处理的工作内容。
5. 了解针对不同企业需求的工资解决方案。

技能目标：

1. 掌握建立工资账套、增加工资类别的操作。
2. 掌握设置工资项目、工资计算公式的操作。
3. 掌握工资变动、计算个人所得税的操作。
4. 学会月末工资分摊设置及处理的操作。

项目背景

职工工资核算关系到每个职工的切身利益，是财务部门一项重要的经常性工作。职工薪酬是企业产品成本的重要构成，同时也是企业进行五险一金、工会经费等相关费用计提的基础。在用友U8中，可以核算计时工资，也可以核算计件工资。计件工资核算对应计件工资管理子系统，本项目不做展开。本项目将以薪资管理系统中职工工资核算、代扣个人所得税、工资及相关费用分摊及计提为主线展开学习内容。

基本知识

6.1 薪资管理系统的基本功能

薪资管理系统以职工个人的工资原始数据为基础，计算应发工资、扣款和实发工资等，编制工资结算单；按部门和人员类别进行汇总，进行个人所得税计算；提供对工资相关数据的多种方式的查询和分析，进行工资费用及相关费用的分配与计提，并实现自动转账处理。

6.2 薪资管理系统的应用流程

如果企业按周或一月多次发放工资，或者是有多种不同类别的人员，工资发放项目不尽相同，计算公式亦不相同，但需进行统一工资核算管理，则可按以下步骤应用薪资管理系统：

① 启用薪资管理系统。

② 建立工资账套。

③ 设置工资账套所有的工资项目、代发工资银行名称及账号。

④ 建立第一个工资类别，选择所管理的部门。

⑤ 录入第一个工资类别包含的人员档案。

⑥ 选择第一个工资类别所涉及的工资项目并设置工资计算公式。

⑦ 设置个人所得税扣税基数、相关税率等。

⑧ 录入第一个工资类别职工工资数据，计算并汇总。

⑨ 进行第一个工资类别工资分摊设置并进行工资分摊处理。

⑩ 处理第二个工资类别，即重复以上④～⑨步骤。

⑪ 工资类别汇总。

⑫ 月末处理。

……

实训任务

提醒

以系统管理员的身份在系统管理中引入"总账初始化"账套。

任务 1 启用薪资管理系统，建立工资账套

任务下达

以账套主管 701 于美琪的身份在企业应用平台中启用薪资管理系统，启用日期为 2024 年 1 月 1 日。建立工资账套，相关信息如下：

非尼电器目前有 800 多名正式员工，另外还外聘了一些临时人员，采用银行代发工资形式，工资发放时直接代扣个人所得税。

任务解析

工资账套与系统管理中的账套是不同的概念，系统管理中的账套是针对整个用友 U8 系统，而工资账套是针对薪资管理系统。要建立工资账套，前提是在系统管理中首先建立本单位的核算账套。

建立工资账套时可以根据建账向导分四步进行：参数设置、扣税设置、扣零设置、人员编码。

任务指引

① 以账套主管身份注册进入用友 U8 企业应用平台，执行“人力资源”|“薪资管理”命令，打开“建立工资套”对话框。

② 在建账第一步“参数设置”中，选择本账套所需处理的工资类别个数为“多个”，默认币别名称为“人民币”，如图 6-1 所示。

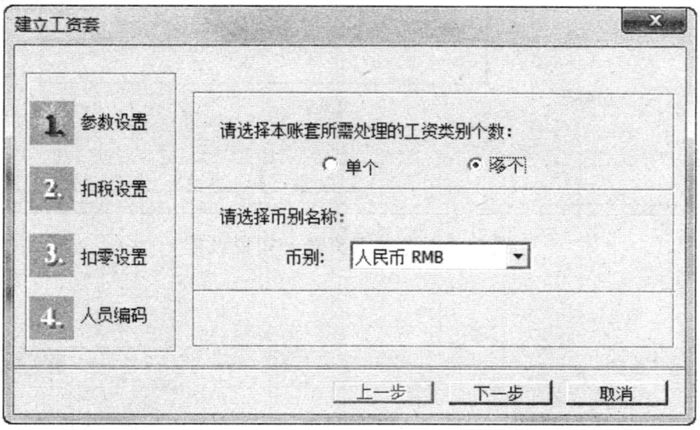

图 6-1 建立工资套—参数设置

解惑 什么情况下选用多个工资类别，什么情况下选用单个工资类别？

如果单位按周或一月多次发放工资，或者是单位中有多种不同类别（部门）的人员，工资发放项目不尽相同，计算公式亦不相同，但需进行统一工资核算管理，应选择“多个”。例如，分别对在职人员、退休人员、离休人员进行核算的企业；分别对正式工、临时工进行核算的企业；每月进行多次工资发放，月末统一核算的企业；在不同地区有分支机构，而由总管机构统一进行工资核算的企业。

如果单位中所有人员的工资统一管理，而人员的工资项目、工资计算公式全部相同，选择“单个”，可提高系统的运行效率。

提醒

本例中对正式人员和临时人员分别进行核算，所以工资类别应选择“多个”。

③ 单击“下一步”按钮，在建账第二步“扣税设置”中，选中“是否从工资中代扣个人所得税”复选框，如图 6-2 所示。

提醒

选择代扣个人所得税后，系统将自动生成工资项目“代扣税”，工资计算时自动进行代扣税金的计算。

④ 单击“下一步”按钮，在建账第三步“扣零设置”中，不做选择，如图 6-3 所示。

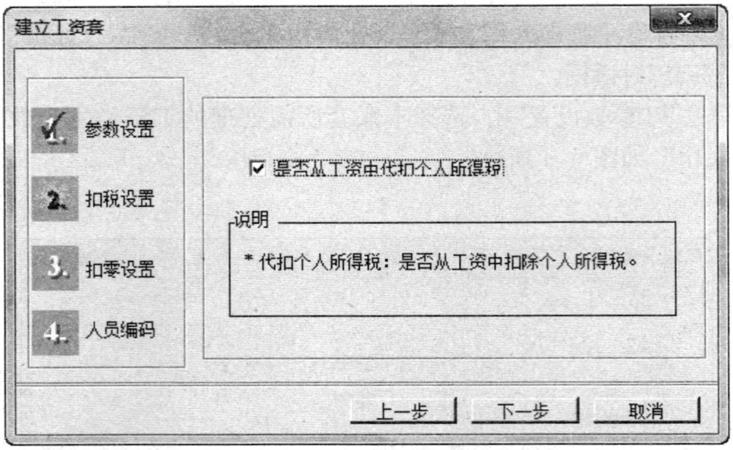

图 6-2　建立工资套—扣税设置

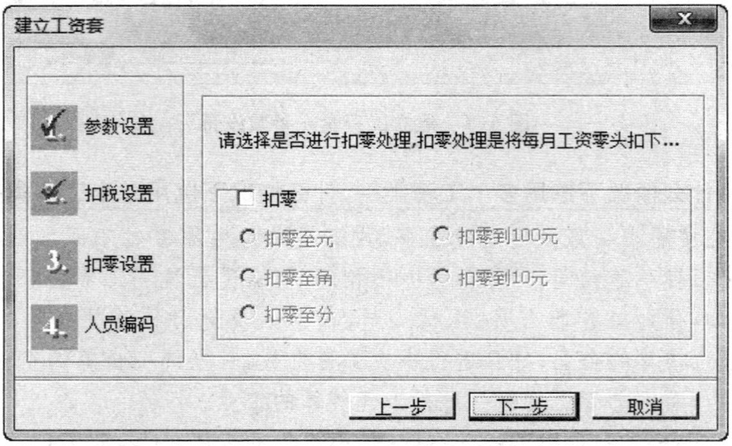

图 6-3　建立工资套—扣零设置

解惑　扣零设置的含义是什么？什么情况下需要选择扣零设置？

扣零处理是指每次发放工资时将零头扣下，积累取整，于下次发放工资时补上，系统在计算工资时将依据扣零类型(扣零至元、扣零至角、扣零至分)进行扣零计算。

采用现金方式发放工资时通常选择扣零设置，为的是减少找零的烦琐。目前大部分单位均采用银行代发工资处理，工资直接转账到个人账户，因此此项设置失去了意义。

⑤ 单击“下一步”按钮，系统提示薪资管理系统的人员编号需要与公共平台的人员编码保持一致。

⑥ 单击“完成”按钮，返回用友 U8 企业应用平台。

提醒

建账完毕后，部分建账参数可以在"设置"|"选项"中进行修改。

任务2 账套基础信息设置

任务下达

以账套主管701于美琪的身份进行账套基础信息设置。

① 增加人员附加信息：性别和出生年月。

② 工资项目设置。

③ 银行名称设置：菲尼电器代发工资银行为中国工商银行昌平支行(银行编码：0101)，账号长度为11位。

任务解析

建立工资账套以后，要对整个系统运行所需的一些基础信息进行设置。账套基础信息的设置应该在关闭工资类别的情况下进行。

1. 部门设置

一般来讲，工资是按部门或班组进行汇总、统计、发放的，并进入部门费用的，因此工资核算之前需要预先进行部门档案的设置。

因为U8系统信息共享，部门档案已在项目3设置完成。

2. 人员类别设置

人员类别是按某种特定的分类方式将企业职工进行分类。人员类别与工资费用的分配、分摊有关，以便按人员类别进行工资汇总计算。人员类别也已经在项目3设置完成。

3. 人员附加信息设置

由于薪资管理系统可以承担企业人事管理的基本职能，而人事信息管理通常需要管理更为广泛的内容，如人员性别、民族、职称、职务等。这些项目与薪资计算无关，仅供人事管理之用。

4. 工资项目设置

工资项目设置，即定义工资项目的名称、类型、宽度、小数、增减项。系统中有一些固定项目，是工资账中必不可少的，包括"应发合计""扣款合计""实发合计"，这些项目不能删除和重命名。其他项目可根据实际情况定义或参照增加，如基本工资、奖励工资、请假天数等。在此设置的工资项目是针对所有工资类别的全部工资项目。

5. 银行名称设置

发放工资的银行可按需要设置多个，这里银行名称设置是对所有工资类别。例如，同一工资类别中的人员由于在不同的工作地点，需在不同的银行代发工资；不同的工资类别由不同的银行代发工资，均需设置相应的银行名称。

任务指引

1. 人员附加信息设置

① 在薪资管理系统中，执行"设置"|"人员附加信息设置"命令，打开"人员附加信息设

置”对话框。

② 单击“增加”按钮，从“栏目参照”下拉列表中选择“性别”。

③ 单击“增加”按钮，从“栏目参照”下拉列表中选择“出生年月”。如图 6-4 所示，单击“确定”按钮返回。

图 6-4　人员附加信息设置

2. 工资项目设置

菲尼电器薪资核算使用的全部工资项目包括基本工资、岗位津贴、奖金、补贴、社会保险、公积金、请假扣款、请假天数、代扣税、计税工资、应发合计、扣款合计、实发合计。

① 执行“设置”|“工资项目设置”命令，打开“工资项目设置”对话框。

② 单击“增加”按钮，工资项目列表中增加一空行。

③ 单击“名称参照”下拉列表框，从下拉列表中选择“基本工资”选项，如图 6-5 所示。

提醒

系统提供若干常用工资项目供参考，可选择输入。对于参照中未提供的工资项目，可以双击“工资项目名称”一栏直接输入，或先从“名称参照”中选择一个项目，然后单击“重命名”按钮修改为需要的项目。

④ 双击“类型”栏，单击下拉列表框，从下拉列表中选择“数字”选项。

⑤“长度”采用系统默认值“8”。双击“小数”栏，单击增减器上的三角按钮，将小数设为“2”。

⑥ 双击“增减项”栏，单击下拉列表框，从下拉列表中选择“增项”选项。

⑦ 单击“增加”按钮，增加其他工资项目，完成后如图 6-6 所示。

⑧ 单击“确定”按钮，出现系统提示“工资项目已经改变，请确认各工资类别的公式是否正确。否则计算结果可能不正确”，单击“确定”按钮。

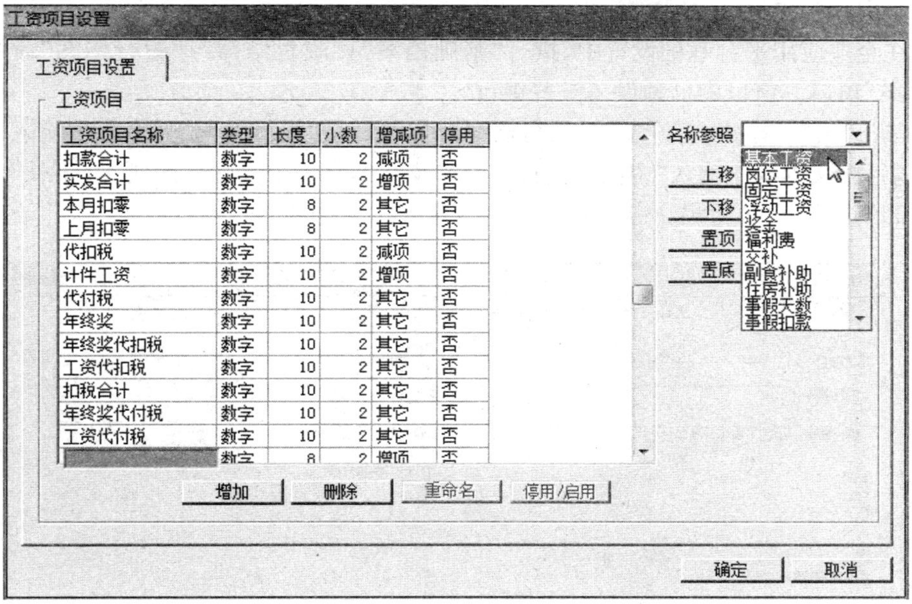

图 6-5 增加工资项目

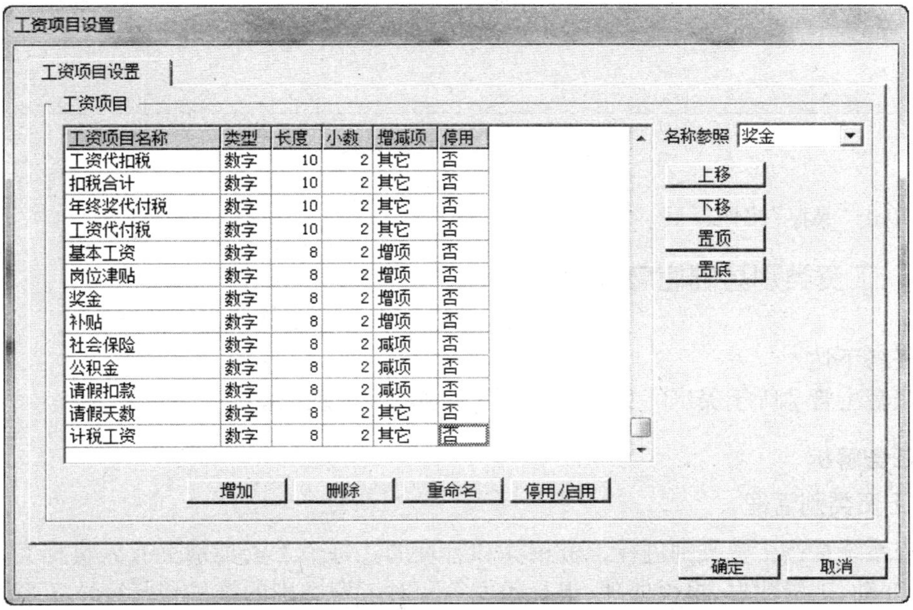

图 6-6 工资项目设置

提醒

- 系统提供的固定工资项目不能修改、删除。
- 如果在建账时选择了“代扣个人所得税”，系统自动设“代扣税”工资项目。

3. 银行名称设置

① 在企业应用平台基础设置中，执行“基础档案”|“收付结算”|“银行档案”命令，进入“银行档案”窗口。窗口中已预设了一些银行。

② 单击“增加”按钮，打开“增加银行档案”对话框，在“银行编码”文本框中输入“0101”，在“银行名称”文本框中输入“中国工商银行昌平支行”，默认个人账户规则为“定长”，账号长度输入“11”，如图 6-7 所示。

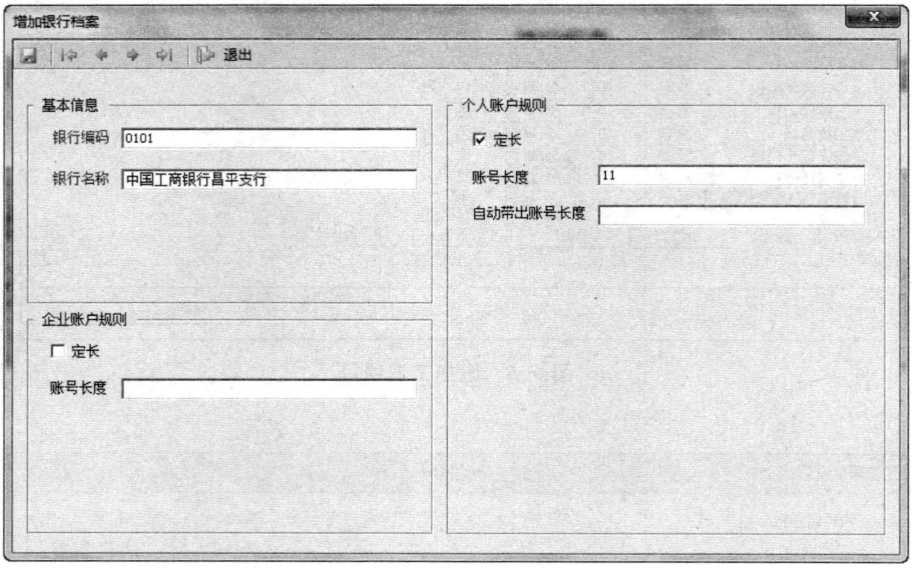

图 6-7　银行名称设置

③ 单击“保存”按钮返回。

任务 3　工资类别基础信息设置

任务下达

以账套主管 701 于美琪的身份进行工资类别基础信息设置。

任务解析

1. 工资类别管理

工资系统是按工资类别进行工资核算和管理的。每个工资类别下有人员档案、工资项目、工资变动、工资数据、报税处理、银行代发等。对工资类别的维护包括建立工资类别、打开工资类别、删除工资类别、关闭工资类别和汇总工资类别。

2. 工资类别基础信息设置

(1) 人员档案

人员档案的设置用于登记工资发放人员的姓名、职工编号、所在部门、人员类别等信息，此外员工的增减变动也必须在本功能中处理。

人员档案管理包括增加、修改、删除人员档案，人员调离与停发处理，查找人员等。

(2) 选择工资项目并排序

在工资账套中设置的工资项目包括本单位所有工资类别所需要的全部工资项目。由于不同的工资类别,工资发放项目不同,计算公式也不同,因此针对每个工资类别均需要选择本类别需要用到的工资项目。

工资条是每个职工查看个人薪资数据的基础资料,工资项目的排列顺序直接关联到工资条上工资项目的显示顺序,因此选择本工资类别工资项目之后,还需要对工资项目进行排序,以适应大众查看工资条的阅读习惯。

(3) 设置计算公式

定义某些工资项目的计算公式及工资项目之间的运算关系。运用公式可直观地表达工资项目的实际运算过程,灵活地进行工资计算处理。定义公式可通过选择工资项目、运算符、关系符、函数等组合完成。

系统固定的工资项目“应发合计”“扣款合计”“实发合计”等的计算公式,系统根据工资项目设置的“增减项”自动给出。用户在此只能增加、修改、删除其他工资项目的计算公式。

定义工资项目计算公式要符合逻辑,系统将对公式进行合法性检查,不符合逻辑的,系统将给出错误提示。定义公式时要注意先后顺序,先得到的数据应先设置公式。应发合计、扣款合计和实发合计公式应是公式定义框的最后三个公式,并且实发合计的公式要在应发合计和扣款合计公式之后,可通过单击公式框的“上移”“下移”箭头调整计算公式顺序。如出现计算公式超长,可将所用到的工资项目名称缩短(减少字符数),或设置过渡项目。定义公式时可使用函数公式向导参照输入。

(4) 设置个人所得税相关信息

从职工工资中代扣个人所得税是薪资管理系统的一项重要功能。为了正确进行代扣个人所得税计算,需要预先设置扣税基数及目前实行的个人所得税税率表。

任务指引

1. **建立工资类别**

菲尼电器分别对“正式职工”和“临时职工”进行工资核算。企业各部门均有正式职工,只有生产部聘用临时职工。

① 在薪资管理系统中,执行“工资类别”|“新建工资类别”命令,打开“新建工资类别”对话框。

② 在文本框中输入第一个工资类别“正式职工”,如图 6-8 所示。

③ 单击“下一步”按钮,单击“选定全部部门”按钮选择全部部门。

④ 单击“完成”按钮,弹出系统提示“是否以 2024-01-01 为当前工资类别的启用日期?”,单击“是”按钮返回。

⑤ 执行“工资类别”|“关闭工资类别”命令,关闭“正式职工”工资类别。

⑥ 执行“工资类别”|“新建工资类别”命令,打开“新建工资类别”对话框。

⑦ 在文本框中输入第二个工资类别“临时职工”,单击“下一步”按钮,单击鼠标,选取生产部。

⑧ 单击“完成”按钮,弹出系统提示“是否以 2024-01-01 为当前工资类别的启用日

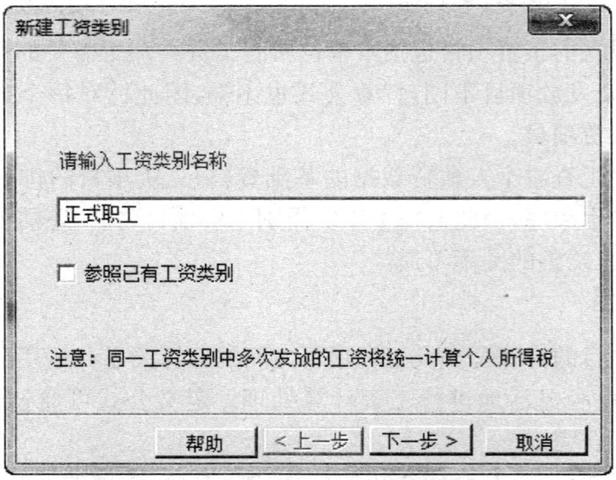

图 6-8　新建工资类别—输入工资类别名称

期?”，单击“是”按钮返回。

⑨ 执行“工资类别”|“关闭工资类别”命令，关闭“临时职工”工资类别。

提醒

- 新建工资类别完成后，系统自动进入新建工资类别。
- 工资类别的启用日期确定后不能修改。

2. 人员档案

菲尼电器正式职工工资类别包含以下人员，如表 6-1 所示。

表 6-1　人员档案

人员编号	人员姓名	行政部门	人员类别	账号	中方人员	是否计税	核算计件工资
101	康凡	企管部	企业管理人员	20240010100	是	是	否
201	于美琪	财务部	企业管理人员	20240010101	是	是	否
202	马群	财务部	企业管理人员	20240010102	是	是	否
203	姜楠	财务部	企业管理人员	20240010103	是	是	否
204	蒋雨	财务部	企业管理人员	20240010104	是	是	否
301	王曼	采购部	企业管理人员	20240010105	是	是	否
401	苏美美	销售部	销售人员	20240010106	是	是	否
501	李咏	生产部	车间管理人员	20240010107	是	是	否
502	张庆龙	生产部	生产人员	20240010108	是	是	否
601	徐乐	仓储部	企业管理人员	20240010109	是	是	否

① 执行“工资类别”|“打开工资类别”命令，打开“打开工资类别”对话框。

② 选择“001 正式职工”工资类别，单击“确定”按钮，进入正式职工工资类别。

③ 执行“设置”|“人员档案”命令，进入“人员档案”窗口。

④ 单击“批增”按钮，打开“人员批量增加”对话框，单击“查询”按钮，窗口中显示此前增加的所有人员档案，如图 6-9 所示。

图 6-9　人员批量增加

⑤ 单击“确定”按钮，返回“人员档案”窗口。

⑥ 双击“人员档案记录”或选择“人员档案记录”再单击“修改”按钮，进入“人员档案明细”窗口，补充输入职工的银行名称和银行账号信息，如图 6-10 所示。

⑦ 单击“确定”按钮，系统弹出“写入该人员档案信息吗?”信息提示框，单击“确定”按钮返回。

⑧ 依序修改所有人员档案。

提醒

“停发工资”“调出”“数据档案”这几项在修改人员档案状态下进行设置。

3. 选择工资项目并排序

菲尼电器正式职工工资项目及排列顺序如下：基本工资、岗位津贴、奖金、应发合计、社会保险、公积金、请假扣款、代扣税、扣款合计、实发合计、请假天数、计税工资。

① 执行“设置”|“工资项目设置”命令，打开“工资项目设置”对话框。

② 单击“工资项目设置”选项卡，单击“增加”按钮，工资项目列表中增加一空行。

③ 单击“名称参照”下拉列表框，从下拉列表中选择“基本工资”选项，工资项目名称、类型、长度、小数、增减项都自动带出，不能修改。

④ 单击“增加”按钮，增加其他工资项目。

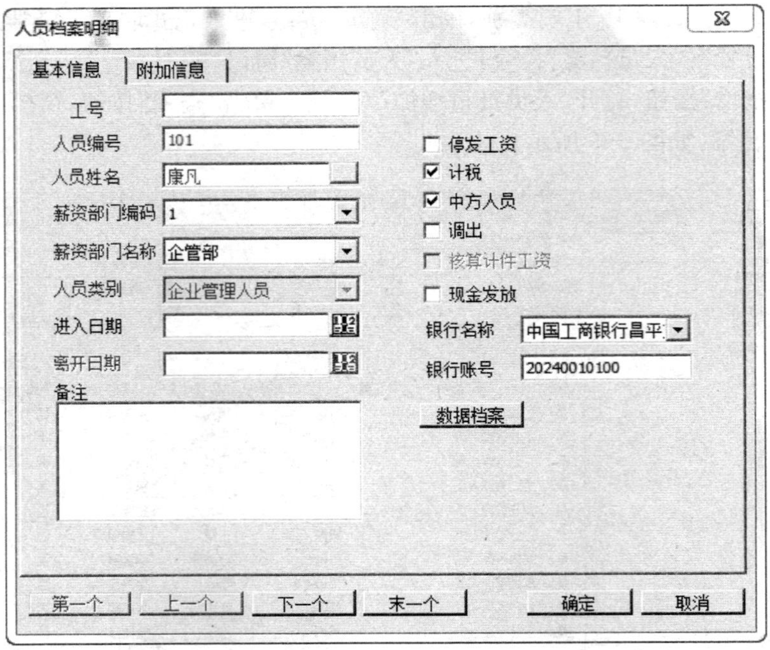

图 6-10　修改人员档案

⑤ 所有项目增加完成后，利用“工资项目设置”界面上的“上移”和“下移”等按钮按照实验资料所给顺序调整工资项目的排列位置，如图 6-11 所示。

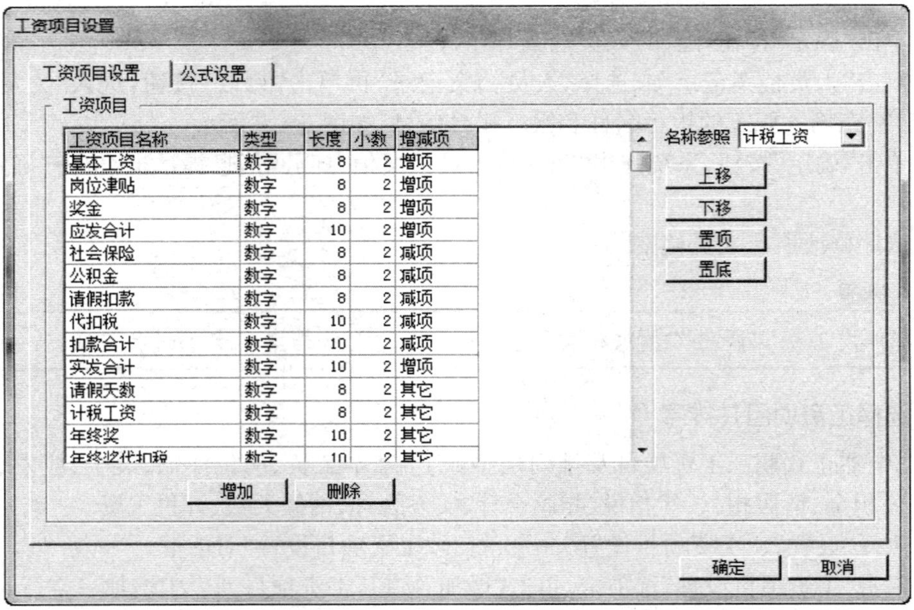

图 6-11　正式职工工资类别工资项目设置

提醒

这里只能选择工资账套基础设置中已增加的工资项目，不可自行输入。工资项目的类型、长度、小数位数、增减项等不可更改。

4. 设置计算公式

菲尼电器正式职工工资类别工资项目间存在以下数据关系：

企业管理人员和车间管理人员岗位津贴为每月500元，生产人员岗位津贴为每月1 000元，销售人员岗位津贴0。

社会保险=(基本工资+岗位津贴+奖金)×11%

公积金=(基本工资+岗位津贴+奖金)×10%

请假扣款=请假天数×50

计税工资=基本工资+岗位津贴+奖金-请假扣款-社会保险-公积金

(1) 设置请假扣款公式：请假扣款=请假天数×50

① 在正式职工工资类别中，执行"设置"|"工资项目设置"命令，打开"工资项目设置"对话框。

② 单击"公式设置"选项卡，单击"增加"按钮，在工资项目列表中增加一空行，单击下拉列表框，选择"请假扣款"选项。

③ 单击"请假扣款公式定义"文本框，单击下方工资项目列表中的"请假天数"。

④ 单击运算符"*"，在"*"后单击，输入数字"50"，如图6-12所示，单击"公式确认"按钮。

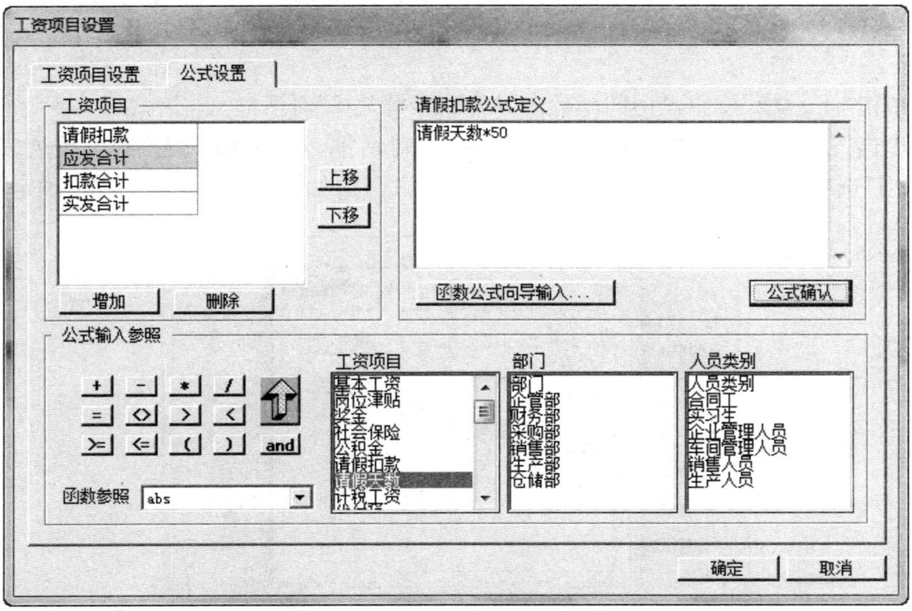

图6-12　设置请假扣款计算公式

(2) 设置岗位津贴公式并进行公式排序：岗位津贴 = iff(人员类别 = "企业管理人员"OR 人员类别 = "车间管理人员",500,if(人员类别 = "生产人员",1000,0))

① 单击"增加"按钮，在工资项目列表中增加一空行，单击下拉列表框选择"岗位津贴"选项。

② 单击"岗位津贴公式定义"文本框，单击"函数公式向导输入"按钮，打开"函数向导——步骤之1"对话框。从"函数名"列表中选择"iff"，如图6-13所示。

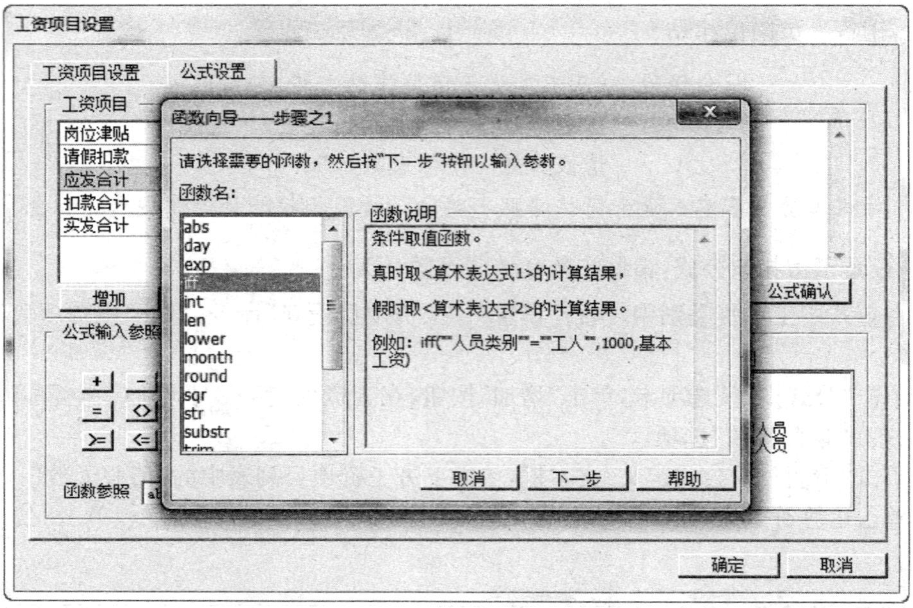

图 6-13　定义岗位津贴计算公式—选择函数

③ 单击"下一步"按钮，打开"函数向导——步骤之2"对话框。

④ 单击"逻辑表达式"参照按钮，打开"参照"对话框，从"参照列表"的下拉列表中选择"人员类别"选项，从下面的列表中选择"企业管理人员"，如图6-14所示，单击"确定"按钮。

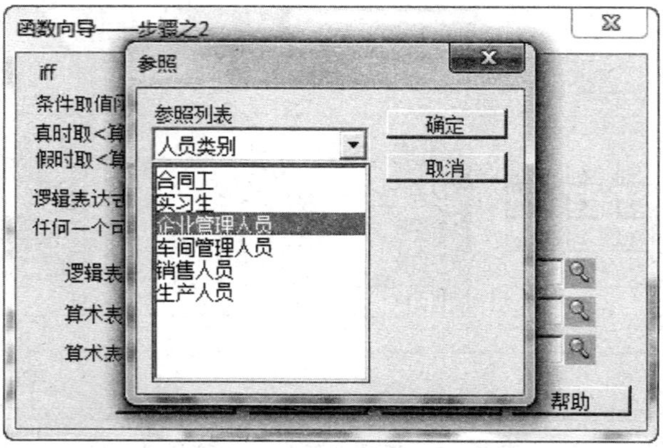

图 6-14　定义岗位津贴计算公式—逻辑表达式

⑤ 在“逻辑表达式”文本框中的公式后单击鼠标，输入“ or ”，再次单击“逻辑表达式”参照按钮，出现“参照”对话框，从“参照列表”的下拉列表中选择“人员类别”选项，从下面的列表中选择“车间管理人员”，单击“确定”按钮，返回“函数向导——步骤之 2”对话框，如图 6-15 所示。

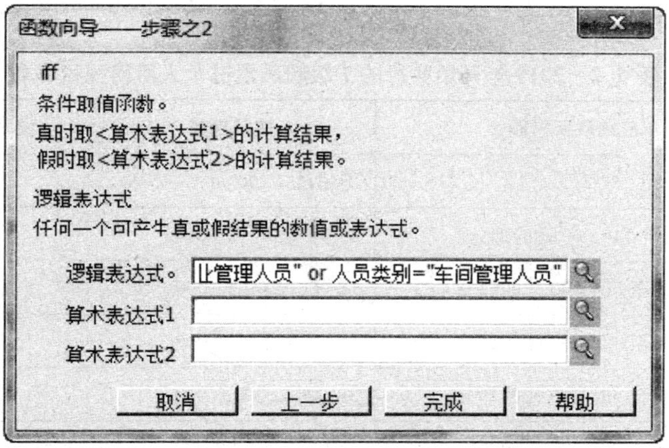

图 6-15　设置条件取值函数

提醒

在“or”前后应留空格。

⑥ 在“算术表达式 1”后的文本框中输入“500”，单击“完成”按钮返回。

⑦ 鼠标单击 iff 函数中的第 3 个参数位置，重复上述过程，将第 3 个参数设置为 iff(人员类别="生产人员",1000,0)，单击“公式确认”按钮。

⑧ 待所有计算公式设置完毕后，利用“上移”“下移”按钮调整计算公式的先后顺序，排列在前面的计算公式先计算，完成后如图 6-16 所示。

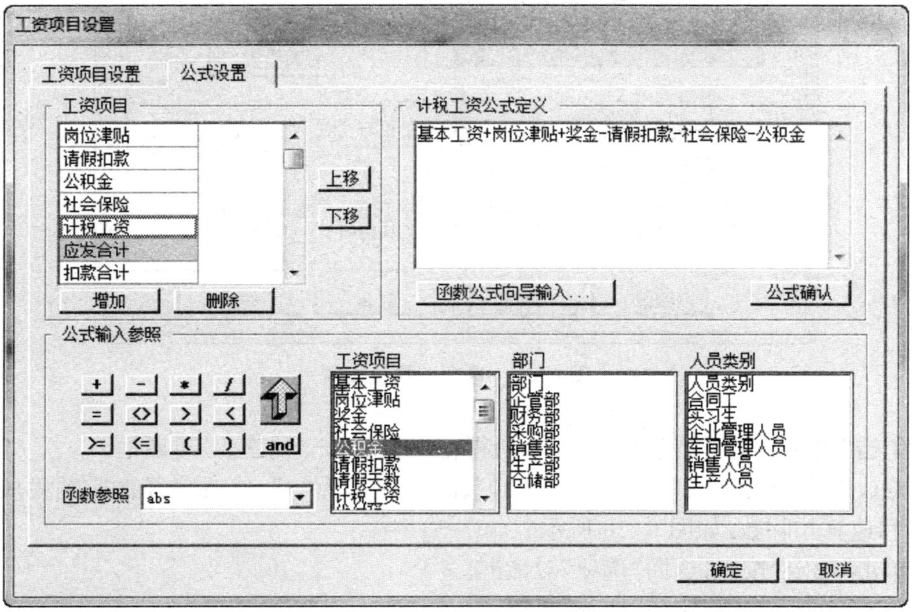

图 6-16　公式顺序调整完成

⑨ 单击“确定”按钮，完成设置。

5. 设置个人所得税相关信息

设置个人所得税扣缴申报表中“收入额合计”对应的工资项目为“累计应税所得额”，扣税基数为 5 000 元，附加费用为 0 元，目前实行的税率表如表 6-2 所示。

表 6-2　2019 年开始实行的 7 级超额累进个人所得税税率表

级数	全年应纳税所得额	按月换算	税率/%	速算扣除数
1	不超过 36 000 元	不超过 3 000 元	3	0
2	超过 36 000 元至 144 000 元的部分	3 000<X≤12 000	10	210
3	超过 144 000 元至 300 000 元的部分	12 000<X≤25 000	20	1 410
4	超过 300 000 元至 420 000 元的部分	25 000<X≤35 000	25	2 660
5	超过 420 000 元至 660 000 元的部分	35 000<X≤55 000	30	4 410
6	超过 660 000 元至 960 000 元的部分	55 000<X≤80 000	35	7 160
7	超过 960 000 元的部分	超过 80 000 元	45	15 160

① 执行“设置”|“选项”命令，打开“选项”对话框。

② 单击“编辑”按钮，在“扣税设置”选项卡中，单击“实发合计”下拉列表框，从中选择“计税工资”，如图 6-17 所示。

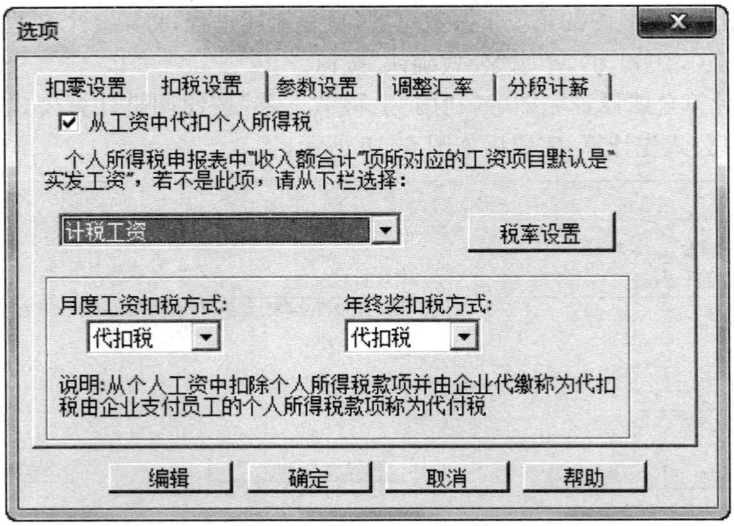

图 6-17　选项—扣税设置

③ 单击“税率设置”按钮，打开“个人所得税申报表——税率表”对话框。

④ 修改个人所得税纳税基数为“5 000”、附加费用为“0”，修改各级次应纳税所得额上限、税率和速算扣除数，如图 6-18 所示。

⑤ 单击“确定”按钮，返回“选项”对话框。

⑥ 单击“确定”按钮，完成“选项”设置。

图 6-18　个人所得税税率表

提醒

2019 年个人所得税改革变动较大，用友在后续发布的 U8 新版中做了功能上的调整。实训用 V10.1 版没有给出符合现行政策的解决方案。

6. 录入期初工资数据

菲尼电器正式职工基本工资数据整理如表 6-3 所示。

表 6-3　菲尼电器正式职工工资数据

姓名	基本工资	姓名	基本工资
康凡	12 000	王曼	7 000
于美琪	8 000	苏美美	6 000
马群	6 000	李咏	6 000
姜楠	5 000	张庆龙	4 000
蒋雨	4 000	徐乐	5 000

① 单击“业务处理”|“工资变动”命令，进入“工资变动”窗口。

② 单击“过滤器”下拉列表框，选择“过滤设置”，打开“项目过滤”对话框。

③ 单击“工资项目”列表中的“基本工资”，再单击“>”按钮，将“基本工资”放入“已选项目”列表中，如图 6-19 所示。

④ 单击“确定”按钮，返回“工资变动”窗口，窗口中只显示“基本工资”一个项目。

⑤ 输入“正式职工”工资类别的基本工资数据。

⑥ 单击“过滤器”下拉列表框，选择“所有项目”选项，屏幕上显示所有工资项目。

提醒

这里只需输入没有进行公式设定的项目，如基本工资、奖励工资和请假天数，其余各项由系统根据计算公式自动计算生成。

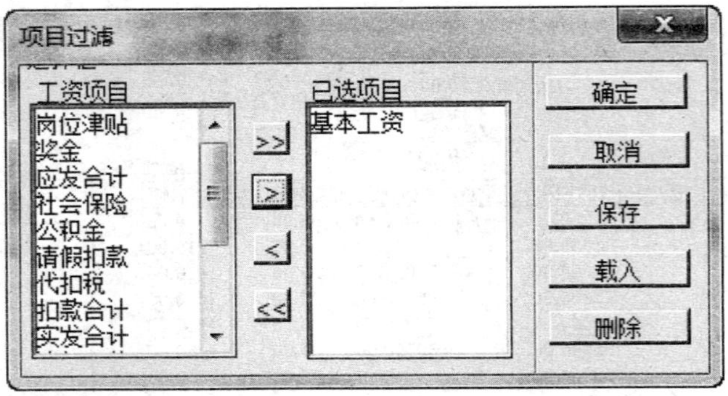

图 6-19　项目过滤

全部完成后，备份为“薪资初始化”账套。

任务 4　工资变动

任务下达

以账套主管 701 于美琪的身份进行工资变动处理。

任务解析

1. 工资变动

职工工资与考勤、工作业绩等各项因素相关，因此，每个月都需要进行职工工资数据的调整。为了快速、准确地录入工资数据，系统提供以下功能。

(1) 筛选和定位

如果对部分人员的工资数据进行修改，可以采用数据过滤的方法，先将所要修改的人员过滤出来，然后进行工资数据修改。修改完毕后进行“重新计算”和“汇总”。

(2) 页编辑

在“工资变动”界面提供了“编辑”按钮，可以对选定的个人进行快速录入。单击“上一人”“下一人”可变更人员，录入或修改其他人员的工资数据。

(3) 替换

将符合条件的人员的某个工资项目的数据，统一替换成某个数据，如管理人员的奖金上调 100 元。

(4) 过滤器

如果只对工资项目中的某一个或几个项目修改，可将要修改的项目过滤出来，如只对请假天数工资项目的数据进行修改。对于常用的过滤项目可以在项目过滤选择后，输入一个名称进行保存，以后可通过过滤项目名称调用，不用时也可以删除。

2. 工资计算与汇总

本月变动工资项目输入完成后，即可以进行本月职工工资的计算和汇总，系统按照此前设置的计算公式进行自动计算。

3. 查看个人所得税扣缴申报表

在计算本月职工工资的同时，系统按照预先设置的扣税基数及税率自动完成个人所得税的计算。“个人所得税扣缴申报表”是个人纳税情况的记录，企业需要每月向税务机关上报。

任务指引

1. 数据替换

因本月销售业绩突出，公司决定给销售部职工每人奖励 3 000 元。

① 在“正式职工”工资类别中，执行“业务处理”|“工资变动”命令，进入“工资变动”窗口。

② 单击“全选”按钮，人员记录前的选择栏出现选中标记“Y”。

③ 单击“替换”按钮，打开“工资项数据替换”对话框，单击“将工资项目”下拉列表框，选择“奖金”选项，在“替换成”文本框中，输入“奖金＋3 000”。在“替换条件”处分别选择“部门”“＝”“(4) 销售部”，如图 6-20 所示。

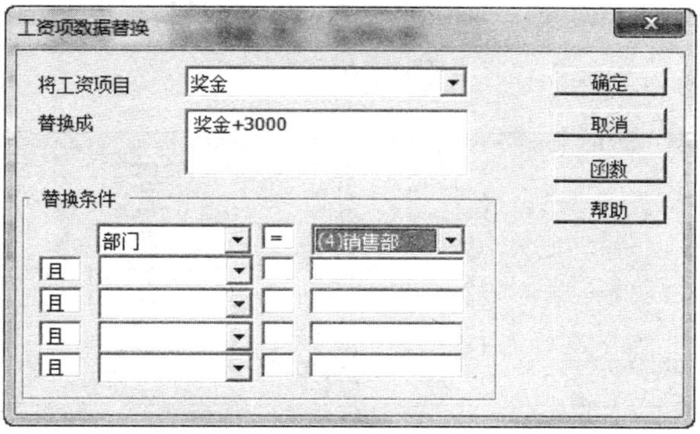

图 6-20　数据替换

④ 单击“确定”按钮，系统弹出“数据替换后将不可恢复。是否继续?”信息提示框，单击“是”按钮，系统提示“1 条记录被替换，是否重新计算?”，单击“是”按钮，系统自动完成工资计算。

2. 工资计算与汇总

人事部门本月考勤统计：姜楠请假 5 天，徐乐请假 2 天。

进行本月工资计算与汇总。

① 在“工资变动”窗口中，输入“姜楠请假天数 5，徐乐请假天数 2”。

② 单击“计算”按钮，计算工资数据。

③ 单击“汇总”按钮，汇总工资数据，如图 6-21 所示。

④ 关闭“工资变动”窗口。

3. 查看个人所得税扣缴申报表

① 在薪资管理系统中，执行“业务处理”|“扣缴所得税”命令，打开“个人所得税申报模板”对话框。

② 选择“北京”地区“扣缴个人所得税报表”，单击“打开”按钮，打开“所得税申报”对话框。单击“确定”按钮，进入“北京扣缴个人所得税报表”窗口，如图 6-22 所示。

③ 查看完毕后退出。

工资变动

过滤器 所有项目　　□ 定位器

选择	工号	人员编号	姓名	部门	人员类别	基本工资	岗位津贴	奖金	应发合计	社会保险	公积金	请假扣款	代扣税	扣款合计	实发合计
		101	康凡	企管部	企业管理人员	12,000.00	500.00		12,500.00	1,375.00	1,250.00		277.50	2,902.50	9,597.50
		201	于美琪	财务部	企业管理人员	8,000.00	500.00		8,500.00	935.00	850.00		51.45	1,836.45	6,663.55
		202	马群	财务部	企业管理人员	6,000.00	500.00		6,500.00	715.00	650.00		4.05	1,369.05	5,130.95
		203	姜楠	财务部	企业管理人员	5,000.00	500.00		5,500.00	605.00	550.00	250.00		1,405.00	4,095.00
		204	蒋雨	财务部	企业管理人员	4,000.00	500.00		4,500.00	495.00	450.00			945.00	3,555.00
		301	王曼	采购部	企业管理人员	7,000.00	500.00		7,500.00	825.00	750.00		27.75	1,602.75	5,897.25
		401	苏美美	销售部	销售人员	6,000.00		3,000.00	9,000.00	990.00	900.00		63.30	1,953.30	7,046.70
		501	李咏	生产部	车间管理人员	6,000.00	500.00		6,500.00	715.00	650.00		4.05	1,369.05	5,130.95
		502	张庆龙	生产部	生产人员	4,000.00	1,000.00		5,000.00	550.00	500.00			1,050.00	3,950.00
		601	徐乐	仓储部	企业管理人员	5,000.00	500.00		5,500.00	605.00	550.00	100.00		1,255.00	4,245.00
合计						63,000.00	5,000.00	3,000.00	71,000.00	7,810.00	7,100.00	350.00	428.10	15,688.10	55,311.90

当前月份：1月　总人数：10　当前人数：10

图 6-21　工资计算及汇总

所得税申报

输出　税率　栏目　内容　邮件　过滤　定位　退出

北京扣缴个人所得税报表

2024年1月 -- 2024年1月

总人数：10

序号	纳税人姓名	身份证照…	身份证…	国家与地区	职业编码	所得项目	所得期间	收入额	免税收入额	允许…	费用扣…	准予扣…	应纳税所…	税率	应扣税额	已扣税额
1	康凡	身份证				工资	1	12500.00			5000.00		4875.00	10	277.50	277.50
2	于美琪	身份证				工资	1	8500.00			5000.00		1715.00	3	51.45	51.45
3	马群	身份证				工资	1	6500.00			5000.00		135.00	3	4.05	4.05
4	姜楠	身份证				工资	1	5500.00			5000.00		0.00	0	0.00	0.00
5	蒋雨	身份证				工资	1	4500.00			5000.00		0.00	0	0.00	0.00
6	王曼	身份证				工资	1	7500.00			5000.00		925.00	3	27.75	27.75
7	苏美美	身份证				工资	1	9000.00			5000.00		2110.00	3	63.30	63.30
8	李咏	身份证				工资	1	6500.00			5000.00		135.00	3	4.05	4.05
9	张庆龙	身份证				工资	1	5000.00			5000.00		0.00	0	0.00	0.00
10	徐乐	身份证				工资	1	5500.00			5000.00		0.00	0	0.00	0.00
合计								71000.00			50000.00		9895.00		428.10	428.10

图 6-22　扣缴个人所得税报表

任务 5　工资分摊

任务下达

以账套主管 701 于美琪的身份进行工资分摊设置及工资费用分摊凭证的生成。

任务解析

人工成本是企业成本最主要的构成部分，企业每月需要对工资费用进行工资总额的计提计算、分配及各种经费的计提，并编制转账会计凭证，供登账处理之用。

任务指引

1. 工资分摊类型设置

菲尼电器应付工资总额等于工资项目“应发合计”。工资费用分配的借贷方科目如表 6-4 所示。

表6-4　不同人员类别工资费用分配的借贷方科目

部门	人员类别	借方科目	贷方科目
企管部、财务部、采购部、仓储部	企业管理人员	660201	221101
销售部	销售人员	660101	221101
生产部	车间管理人员	510101	221101
生产部	生产人员	500102	221101

① 执行“业务处理”|“工资分摊”命令，打开“工资分摊”对话框，如图6-23所示。

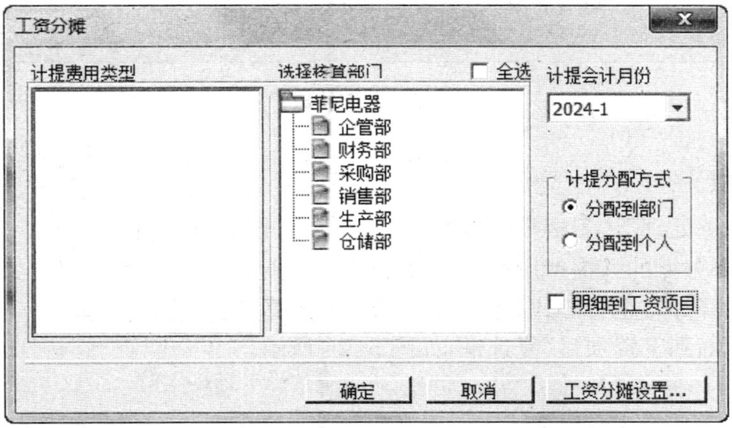

图6-23　工资分摊

② 单击“工资分摊设置”按钮，打开“分摊类型设置”对话框。

③ 单击“增加”按钮，打开“分摊计提比例设置”对话框，计提类型名称输入“应付工资”，如图6-24所示。

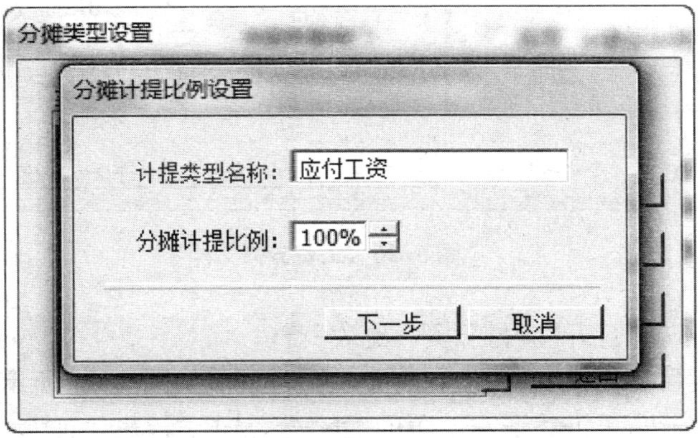

图6-24　分摊计提比例设置

④ 单击“下一步”按钮，打开“分摊构成设置”对话框。

⑤ 按实验资料内容进行设置，如图6-25所示，单击“完成”按钮返回“分摊类型设置”对话框。

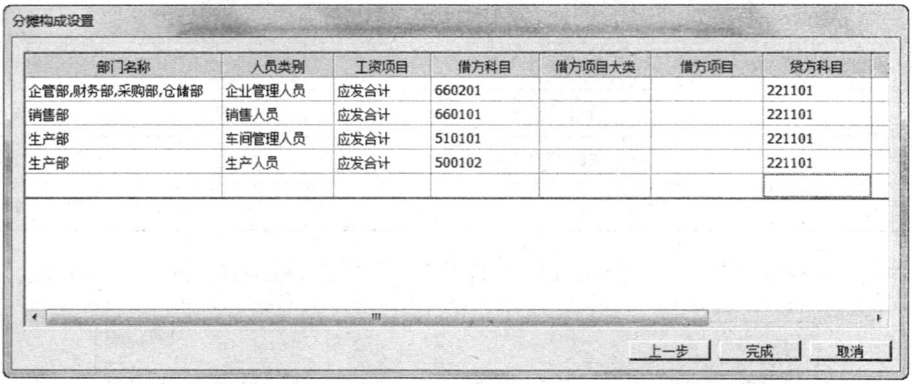
分摊构成设置

部门名称	人员类别	工资项目	借方科目	借方项目大类	借方项目	贷方科目
企管部,财务部,采购部,仓储部	企业管理人员	应发合计	660201			221101
销售部	销售人员	应发合计	660101			221101
生产部	车间管理人员	应发合计	510101			221101
生产部	生产人员	应发合计	500102			221101

图 6-25　分摊构成设置

2. 工资分摊

① 执行“业务处理”|“工资分摊”命令，打开“工资分摊”对话框。

② 选择需要分摊的计提费用类型“应付工资”，确定分摊计提会计月份“2024-1”。

③ 选择核算部门：企管部、财务部、采购部、销售部、生产部、仓储部。

④ 选中“明细到工资项目”复选框，如图 6-26 所示。

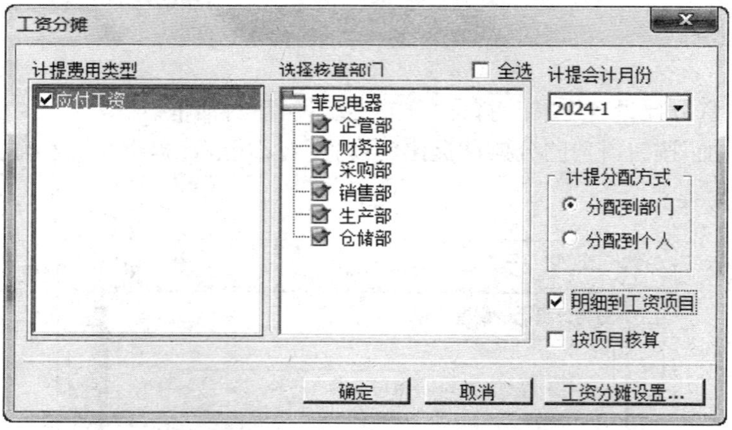

图 6-26　工资分摊

⑤ 单击“确定”按钮，打开“应付工资一览表”窗口。

⑥ 选中“合并科目相同、辅助项相同的分录”复选框，如图 6-27 所示。

⑦ 单击“制单”按钮，单击凭证左上角的“字”处，选择“转账凭证”，单击“保存”按钮，凭证左上角出现“已生成”标志，代表该凭证已传递到总账，如图 6-28 所示。

⑧ 关闭“填制凭证”窗口，返回“工资分摊明细”界面。

简易桌面　工资分摊明细

应付工资一览表

☑ 合并科目相同、辅助项相同的分录

类型 应付工资

计提会计月份　1月

部门名称	人员类别	应发合计		
		分配金额	借方科目	贷方科目
企管部	企业管理人员	12500.00	660201	221101
财务部		25000.00	660201	221101
采购部		7500.00	660201	221101
销售部	销售人员	9000.00	660101	221101
生产部	车间管理人员	6500.00	510101	221101
	生产人员	5000.00	500102	221101
仓储部	企业管理人员	5500.00	660201	221101

记录数：7　　已经制单

图 6-27　应付工资一览表

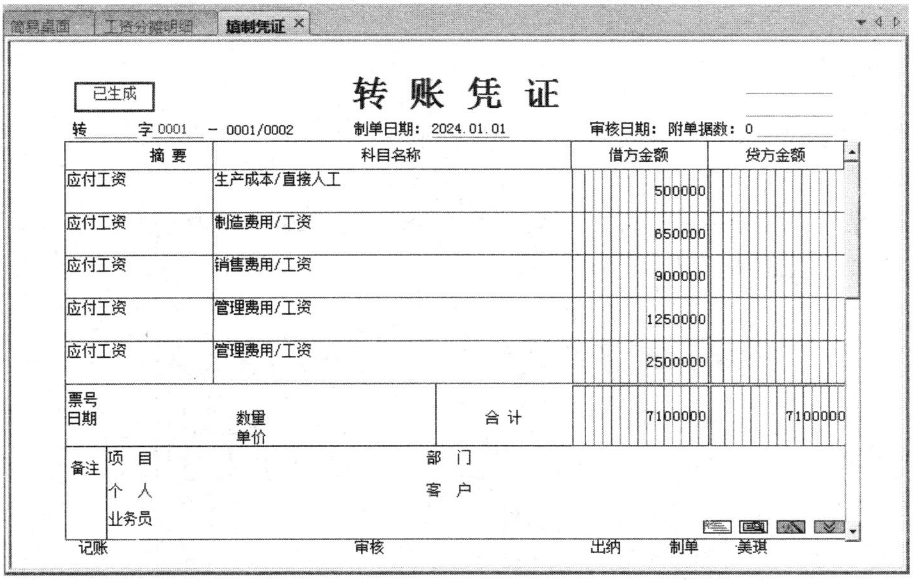

简易桌面　工资分摊明细　填制凭证

已生成

转 账 凭 证

转 字 0001 － 0001/0002　制单日期：2024.01.01　审核日期：　附单据数：0

摘要	科目名称	借方金额	贷方金额
应付工资	生产成本/直接人工	500000	
应付工资	制造费用/工资	650000	
应付工资	销售费用/工资	900000	
应付工资	管理费用/工资	1250000	
应付工资	管理费用/工资	2500000	
票号 日期 数量 单价	合计	7100000	7100000

备注　项目　部门　个人　客户　业务员

记账　审核　出纳　制单　美琪

图 6-28　应付工资凭证

任务 6　月末处理

任务下达

以账套主管 701 于美琪的身份进行薪资管理系统月末处理，将“请假天数”和“奖金”项目清零。

任务解析

月末处理是将当月数据经过处理后结转至下月。每月工资数据处理完毕后均可进行月末结转。由于在工资项目中，有的项目是变动的，即每月的数据均不相同，在对每月工资进行处理时，均需将其数据清零，而后输入当月的数据，此类项目即为清零项目。

任务指引

① 打开“正式职工”工资类别，执行“业务处理”|“月末处理”命令，打开“月末处理”对话框，单击“确定”按钮，弹出系统提示“月末处理之后，本月工资将不许变动！继续月末处理吗?”，如图6-29所示。

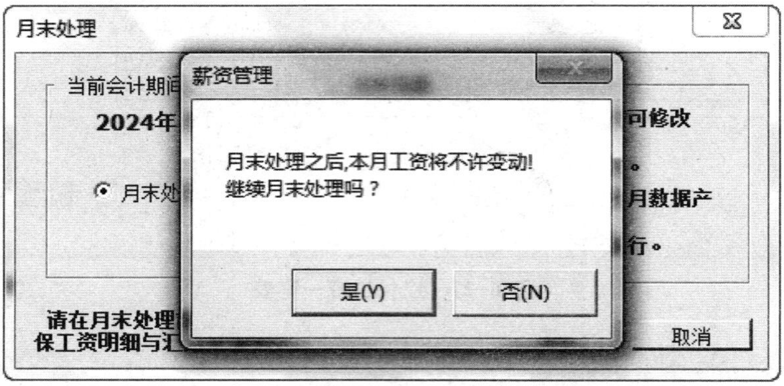

图6-29　月末处理

② 单击“是”按钮，系统继续提示“是否选择清零项?”，单击“是”按钮，打开“选择清零项目”对话框。

③ 在“请选择清零项目”列表中，选择“奖金”和“请假天数”，单击“>”按钮，将所选项目移动到右侧的列表框中，如图6-30所示。

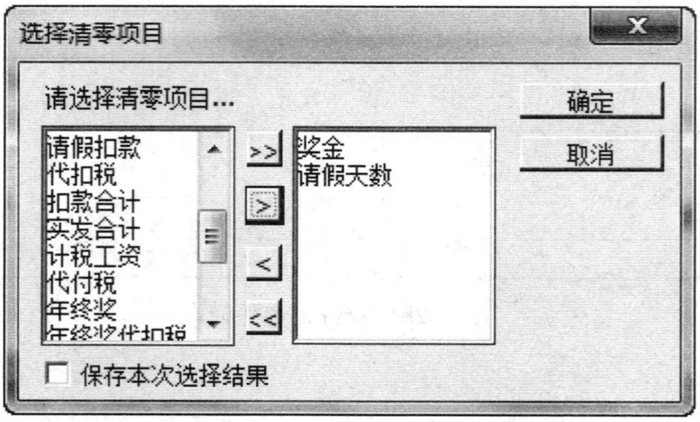

图6-30　选择清零项目

④ 单击“确定”按钮，弹出系统提示“月末处理完毕！”，单击“确定”按钮返回。

提醒

- 月末结转只有在会计年度的 1 月至 11 月进行。
- 若为处理多个工资类别，则应打开工资类别，分别进行月末结转。
- 若本月工资数据未汇总，系统将不允许进行月末结转。
- 进行期末处理后，当月数据将不再允许变动。
- 月末处理功能只有主管人员才能执行。

闯　关

在线测试

一、判断题

1. 薪资管理系统仅提供以人民币作为发放工资的唯一货币。（　　）
2. 在薪资管理系统中，定义公式时可不考虑计算的先后顺序，系统可以自动识别。（　　）
3. 个人所得税税率表已经按国家规定预置，不得修改。（　　）
4. 工资业务处理完毕后，需要经过记账处理才能生成各种工资报表。（　　）
5. 如果某员工停薪留职，需要在薪资管理系统中将该员工删除。（　　）

二、选择题

1. 以下（　　）工资项目可以根据用户在建立工资账套时选择的选项自动生成。

A. 基本工资　　B. 代扣税
C. 应发合计　　D. 扣款合计

2. 奖金的计算公式为"奖金＝iff(人员类别＝"企业管理人员" and 部门＝"总经理办公室",800,iff(人员类别＝"车间管理人员",500,450))"，如果某职工属于一般职工，则他的奖金为（　　）元。

A. 800　　B. 500　　C. 450　　D. 0

3. 如果设置某工资项目为数字型，长度为 8，小数位为 2，则该工资项目中最多可以输入（　　）整数。

A. 5 位　　B. 6 位　　C. 7 位　　D. 任意位

4. 如果只想输入"奖金"和"缺勤天数"两个工资项目的数据，那么最佳方法是利用系统提供的（　　）功能。

A. 页编辑　　B. 筛选　　C. 替换　　D. 过滤器

5. 在薪资管理系统中进行数据替换时，如果未输入替换条件，则系统默认为（　　）。

A. 本工资类别的全部人员　　B. 本工资账套的全部人员
C. 不做任何替换　　D. 提示输入替换条件

三、思考题

1. 薪资管理系统的主要功能是什么？
2. 在哪些情况下需要设置多个工资类别？
3. 如何进行与工资相关的五险一金的处理？

4. 薪资管理系统生成哪些凭证传递给总账系统?

5. 在图 6-10 所示的"人员档案明细"对话框中,有一个"计税"复选框,什么情况下需要去掉"计税"选中标记?

四、实操题

1. 假设企业应付福利费按照工资总额的 14%计提,请在工资分摊设置中进行应付福利费设置。

2. 找一找人员附加信息在哪里输入。

项目 7

固定资产

知识目标：

1. 了解固定资产系统的主要功能。
2. 熟悉固定资产系统的操作流程。
3. 熟悉固定资产系统初始化的工作内容。
4. 掌握利用固定资产系统进行企业固定资产日常管理的方法。

技能目标：

1. 掌握建立固定资产账套的操作。
2. 掌握设置固定资产类别、设置部门折旧科目、增减方式对应科目的操作。
3. 掌握固定资产卡片输入的基本操作。
4. 掌握资产增减、变动处理、折旧计算等基本操作。

项目背景

固定资产是企业资产的重要组成部分，固定资产管理是否完善、核算是否正确，不仅关系到企业资产的安全性，也影响成本费用乃至利润计算的正确性。

固定资产是企业正常生产经营的必要条件，正确管理和核算企业的固定资产，对于保护企业资产完整、保证再生产资金来源具有重要意义。按照固定资产生命周期，固定资产管理的内容包括购建、使用过程中的折旧计提、资产价值变动、资产评估、计提减值、退出时的报废清理，涉及实物管理和核算两大内容。

基本知识

7.1 固定资产系统的基本功能

用友 U8 固定资产系统可以帮助企业进行固定资产日常业务的核算和管理，以固定资产卡片为基础资料，按月反映固定资产的增加、减少、原值变化及其他变动，并输出相应的增减变动明细账，按月自动计提折旧，生成折旧分配凭证，同时形成相关的报表和账簿。

7.2 固定资产系统的应用流程

使用固定资产系统分为两个阶段：固定资产系统初始化和固定资产日常业务处理。

固定资产系统初始化是根据企业对固定资产的管理需求，在通用软件 U8 中建立一个适合企业自身需求的固定资产管理模式。固定资产系统初始化包括固定资产账套初始化、基础信息设置和输入期初固定资产卡片。初始化设置工作是一次性的。

固定资产日常业务处理包括卡片管理、资产变动处理、计提折旧等。

固定资产系统的操作流程如图 7-1 所示。

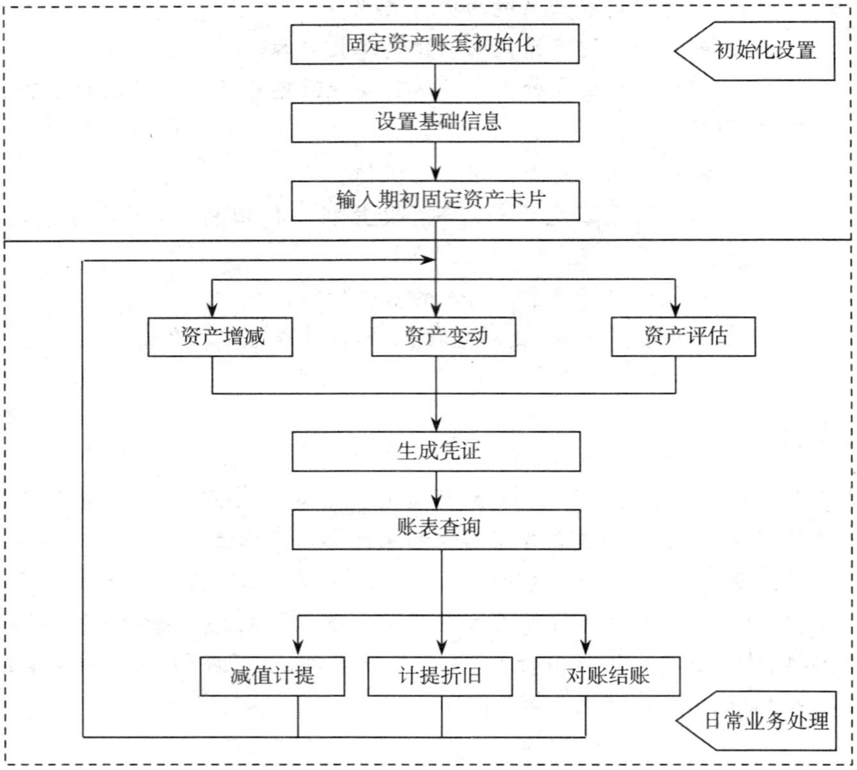

图 7-1 固定资产系统的操作流程

实训任务

提醒

以系统管理员的身份在系统管理中引入“总账初始化”账套。

任务 *1* 固定资产账套初始化

任务下达

由账套主管在企业应用平台中启用固定资产系统，启用日期为 2024 年 1 月 1 日。

以账套主管 701 于美琪的身份进行固定资产账套初始化。

任务解析

启用固定资产系统之初，需要根据企业具体情况，设置固定资产管理原则、相关基础信息的编码方式、企业采用的折旧方法、与账务对账的接口设定等，将通用的固定资产系统改造为适合本企业应用的个性系统。

任务指引

固定资产账套相关信息如表 7-1 所示。

表 7-1 固定资产控制参数

控制参数	参数设置
启用月份	2024 年 1 月
折旧信息	本账套计提折旧； 折旧方法：年数总和法； 折旧汇总分配周期：1 个月； 当“月初已计提月份＝可使用月份－1”时，将剩余折旧全部提足
编码方式	资产类别编码方式：2112； 固定资产编码方式：按“类别编码＋部门编码＋序号”自动编码； 卡片序号长度为 3
财务接口	与账务系统进行对账： 固定资产对账科目：1601 固定资产； 累计折旧对账科目：1602 累计折旧

① 以账套主管身份进入 U8 企业应用平台，在“业务工作”选项卡中，单击“财务会计”|“固定资产”，系统弹出“这是第一次打开此账套，还未进行过初始化，是否进行初始化?”信息提示框。

② 单击“是”按钮，打开“初始化账套向导”对话框。

③ 在“初始化账套向导—约定及说明”对话框中，仔细阅读相关条款，单击“我同意”单选按钮，如图 7-2 所示。“约定及说明”中列示了固定资产账套的基本信息和系统有关资产管理的基本原则，如序时管理原则和变动后折旧计算与分配汇总原则。

④ 单击“下一步”按钮，打开“初始化账套向导—启用月份”对话框，查看账套启用月份“2024.01”。启用日期确定之后，在该日期前的所有固定资产都将作为期初数据，从启用月份开始计提折旧。

⑤ 单击“下一步”按钮，打开“初始化账套向导—折旧信息”对话框，设定本企业的折旧方案，即确定是否提折旧，采用什么方法提折旧，多长时间进行折旧汇总分配。选中“本账套计提折旧”复选框，折旧方法选择“年数总和法”，折旧分配周期选择“1”个月，选中“当(月初

已计提月份=可使用月份－1)时将剩余折旧全部提足(工作量法除外)”复选框，如图 7-3 所示。

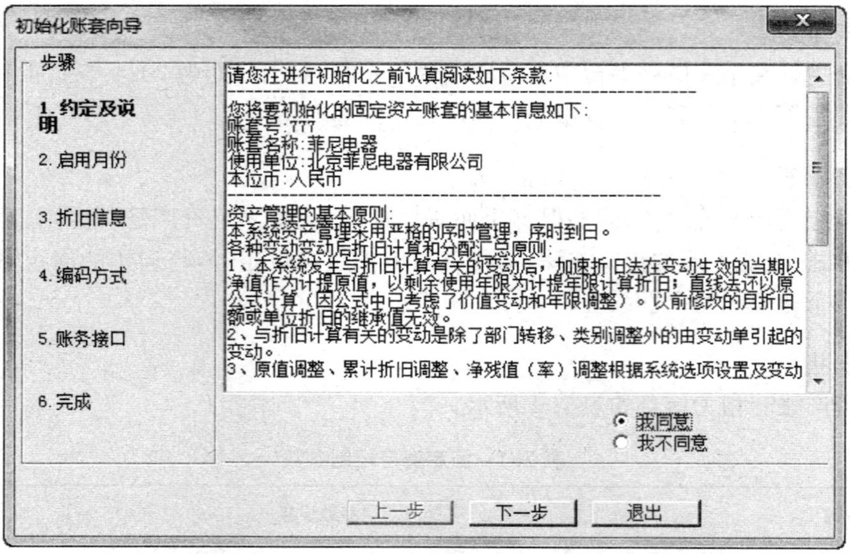

图 7-2　初始化账套向导—约定及说明

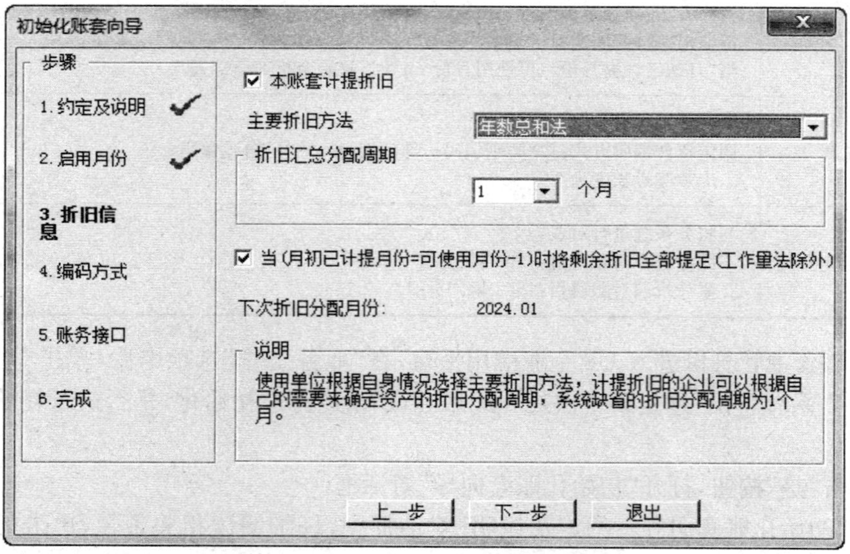

图 7-3　初始化账套向导—折旧信息

提醒

• 如果是行政事业单位，不选“本账套计提折旧”，则账套内所有与折旧有关的功能屏蔽，该选项在初始化设置完成后不能修改。

• 本处选择的折旧方法可以在设置资产类别或定义具体固定资产时进行更改设置。

⑥ 单击“下一步”按钮，打开“初始化账套向导—编码方式”对话框，确定资产类别编码长度“2112”，单击“自动编码”单选按钮，固定资产编码方式选择“类别编号＋部门编号＋序号”，序号长度选择“3”，如图 7-4 所示。

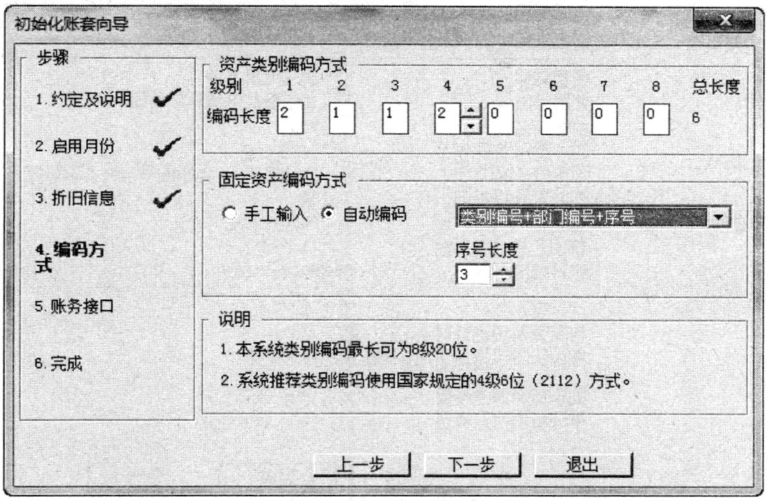

图 7-4　初始化账套向导—编码方式

⑦ 单击“下一步”按钮，打开“初始化账套向导—财务接口”对话框，选中“与账务系统进行对账”复选框，固定资产对账科目选择“1601 固定资产”，累计折旧对账科目选择“1602 累计折旧”，如图 7-5 所示。

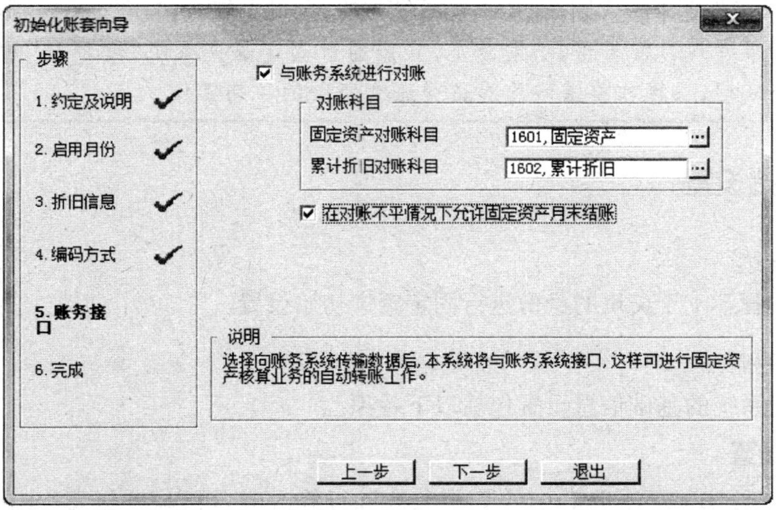

图 7-5　初始化账套向导—财务接口

⑧ 单击“下一步”按钮，打开“初始化账套向导—完成”对话框，如图 7-6 所示。单击“完成”按钮，完成本账套的初始化，系统弹出“是否确定所设置的信息完全正确并保存对新账套

的所有设置?”信息提示框。

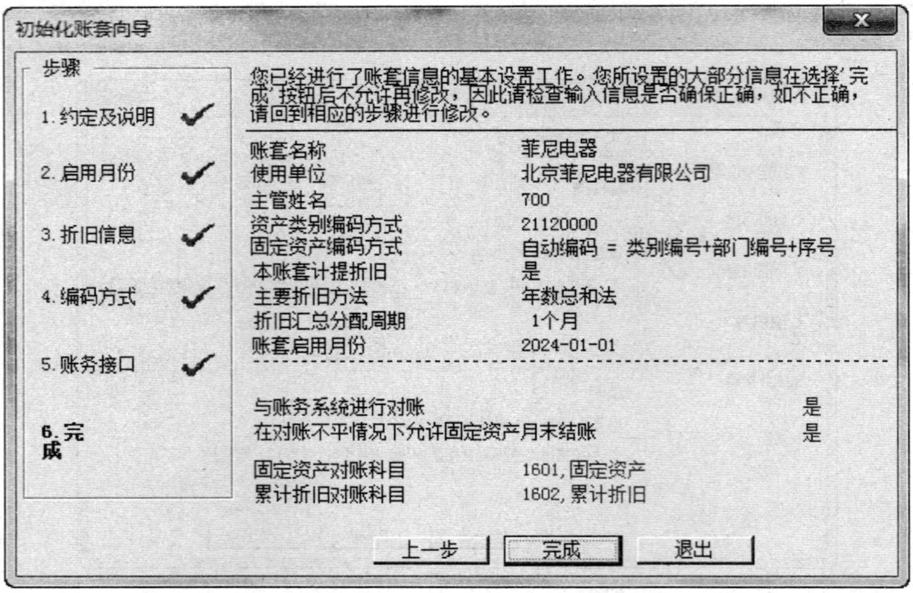

图 7-6 初始化账套向导—完成

⑨ 单击“是”按钮，系统弹出“已成功初始化本固定资产账套!”信息提示框，单击“确定”按钮，进入固定资产系统。

提醒

- 初始化设置完成后，有些参数不能修改，所以要慎重。
- 如果发现参数有错，必须改正，只能通过固定资产系统“维护”|“重新初始化账套”命令实现，该操作将清空您对该子账套所做的一切工作。

任务 2 初始设置

任务下达

以账套主管 701 于美琪的身份进行固定资产初始设置。

任务解析

固定资产系统的基础信息设置包括以下各项。

1. 选项设置

建账完成后，当需要对账套中的某些参数进行修改时，可以在“设置”中的“选项”中修改；也有些参数无法通过“选项”修改但又必须改正，那么只能通过“重新初始化”功能实现，重新初始化将清空对该固定资产账套所做的一切操作。

2. 资产类别设置

固定资产种类繁多，规格不一，为强化固定资产管理，及时准确地进行固定资产核算，需建立科学的资产分类核算体系，为固定资产的核算和管理提供依据。国家技术监督局1994年1月24日批准发布《固定资产分类与代码》国家标准(GB/T 14885—2010)，其中规定的类别编码最多可以设置4级，编码总长度是6位，即2-1-1-2。参照此标准，企业可以根据自身的特点和要求，设定较为合理的资产分类方法。

3. 部门对应折旧科目设置

固定资产计提折旧后，需将折旧费用分配到相应的成本或费用中去，根据不同企业的情况可以按照部门或类别进行汇总。固定资产折旧费用的分配去向和其所属部门密切相关，如果给每个部门设定对应折旧科目，则属于该部门的固定资产在计提折旧时，折旧费用将对应分配到其所属的部门。

4. 增减方式设置

固定资产增减方式设置，即设置资产增加的来源和减少的去向。增减方式包括增加方式和减少方式两大类。增加方式主要包括直接购买、投资者投入、捐赠、盘盈、在建工程转入、融资租入。减少方式主要包括出售、盘亏、投资转出、捐赠转出、报废、毁损、融资租出。增减方式可根据用户的需要自行增加。

在增减方式的设置中，还需要定义不同增减方式的对应入账科目；当发生相应的固定资产增减变动时，可以快速生成转账凭证，减少手工输入数据的业务量。

5. 使用状况设置

从固定资产核算和管理的角度，需要明确资产的使用状况，一方面可以正确地计算和计提折旧，另一方面便于统计固定资产的使用情况，提高资产的利用效率。

固定资产的使用状况一般分为使用中、未使用和不需用三大类，不同的使用状况决定了固定资产计提折旧与否。因此，正确定义固定资产的使用状况是准确计算累计折旧、进行资产数据统计分析、提高固定资产管理水平的重要依据。

6. 折旧方法设置

固定资产折旧的计算是固定资产系统的重要功能，固定资产折旧的计提由系统根据用户选择的折旧方法自动计算得出，因此折旧方法的定义是计算资产折旧的重要基础。企业固定资产的折旧方法包括平均年限法、工作量法、双倍余额递减法、年限总和法，企业可根据国家规定和自身条件选择采用其中的一种。如果系统中预置的折旧方法不能满足企业管理与核算的需要，用户也可以定义新的折旧方法与相应的计算公式。

7. 卡片项目设置

固定资产卡片是固定资产系统中重要的管理工具，固定资产卡片文件是重要的数据文件。固定资产文件中包含的数据项目形成一个卡片项目，卡片项目是用固定资产卡片来记录固定资产资料的栏目，如原值、资产名称、所属部门、使用年限、折旧方法等是卡片上最基本的项目。固定资产系统提供的卡片上常用的项目称为系统项目，但这些项目不一定能满足所有单位的需求。为了增加固定资产系统的通用性，一般系统都为用户留下足够的增减卡片项目的余地。在初始设置中，由用户定义的项目称为自定义项目。系统项目和自定义项目一起构成固定资产卡片的全部内容。

8. 卡片样式定义

固定资产卡片样式指卡片的外观，即卡片的格式和卡片上包含的项目及项目的位置。不同资产核算管理的内容与重点各不相同，因此，卡片样式可能不同。系统提供的缺省卡片样式一般能够满足企业日常管理的要求，用户可以在此基础上略做调整，形成新卡片模板，也可以自由定义新卡片式样。

任务指引

1. 选项设置

菲尼电器固定资产系统业务处理规则为固定资产“业务发生后立即制单”“月末结账前一定要完成制单登账业务”，固定资产缺省入账科目为“1601 固定资产”、累计折旧缺省入账科目为“1602 累计折旧”，减值准备缺省入账科目为“1603 固定资产减值准备”，增值税进项税额缺省入账科目为“22210101 进项税额”，固定资产清理缺省入账科目为“1606 固定资产清理”。

① 在固定资产系统中，执行“设置”|“选项”命令，进入“选项”窗口。

② 选择“与账务系统接口”选项卡，单击“编辑”按钮，选中“业务发生后立即制单”“月末结账前一定要完成制单登账业务”复选框，按照要求设置各缺省入账科目，如图 7-7 所示。

③ 单击“确定”按钮返回。

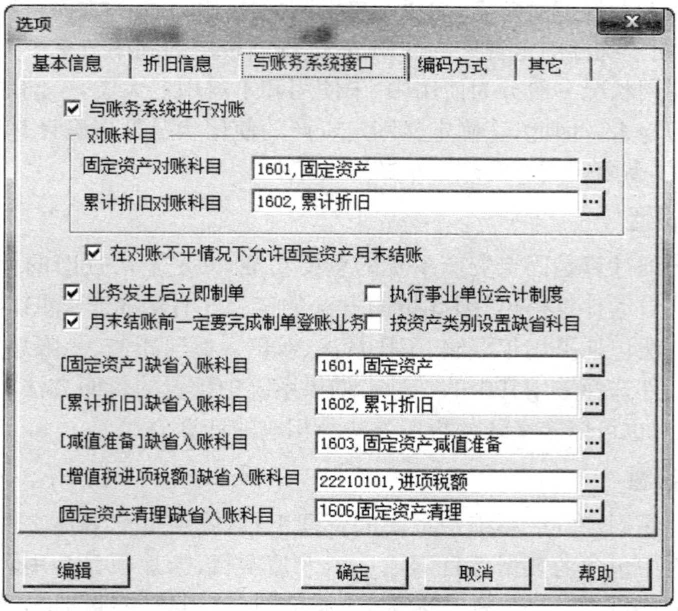

图 7-7　选项

2. 资产类别设置

菲尼电器资产类别划分如表 7-2 所示。

表 7-2　资产类别

编码	类别名称	使用年限	净残值率/%	单位	计提属性	卡片样式
01	房屋建筑物	30	5		正常计提	含税卡片样式
02	运输设备	8	5		正常计提	含税卡片样式
021	经营用	8	5	辆	正常计提	含税卡片样式
022	非经营用	8	5	辆	正常计提	含税卡片样式
03	生产设备	10	5		正常计提	含税卡片样式
04	电子设备	5	5		正常计提	含税卡片样式

① 执行“设置”|“资产类别”命令，进入“资产类别”窗口。

② 单击“增加”按钮，类别名称输入“房屋建筑物”，使用年限输入“30”年，净残值率输入“5%”，计提属性选择“正常计提”，卡片样式选择“含税卡片样式”，如图 7-8 所示，单击“保存”按钮。

③ 同理，完成其他资产类别的设置。

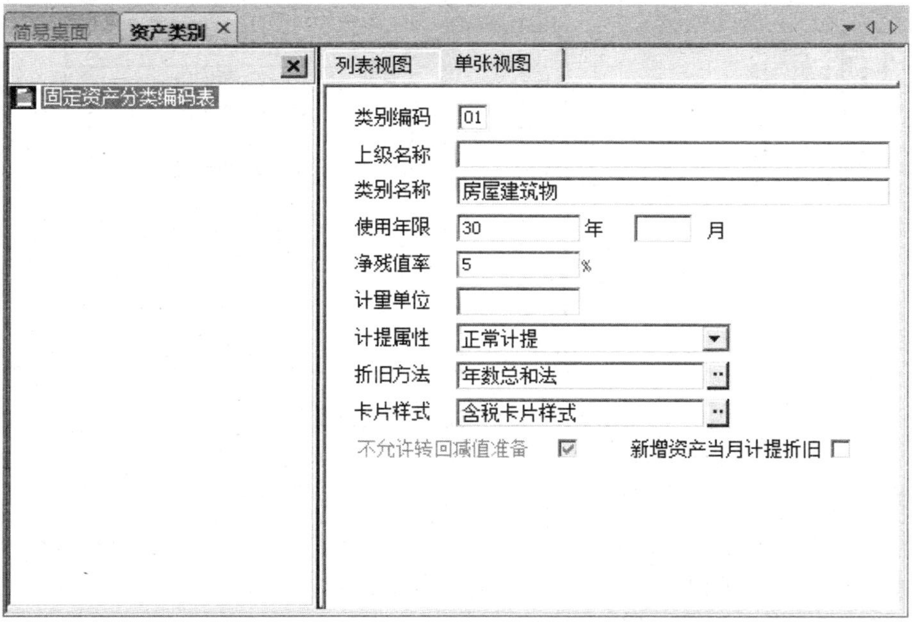

图 7-8　资产类别设置

提醒

- 资产类别编码不能重复，同一级的类别名称不能相同。
- 类别编码、类别名称、计提属性、卡片样式不能为空。
- 已使用过的类别不能设置新下级。

3. 部门对应折旧科目设置

菲尼电器部门对应折旧科目如表 7-3 所示。

表 7-3 部门对应折旧科目

部门	对应折旧科目
企管部、财务部、采购部、仓储部	660203 管理费用——折旧费
销售部	660103 销售费用——折旧费
生产部	510102 制造费用——折旧费

① 执行“设置”|“部门对应折旧科目”命令，进入“部门对应折旧科目”窗口。
② 选择部门“企管部”，单击“修改”按钮。
③ 选择折旧科目“660203 管理费用——折旧费”，单击“保存”按钮。
④ 同理，完成其他部门对应折旧科目的设置，全部完成后如图 7-9 所示。

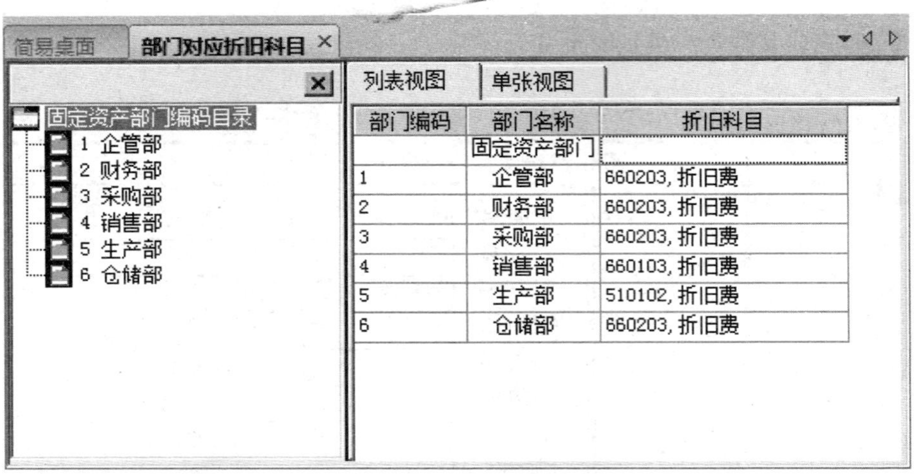

图 7-9 部门对应折旧科目设置

4. 增减方式及对应入账科目设置

菲尼电器直接购入方式增加资产的对应入账科目为“10020101 人民币户”，固定资产损毁方式减少资产的对应入账科目为“1606 固定资产清理”。

① 执行“设置”|“增减方式”命令，进入“增减方式”窗口。
② 在左边列表框中，单击增加方式“直接购入”，单击“修改”按钮。
③ 对应入账科目输入“10020101 人民币户”，单击“保存”按钮。
④ 同理，在减少方式“毁损”的对应入账科目中输入“1606 固定资产清理”，单击“保存”按钮。如图 7-10 所示。

提醒

当固定资产发生增减变动时，系统生成凭证时会默认采用这些科目。

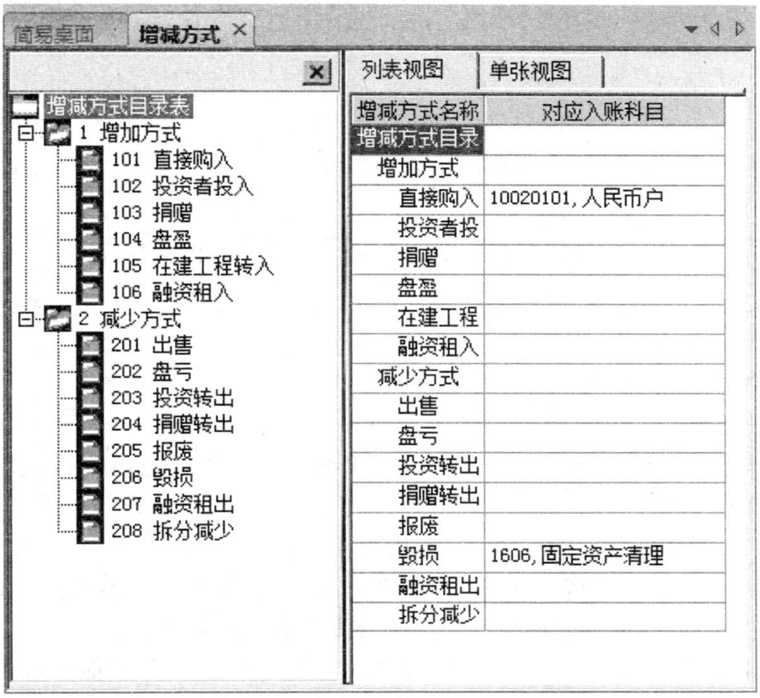

图 7-10　增减方式

任务 3　输入固定资产原始卡片

任务下达

以账套主管 701 于美琪的身份录入企业固定资产原始卡片。

任务解析

固定资产卡片是固定资产核算和管理的基础依据，为保持历史资料的连续性，必须将建账日期以前的数据录入系统中。固定资产原始卡片是固定资产系统处理的起点。因此，准确录入原始卡片内容是保证历史资料的连续性、正确进行固定资产核算的基本要求。为了保证所输入原始卡片数据的准确无误，应该在开始输入前对固定资产进行全面的清查盘点，做到账实相符。

传统方式下，固定资产是按卡片进行管理的。固定资产卡片的原值合计应与总账系统固定资产账户的余额相符，卡片已提折旧的合计应与总账系统累计折旧账户的余额相符。

任务指引

菲尼电器 2024 年 1 月 1 日固定资产数据整理如表 7-4 所示。

表 7-4　菲尼电器固定资产一览表

固定资产名称	类别编号	所在部门	增加方式	使用年限/月	开始使用日期	原值/元	累计折旧/元	对应折旧科目名称
厂房	01	生产部	直接购入	360	2022-02-01	2 400 000	272 440	制造费用——折旧费
帕萨特轿车	022	企管部	直接购入	96	2022-11-01	200 000	46 948	管理费用——折旧费
长安皮卡	021	销售部	直接购入	96	2022-08-01	60 000	15 850	销售费用——折旧费
切割机	03	生产部	直接购入	120	2022-07-01	100 000	23 540	制造费用——折旧费
多功能一体机	04	财务部	直接购入	60	2022-10-01	15 000	5 362	管理费用——折旧费
台式电脑 01	04	财务部	直接购入	60	2022-10-01	6 000	2 000	管理费用——折旧费
台式电脑 02	04	财务部	直接购入	60	2021-04-01	4 000	2 900	管理费用——折旧费
合计						2 785 000	369 040	

① 执行“卡片”|“录入原始卡片”命令，打开“固定资产类别档案”对话框，选择“房屋建筑物”，单击“确定”按钮，进入“固定资产卡片”窗口。

② 固定资产名称输入“厂房”，双击“使用部门”，在弹出的“本资产部门使用方式”对话框中选择“单部门使用”，在随后出现的“部门基本参照”对话框中选择“生产部”，双击“增加方式”选择“直接购入”，双击“使用状况”选择“在用”，使用年限输入“360”，开始使用日期输入“2022-02-01”，原值输入“2 400 000”，累计折旧输入“272 440”，其他项目自动算出，如图 7-11 所示。

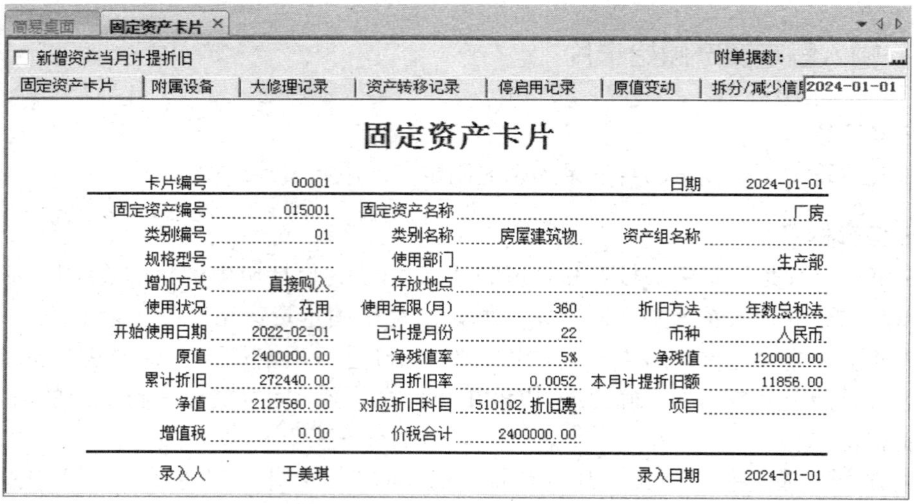

图 7-11　录入原始卡片

栏目说明

➢固定资产编号：系统根据初始化时设定的编码方案自动生成，不能修改；如果删除一张固定资产卡片，又不是最后一张时，系统将保留空号。

➢使用部门、使用状况、增加方式：参照录入。

>折旧方法：按照选择的固定资产类别自动带入，可修改。
>开始使用日期：必须小于固定资产启用日期。
>已计提月份：系统根据开始使用日期自动计算，可以修改。
>使用年限、原值、折旧：直接录入。
>其他项目自动计算。

③ 单击“保存”按钮，系统弹出“数据成功保存！”信息提示框，单击“确定”按钮。

④ 同理，完成其他固定资产卡片的输入。

全部完成后，备份为“固定资产初始化”账套。

提醒

• 原始卡片的录入不限制必须在第一个期间结账前，任何时候都可以录入原始卡片。

• 固定资产原始卡片录入完成后，可以执行“处理”|“对账”命令，与账务系统进行对账，查看对账是否平衡。

任务 4　1月份固定资产业务处理

任务下达

以账套主管701于美琪的身份进行1月份固定资产业务处理。

任务解析

按照固定资产管理原则，不能在一个月的业务设计中体现全部的业务类型，因此将固定资产日常业务拆分为两个月，1月份主要进行资产增加、计提折旧、资产减少、月末结账处理；2月份再处理资产变动业务。

1. 资产增加

资产增加是指购进或通过其他方式增加企业资产。资产增加时需要在用友U8中建立新的固定资产卡片，根据资产增加方式自动生成财务核算凭证。

2. 计提折旧

自动计提折旧是固定资产系统的主要功能之一。可以根据录入系统的资料，利用系统提供的“折旧计提”功能，对各项资产每期计提一次折旧，并自动生成折旧分配表，然后制作记账凭证，将本期的折旧费用自动登账。

当开始计提折旧时，系统将自动计提所有资产当期折旧额，并将当期的折旧额自动累加到累计折旧项目中。计提工作完成后，需要进行折旧分配，形成折旧费用，系统除了自动生成折旧清单外，同时还生成折旧分配表，从而完成本期折旧费用登账工作。

系统提供的折旧清单显示了所有应计提折旧资产所计提的折旧额。

折旧分配表是制作记账凭证，把计提折旧额分配到有关成本和费用的依据。折旧分配表有两种类型：类别折旧分配表和部门折旧分配表。生成折旧分配表由“折旧汇总分配周期”决定，因此，制作记账凭证要在生成折旧分配表后进行。

计提折旧遵循以下原则：

① 在一个期间可以多次计提折旧，每次计提折旧后，只是将计提的折旧累加到月初的累计折旧上，不会重复累计。

② 若上次计提折旧已制单并传递到总账系统，则必须删除该凭证才能重新计提折旧。

③ 如果计提折旧后又对账套进行了影响折旧计算分配的操作，则必须重新计提折旧，否则系统不允许结账。

④ 若采用自定义的折旧方法时，月折旧率或月折旧额出现负数，则系统自动中止计提。

⑤ 资产的使用部门和资产折旧要汇总的部门可能不同，为了加强资产管理，使用部门必须是明细部门，而折旧分配不一定分配到明细部门，不同的单位处理时可能不同，因此要在计提折旧后，分配折旧费用时做出选择。

3. 资产减少

资产减少是指资产在使用过程中会由于各种原因，如毁损、出售、盘亏等退出企业，此时要做资产减少处理。资产减少需要输入资产减少卡片并说明减少原因。

4. 卡片管理

卡片管理是对固定资产系统中所有卡片进行的综合管理，包括卡片查询、修改、删除和打印。

(1) 卡片查询

卡片查询提供按部门查询、按类别查询和自定义查询三种方式。

查询卡片时既可以查看单张卡片的信息，也可以查看卡片的汇总信息。在“卡片管理”界面，每一张卡片显示为一个记录，既可以通过“查看”|“显示快捷信息”命令查看，也可以通过双击记录行显示卡片的详细内容。

(2) 卡片修改与删除

卡片的修改与删除不是随意的，有一定的限定条件。

原始卡片的原值、使用部门、工作总量、使用状况、累计折旧、净残值(率)、折旧方法、使用年限、资产类别项目在没有制作变动单或评估单的情况下，录入当月可以修改。如果制作过变动单，则只有删除变动单后才能修改。在做过月末结账后，只能通过变动单或评估单调整，不能通过卡片修改功能修改。

通过资产增加功能录入的卡片，在没有制作凭证和变动单、评估单的情况下，录入当月可以修改。如果制作过变动单或凭证，则只有删除变动单或凭证后才能修改。

卡片录入当月如果发现错误，可以通过“卡片删除”功能实现。非本月录入的卡片不能删除。

卡片做过一次月末结账后不能删除。删除制作过变动单、评估单或凭证的卡片时，系统会提示先删除相关的变动单、评估单或凭证。

5. 生成凭证

固定资产系统和总账系统之间存在数据的自动传输，这种传输是固定资产系统通过记账凭证向总账系统传递有关数据的，如资产增加、减少、累计折旧调整以及折旧分配等生成的记账凭证。生成记账凭证可以采用“立即制单”或“批量制单”的方法实现。

6. 对账

只有初次启动固定资产的参数设置或选项中的参数设置选中了“与账务系统对账”复选框，才可使用本系统的对账功能。

当总账系统与固定资产系统集成应用时，固定资产的增减、变动、折旧计提均在固定资产系统处理，生成财务核算凭证，总账系统中不再处理与固定资产相关的业务，只管理固定资产和累计折旧总账。对账就是核对固定资产系统记录的业务明细与总账系统中的总括数据是否一致。

7. 月末结账

在固定资产系统完成本月全部的制单业务后，可以进行月末结账。月末结账每月进行一次，结账后当期数据不能修改。若有错必须修改，可通过系统提供的“恢复月末结账前状态”功能反结账，再进行相应修改。

本期不结账，将不能处理下期的数据；结账前一定要进行数据备份，否则数据一旦丢失，将造成无法挽回的后果。

8. 账簿管理

可以通过系统提供的账表管理功能，及时掌握资产的统计、汇总和其他各方面的信息。账表包括4类：账簿、折旧表、统计表、分析表。另外，如果所提供的报表种类不能满足需要，系统还提供了自定义报表功能，可以根据实际要求进行设置。

(1) 账簿

系统自动生成的账簿有：(单个)固定资产明细账、(部门、类别)明细账、固定资产登记簿、固定资产总账。这些账簿以不同方式序时地反映了资产变化情况，在查询过程中可联查某时期(部门、类别)明细及相应原始凭证，从而获得所需的财务信息。

(2) 折旧表

系统提供了四种折旧表：(部门)折旧计提汇总表、固定资产及累计折旧表(一)(二)、固定资产折旧计算明细表。通过该类表可以了解并掌握本企业所有资产本期、本年乃至某部门计提折旧及其明细情况。

(3) 统计表

出于管理资产的需要，按管理目的统计数据，系统提供了七种统计表：固定资产原值一览表、固定资产统计表、评估汇总表、评估变动表、盘盈盘亏报告表、逾龄资产统计表、役龄资产统计表。

(4) 分析表

分析表主要通过对固定资产的综合分析，为管理者提供管理和决策依据。系统提供了四种分析表：价值结构分析表、固定资产使用状况分析表、部门构成分析表、类别构成分析表。管理者可以通过这些表了解本企业资产计提折旧的程度和剩余价值的大小。

(5) 自定义报表

当系统提供的报表不能满足企业要求时，用户也可以自己定义报表。

任务指引

1. 资产增加

1 月 16 日，财务部购买服务器一台，原值为 18 000 元，增值税税额为 2 340 元，净残值率为 5%，预计使用年限为 5 年。

① 执行“卡片”|“资产增加”命令，打开“固定资产类别档案”对话框。

② 选择资产类别为“04 电子设备”，单击“确定”按钮，进入“固定资产卡片”窗口。

③ 输入固定资产名称为“服务器”；双击“使用部门”，选择“单部门使用”“财务部”；双击“增加方式”，选择“直接购入”；双击“使用状况”，选择“在用”；默认开始使用日期为“2024-01-16”；输入原值为“18 000”、增值税为“2 340”、使用年限（月）为“60”，如图 7-12 所示。

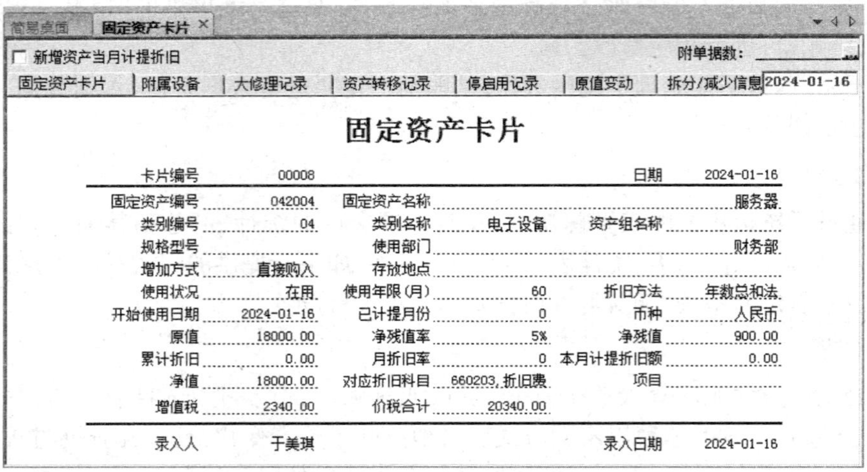

图 7-12　资产增加

④ 单击“保存”按钮，进入“填制凭证”窗口。

⑤ 选择凭证类型为“付　付款凭证”，修改相关信息，单击“保存”按钮，生成凭证如图 7-13 所示。

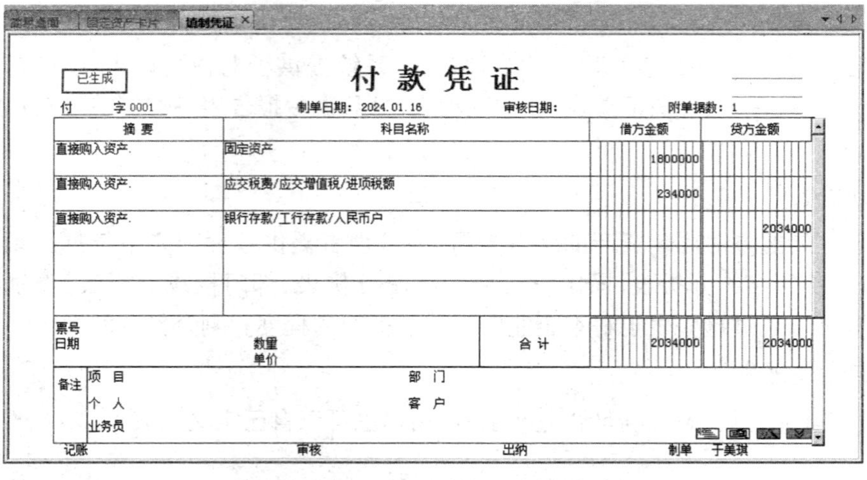

图 7-13　新增资产生成凭证

提醒

- 固定资产原值一定要输入卡片且录入月初的价值，否则会出现计算错误。
- 新卡片第 1 个月不计提折旧，累计折旧为空或 0。
- 卡片输入完毕后，可以不立即制单，月末再进行批量制单。

2. 计提折旧

1 月 31 日，计提本月固定资产折旧。

① 执行“处理”|“计提本月折旧”命令，系统弹出“是否要查看折旧清单?”信息提示框，单击“否”按钮。

② 系统弹出“本操作将计提本月折旧，并花费一定时间，是否要继续?”信息提示框。

③ 单击“是”按钮，系统计提折旧完成后进入“折旧分配表”窗口，如图 7-14 所示。

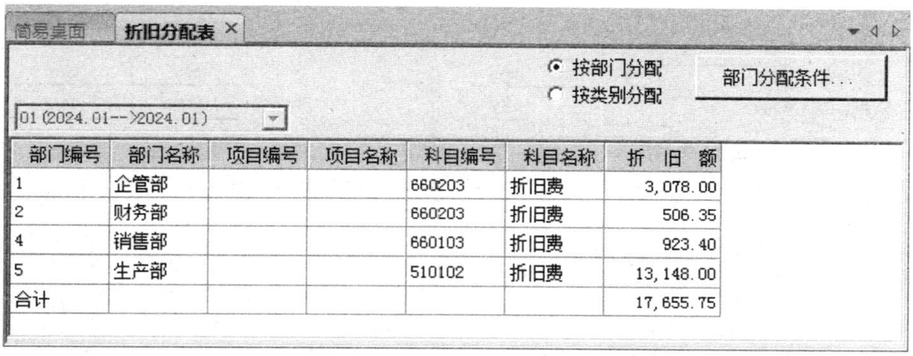

部门编号	部门名称	项目编号	项目名称	科目编号	科目名称	折旧额
1	企管部			660203	折旧费	3,078.00
2	财务部			660203	折旧费	506.35
4	销售部			660103	折旧费	923.40
5	生产部			510102	折旧费	13,148.00
合计						17,655.75

图 7-14　折旧分配表

④ 单击“凭证”按钮，进入“填制凭证”窗口，选择凭证类型为“转　转账凭证”，修改相关信息，单击“保存”按钮，计提折旧凭证如图 7-15 所示。

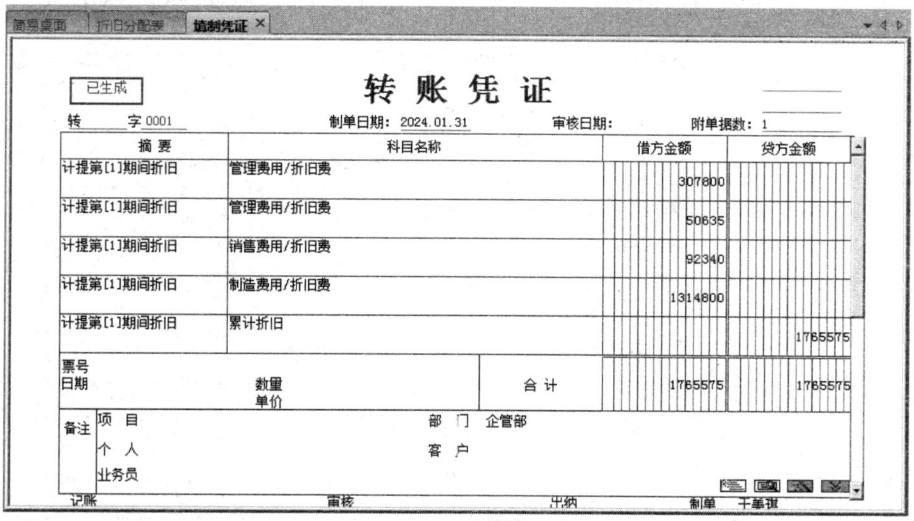

摘要	科目名称	借方金额	贷方金额
计提第[1]期间折旧	管理费用/折旧费	307800	
计提第[1]期间折旧	管理费用/折旧费	50635	
计提第[1]期间折旧	销售费用/折旧费	92340	
计提第[1]期间折旧	制造费用/折旧费	1314800	
计提第[1]期间折旧	累计折旧		1765575
票号 日期	数量 单价 合计	1765575	1765575

图 7-15　计提折旧生成凭证

提醒

• 如果上次计提折旧已通过记账凭证把数据传递到账务系统，则必须删除该凭证才能重新计提折旧。

• 如果计提折旧后又对账套进行了影响折旧计算或分配的操作，则必须重新计提折旧，否则系统不允许结账。

3. 资产减少

财务部台式电脑 02 毁损，进行资产减少处理。

① 执行“卡片”|“资产减少”命令，进入“资产减少”窗口。

② 选择卡片编号为“00007”，单击“增加”按钮。

③ 选择减少方式为“毁损”，如图 7-16 所示。

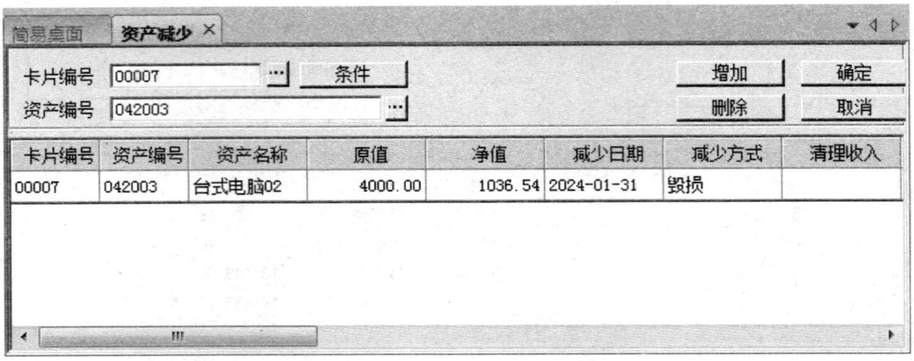

图 7-16　资产减少

④ 单击“确定”按钮，系统弹出“所选卡片已经减少成功!”信息提示框，单击“确定”按钮，进入“填制凭证”窗口。

⑤ 选择凭证类型为“转　转账凭证”，修改其他项目，单击“保存”按钮，如图 7-17 所示。

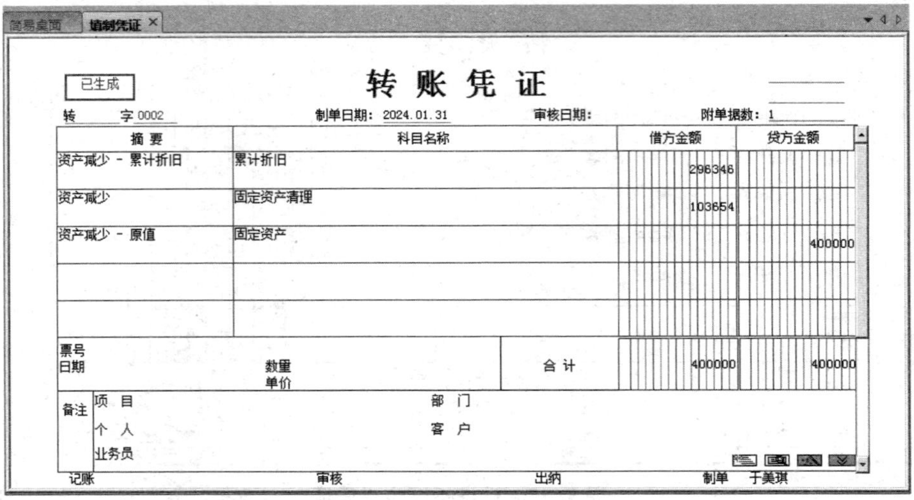

图 7-17　资产减少生成凭证

提醒

• 只有当账套开始计提折旧后才可以使用资产减少功能，否则减少资产只能通过删除卡片来完成。

• 如果要减少的资产较多并且有共同点，则可以通过单击“条件”按钮输入查询条件，将符合该条件的资产挑选出来进行批量减少操作。

• 对于误减少的资产，可以使用系统提供的“纠错”功能来恢复，但只有当月减少的资产才可以恢复。如果资产减少操作已制作凭证，则必须删除凭证后才能恢复。

• 只要卡片未被删除，就可以通过卡片管理中的“已减少资产”功能来查看减少的资产。

4. 进行固定资产与总账期末对账

提醒

• 固定资产与总账对账之前，需要在总账系统中对固定资产系统生成的凭证进行审核、记账处理。只有总账系统记账完毕，才能反映截至目前的现时数据。

• 以出纳704蒋雨的身份对固定资产系统生成的付款凭证进行出纳签字；以总账会计702马群的身份对固定资产系统生成的所有凭证进行审核；以账套主管701于美琪的身份进行记账。

① 在固定资产系统中，执行“处理”|“对账”命令，打开“与账务对账结果”对话框，如图7-18所示。

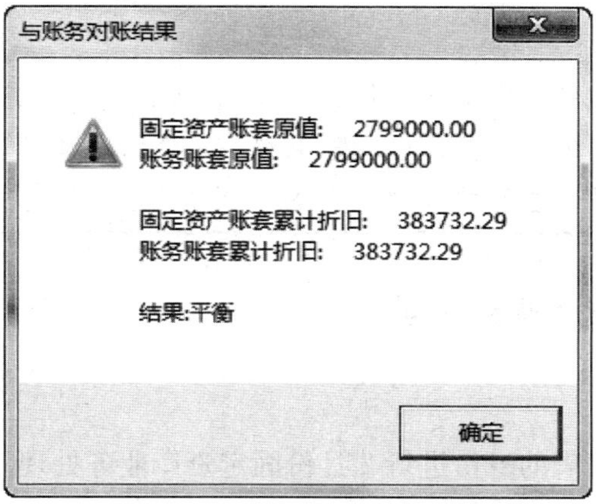

图7-18 与账务对账结果

② 单击“确定”按钮。

提醒

• 对账的操作不限制执行时间，任何时候都可以进行对账。

• 若在财务接口中选中“在对账不平情况下允许固定资产月末结账”复选框，则可以直接进行月末结账。

• 系统在执行月末结账时自动对账一次，并给出对账结果。

解惑　固定资产系统与总账系统对账不平的原因及解决方案

从图 7-18 中可知，固定资产系统与总账系统对账主要是核对固定资产科目和累计折旧科目的期末数。如果对账不平，可能存在以下两种原因：

第一，企业固定资产相关业务发生时在固定资产系统生成了凭证，传递到总账系统，但总账系统未做审核、记账，因此总账系统中的固定资产科目和累计折旧科目的余额仍保留期初状态，未做更新。如果是这种情况，只需将固定资产系统传递过来的凭证在总账系统中审核、记账即可。

第二，在总账系统中填制凭证时使用了固定资产科目或累计折旧科目。企业启用固定资产系统后，所有与固定资产相关的业务，如固定资产增减、变动、计提折旧、计提减值等均应在固定资产系统进行记录，再通过自动凭证机制传递到总账系统，这样才能保持固定资产系统的明细和总账系统数据的一致性。如果是这种情况，需要在总账系统中删除这些凭证，重新在固定资产系统中处理。

5. 月末结账

进行 2024 年 1 月末结账处理。

① 执行“处理”|“月末结账”命令，打开“月末结账”对话框。

② 单击“开始结账”按钮，系统自动检查与账务系统的对账结果，单击“确定”按钮后，系统弹出“月末结账成功完成!”信息提示框。

③ 单击“确定”按钮。

提醒

- 本会计期间做完月末结账工作后，所有数据资料将不能再进行修改。
- 本会计期间不做完月末结账工作，系统将不允许处理下一个会计期间的数据。
- 执行“处理”|“恢复月末结账前状态”命令，可取消本月结账。

任务 5　2 月份固定资产业务处理

任务下达

以账套主管 701 于美琪的身份进行 2 月份固定资产业务处理。

任务解析

在日常使用过程中，有很多原因会引发固定资产增减、变动等情况，变动发生时应及时处理。固定资产的变动包括原值变动、部门转移、使用状况变动、使用年限调整、折旧方法调整、净残值(率)调整、工作总量调整、累计折旧调整、资产类别调整、变动单管理等。其他项目的修改，如名称、编号、自定义项目等的变动等可直接在卡片上进行。

固定资产变动要求输入相应的变动单来记录资产调整结果。

1. 原值变动

固定资产在使用过程中，其原值增减有五种情况：根据国家规定对固定资产重新估价；

增加补充设备或改良设备；将固定资产的一部分拆除；根据实际价值调整原来的暂估价值；发现原记录固定资产价值有误。原值变动包括原值增加和原值减少两种情况。

2. 部门转移

应对固定资产在使用过程中因内部调配而发生的部门变动进行及时处理，否则将影响部门的折旧计算。

3. 固定资产使用状况的调整

固定资产使用状况分为在用、未使用、不需用、停用、封存五种。在使用过程中，固定资产可能会因为某种原因使得其使用状况发生变化，而这种变化会影响设备折旧的计算，因此应及时调整。

4. 固定资产使用年限的调整

固定资产在使用过程中，其使用年限可能会由于资产的重估、大修等调整。进行使用年限调整的固定资产在调整的当月就按调整后的使用年限计提折旧。

5. 固定资产折旧方法的调整

一般来说，固定资产折旧方法在一年之内很少改变，但如有特殊情况需要调整的，也可以调整。

6. 计提减值准备

企业应当在期末或至少在每年年度终了，对固定资产逐项进行检查。如果由于市价持续下跌或技术陈旧等导致其可回收金额低于账面价值的，应当将可回收金额低于账面价值的差额作为固定资产减值准备。固定资产减值准备必须按单项资产计提。

如果已计提的固定资产价值又得以恢复，则应在原计提的减值准备范围内转回。

7. 变动单管理

通过变动单管理，可以对系统制作的变动单进行查询、修改、制单、删除等操作。

应当说明的是，在用友U8固定资产系统中，不允许对本月录入的卡片和本月增加的资产进行变动处理，只能在下月进行。

任务指引

1. 原值变动

2月12日，为企管部的帕萨特轿车添置新配件，价值5 000元，以转账支票支付，票号2121。

① 在业务发生日期登录系统，执行“卡片”|“变动单”|“原值增加”命令，进入“固定资产变动单”窗口。

② 输入卡片编号为“00002”、增加金额为“5 000”、变动原因为“增加配件”，如图7-19所示。

③ 单击“保存”按钮，进入“填制凭证”窗口。

④ 选择凭证类型为“付　付款凭证”，填写修改其他项目，单击“保存”按钮。

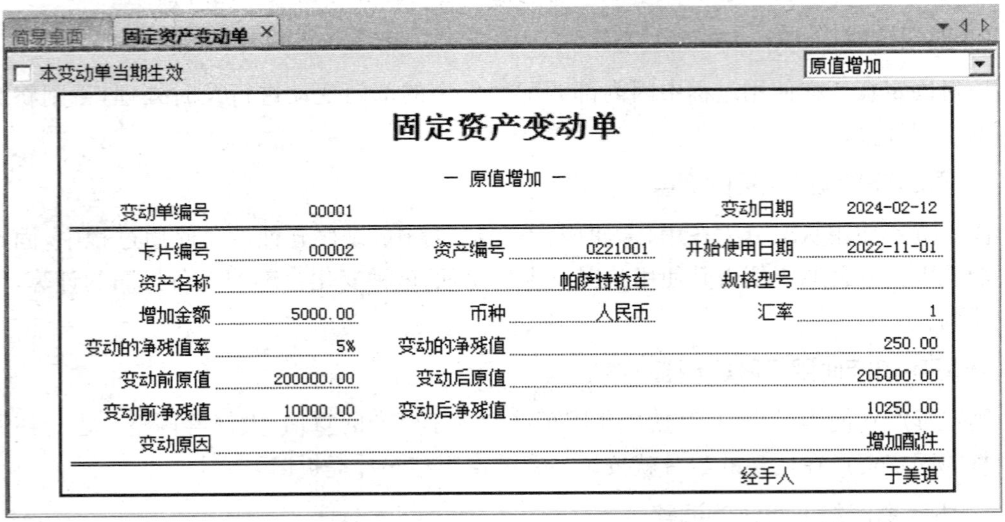

图 7-19 固定资产变动单—原值增加

提醒

- 资产变动主要包括原值变动、部门转移、使用状况变动、使用年限调整、折旧方法调整、净残值(率)调整、工作总量调整、累计折旧调整、资产类别调整等。系统对已做出变动的资产,要求输入相应的变动单来记录资产调整结果。
- 变动单不能修改,只有当月可删除重做,所以请仔细检查后再保存。
- 必须保证变动后的净值大于变动后的净残值。

2. 部门转移

2 月 12 日,财务部的多功能一体机因工作需要被调配到销售部。

① 执行“卡片”|“变动单”|“部门转移”命令,进入“固定资产变动单”窗口。

② 输入卡片编号为“00005”,双击“变动后部门”,选择“销售部”,输入变动原因为“调拨”。

③ 单击“保存”按钮,弹出系统提示信息,单击“确定”按钮。

3. 计提减值准备

2 月 26 日,因技术进步,对生产部切割线计提 10 000 元减值准备。

① 执行“卡片”|“变动单”|“计提减值准备”命令,进入“固定资产变动单”窗口。

② 输入卡片编号为“00004”、减值准备金额为“10 000”、变动原因为“技术进步”。

③ 单击“保存”按钮,进入“填制凭证”窗口。

④ 选择凭证类型为“转 转账凭证”,填写修改其他项目,单击“保存”按钮,如图 7-20 所示。

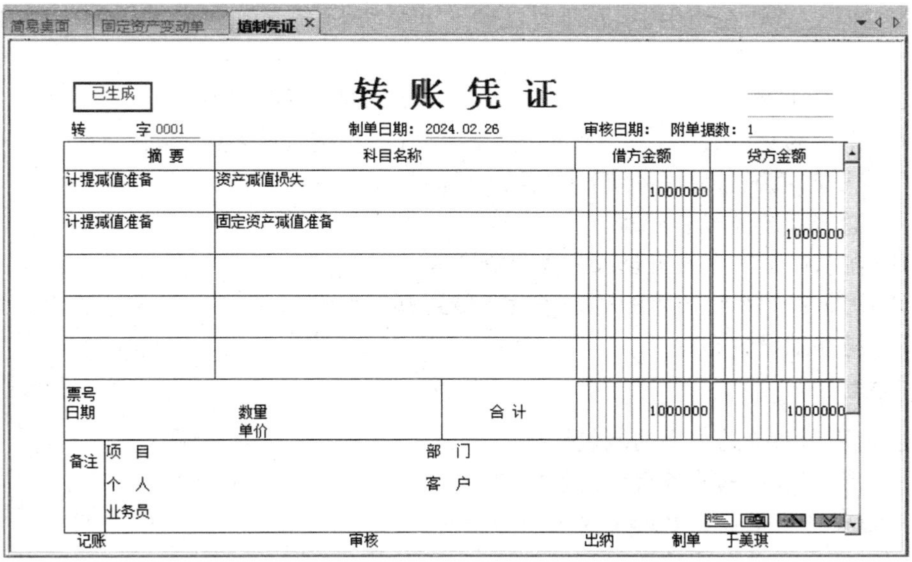

图 7-20　计提减值准备生成凭证

闯　关

在线测试

一、判断题

1. 固定资产系统提供整个账套不计提折旧的功能。（　　）

2. 计提折旧在固定资产系统中每月只能做一次，否则会重复计提。（　　）

3. 企业将一台在用机床转为不需用，在填写变动单的同时，应修改相应的固定资产卡片。（　　）

4. 月末，固定资产系统与总账系统对账不平不能结账。（　　）

5. 一项固定资产可以由多个部门共同使用。（　　）

二、选择题

1. 固定资产系统对固定资产管理采用严格的序时管理，序时到（　　）。

A. 日　　B. 月　　C. 季　　D. 年

2. 总账系统中固定资产和累计折旧科目的期初余额对应的是固定资产系统中（　　）操作产生的数据。

A. 资产增加　　B. 原始卡片录入

C. 资产变动　　D. 资产评估

3. 由于误操作，本月 1 日固定资产系统计提了一次折旧，并已制单且传递到总账系统。要重新计提本月折旧，则下列描述正确的是（　　）。

A. 先在固定资产系统中删除本月计提折旧生成的凭证，再重新计提本月折旧

B. 先在总账系统中删除本月计提折旧生成的凭证，再重新计提本月折旧

C. 直接在固定资产系统中重新计提折旧

D. 下月再补提折旧

4. 某项固定资产在使用中，下列项目发生了变动，不需要通过变动单就可以修改的项目是（　　）。

A. 原值调整　　B. 累计折旧调整

C. 部门转移　　D. 固定资产名称变动

5. 固定资产系统与总账系统对账不平，可能的原因有（　　）。

A. 总账系统还没有记账

B. 在总账系统中手工录入了固定资产业务

C. 固定资产系统产生的凭证还没有传到总账系统

D. 与基础设置有关

三、思考题

1. 固定资产系统的主要功能包括哪些？
2. 固定资产系统的业务流程是怎样的？
3. 固定资产日常业务处理主要包括哪些内容？
4. 固定资产变动有哪些情况？
5. 计提折旧的基本原则是什么？

四、实操题

1. 在本项目实训中，资产变动业务可以下达在 1 月份吗？试一试。
2. 计提折旧已生成凭证，如果发现了错误，应如何处理？

项目8 供应链管理系统初始化

知识目标：

1. 了解供应链管理系统包含的功能模块及主要功能。
2. 理解供应链管理系统初始设置的各项内容。
3. 理解财务管理系统期初数据和供应链管理系统期初数据的关系。

技能目标：

1. 掌握财务业务一体化相关的基础档案的设置。
2. 掌握业务核算系统凭证科目设置的操作。
3. 掌握财务业务一体化系统期初数据的录入。

项目背景

用友 U8 供应链管理系统是用友 U8 企业应用套件的重要组成部分。它以企业购销存业务环节中的各项活动为对象，记录各项业务的发生，有效跟踪其发展过程，为财务核算、业务分析、管理决策提供依据，实现了物流、资金流、信息流管理的统一。

通过前面 7 个项目的学习，大家对企业财务信息化建立了基本认知。从单纯的财务信息化应用上升到财务业务一体化应用，不仅是多启用几个子系统，而且涉及业务流程的变动。让我们通过供应链管理系统初始化来奠定企业业财一体化的基础。供应链管理系统初始化的主要内容包括系统选项设置、业务基础档案设置、自动凭证科目设置和购销存期初数据录入。

基本知识

8.1 供应链管理系统的构成

用友 U8 供应链管理系统主要包括合同管理、采购管理、委外管理、销售管理、库存管理、存货核算、售前分析、质量管理几个模块。从实际应用的角度考虑，本书将重点介绍采购管理、销售管理、库存管理、存货核算 4 个模块。每个模块既可以单独应用，也可与相关模块联合应用。此外，采购管理与应付款管理联系紧密、销售管理与应收款管理联系紧密，因此将应收款管理和应付款管理相关功能一并在供应链管理系统中进行介绍。各模块主要功能简述如下。

8.1.1 采购管理

帮助企业对采购业务的全部流程进行管理，提供请购、订货、到货、检验、入库、开票、采购结算的完整采购流程，支持普通采购、受托代销、直运等多种类型的采购业务，支持按询价比价方式选择供应商，支持以订单为核心的业务模式。企业还可以根据实际情况进行采购流程的定制，从而既可选择按规范的标准流程操作，也可按最简约的流程来处理实际业务，方便企业构建自己的采购业务管理平台。

8.1.2 销售管理

帮助企业对销售业务的全部流程进行管理，提供报价、订货、发货、开票的完整销售流程，支持普通销售、委托代销、分期收款、直运、零售、销售调拨等多种类型的销售业务，支持以订单为核心的业务模式，并可对销售价格和信用进行实时监控。企业可以根据实际情况进行销售流程的定制，构建自己的销售业务管理平台。

8.1.3 库存管理

主要是从数量的角度管理存货的出入库业务，能够满足采购入库、销售出库、产成品入库、材料出库、其他出入库、盘点管理等业务的需要，提供多计量单位使用、仓库货位管理、批次管理、保质期管理、出库跟踪、入库管理、可用量管理等全面的业务应用。通过对存货的收发存业务处理，可以及时动态地掌握各种库存存货信息，以便对库存安全性进行控制。同时，提供各种储备分析，避免库存积压占用资金或材料短缺影响生产。

8.1.4 存货核算

从资金的角度管理存货的出入库业务，掌握存货耗用情况，及时准确地把各类存货成本归集到各成本项目和成本对象上。主要用于核算企业的入库成本、出库成本、结余成本；反映和监督存货的收发、领退和保管情况；反映和监督存货资金的占用情况，动态反映存货资金的增减变动，提供存货资金周转和占用分析，以降低库存，减少资金积压。

8.1.5 应收款管理

主要用来核算和管理客户往来款项，记录审核企业在日常销售活动中所形成的各项应收信息，以便及时收回欠款。应收款核算和管理可以明细到产品、地区、部门和业务员，可以从多个维度对应收账款进行统计分析。

8.1.6 应付款管理

主要用来核算和管理供应商往来款项，记录、审核企业在日常采购活动中所形成的各项应付信息，以便及时付清货款。应付款核算和管理可以明细到产品、地区、部门和业务员，可以从多个维度对应付账款进行统计分析。

8.2 供应链管理系统初始化的工作内容

供应链管理系统初始化的工作内容主要包括以下 4 项。

8.2.1 系统选项设置

一般来说，为了满足不同行业企业的应用，通用软件中会预置大量选项供企业选择。企业应该经过充分的调研，对本行业、本企业的生产经营特点进行具体深入的分析，以便在用友 U8 中正确设定系统选项，从而确定企业个性化应用方案。

8.2.2 业务相关基础档案设置

项目 3 中已经介绍了与财务核算相关的基础档案。除此以外，供应链管理系统还需要增设企业购销存业务处理需要使用的基础档案，如存货、仓库、收发类别等。

8.2.3 自动凭证科目设置

供应链管理系统管理企业购销存业务，涉及价值变动的业务最终会生成财务核算凭证传递到总账系统。存货核算系统生成出入库处理、存货成本核算的相关凭证；应付款管理系统生成确认应付及付款结算类凭证；应收款管理系统生成确认应收及收款结算类凭证。系统能自动生成上述凭证的前提条件是事先按照业务类型设置好对应的财务核算科目。

8.2.4 业务期初数据录入

目前，企业各业务部门都存在手工已经办理完成的业务，还有一些正在办理过程中的业务，用友 U8 需要哪些数据作为系统初始数据呢？为了保持业务的连续性和完整性，以启用日期 2024 年 1 月 1 日为界，截至该日期已经全部办理完成的业务无须再录入用友 U8 中；正在办理过程中未完成的业务，如已经给客户发货但未收款的业务、已经办理采购入库但未收到发票因而未付款的业务等，需要按照业务单据逐笔录入用友 U8 中以便后续处理；该日期之后发生的新业务全部在用友 U8 中处理。

实训任务

提醒

以系统管理员的身份在系统管理中引入“总账初始化”账套。

任务 1 启用供应链管理相关子系统

任务下达

以账套主管 701 于美琪的身份启用供应链管理相关子系统。

任务解析

业财一体化应用模式下，同时启用财务管理系统中的总账系统、应收款管理系统和应付款管理系统以及供应链管理系统中的采购管理系统、销售管理系统、库存管理系统和存货核算系统，启用日期均为 2024 年 1 月 1 日。

任务指引

① 以系统管理员的身份登录系统管理，引入"总账初始化"账套。

② 以账套主管 701 于美琪的身份登录企业应用平台，在"基础设置"中，执行"基本信息"|"系统启用"命令，启用"应收款管理""应付款管理""销售管理""采购管理""库存管理""存货核算"几个子系统。

任务 2　设置供应链管理系统相关基础档案

任务下达

以账套主管 701 于美琪的身份设置供应链管理系统相关基础档案。

任务解析

与供应链管理系统相关的基础档案包括存货、业务和收付结算。

1. 存货

(1) 计量单位

企业中存货种类繁多，不同的存货存在不同的计量单位。有些存货的财务计量单位、库存计量单位、销售发货单位可能是一致的，如自行车的 3 种计量单位均为"辆"。同一种存货用于不同的业务，其计量单位也可能不同。例如，对某种药品来说，其核算单位可能是"盒"，也就是说，财务上按盒计价；其库存单位可能按"箱"，1 箱＝100 盒；对客户发货时按"箱"。因此，在开展企业日常业务之前，需要定义存货的计量单位。

(2) 存货分类

如果企业存货较多，需要按照一定的方式进行分类管理。存货分类是指按照存货固有的特征或属性将其划分为不同的类别，以便于分类核算与统计。例如，工业企业可以将存货划分为原材料、产成品、应税劳务；商业企业可以将存货划分为商品、应税劳务等。

在企业日常购销业务中，经常会发生一些劳务费用，如运输费、装卸费等。这些费用也是构成企业存货成本的一个组成部分，并且它们可以拥有不同于一般存货的税率。为了能够正确反映和核算这些劳务费用，一般我们在存货分类中单独设置一类，如"应税劳务"或"劳务费用"。

(3) 存货档案

在"存货档案"窗口中有 8 个选项卡，即基本、成本、控制、其他、计划、MPS/MRP、图片和附件。

① "基本"选项卡。该选项卡中记录了存货的基本信息。

在窗口下方，系统为存货设置了多种存货属性供用户选择。设置存货属性的目的是在填制单据过程中参照存货时缩小参照范围。其常用属性简介如下：

内销：用于填制发货单、销售发票、销售出库单等与销售有关的单据时参照使用，表示该存货可用于销售。

外销：用于出口子系统填制相关单据时参照使用。

外购：用于购货时填制采购入库单、采购发票等与采购有关的单据时参照使用。在采购发票、运费发票上一起开具的采购费用，也应设置为外购属性。

生产耗用：存货可在生产过程被领用、消耗。生产耗用包括生产产品时耗用的原材料、辅助材料等，在开具材料领料单时参照。

自制:由企业生产自制的存货,如产成品、半成品等,主要用在开具产成品入库单时参照。

在制:指尚在制造加工中的存货。

应税劳务:指在采购发票上开具的运输费、包装费等采购费用及开具在销售发票或发货单上的应税劳务、非应税劳务等。

②"成本"选项卡。该选项卡中各种属性主要用于在进行存货的成本核算过程中提供价格计算的基础依据。其常用属性简介如下:

最高进价:进货时用户参考的最高进价,为采购进行进价控制。如果用户在采购管理系统中选择要进行最高进价控制,则在填制采购单据时,如果最高进价高于此价,系统会要求用户输入口令,口令输入正确,方可高于最高进价采购,否则不行。

参考成本:非计划价或售价核算的存货填制出入库成本时的参考成本。对采购商品或材料暂估时,参考成本可作为暂估成本。存货出库时,参考成本可作为出库成本。该属性比较重要,建议都进行填写。

最低售价:存货销售时的最低销售单价,为销售进行售价控制。用户在录入最低售价时,根据报价是否含税录入无税售价或含税售价。

参考售价:应大于零。客户价格、存货价格中的批发价,根据报价是否含税录入无税售价或含税售价。

③"控制"选项卡。该选项卡设置与存货管理相关的控制。

是否批次管理:对存货是否按批次出入库进行管理。该项必须在库存管理系统的账套参数设置中选中"有批次管理"复选框后,方可设定。

是否保质期管理:有保质期管理的存货必须按批次管理。该项必须在库存管理系统的账套参数设置中选中"有批次管理"复选框后,方可设定。

是否呆滞积压:存货是否呆滞积压,完全由用户自行决定。

2. 业务

业务档案中主要包括仓库档案、收发类别、采购类型、销售类型等。

(1) 仓库档案

存货一般是存放在仓库保管的。对存货进行核算管理,就必须建立仓库档案。与仓库档案关联的有两项关键信息:一是根据入库仓库不同,生成凭证时存货科目就不同,入原料库对应"原材料"科目,入成品库对应"库存商品"科目;二是在建立仓库档案时可以选择存货核算方法。

(2) 收发类别

收发类别用来分类存货的出入库类型,以便对存货的出入库情况进行分类汇总统计。不仅如此,用友 U8 根据收入类别可以辨别业务类型,识别购销存业务生成财务凭证所对应的对方科目。例如,如果收发类别为"采购入库",那么生成财务核算凭证时贷方科目自动带出"在途物资";如果收发类别为"产成品入库",则自动带出贷方科目"生产成本"。

(3) 采购类型和销售类型

定义采购类型和销售类型,能够按采购、销售类型对采购、销售业务数据进行统计和分析。采购类型和销售类型均不分级次,根据实际需要设立。

3. 收付结算

收付结算中需要设置付款条件和本单位开户银行信息。

(1) 付款条件

付款条件也称现金折扣，是指企业为了鼓励客户偿还货款而允诺在一定期限内给予的规定的折扣优待。这种折扣条件通常可表示为“5/10，2/20，n/30”，含义是客户在 10 天内偿还货款，可得到 5%的折扣，只需付原价的 95%的货款；在 20 天内偿还货款，可得到 2%的折扣，只需付原价的 98%的货款；在 30 天内偿还货款，则须按照全额支付货款；在 30 天以后偿还货款，则不仅要按全额支付货款，还可能要支付延期付款利息或违约金。

付款条件主要在采购订单、销售订单、采购结算、销售结算、客户目录、供应商目录中引用。系统最多同时支持 4 个时间段的折扣。

(2) 本单位开户银行

企业进行往来结算时，需要使用本单位开户银行的完整信息。

任务指引

1. 设置计量单位组和计量单位

设置非尼电器计量单位组和计量单位，如表 8-1 所示。

表 8-1　计量单位组及计量单位

计量单位组编号	计量单位组名称	计量单位组类别	计量单位编号	计量单位名称
01	基本计量单位	无换算率	01	个
			02	张
			03	把
			04	千米

① 在企业应用平台的“基础设置”中，执行“基础档案”|“存货”|“计量单位”命令，进入“计量单位”窗口。

② 设置计量单位组。单击“分组”按钮，打开“计量单位组”对话框。

③ 单击“增加”按钮，按要求录入计量单位组信息，如图 8-1 所示，单击“退出”按钮返回。

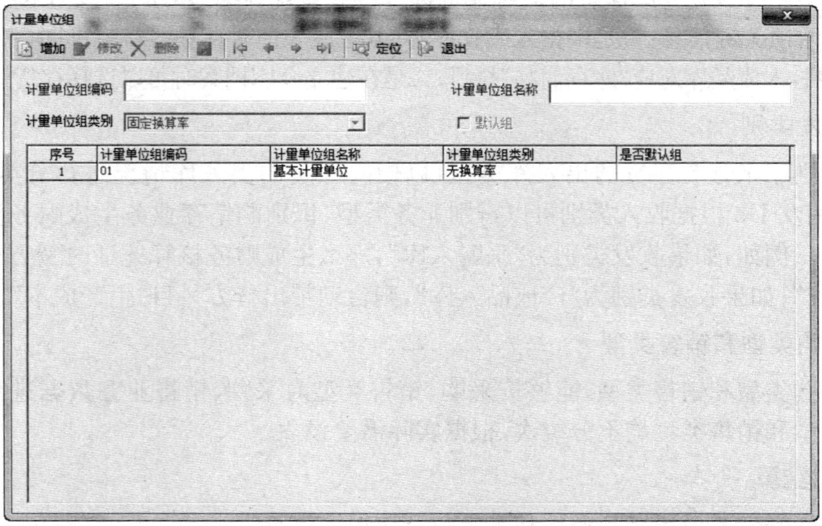

图 8-1　计量单位组

④ 单击“单位”按钮，进行计量单位设置，完成后如图 8-2 所示。

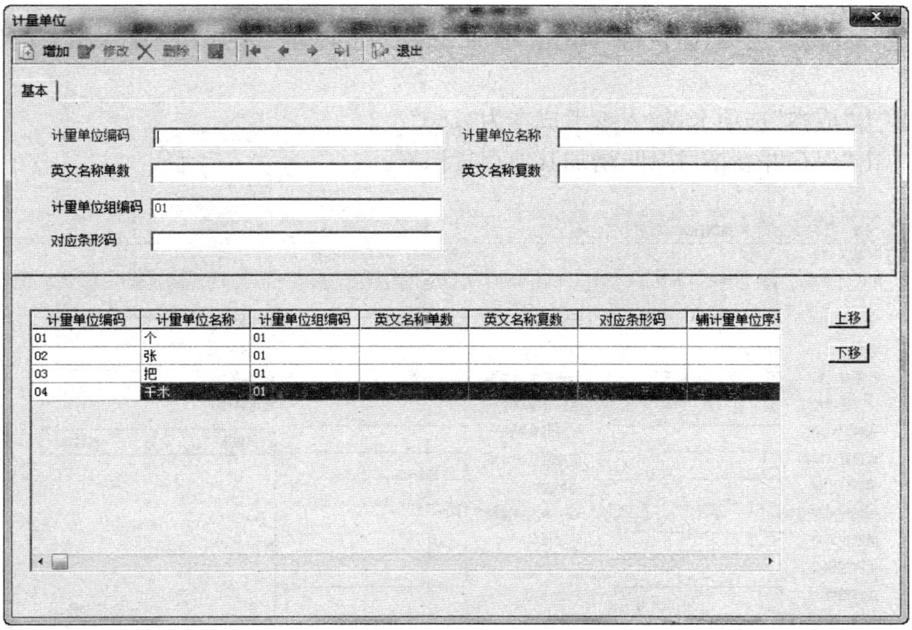

图 8-2　计量单位

2. 设置存货分类

设置存货分类为：1——原材料；2——产成品；3——应税劳务。

① 在企业应用平台的“基础设置”中，执行“基础档案”|“存货”|“存货分类”命令，进入“存货分类”窗口。

② 设置存货分类档案。

3. 设置存货档案

按照表 8-2 设置存货档案。

表 8-2　存货档案

存货编码	存货名称	计量单位	所属分类	税率/%	存货属性	参考成本/元	参考售价/元
1001	304 不锈钢板材	张	1	13	外购、生产耗用	180.00	
1002	温控器	个	1	13	外购、生产耗用	15.00	
1003	手柄	个	1	13	外购、生产耗用	8.00	
1004	底座	个	1	13	外购、生产耗用	25.00	
1005	加热底盘	个	1	13	外购、生产耗用	10.00	
1006	壶体	个	1	13	自制、生产耗用	30.00	
2001	全钢热水壶	把	2	13	内销、外销、自制	90.00	120.00
2002	养生煮茶壶	把	2	13	内销、外销、自制	150.00	200.00
3001	运输费	千米	3	9	内销、外购、应税劳务		

① 在企业应用平台的“基础设置”中，执行“基础档案”|“存货”|“存货档案”命令，进入“存货档案”窗口。

② 选择存货分类为“原材料”，单击“增加”按钮，在“基本”选项卡中输入相关信息，如图 8-3 所示。

③ 单击“成本”选项卡，输入参考成本为“180”。

④ 单击“保存并新增”按钮，增加其他存货档案。

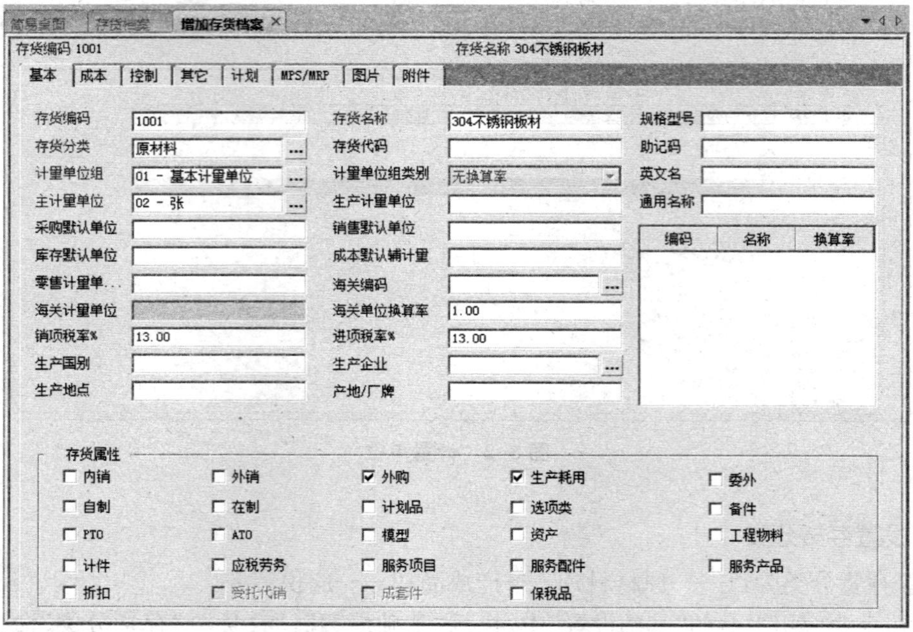

图 8-3　存货档案—“基本”选项卡

4. 设置仓库档案

设置仓库档案为：1——原料库；2——成品库。计价方式均为先进先出法。

① 在企业应用平台的“基础设置”中，执行“基础档案”|“业务”|“仓库档案”命令，进入“仓库档案”窗口。

② 单击“增加”按钮，按资料输入信息。

5. 设置收发类别

按照表 8-3 所示设置菲尼电器收发类别。

表 8-3　收发类别

收发类别编码	收发类别名称	收发标志	收发类别编码	收发类别名称	收发标志
1	入库	收	2	出库	发
101	采购入库	收	201	销售出库	发
102	产成品入库	收	202	材料领用出库	发
103	其他入库	收	203	其他出库	发

① 在企业应用平台的“基础设置”中，执行“基础档案”|“业务”|“收发类别”命令，进入“收发类别”窗口。

② 单击“增加”按钮，按资料输入信息，完成后如图 8-4 所示。

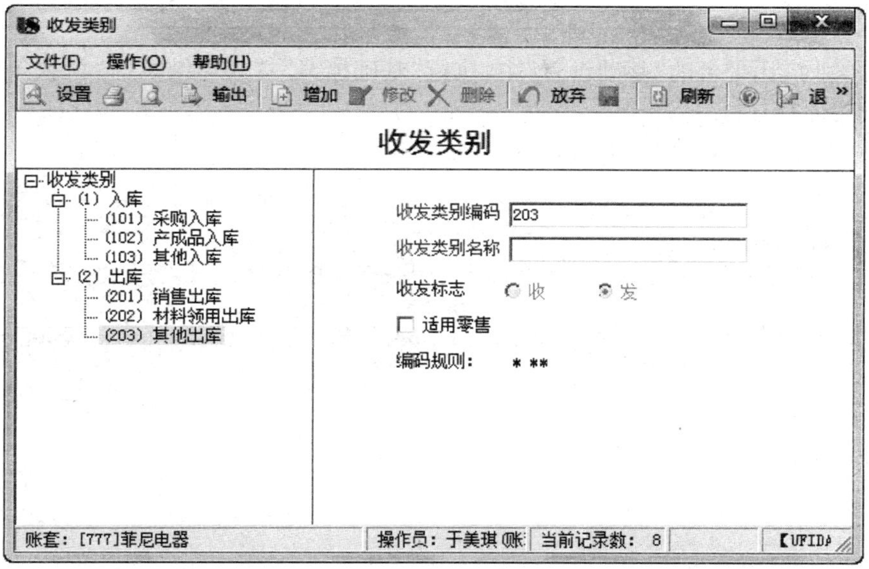

图 8-4　收发类别

解惑　**企业有盘盈入库、捐赠入库、调拨入库等多种类型的入库，是否需要在“收发类别”中进行设置？**

前已述及，收发类别的作用有两个：一是作为统计口径；二是作为设置自动科目的指引。因此，以上提到的入库类型，如盘盈入库，如果企业希望统计盘盈入库的存货有多少，或者希望盘盈入库时能自动生成相关科目“贷：待处理财产损益”，就可以考虑将其单独设置为一种入库类型。

6. 设置采购类型和销售类型

设置采购类型为：1——材料采购(默认值)。入库类别为采购入库。

设置销售类型：1——批发(默认值)；2——零售。出库类别均为销售出库。

① 在企业应用平台的“基础设置”中，执行“基础档案”|“业务”|“采购类型”命令，进入“采购类型”窗口。

② 单击“增加”按钮，按资料输入信息，保存后退出。

③ 在企业应用平台的“基础设置”中，执行“基础档案”|“业务”|“销售类型”命令，进入“销售类型”窗口。

④ 单击“增加”按钮，按资料输入信息，保存后退出。

7. 设置付款条件

按照表 8-4 所示设置菲尼电器付款条件。

表 8-4　付款条件

付款条件编码	付款条件名称	信用天数	优惠天数 1	优惠率 1	优惠天数 2	优惠率 2	优惠天数 3	优惠率 3
01		45	15	1	45	0.5		
02		90	30	3	60	2	90	1

① 在企业应用平台的“基础设置”中，执行“基础档案”|“收付结算”|“付款条件”命令，进入“付款条件”窗口。

② 单击“增加”按钮，按资料输入信息，如图 8-5 所示。

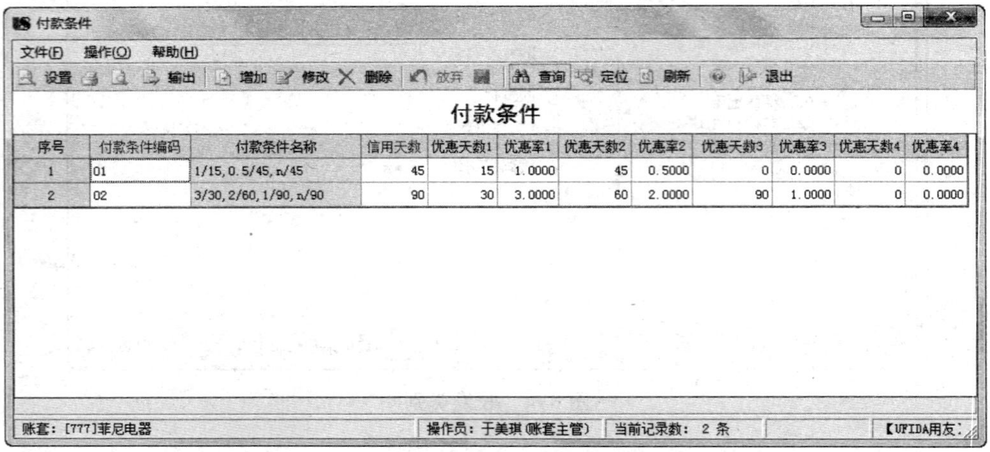

图 8-5　付款条件

8. 设置本单位开户银行信息

本单位开户银行信息为：编码“01”，账号“110432577778”，开户银行“中国工商银行昌平支行”。

① 在企业应用平台的“基础设置”中，执行“基础档案”|“收付结算”|“本单位开户银行”命令，进入“本单位开户银行”窗口。

② 单击“增加”按钮，按资料输入信息。

任务 3　设置系统选项

任务下达

以账套主管 701 于美琪的身份进行系统选项设置。

任务解析

前已述及，选项设置是将通用管理系统转化为企业个性化应用系统的一种手段。选项设置决定了企业的业务范围、核算方法、应用流程及控制力度。

为了帮助大家理解系统选项的重要性，在表 8-5 中对选项类型举例说明以加深大家对系统选项的认识和理解。

表 8-5　系统选项的类型及作用举例

选项类型	选项举例	所属子系统	说明
决定企业业务范围	启用受托代销	采购管理	企业有相应业务则选中选项，没有则不选
	有零售日报业务；有直运销售业务	销售管理	
	有无组装拆卸业务；有无形态转换业务	库存管理	
决定企业应用流程	普通业务必有订单	采购管理	采购订货是必须环节
	普通销售必有订单	销售管理	销售订货是必须环节
	库存生成销售出库单	库存管理	销售出库单在库存管理系统生成
	单据审核后才能记账	存货核算	单据审核是必须环节
决定业务控制时点	采购预警设置	采购管理	提前预警天数
	信用检查点：单据保存还是单据审核	销售管理	信用检查时点
	采购入库审核时改现存量	库存管理	现存量更新时点
决定业务控制类型	允许超订单到货及入库	采购管理	
	允许超订量发货、控制仓库权限	销售管理	
	全月平均/移动平均单价最高最低控制	存货核算	
决定业务核算方法	商业版费用是否分摊到入库成本	采购管理	入库成本核算
	报价含税	销售管理	报价是无税价还是含税价
	暂估方式：月初回冲、单到回冲、单到补差	存货核算	暂估入库处理

任务指引

1. 设置采购管理系统选项

设置采购管理系统选项为：允许超订单到货及入库；单据默认税率为 13%。

① 在采购管理系统中，执行“设置”|“采购选项”命令，打开“采购系统选项设置”对话框。

② 在“业务及权限控制”选项卡中，选中“允许超订单到货及入库”复选框，其他选项按系统默认设置。

③ 单击“公共及参照控制”选项卡，设置单据默认税率为“13”，如图 8-6 所示。

④ 单击“确定”按钮返回。

2. 设置销售管理系统选项

设置销售管理系统选项：有委托代销业务、有分期收款业务；新增发货单默认参照订单，新增退货单默认参照发货，新增发票默认参照发货。

① 在销售管理系统中，执行“设置”|“销售选项”命令，打开“销售选项”对话框。

② 在“业务控制”选项卡中，选中“有委托代销业务”“有分期收款业务”复选框。

③ 在“其他控制”选项卡中，选中新增发货单默认“参照订单”单选按钮、新增退货单默认“参照发货”单选按钮、新增发票默认“参照发货”单选按钮，如图 8-7 所示。

④ 单击“确定”按钮返回。

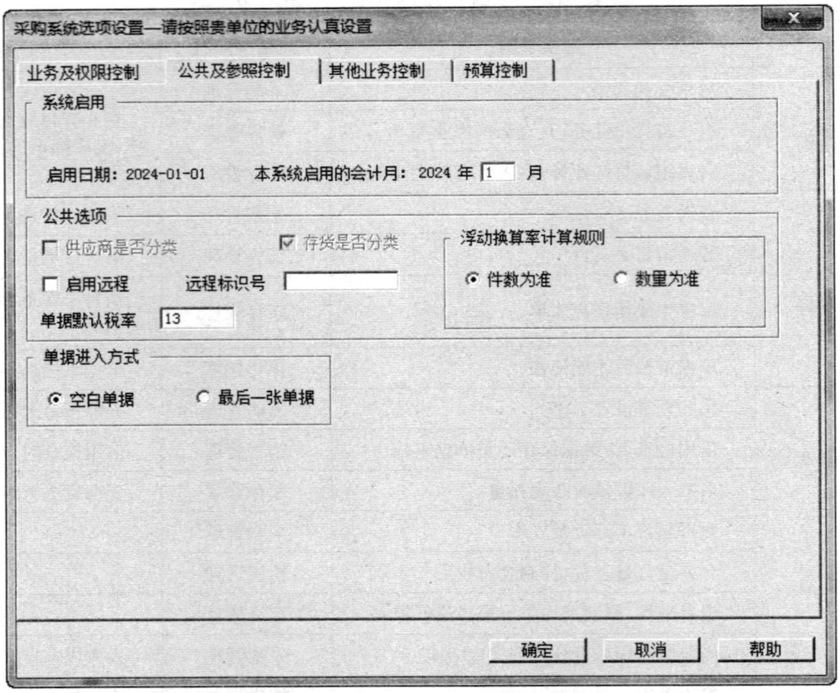

图 8-6　采购系统选项项置—公共及参照控制

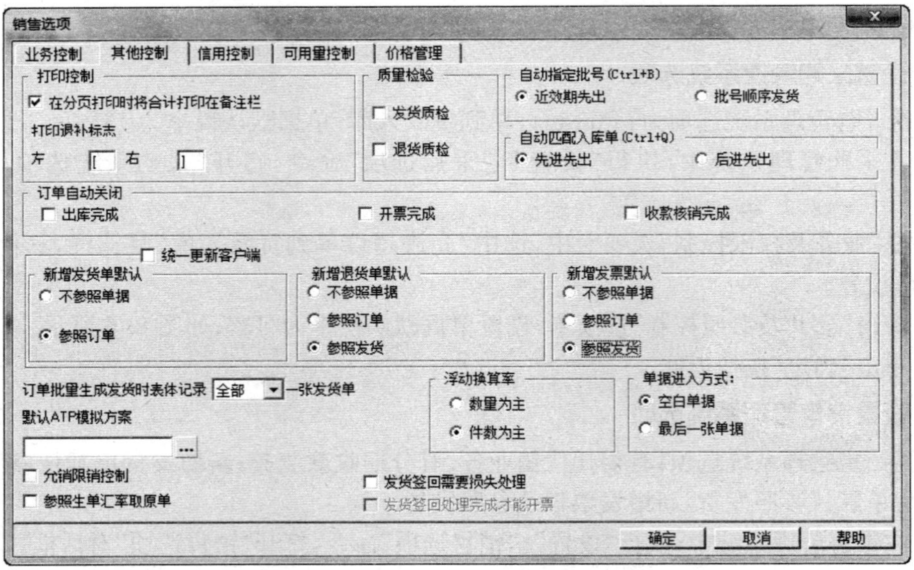

图 8-7　设置销售选项

3. 设置存货核算系统选项

设置存货核算系统选项为：销售成本核算方式为按“销售发票”；委托代销成本核算方式为“按发出商品核算”；暂估方式为“单到回冲”；红字出库单成本按“结存成本”。

① 在存货核算系统中，执行“初始设置”|“选项”|“选项录入”命令，打开“选项录入”对话框。

② 按要求设置相应选择，如图 8-8 所示。

③ 单击“确定”按钮，系统弹出“是否保存当前设置?”信息提示框，单击“是”按钮，保存并返回。

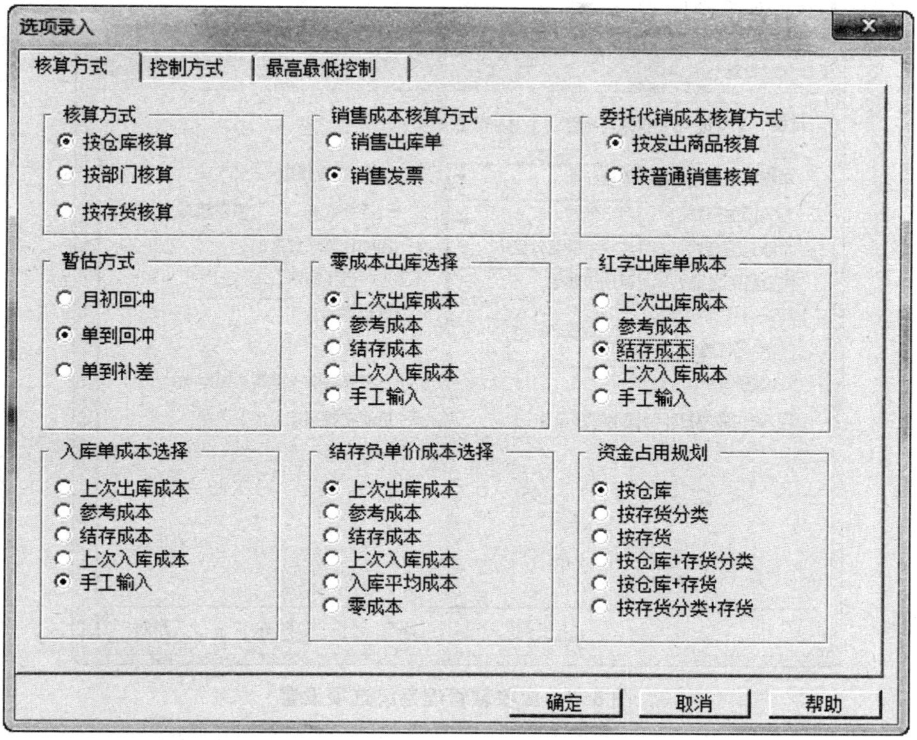

图 8-8 设置存货核算系统选项

4. 设置应收款管理系统选项

设置应收款管理系统选项为：单据审核日期依据为“单据日期”；坏账处理方式为“应收余额百分比法”。

① 在企业应用平台的“业务工作”中，执行“财务会计”|“应收款管理”|“设置”|“选项”命令，打开“账套参数设置”对话框。

② 单击“编辑”按钮，系统弹出“选项修改需要重新登录才能生效”信息提示框，单击“确定”按钮返回。

③ 在“常规”选项卡中，选择单据审核日期依据为“单据日期”、坏账处理方式为“应收余额百分比法”，如图 8-9 所示。

④ 单击“确定”按钮返回。

5. 设置应付款管理系统选项

设置应付款管理系统选项为：单据审核日期依据为“单据日期”；自动计算现金折扣。

① 在企业应用平台的“业务工作”中，执行“财务会计”|“应付款管理”|“设置”|“选项”

命令，打开“账套参数设置”对话框。

② 单击“编辑”按钮，系统弹出“选项修改需要重新登录才能生效”信息提示框，单击“确定”按钮返回。

③ 在“常规”选项卡中，选择单据审核日期依据为“单据日期”，选中“自动计算现金折扣”复选框。

④ 单击“确定”按钮返回。

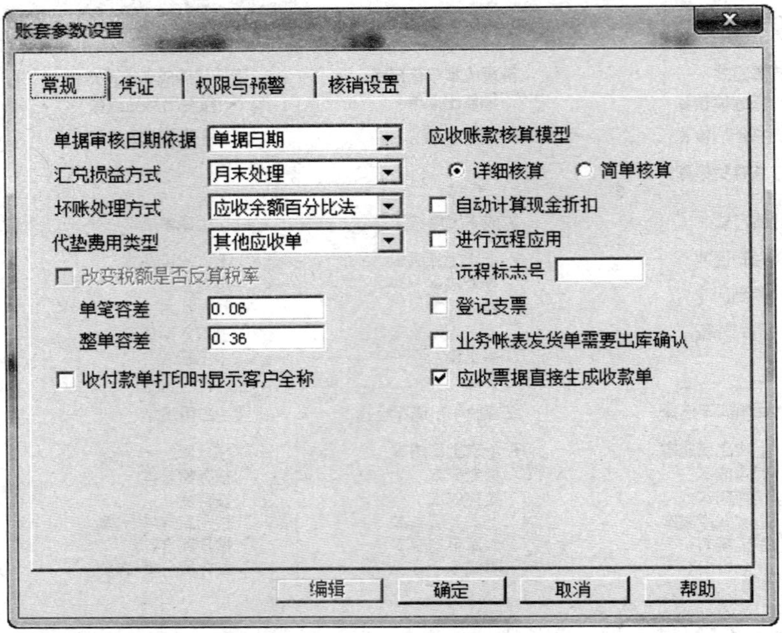

图 8-9　应收款管理系统选项设置

任务 4　设置业务科目

任务下达

以账套主管 701 于美琪的身份进行常见业务对应财务核算科目设置。

任务解析

1. 设置存货核算系统业务科目

存货核算系统是供应链管理系统与财务管理系统联系的桥梁，各种存货的购进、销售及其他出入库业务，均在存货核算系统中生成凭证，并传递到总账系统。为了快速、准确地完成制单操作，应事先设置凭证上的相关科目。

(1) 设置存货科目

存货科目是设置生成凭证所需要的各种存货科目和差异科目。存货科目既可以按仓库也可以按存货分类分别进行设置。

(2) 设置对方科目

对方科目是设置生成凭证所需要的存货对方科目，可以按收发类别设置。

2. 设置应收款管理系统常用科目

应收款管理系统主要用来处理企业与客户之间的往来业务。涉及应收与收款的业务均在应收款管理系统中生成凭证，并传递到总账系统。为了快速、准确地完成制单操作，应事先设置凭证上的相关科目。

(1) 设置基本科目和结算方式科目

应收款管理系统的基本科目是指系统生成凭证时要用到的应收科目、预收科目、收入科目、税金科目；结算方式科目是收款结算时选择结算方式对应的结算科目。

(2) 坏账准备初始设置

用友 U8 中提供了多种坏账处理方法，由企业在设置应收款管理系统选项时进行选择。如果选择了应收余额百分比法或销售收入百分比法，则需要设置计提比例、坏账入账科目和坏账准备期初余额。

任务指引

1. 设置存货核算系统业务科目

(1) 设置存货科目

按照表 8-6 所示设置存货科目。

表 8-6　存货科目

仓库编码	仓库名称	存货编码及名称	存货科目编码及名称	分期收款发出商品科目	委托代销发出商品科目
1	原料库	1001 304 不锈钢板材	140301 原材料——不锈钢板材		
1	原料库	1002 温控器	140302 原材料——温控器		
1	原料库	1003 手柄	140303 原材料——手柄		
1	原料库	1004 底座	140304 原材料——底座		
1	原料库	1005 加热底盘	140305 原材料——加热底盘		
1	原料库	1006 壶体	140306 原材料——壶体		
2	成品库		1405 库存商品	1406 发出商品	1406 发出商品

① 在企业应用平台的"业务工作"中，执行"供应链"|"存货核算"|"初始设置"|"科目设置"|"存货科目"命令，进入"存货科目"窗口。

② 单击"增加"按钮，设置存货科目、分期收款发出商品科目和委托代销发出商品科目，如图 8-10 所示。

③ 单击"保存"按钮。

(2) 设置对方科目

按照表 8-7 所示设置对方科目。

图 8-10　设置存货科目

表 8-7　对方科目

收发类别	对方科目	暂估科目
101 采购入库	1402 在途物资	220202 暂估应付款
102 产成品入库	500101 生产成本——直接材料	
201 销售出库	6401 主营业务成本	
202 材料领用	500101 生产成本——直接材料	

① 在企业应用平台的“业务工作”中，执行“供应链”|“存货核算”|“初始设置”|“科目设置”|“对方科目”命令，进入“对方科目”窗口。

② 单击“增加”按钮，设置对方科目，如图 8-11 所示。

图 8-11　设置存货对方科目

2. 设置应收款管理系统常用科目

(1) 设置基本科目和结算方式科目

设置应收款管理系统基本科目和结算方式科目。

基本科目：应收科目为“1122 应收账款”；预收科目为“2203 预收账款”；销售收入科目为“6001 主营业务收入”；税金科目为“22210102 应交税费——应交增值税——销项税额”。

结算方式科目：现金结算为“1001 库存现金”；现金支票及转账支票为“10020101 人民币户”。

① 在企业应用平台的“业务工作”中，执行“财务会计”|“应收款管理”|“设置”|“初始设置”命令，进入“初始设置”窗口。

② 选择左侧列表框中的“基本科目设置”，单击“增加”按钮，按要求设置基本科目，如图 8-12 所示。

③ 选择左侧列表框中的“结算方式科目设置”，按要求设置结算方式科目。

图 8-12　设置应收款管理基本科目

(2) 坏账准备设置

设置坏账准备提取比率为“1%”，坏账准备期初余额为“0”，坏账准备科目为“1231”，对方科目为“6702”。

① 在应收款管理系统的“初始设置”窗口中，选择“坏账准备设置”。

② 在提取比率框中输入“1”，输入坏账准备期初余额为“0”、坏账准备科目为“1231”、对方科目为“6702”，如图 8-13 所示。

③ 单击“确定”按钮，系统弹出“储存完毕”信息提示框，单击“确定”按钮返回。

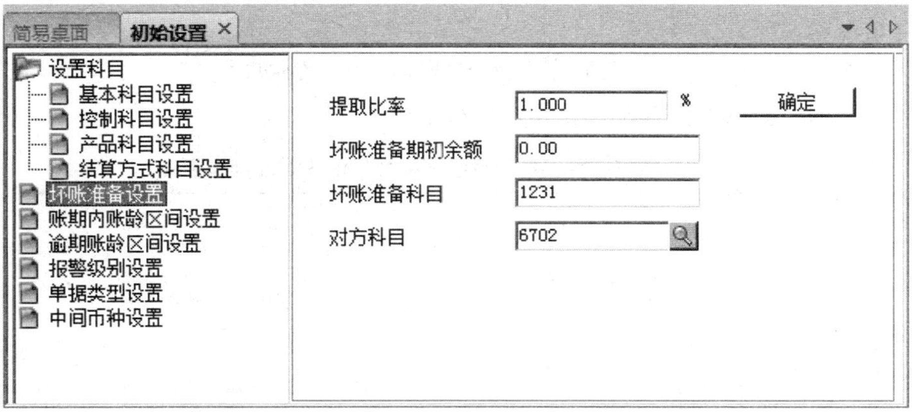

图 8-13　坏账准备设置

3. 设置应付款管理系统常用科目

设置应付款管理系统基本科目和结算科目。

基本科目：应付科目为“220201 应付货款”；预付科目为“1123 预付账款”；采购科目为“1402 在途物资”；税金科目为“22210101 应交税费——应交增值税——进项税额”。

结算方式科目：现金结算为“1001 库存现金”；现金支票、转账支票及电汇为“10020101 人民币户”。

① 在企业应用平台的“业务工作”中，执行“财务会计”|“应付款管理”|“设置”|“初始设置”命令，进入“初始设置”窗口。

② 选择左侧列表框中的“基本科目设置”，单击“增加”按钮，按要求设置基本科目。

③ 选择左侧列表框中的“结算方式科目设置”，按要求设置结算方式科目，如图 8-14 所示。

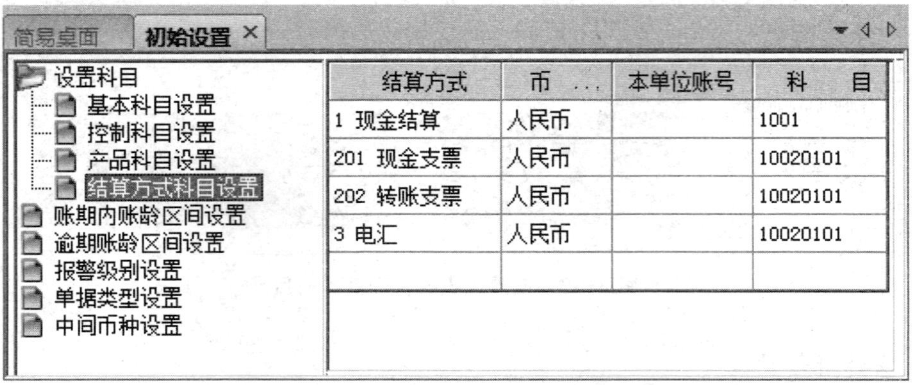

图 8-14 结算方式科目设置

任务 *5* 录入供应链管理系统的期初数据

任务下达

以账套主管 701 于美琪的身份录入供应链管理系统的期初数据。

任务解析

为了帮助企业快速、准确准备好供应链管理系统需要的期初数据。表 8-8 中对供应链管理各子系统期初数据的内容及操作要点进行了梳理。

表 8-8 供应链管理各子系统期初数据的内容及操作要点

系统名称	操作	内容	说明
采购管理	录入	期初暂估入库 期初在途存货	暂估入库是指货到票未到 在途存货是指票到货未到
	期初记账	采购期初数据	没有期初数据也要执行期初记账，否则不能开始日常业务的处理
销售管理	录入并审核	期初发货单 期初委托代销发货单 期初分期收款发货单	已发货、出库，但未开票 已发货未结算的数量 已发货未结算的数量
库存管理	录入（取数） 审核	库存期初余额 不合格品期初数据	库存和存货共用期初数据 未处理的不合格品结存量

续　表

系统名称	操作	内容	说明
存货核算	录入(取数) 记账	存货期初余额 期初分期收款发出商品余额	
应收款管理	录入	期初销售发票 期初应收单 期初预收款	已开票未收款的销售业务 其他应收未收的业务 预收客户货款业务
应付款管理	录入	期初采购发票 期初应付单 期初预付款	已收到发票尚未付款的业务 其他应付未付业务 预付供应商货款业务
总账	录入	基本科目及辅助账科目余额	

期初数据录入后，需要进行期初审核记账才能划定与日常业务的分界线。在采购管理系统和存货核算系统中体现为记账，在销售管理系统和库存管理系统中体现为审核。

1. 录入采购管理系统期初数据并记账

采购管理系统期初数据主要包括两类：截至 12 月末货到票未到的暂估入库业务和票到货未到的在途业务。

为了清晰划分初始业务和日常业务，用友 U8 采购管理系统提供期初记账功能，即使没有期初数据也要执行期初记账，否则无法开始日常业务处理。并且，如果采购管理系统不执行期初记账，库存管理系统和存货核算系统不能记账。

2. 录入库存管理系统和存货核算系统期初数据

库存管理和存货核算的对象都是企业的存货，因此它们拥有共同的期初数据。在用友 U8 中，可以从两者任何一个系统录入期初数据，再从另外一个系统取数即可，无须重复录入。本例从存货核算系统录入，从库存管理系统取数。

任务指引

1. 录入采购管理系统期初数据并进行期初记账

2023 年 12 月 25 日，向供应商鸿飞采购的 1 500 个底座到货，未收到发票，以单价 24 元办理暂估入库。

① 在采购管理系统中，执行“采购入库”|“采购入库单”命令，进入“期初采购入库单”窗口。

② 单击“增加”按钮，录入期初采购入库单，如图 8-15 所示，单击“保存”按钮。

③ 在采购管理系统中，执行“设置”|“采购期初记账”命令，打开“期初记账”对话框。

④ 单击“记账”按钮，系统提示“期初记账完毕！”信息提示框，单击“确定”按钮返回。

2. 录入库存管理系统和存货核算系统期初数据

2023 年 12 月 31 日，企业对各个仓库进行了盘点，结果如表 8-9 所示，按资料录入库存管理系统和存货核算系统期初余额。

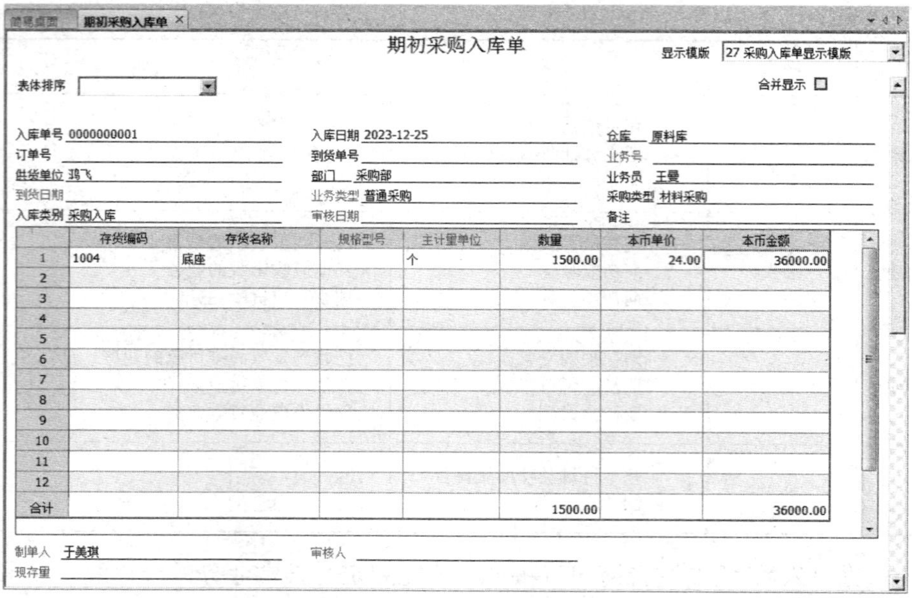

图 8-15　期初采购入库单

表 8-9　库存期初余额

单位：元

仓库名称	存货编码	存货名称	数量	单价	金额
原料库 合计：310 800.00	1001	304 不锈钢板材	300（张）	180.00	54 000.00
	1002	温控器	2 000（个）	15.00	30 000.00
	1003	手柄	4 600（个）	8.00	36 800.00
	1004	底座	3 500（个）	25.00	87 500.00
	1005	加热底盘	2 900（个）	10.00	29 000.00
	1006	壶体	2 450（个）	30.00	73 500.00
成品库 合计：524 700.00	2001	全钢热水壶	4 650（把）	90.00	418 500.00
	2002	养生煮茶壶	708（把）	150.00	106 200.00

① 在存货核算系统中，执行“初始设置”|“期初数据”|“期初余额”命令，进入“期初余额”窗口。

② 选择仓库为“原料库”，单击“增加”按钮，输入原料库存货的期初数据。

③ 选择仓库为“成品库”，单击“增加”按钮，输入成品库存货的期初数据，如图 8-16 所示。

④ 单击“记账”按钮，系统提示“期初记账成功！”信息提示框。

⑤ 在库存管理系统中，执行“初始设置”|“期初结存”命令，进入“库存期初数据录入”窗口。

⑥ 选择仓库为“原料库”，单击“修改”按钮，单击“取数”按钮，将存货核算系统中原料库的期初数据带到当前界面，单击“保存”按钮。

⑦ 单击“批审”按钮，系统弹出“批量审核完成”信息提示框，单击“确定”按钮返回。

⑧ 同理，选择仓库为“成品库”，单击“修改”按钮，再单击“保存”按钮，然后单击“批审”

存货编码	存货名称	规格型号	计量单位	数量	单价	金额	计划价	计划金额	存货科...	存货科目
2001	全钢热水壶		把	4,650.00	90.00	418,500.00			1405	库存商品
2002	养生煮茶壶		把	708.00	150.00	106,200.00			1405	库存商品
合计:				5,358.00		524,700.00				

图 8-16　存货核算期初余额

按钮。

提醒

成品库所有存货金额合计应该与总账系统中“库存商品”科目余额一致。

3. 录入应收款管理系统期初数据

菲尼电器目前应收账款的业务明细如表 8-10 所示。

表 8-10　应收账款业务明细

单位:元

时间	客户	存货编码	存货名称	数量	无税单价	金额
2023 年 10 月 20 日	唯品	2002	养生煮茶壶	1 000(把)	200.00	226 000.00
2023 年 11 月 28 日	鲁阳	2001	全钢热水壶	800(把)	120.00	108 480.00

① 在应收款管理系统中，执行“设置”|“期初余额”命令，打开“期初记账—查询”对话框，单击“确定”按钮，进入“期初余额”窗口。

② 单击“增加”按钮，打开“单据类别”对话框。选择单据名称为“销售发票”、单据类型为“销售专用发票”，单击“确定”按钮，进入“期初销售发票”窗口。

③ 按照表 8-10 录入客户“唯品”的销售专用发票，如图 8-17 所示。

④ 同理，录入客户“鲁阳”的期初数据。

⑤ 录入完成后，在“期初余额”窗口中单击“对账”按钮，与总账系统的应收款期初余额进行对账，如图 8-18 所示。

4. 录入应付款管理系统期初数据

经核实，菲尼电器目前应付账款的业务明细如表 8-11 所示。

表 8-11　应付账款业务明细

单位:元

时间	客户	存货编码	存货名称	数量	无税单价	金额
2023 年 10 月 25 日	天翼	1001	304 不锈钢板材	200(张)	180.00	40 680.00

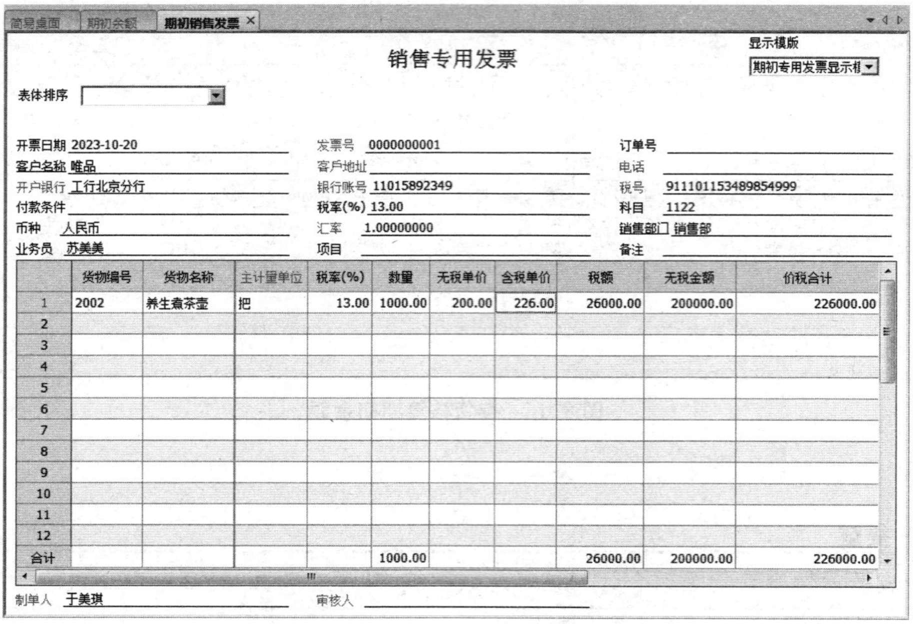

	货物编号	货物名称	主计量单位	税率(%)	数量	无税单价	含税单价	税额	无税金额	价税合计
1	2002	养生煮茶壶	把	13.00	1000.00	200.00	226.00	26000.00	200000.00	226000.00
2										
3										
4										
5										
6										
7										
8										
9										
10										
11										
12										
合计					1000.00			26000.00	200000.00	226000.00

图 8-17　期初销售专用发票

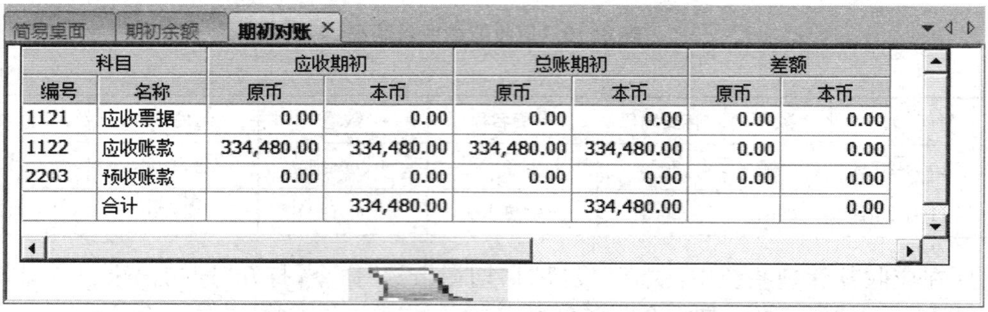

科目		应收期初		总账期初		差额	
编号	名称	原币	本币	原币	本币	原币	本币
1121	应收票据	0.00	0.00	0.00	0.00	0.00	0.00
1122	应收账款	334,480.00	334,480.00	334,480.00	334,480.00	0.00	0.00
2203	预收账款	0.00	0.00	0.00	0.00	0.00	0.00
	合计		334,480.00		334,480.00		0.00

图 8-18　应收款管理系统与总账系统期初对账

任务指引

略。

全部完成后，备份为“供应链初始化”账套。

闯　关

在线测试

一、判断题

1. 供应链管理每个子系统既可单独应用，也可与供应链管理其他子系统联合应用。（　　）

2. 企业购销业务中的劳务费用的增值税税率不同于一般存货的税率，因此需要单独设置为一类存货。（　　）

3. 采购管理系统中录入的期初暂估入库是因为货到而发票未到。（　）

4. 采购管理系统没有期初数据也必须执行采购期初记账，否则无法开始日常业务处理。（　）

5. 存货核算系统和库存管理系统的期初数据是一致的，可以从两者任何一个系统录入，再从另外一个系统获取。（　）

二、选择题

1. 如果某种药品“1 盒＝20 板”，“1 箱＝100 盒”，那么存货档案中的主计量单位是（　）。

A. 板　B. 盒　C. 箱

2. 产成品入库单上可以参照的存货必须具有的属性是（　）。

A. 外购　B. 内销　C. 生产耗用　D. 自制

E. 应税劳务

3. 以下与总账系统之间存在凭证传递关系的子系统是（　）。

A. 采购管理　B. 销售管理　C. 库存管理　D. 存货核算

E. 应收款管理　F. 应付款管理

4. 发票上开具的运输费必须具有的属性是（　）。

A. 外购　B. 内销　C. 生产耗用　D. 自制

E. 应税劳务

5. 存货计价方式可以按（　）设置。

A. 部门　B. 存货分类　C. 存货　D. 收发类别

三、思考题

1. 供应链管理系统包括哪些主要模块，各模块的主要功能是什么？

2. 供应链管理系统初始化主要包括哪几项工作？

3. 供应链管理系统各模块期初数据的主要内容是什么？

4. 分析哪些地方是我们为业务系统自动生成凭证埋下的伏笔？

5. 就期初设置而言，哪些子系统与总账系统之间有数据稽核关系？

四、实训题

1. 试一试先从库存管理系统录入期初结存，再从存货核算系统中获取期初数据。

2. 如果菲尼电器库存单位为“箱”，一箱＝6 把壶，则应如何设置计量单位组和计量单位？

项目9

采购与应付款管理

知识目标：

1. 了解采购管理系统的功能。
2. 熟悉普通采购业务的处理流程。
3. 了解采购成本核算的方法。
4. 了解应付款管理系统的功能。
5. 理解核销的意义。

技能目标：

1. 掌握普通采购业务全流程处理。
2. 掌握不同情况下采购成本的处理。
3. 掌握采购退货业务处理。
4. 掌握应付确认处理。
5. 掌握付款核销处理。
6. 掌握各类转账业务处理。

项目背景

企业是以营利为目的的经济组织。企业的利润是由业务活动创造的，购销存是企业的基本业务活动，采购业务是企业价值创造的起点。与此前财务信息化应用不同，财务信息化应用基本限于财务部门应用，属于单部门应用；购销存业务处理要涉及多个部门，属于跨部门应用。因此，大家在学习时要充分理解业务流程，才能明晰本职工作与上下游之间的信息传递关系。

基本知识

9.1 认识采购管理系统

9.1.1 采购管理系统的基本功能

1. 采购管理系统初始化设置

采购管理系统初始化设置包括设置采购管理系统业务处理所需要的采购参数、基础信息及采购期初数据。

2. 采购业务处理

采购业务处理主要包括对请购、订货、到货、入库、采购发票、采购结算等采购业务全过程的管理，可以处理普通采购业务、受托代销业务、直运业务等业务类型。企业可根据实际业务情况，对采购业务流程进行配置。

3. 采购账簿及采购分析

采购管理系统可以提供各种采购明细表、增值税抵扣明细表、各种统计表及采购账簿供用户查询，同时提供采购成本分析、供应商价格对比分析、采购类型结构分析、采购资金比重分析、采购费用分析、采购货龄综合分析等功能。

9.1.2　支持的采购业务类型

采购业务分为普通采购业务、受托代销业务、直运采购业务和代管采购业务，最为常见的是普通采购业务。

1. 普通采购业务

普通采购业务按照货物和发票到达的先后顺序，可分为：单货同行业务，即货票同时到达；暂估入库业务，即货到票未到；在途业务，即票到货未到。

如果先收到了供货单位的发票，而没有收到供货单位的货物，可以对发票进行压单处理，待货物到达后，再一并输入计算机做报账结算处理。但如果需要实时统计在途货物的情况，就必须将发票输入计算机，待货物到达后，再填制入库单并做采购结算。

2. 受托代销业务

受托代销是一种先销售后结算的采购模式，适用于有受托代销业务的商业企业、医药流通企业。其他企业委托本企业代销其商品，代销商品的所有权仍归委托方；代销商品销售后，本企业对受托方已售出部分与委托方进行结算，开具正式的销售发票，商品所有权转移。

3. 直运采购业务

直运采购业务是指产品无须入库即可完成购销业务。根据客户的要货需求直接向供应商订货，货物由供应商直接发给客户，结算时企业与供应商和客户分别进行结算。

4. 代管采购业务

代管采购是一种新的采购模式。该模式的主要特点是，企业替供应商保管其提供的物料，先使用物料，然后根据实际使用定期汇总、挂账，最后根据挂账数与供应商进行结算、开票及后续的财务支付。

9.1.3　采购付款结算的几种类型

按照付款时间与货物到达的先后，付款结算分为 3 种情况：在货物到达之前付款称为预付；收到发票的同时付款称为现付；收到发票之后付款称为赊购。3 种情况下的处理方式略有不同。

1. 预付

在应付款管理系统中填制付款单，款项类型指定为预付款。该预付款未来可以用来核销应付款。

预付货款时，对付款单审核制单，生成的凭证如下：

借：预付账款
　　贷：银行存款

用预付款冲销应付款后，生成的凭证如下：

借：应付账款
　　贷：预付账款

2. 现付

在录入采购专用发票界面直接单击“现结”按钮，填写结算方式和金额。现结发票审核制单生成的凭证如下：

借：在途物资
　　应交税费——应交增值税——进项税额
　　贷：银行存款

3. 赊购

对采购专用发票审核后生成的凭证如下：

借：在途物资
　　应交税费——应交增值税——进项税额
　　贷：应付账款

向供应商付款时，在应付款管理系统中填制付款单，审核后生成的凭证如下：

借：应付账款
　　贷：银行存款

9.2 认识应付款管理系统

9.2.1 应付款管理系统的主要功能

应付款管理系统主要实现对企业与供应商往来账款进行核算与管理。在应付款管理系统中以采购发票、其他应付单等原始单据为依据，记录采购业务及其他业务形成的应付款项，处理应付款项的支付、核销等情况，同时提供票据处理的功能。

1. 应付款管理系统初始化设置

应付款管理系统初始化设置包括系统参数设置、基础信息设置和期初数据录入。

2. 应付单据处理

应付单据处理包括应付单据录入和应付单据审核。

(1) 应付单据录入

应付单据包括采购发票及其他应付单。采购发票是从供货单位取得的进项发票及发票清单；其他应付单用于记录采购业务之外所发生的各种其他应付业务。如果应付款管理系统和采购管理系统集成应用，那么采购发票在采购管理系统中录入，在应付款管理系统中进行审核。

(2) 应付单据审核

应付单据审核是在单据保存后对单据的正确性进行审核确认。单据录入后必须经过审核才能进行制单。审核人和制单人可以是同一个人。

3. 付款单据处理

付款单据处理包括付款单据录入和付款单据审核。

(1) 付款单据录入

应付款管理系统的付款单用来记录企业支付的供应商往来款项，款项性质包括应付款、预付款、其他费用等。其中，应付款、预付款性质的付款单可以与发票、应付单进行核销处理。

应付款管理系统的收款单用来记录发生采购退货时，企业收到的供应商退付的款项。该收款单可与应付、预付性质的付款单、红字应付单、红字发票进行核销处理。

(2) 付款单据审核

只有审核后的单据才允许进行核销、制单等处理。

系统提供单张审核和自动批审两种审核方式。

4. 核销

单据核销的主要作用是解决对供应商的付款核销该供应商应付款的处理，建立付款与应付款的核销记录，监督应付款及时核销，加强往来款项的管理。

系统提供自动核销和手工核销两种方式。

5. 票据管理

可以在票据管理中对银行承兑汇票和商业承兑汇票进行管理，主要功能包括记录票据详细信息和记录票据后续处理情况。如果要进行票据登记簿管理，就必须将应付票据科目设置为带有供应商往来辅助核算的科目。

6. 转账处理

转账处理是指对在日常业务处理中经常发生的应付冲应收、应付冲应付、预付冲应付及红票对冲的业务处理。

7. 信息查询和系统分析

信息查询和系统分析是指用户对信息的查询以及在各种查询结果的基础上所进行的各项分析。一般查询包括单据查询、凭证查询及账款查询等；统计分析包括欠款分析、账龄分析、综合分析及收款预测分析等，便于用户及时发现问题，加强对往来款项动态的监督管理。

8. 期末处理

期末处理指用户在月末进行的结算汇兑损益及月末结账工作。如果企业有外币往来，在月末需要计算外币单据的汇兑损益并对其进行相应的处理。如果当月业务已全部处理完毕，就需要执行月末结账处理，只有月末结账后，才可以开始下月工作。月末处理主要包括汇兑损益结算和月末结账。

9.2.2 企业应付款管理系统的应用方案

企业信息化规划要与企业战略目标保持一致。企业规模不同、发展阶段不同，其信息化需求也不同。从应付款管理系统的角度，企业可能的应用方案有以下 3 种。

1. 利用总账系统中的供应商往来辅助核算管理应付

如果企业只购置了总账管理、UFO 报表两个基本系统，那么与供应商之间的往来管理可以通过给“应付票据”“应付账款”“预付账款”等科目设置“供应商往来”辅助核算进行简单管理。

因为只采购了总账系统，所有涉及供应商往来的业务均需要在总账系统中填制凭证。由于设置了供应商往来辅助核算，填制凭证时系统要求记录到具体的供应商。在账表查询中提供了供应商往来辅助账相关查询。

2. 在应付款管理系统核算供应商往来款项

如果在采购业务中应付款核算与管理内容比较复杂，需要追踪每一笔业务的应付款、付款等情况，或者需要将应付款核算具体到产品一级，那么企业需要配置应付款管理系统。根据企业目前仅仅是财务信息化还是业财一体化，又分为以下两种情况。

(1) 财务信息化

企业同时采购了总账系统和应付款管理系统，没有配置采购管理系统。在这种模式下，所有的供应商往来业务全部在应付款管理系统处理并自动生成业务凭证传递给总账系统，总账系统中不再填制这类凭证。在应付款管理系统中要处理的业务包括以下几项：

① 应付单据处理。

输入采购业务中收到的采购专用发票、其他应付业务形成的应付单，并对以上应付单据进行审核。

② 付款单据处理。

对供应商进行付款结算或预付处理。

③ 核销处理。

对某供应商付款和应付进行核抵，以便进行精确的账龄分析。

④ 票据管理。

对商业汇票进行记录、结算等管理。

⑤ 转账处理。

进行应付冲应付、应付冲应收等对冲管理。

⑥ 生成凭证。

对以上业务生成凭证，传递给总账系统。

(2) 业财一体化

企业采购了总账系统、应付款管理系统和采购管理系统。在这种模式下，采购发票的填制在采购管理系统中完成，应付款管理系统负责对应付单据进行审核。

实训任务

提醒

以系统管理员的身份在系统管理中引入“供应链初始化”账套。

任务 1　货到票到的普通采购业务

任务下达

以账套主管 701 于美琪的身份进行货到票到的普通采购业务处理。

任务解析

单货同到的采购入库的业务处理流程如图 9-1 所示。

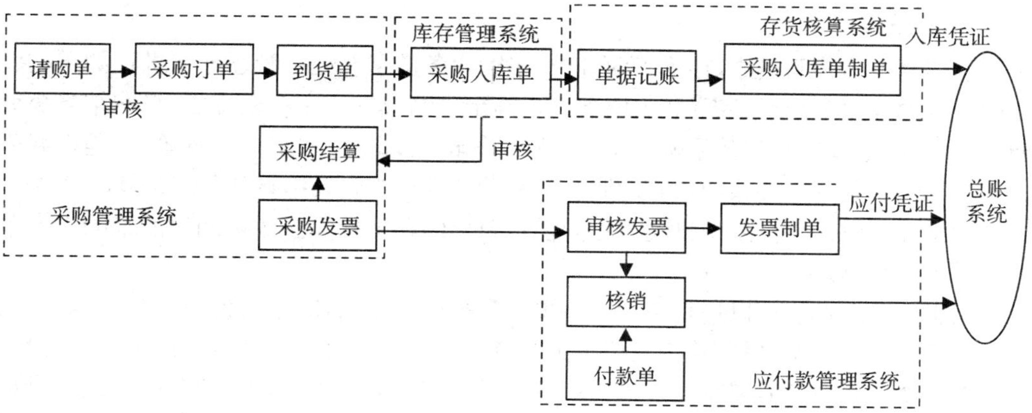

图 9-1　采购入库的业务处理流程

在以上采购业务处理流程中，请购、订货、到货环节是可选环节。

1. 请购

采购请购是指企业内部各部门向采购部门提出采购申请，或者采购部门汇总企业内部采购需求列出采购清单。请购是采购业务的起点，可以依据审核后的采购请购单生成采购订单。在采购入库的业务处理流程中，请购环节是可省略的。

2. 订货

订货是指企业与供应商签订采购合同或采购协议，确定要货需求。供应商根据采购订单组织货源，企业依据采购订单进行验收。在采购入库的业务处理流程中，订货环节也是可选的。

3. 到货处理

到货处理是采购订货和采购入库的中间环节，一般由采购业务员根据供方通知或送货单填写，确定对方所送货物、数量、价格等信息，以到货单的形式传递到仓库作为保管员收货的依据。在采购入库的业务处理流程中，到货处理可选可不选。

4. 入库处理

入库处理是指对供应商提供的物料进行检验（也可以免检），确定合格后，放入指定仓库的业务。当采购管理系统与库存管理系统集成使用时，入库业务在库存管理系统中进行处理。当采购管理系统不与库存管理系统集成使用时，入库业务在采购管理系统中进行处理。在采购入库的业务处理流程中，入库处理是必需的。

采购入库单是仓库管理员根据采购到货签收的实收数量填制的入库单据。采购入库单既可以直接填制，也可以参照采购订单或采购到货单生成。

5. 采购发票

采购发票是供应商开出的销售货物的凭证，系统根据采购发票确定采购成本，并据以登记应付账款。采购发票按业务性质分为蓝字发票和红字发票；按发票类型分为增值税专用发票、普通发票和运费发票(运费发票现已不再使用)。

采购发票既可以直接填制，也可以参照采购订单、采购入库单或其他的采购发票生成。

6. 采购结算

采购结算也称采购报账，在手工业务中，采购业务员拿着经主管领导审批过的采购发票和仓库确定的入库单到财务部门，由财务人员确定采购成本。在本系统中，采购结算是针对采购入库单，根据发票确定其采购成本。采购结算的结果是生成采购结算单，它是记载采购入库单与采购发票对应关系的结算对照表。采购结算分为自动结算和手工结算两种方式。

自动结算是由计算机系统自动将相同供货单位的存货相同且数量相等的采购入库单和采购发票进行结算。

使用手工结算功能可以进行正数入库单与负数入库单结算，正数发票与负数发票结算，正数入库单与正数发票结算，费用发票单独结算。手工结算时可以结算入库单中部分货物，未结算的货物可以在今后取得发票后再结算。可以同时对多张入库单和多张发票进行报账结算。手工结算还支持到下级单位采购，付款给其上级主管单位的结算；支持三角债结算，即支持甲单位的发票可以结算乙单位的货物。

在实际工作中，有时费用发票在货物发票已经结算后才收到，为了将该笔费用计入对应存货的采购成本，需要采用费用发票单独结算的方式。

7. 生成入库凭证

经过审核的采购入库单应及时登记存货明细账，并生成入库凭证反映到总账系统。入库凭证如下：

借：原材料
　　贷：在途物资

8. 采购发票制单

采购结算后生成的应付款项应及时制单。发票制单生成的凭证如下：

借：在途物资
　　应交税费——应交增值税——进项税额
　　贷：应付账款

9. 付款结算制单

录入付款单后可以进行付款核销及付款结算制单。结算凭证如下：

借：应付账款
　　贷：银行存款

任务指引

单货同行的采购业务内容如下：

2024 年 1 月 3 日，采购部向北京天翼不锈钢有限公司提出采购请求，需要采购 304 不锈钢板材 100 张，需求日期 2024 年 1 月 6 日，建议供应商为天翼。

经双方谈判协商，最终确定无税单价为 180 元，双方正式签订合同，要求 2024 年 1 月 6 日到货。

1 月 6 日，收到天翼公司发来的货和专用发票，发票载明 304 不锈钢板材 100 张，每张 180 元。经检验质量全部合格，入原料库。财务部门确认该笔存货入库成本和应付款项。

1 月 8 日，向天翼公司支付全部货款。

1. 采购请购

① 在采购管理系统中，执行“请购”|“请购单”命令，进入“采购请购单”窗口。

② 单击“增加”按钮，输入日期为“2024-01-03”，选择请购部门为“采购部”、请购人员为“王曼”。

③ 选择存货编号为“1001 304 不锈钢板材”，输入数量为“100”、需求日期为“2024-01-06”、供应商为“天翼”。

④ 单击“保存”按钮，再单击“审核”按钮，如图 9-2 所示。

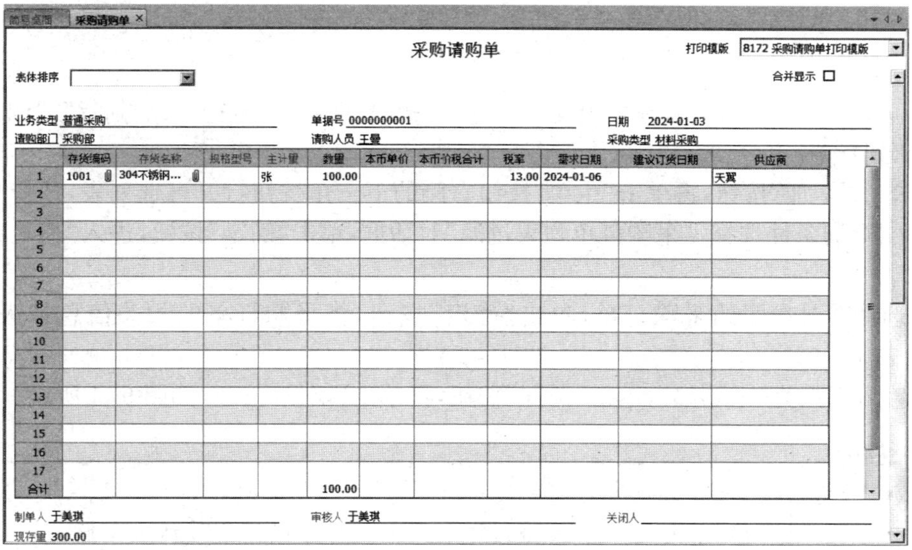

图 9-2　采购请购单

2. 采购订货

① 在采购管理系统中，执行“采购订货”|“采购订单”命令，进入“采购订单”窗口。

② 单击“增加”按钮，再单击“生单”按钮右侧的下三角按钮打开可选列表，选择“请购单”，打开“查询条件选择—采购请购单列表过滤”对话框，单击“确定”按钮，进入“拷贝并执行”窗口。

③ 选择需要参照的采购请购单，单击“确定”按钮，将采购请购单的相关信息带入采购订单。

④ 确认订单日期为“2024-01-03”，输入原币单价为“180”，单击“保存”按钮，再单击“审核”按钮，如图 9-3 所示。

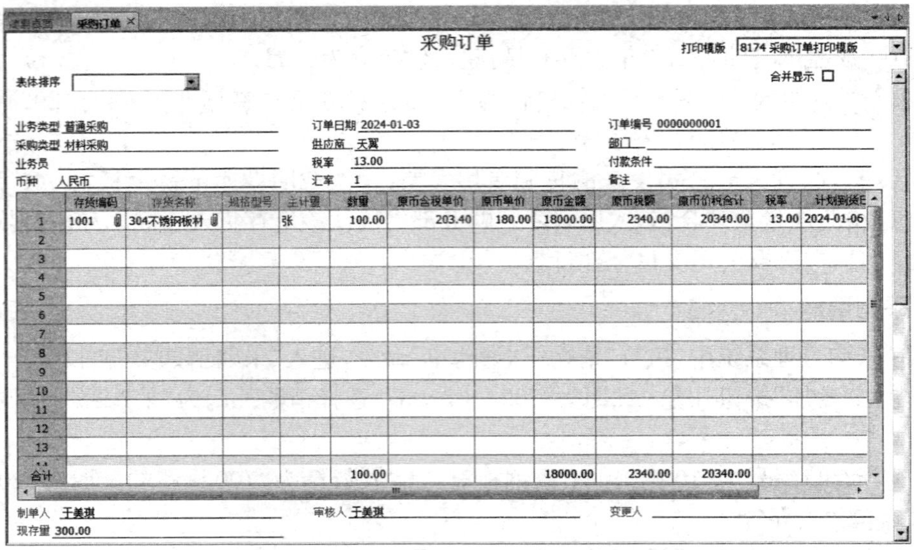

图 9-3 采购订单

3. 采购到货

① 以 1 月 6 日日期重新登录用友 U8，进入采购管理系统，执行“采购到货”|“到货单”命令，进入“到货单”窗口。

② 单击“增加”按钮，再单击“生单”按钮右侧的下三角按钮打开可选列表，选择“采购订单”，打开“查询条件选择—采购订单列表过滤”对话框，单击“确定”按钮，进入“拷贝并执行”窗口。

③ 选择需要参照的采购订单，单击“确定”按钮，将采购订单的相关信息带入采购到货单。

④ 输入部门为“采购部”，单击“保存”按钮，再单击“审核”按钮，如图 9-4 所示。

提醒

- 采购请购、采购订货和采购到货都不是必需环节。
- 采购请购单、采购订单和采购到货单经审核后才能被后续环节参照。

4. 采购发票

① 在采购管理系统中，执行“采购发票”|“专用采购发票”命令，进入“专用发票”窗口。

② 单击“增加”按钮，再单击“生单”按钮右侧的下三角按钮打开可选列表，选择“采购订单”，打开“查询条件选择—采购订单列表过滤”对话框，单击“确定”按钮，进入“拷贝并执行”窗口。

③ 选择需要参照的采购订单，单击“确定”按钮，将采购订单的相关信息带入采购专用发票，如图 9-5 所示。

④ 单击“保存”按钮，然后关闭当前窗口。

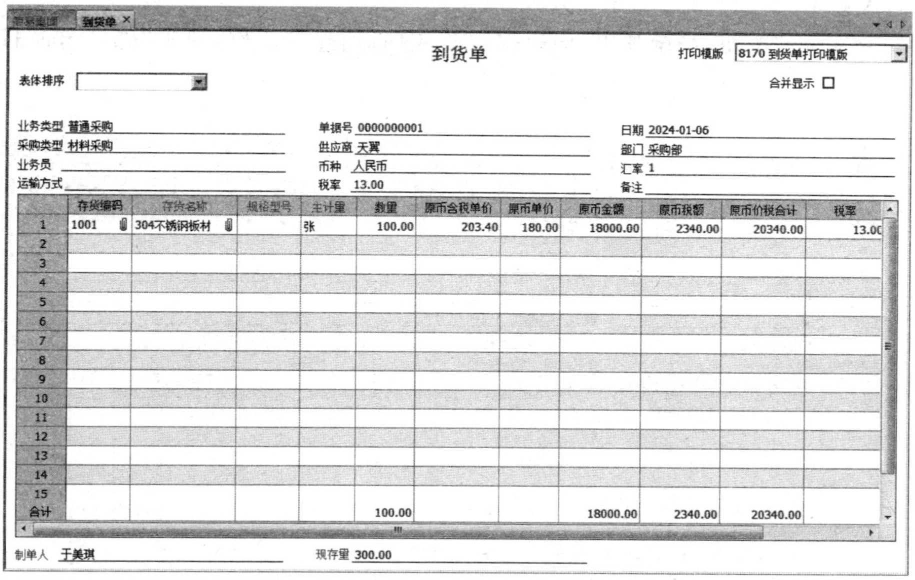

	存货编码	存货名称	规格型号	主计量	数量	原币含税单价	原币单价	原币金额	原币税额	原币价税合计	税率
1	1001	304不锈钢板材		张	100.00	203.40	180.00	18000.00	2340.00	20340.00	13.00
2											
3											
4											
5											
6											
7											
8											
9											
10											
11											
12											
13											
14											
15											
合计					100.00			18000.00	2340.00	20340.00	

图9-4 到货单

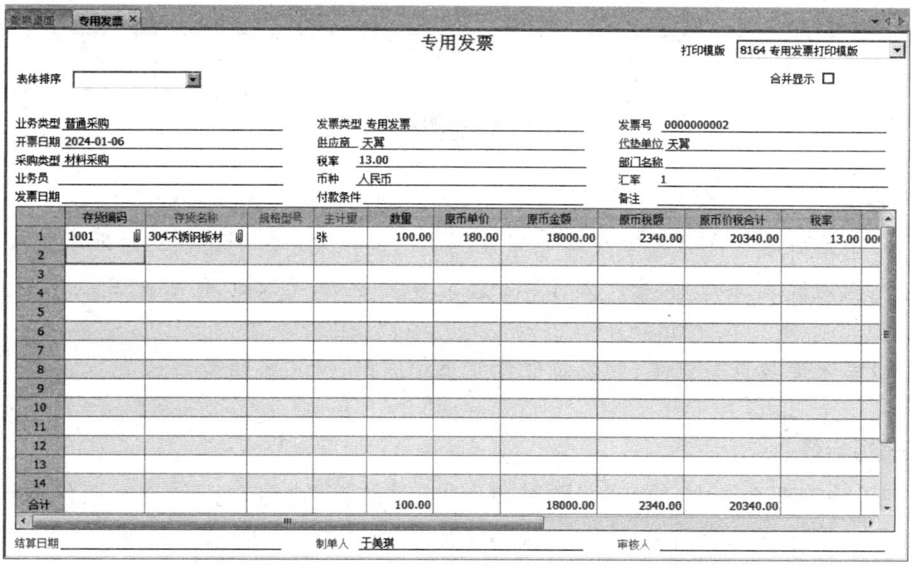

	存货编码	存货名称	规格型号	主计量	数量	原币单价	原币金额	原币税额	原币价税合计	税率
1	1001	304不锈钢板材		张	100.00	180.00	18000.00	2340.00	20340.00	13.00
2										
3										
4										
5										
6										
7										
8										
9										
10										
11										
12										
13										
14										
合计					100.00		18000.00	2340.00	20340.00	

图9-5 采购专用发票

5. 采购入库

① 在库存管理系统中，执行"入库业务"|"采购入库单"命令，进入"采购入库单"窗口。

② 单击"生单"按钮右侧的下三角按钮打开可选列表，选择"采购到货单（蓝字）"，打开"查询条件选择—采购到货单列表"对话框，单击"确定"按钮，进入"到货单生单列表"窗口。

③ 选择需要参照的采购到货单，单击"确定"按钮，将采购到货单的相关信息带入采购入库单。

④ 输入仓库为“原料库”，单击“保存”按钮。

⑤ 单击“审核”按钮，系统弹出“该单据审核成功”信息提示框，单击“确定”按钮返回，如图 9-6 所示。

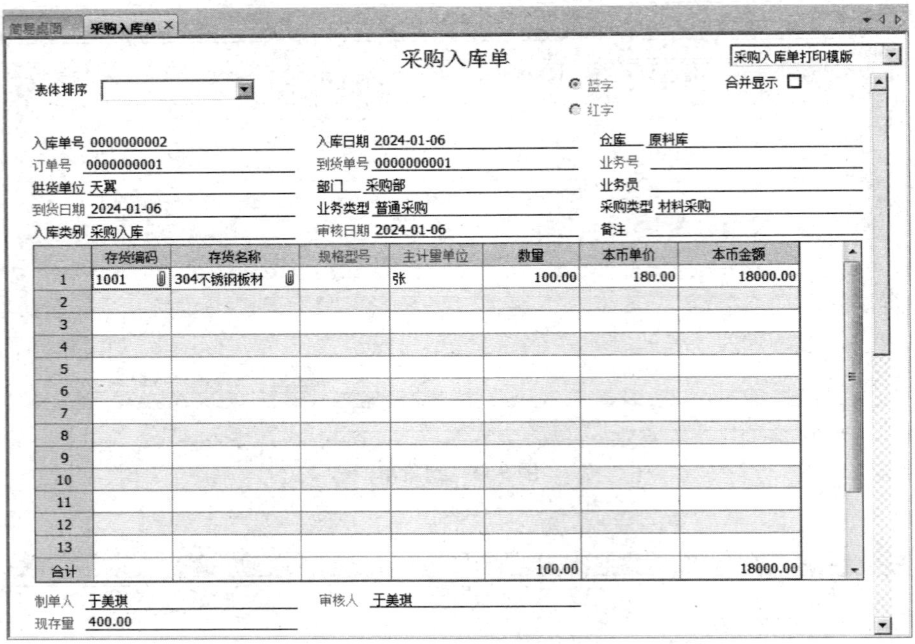

简易桌面　采购入库单

采购入库单　　采购入库单打印模版

表体排序　　◉ 蓝字　○ 红字　　合并显示 □

入库单号 0000000002　入库日期 2024-01-06　仓库 原料库

订单号 0000000001　到货单号 0000000001　业务号

供货单位 天翼　部门 采购部　业务员

到货日期 2024-01-06　业务类型 普通采购　采购类型 材料采购

入库类别 采购入库　审核日期 2024-01-06　备注

	存货编码	存货名称	规格型号	主计量单位	数量	本币单价	本币金额
1	1001	304不锈钢板材		张	100.00	180.00	18000.00
2							
3							
4							
5							
6							
7							
8							
9							
10							
11							
12							
13							
合计					100.00		18000.00

制单人 于美琪　审核人 于美琪

现存量 400.00

图 9-6　采购入库单

提醒

- 生单时参照的单据是采购管理系统中已审核未关闭的采购订单和到货单。
- 采购管理系统如果设置了“必有订单业务模式”，则不可手工录入采购入库单。
- 当入库数量与订单、到货单数量完全相同时，可不显示表体。

6. 采购结算

① 在采购管理系统中，执行“采购结算”|“自动结算”命令，打开“查询条件选择—采购自动结算”对话框，选择结算模式为“入库单和发票”，如图 9-7 所示。

② 单击“确定”按钮，系统自动完成采购入库单和专用发票之间的结算，结算完成后系统弹出“结算模式[入库单和发票] 状态：全部成功，共处理了[1]条记录”信息提示框，单击“确定”按钮返回。

提醒

- 结算结果可以在“结算单列表”中查询。
- 结算完成后，在“手工结算”窗口将看不到已结算的入库单和发票。
- 由于某种原因需要修改或删除入库单、采购发票时，需先取消采购结算。

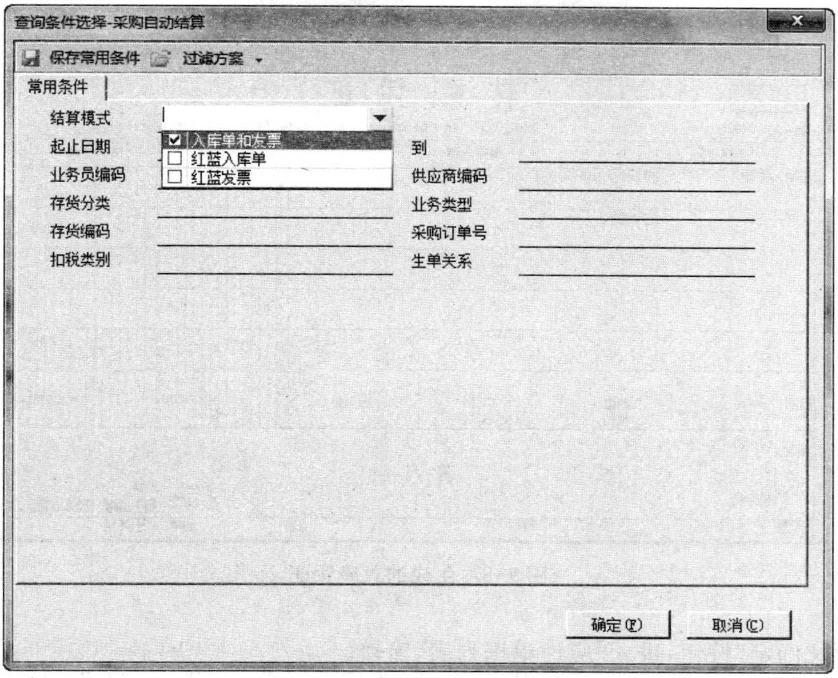

图 9-7 选择自动结算模式

7. 采购入库记账,生成入库凭证

① 在存货核算系统中,执行"业务核算"|"正常单据记账"命令,打开"查询条件选择"对话框。

② 单击"确定"按钮,进入"正常单据记账"窗口。

③ 选择要记账的采购入库单,单击"记账"按钮,系统弹出"记账成功。"信息提示框,单击"确定"按钮返回,然后关闭当前窗口。

④ 执行"财务核算"|"生成凭证"命令,进入"生成凭证"窗口。

⑤ 在工具栏上单击"选择"按钮,打开"查询条件"对话框。

⑥ 选择"采购入库单(报销记账)",单击"确定"按钮,进入"未生成凭证单据一览表"窗口。

提醒

采购入库单(报销记账)是指已经完成采购结算的采购入库单。

⑦ 选择要制单的记录行,单击"确定"按钮,返回"生成凭证"窗口。

⑧ 选择凭证类别为"转账凭证",单击"生成"按钮,进入"填制凭证"窗口。

⑨ 单击"保存"按钮,凭证左上角出现"已生成"标志,表示凭证已传递到总账系统,如图9-8所示。

8. 审核发票,确认应付

① 在应付款管理系统中,执行"应付单据处理"|"应付单据审核"命令,打开"应付单查询条件"对话框。

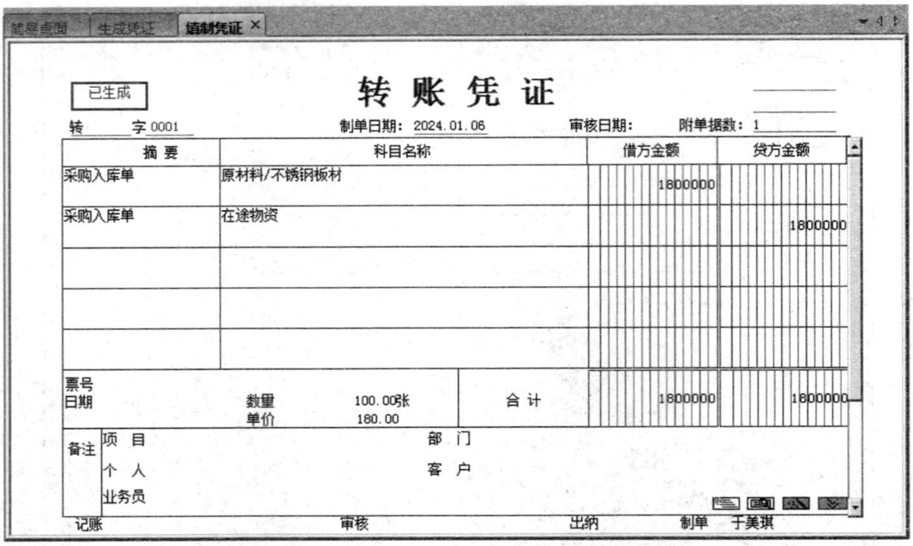

图 9-8　生成的入库凭证

② 单击“确定”按钮，进入“应付单据列表”窗口。

③ 选择需要审核的单据，单击“审核”按钮，系统弹出“审核结果”信息提示框，单击“确定”按钮返回。

④ 执行“制单处理”命令，打开“制单查询”对话框，选择“发票制单”，单击“确定”按钮，进入“采购发票制单”窗口。

⑤ 单击“全选”按钮或在“选择标志”栏输入某数字作为选择标志，选择凭证类别为“转　转账凭证”，单击“制单”按钮，进入“填制凭证”窗口。

⑥ 单击“保存”按钮，凭证左上角出现“已生成”标志，表示凭证已传递到总账系统，如图 9-9 所示。

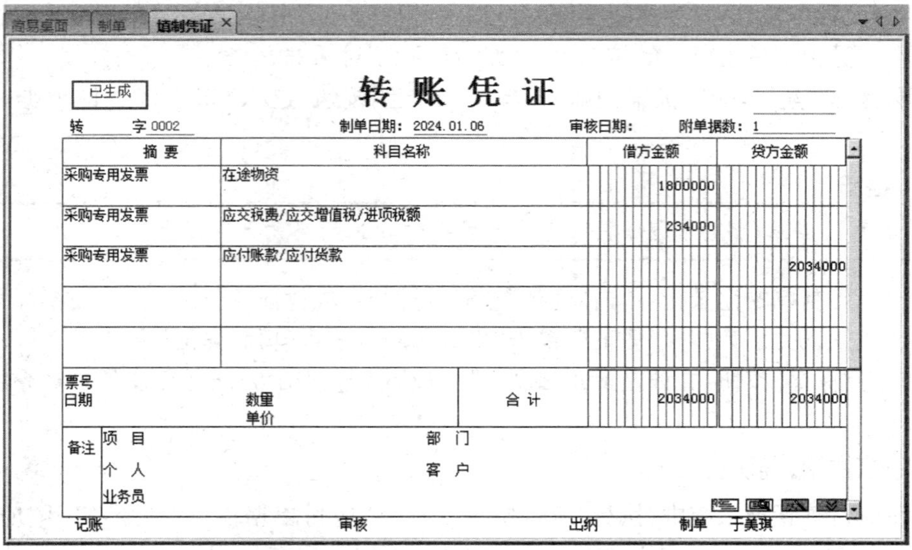

图 9-9　根据发票生成的应付凭证

9. 付款结算，核销应付

① 1 月 8 日，在应付款管理系统中，执行“付款单据处理”|“付款单据录入”命令，进入“付款单”窗口。

② 单击“增加”按钮，选择供应商为“天翼”，输入结算方式为“电汇”、金额为“20 340”，单击“保存”按钮，如图 9-10 所示。

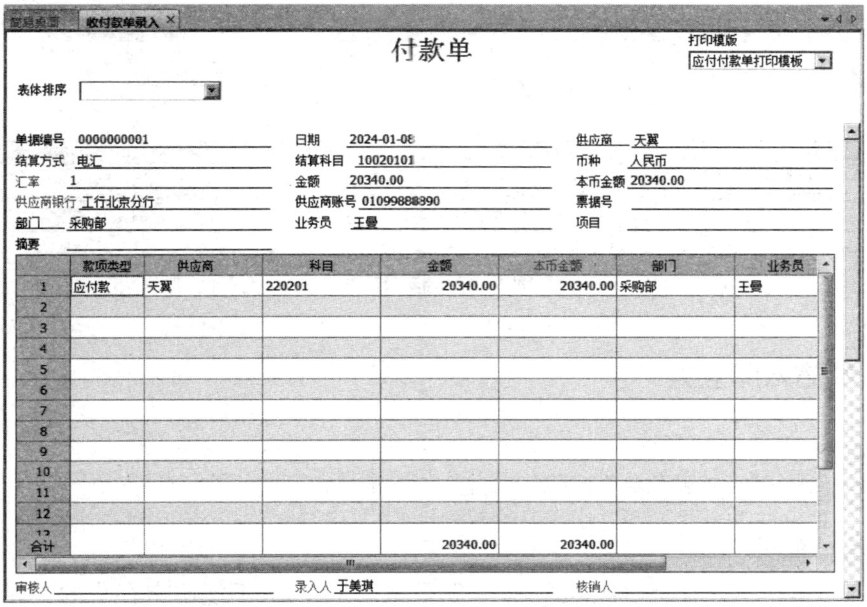

图 9-10　付款单

③ 单击“审核”按钮，系统弹出“是否立即制单?”信息提示框，单击“是”按钮，进入“填制凭证”窗口。

④ 选择凭证类别为“付　付款凭证”，单击“保存”按钮，凭证左上角出现“已生成”标志，表示凭证已传递到总账系统，如图 9-11 所示。

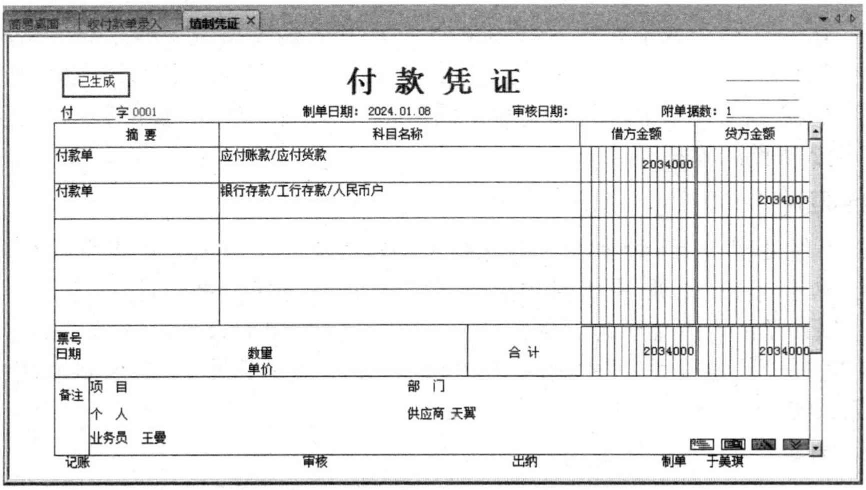

图 9-11　根据付款单生成的付款凭证

⑤ 关闭“填制凭证”窗口，返回“付款单”窗口。单击“核销”按钮，打开“核销条件”对话框，单击“确定”按钮，进入“单据核销”窗口。

⑥ 在窗口下方采购专用发票记录行“本次结算”一栏输入“20 340”，如图 9-12 所示，单击“保存”按钮，核销完成的单据不再显示。

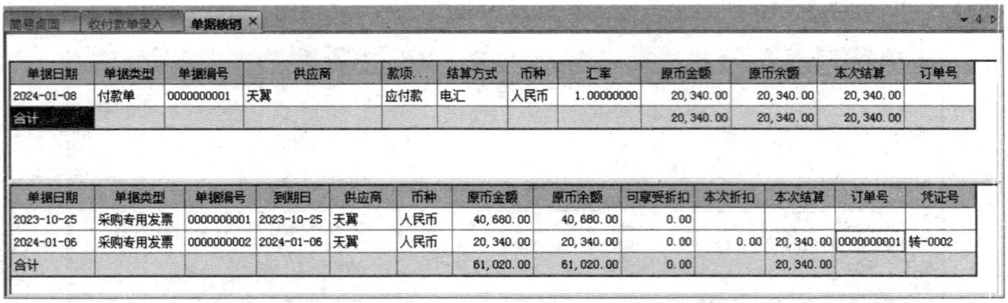

单据日期	单据类型	单据编号	供应商	款项...	结算方式	币种	汇率	原币金额	原币余额	本次结算	订单号
2024-01-08	付款单	0000000001	天翼	应付款	电汇	人民币	1.00000000	20,340.00	20,340.00	20,340.00	
合计								20,340.00	20,340.00	20,340.00	

单据日期	单据类型	单据编号	到期日	供应商	币种	原币金额	原币余额	可享受折扣	本次折扣	本次结算	订单号	凭证号
2023-10-25	采购专用发票	0000000001	2023-10-25	天翼	人民币	40,680.00	40,680.00	0.00				
2024-01-06	采购专用发票	0000000002	2024-01-06	天翼	人民币	20,340.00	20,340.00	0.00	0.00	20,340.00	0000000001	转-0002
合计						61,020.00	61,020.00	0.00		20,340.00		

图 9-12 核销应付

任务 2 暂估入库业务

任务下达

以账套主管 701 于美琪的身份进行暂估入库报销处理。

任务解析

暂估入库是指本月存货已经入库，但采购发票尚未收到，不能确定存货的入库成本。月底为了正确核算企业的库存成本，需要将这部分存货暂估入账，形成暂估凭证。对暂估入库业务，用友 U8 提供了 3 种不同的处理方法。

1. 月初回冲

进入下月后，存货核算系统自动生成与暂估入库单完全相同的红字回冲单，同时登记相应的存货明细账，冲回存货明细账中上月的暂估入库。对红字回冲单制单，冲回上月的暂估凭证。

收到采购发票后，录入采购发票，对采购入库单和采购发票做采购结算。结算完毕后，进入存货核算系统，执行暂估处理功能。进行暂估处理后，系统根据发票自动生成一张蓝字回冲单，其上的金额为发票上的报销金额。同时，登记存货明细账，使库存增加。对蓝字回冲单制单，生成采购入库凭证。

2. 单到回冲

下月初不做处理，收到采购发票后，先在采购管理系统中录入并进行采购结算，再到存货核算系统中进行暂估处理，系统自动生成红字回冲单、蓝字回冲单，同时据以登记存货明细账。红字回冲单的入库金额为上月暂估金额，蓝字回冲单的入库金额为发票上的报销金额。在“存货核算”|“生成凭证”中，选择“红字回冲单”“蓝字回冲单”命令制单，生成凭证并传递到总账系统。

3. 单到补差

下月初不做处理，收到采购发票后，先在采购管理系统中录入并进行采购结算，再到存货核算系统中进行暂估处理。如果报销金额与暂估金额的差额不为零，则产生调整单，一张采购入库单生成一张调整单，用户确定后，自动记入存货明细账；如果差额为零，则不生成调整单。最后对调整单制单，生成凭证并传递到总账系统。

以单到回冲为例，暂估处理的业务流程如图9-13所示。

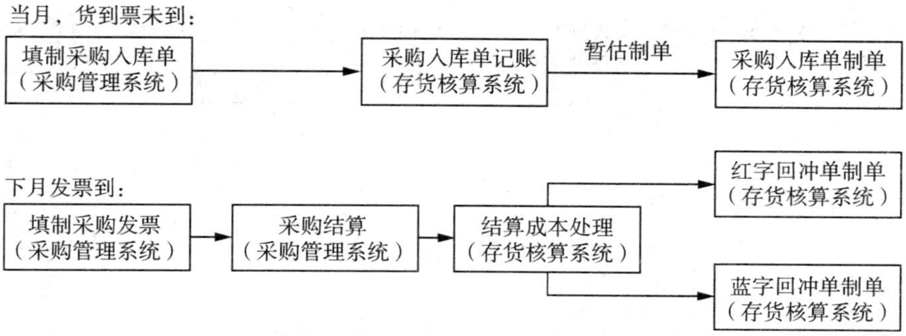

图9-13 暂估处理的业务流程

对于暂估业务要注意的是，在月末暂估入库单记账前，要对所有没有结算的入库单填入暂估单价，然后才能记账。

暂估入库业务处理分为两个阶段，第一阶段是货到票未到办理暂估，此业务在存货核算系统介绍；第二阶段是收到发票之后根据选定的暂估处理方式（本例选择的是单到回冲）将之前的暂估处理冲回。在采购期初录入时，有一笔在2023年12月向鸿飞公司采购的1 500个底座，因月底仍未收到发票，以暂估价24元办理暂估入库。

任务指引

2024年1月8日，收到供应商鸿飞发来的采购专用发票一张，发票载明底座1 500个，无税单价为25元，财务部在收到发票的同时以电汇方式支付了全部货款。

1. 填制采购专用发票，现付并结算

① 在采购管理系统中，执行“采购发票”|“专用采购发票”命令，进入“专用发票”窗口。

② 单击“增加”按钮，再单击“生单”按钮右侧的下三角按钮打开可选列表，选择“入库单”，打开“查询条件选择”对话框。修改查询日期为“自2023年12月1日起”，单击“确定”按钮，进入“拷贝并执行”窗口。

③ 选择需要参照的采购入库单，单击“确定”按钮，将采购入库单的相关信息带入专用发票。

④ 修改原币单价为“25”，单击“保存”按钮，再单击“现付”按钮，打开“采购现付”对话框。

⑤ 选择结算方式为“3-电汇”，输入结算金额为“42 375”，如图9-14所示。单击“确定”按钮，发票左上角显示“已现付”标记。

⑥ 单击“结算”按钮，自动完成采购结算，发票左上角显示“已结算”标记。

提醒

当发票参照入库单生成时，发票和入库单已经建立了对应关系，这时在发票界面单击“结算”按钮与执行“采购结算”|“自动结算”命令的效果是一样的。

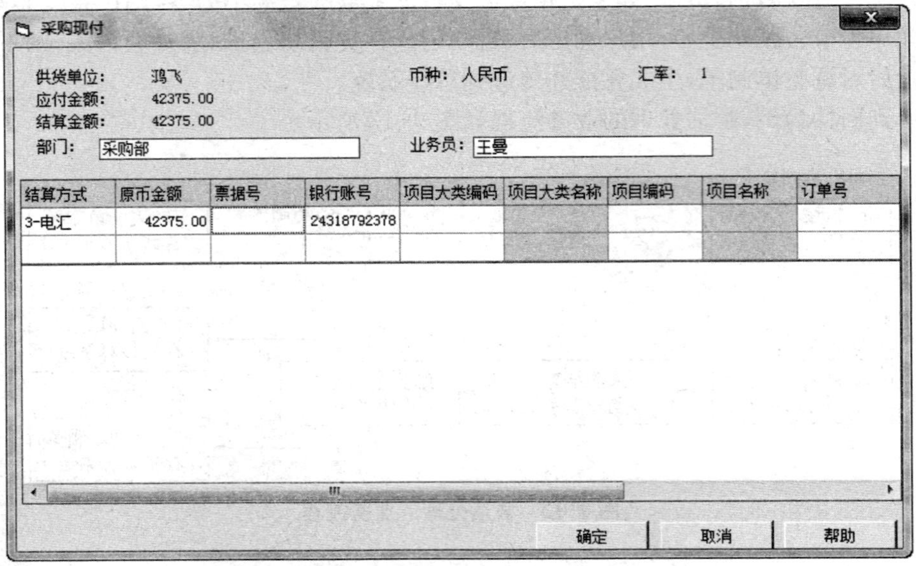

图 9-14　采购现付

2. 结算成本处理

① 在存货核算系统中，执行“业务核算”|“结算成本处理”命令，打开“暂估处理查询”对话框，选择仓库为“原料库”，单击“确定”按钮，进入“结算成本处理”窗口。

② 选择需要进行暂估结算的单据，单击“暂估”按钮，系统弹出“暂估处理完成”信息提示框，单击“确定”按钮返回。

3. 单到回冲制单

① 在存货核算系统中，执行“财务核算”|“生成凭证”命令，进入“生成凭证”窗口。

② 单击“选择”按钮，打开“查询条件”对话框，选择“红字回冲单”“蓝字回冲单(报销)”，单击“确定”按钮，进入“选择单据”窗口。

③ 单击“全选”按钮，再单击“确定”按钮，进入“生成凭证”窗口，如图 9-15 所示。

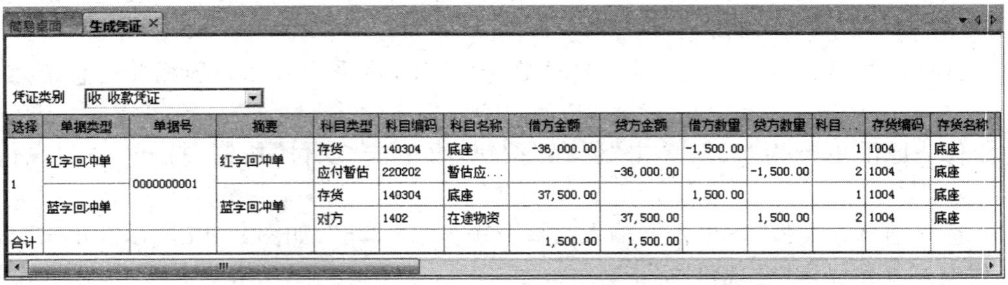

图 9-15　单到回冲生成凭证

④ 选择凭证类别为“转　转账凭证”，单击“生成”按钮，进入“填制凭证”窗口。单击“保存”按钮，保存红字回冲单生成的凭证，如图 9-16 所示。

⑤ 单击“下张凭证”按钮，再单击“保存”按钮，保存蓝字回冲单生成的凭证。蓝字回冲

单生成的凭证如下：

借：原材料——底座　　37 500

　贷：在途物资　　37 500

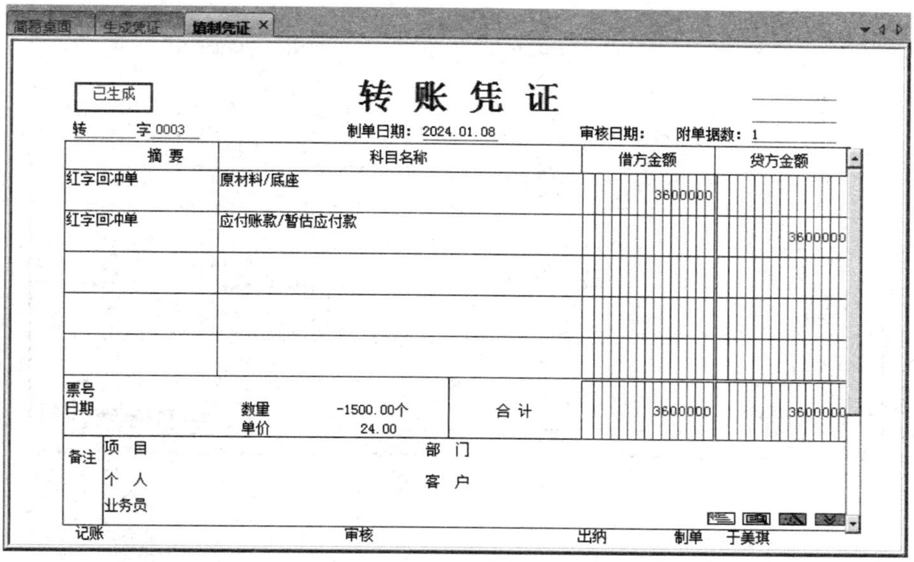

图 9-16　红字回冲单生成凭证

4. **审核发票，进行现结制单**

① 在应付款管理系统中，执行“应付单据处理”|“应付单据审核”命令，打开“应付单查询条件”对话框。

② 选中“包含已现结发票”复选框，单击“确定”按钮，进入“单据处理”窗口。

③ 选择需要审核的单据，单击“审核”按钮，系统弹出“审核结果”信息提示框，单击“确定”按钮返回。

④ 执行“制单处理”命令，打开“制单查询”对话框，选择“现结制单”，单击“确定”按钮，进入“现结制单”窗口。

⑤ 选择凭证类别为“付　付款凭证”，选择要制单的记录行，单击“制单”按钮，进入“填制凭证”窗口。

⑥ 单击“保存”按钮，凭证左上角出现“已生成”标志，如图 9-17 所示。

任务 *3*　采购运费处理

任务下达

以账套主管 701 于美琪的身份进行采购运费处理。

任务解析

存货的采购成本包括买价、相关税费、运输费、装卸费。如果运费发票和采购发票不同时到达，则需要采取费用发票单独结算的方式，以确保运费计入材料成本。如果运费发票和采购发票同时到达，则可以采取手工结算，选择采购发票和运费发票与同一张采购入库单进行结算。

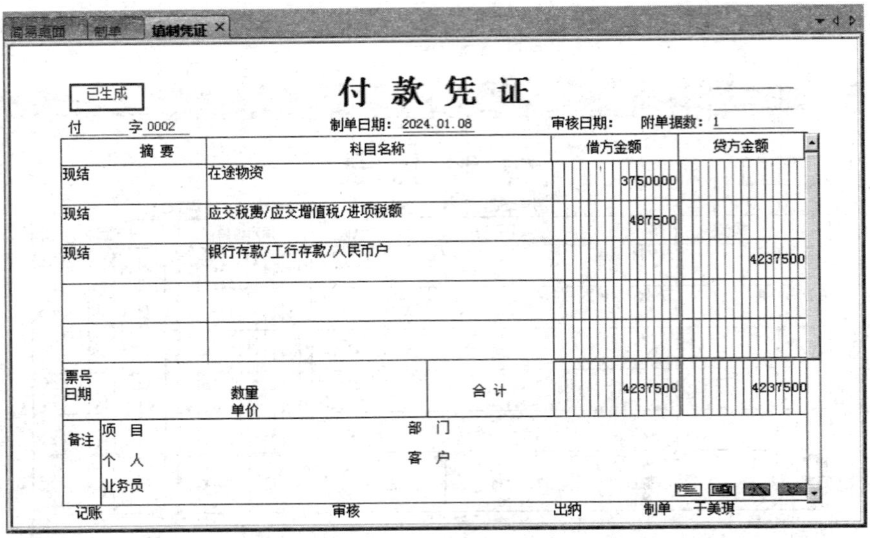
简易桌面　制单　填制凭证

付 款 凭 证

已生成

付　字 0002　　制单日期：2024.01.08　　审核日期：　　附单据数：1

摘要	科目名称	借方金额	贷方金额
现结	在途物资	3750000	
现结	应交税费/应交增值税/进项税额	487500	
现结	银行存款/工行存款/人民币户		4237500
票号 日期	数量 单价 合计	4237500	4237500

备注　项 目　　部 门
　　　个 人　　客 户
　　　业务员

记账　审核　出纳　制单　于美琪

图 9-17　现结制单

任务指引

第一种情况：运费发票和货物发票同时到达。

2024 年 1 月 10 日，收到鸿飞发来的温控器以及发票，发票上载明温控器 400 个，无税单价 15 元，增值税税率为 13%。同时，附有一张运输公司开具的专用发票，发票上载明运输费 200 元，增值税税率为 9%。按合同约定，运杂费由本公司承担，对方已代为垫付。经检验，国产温控器 400 个全部合格，入原材料仓库，财务部门确认采购成本和该笔应付款项。

1. 填制采购入库单并审核

① 在库存管理系统中，执行“入库业务”|“采购入库单”命令，进入“采购入库单”窗口。

② 单击“增加”按钮，选择仓库为“原料库”、供应商为“鸿飞”、入库类别为“采购入库”、存货编码为“1002 温控器”，输入数量为“400”、单价为“15”。

③ 单击“保存”按钮，再单击“审核”按钮，系统弹出“该单据审核成功！”信息提示框，单击“确定”按钮返回。

提醒

> 如果前期没有采购订单、到货单，可以在库存管理系统中直接填制采购入库单。

2. 采购发票及运费发票

本笔业务涉及两张发票，货物发票可参照入库单生成，运费发票需要单独填制。

(1) 参照采购入库单生成采购专用发票

① 在采购管理系统中，执行“采购发票”|“专用采购发票”命令，进入“专用发票”窗口。

② 单击“增加”按钮，再单击“生单”按钮右侧的下三角按钮打开可选列表，选择“入库单”，打开“查询条件选择—采购入库单列表过滤”对话框。

③ 单击“确定”按钮，进入“拷贝并执行”窗口。

④ 选中要参照的入库单，单击“确定”按钮，将入库单的相关信息带回专用发票。

⑤ 单击“保存”按钮。

(2) 填制运费发票

① 在采购管理系统中，执行“采购发票”|“专用采购发票”命令，进入“专用发票”窗口。

② 单击“增加”按钮，填制运费专用发票，然后单击“保存”按钮，如图 9-18 所示。

③ 关闭当前窗口。

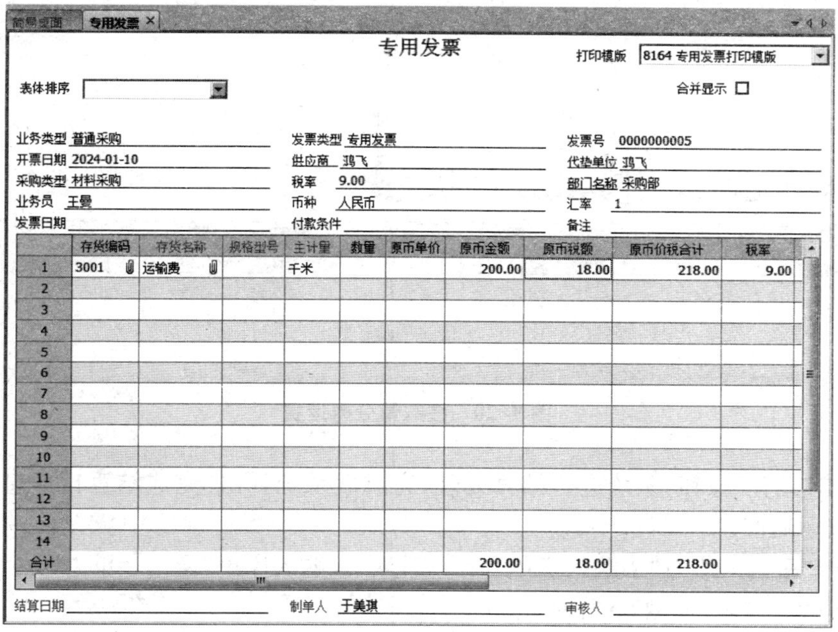

图 9-18　运费发票

3. 手工采购结算

① 执行“采购结算”|“手工结算”命令，进入“手工结算”窗口。

② 单击“选单”按钮，打开“结算选单”对话框。单击“查询”按钮，打开“查询条件选择—采购手工结算”对话框，单击“确定”按钮，返回“结算选单”窗口。窗口上方显示未结算的发票，窗口下方显示未结算的采购入库单，如图 9-19 所示。

图 9-19　手工结算选单

③ 选择要结算的入库单、专用发票和运费发票，单击“确定”按钮，返回“手工结算”窗口。

④ 选择费用分摊方式为“按数量”，单击“分摊”按钮，系统弹出“选择按数据分摊，是否开始计算?”信息提示框，如图 9-20 所示。单击“是”按钮确定，自动完成分摊后，系统弹出“费用分摊(按数量)完毕，请检查!”信息提示框，单击“确定”按钮返回。

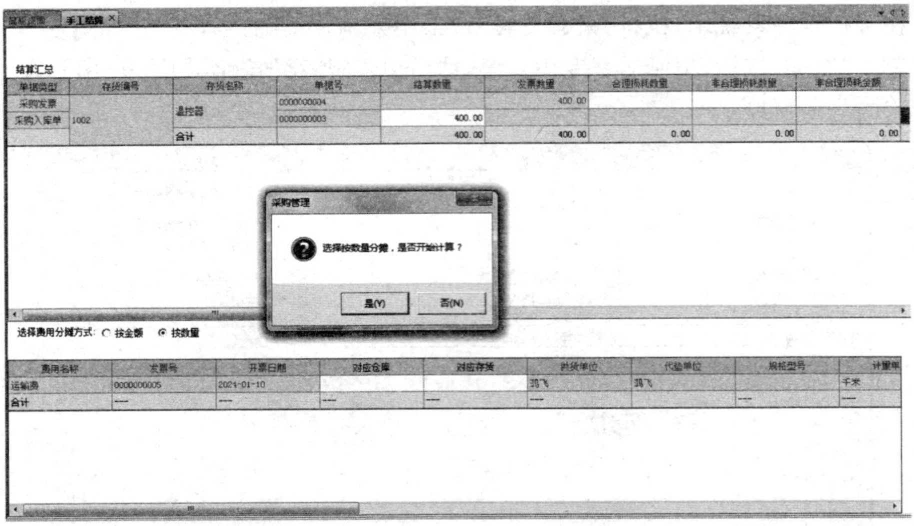

图 9-20 按数量分摊运费

⑤ 单击“结算”按钮，系统进行结算处理，完成后系统弹出“完成结算!”信息提示框，单击“确定”按钮返回。

⑥ 执行“采购入库”|“采购入库单”命令，进入“采购入库单”窗口。单击“➡|”按钮，查询已结算的采购入库单，如图 9-21 所示。

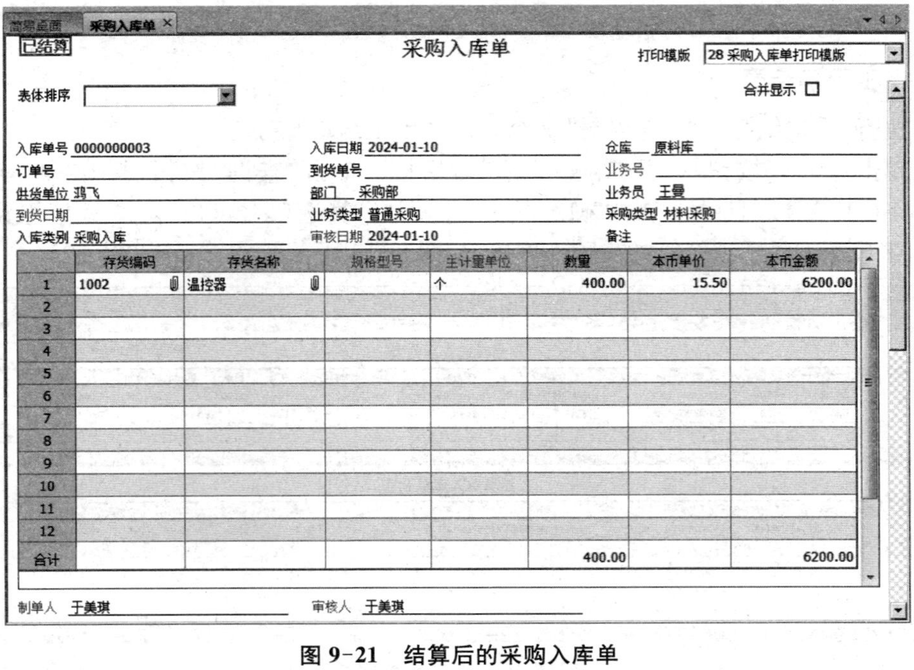

图 9-21 结算后的采购入库单

提醒

不管采购入库单上有无单价，采购结算后，其单价都被自动修改为发票上的存货单价。温控器发票单价为 15 元，运费发票金额为 200 元，按数量分摊的运费为 0.5 元/个=(200÷400)，因此运费分摊后的单价为 15.5 元。

4. 审核发票确认应付

① 在应付款管理系统中，执行“应付单据处理”|“应付单据审核”命令，对货物专用发票和运费专用发票进行审核。

② 在应付款管理系统中，执行“制单处理”命令，选择“发票制单”，进入“制单”窗口。

③ 单击“合并”按钮，再单击“制单”按钮，将货物发票和运费发票合并生成凭证，单击“保存”按钮，保存后凭证如图 9-22 所示。

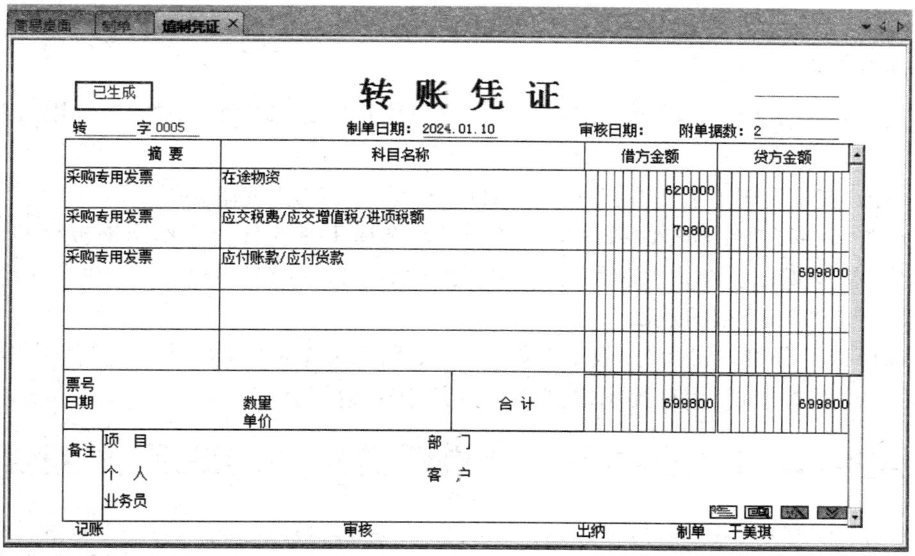

图 9-22 合并生成凭证

5. 入库记账并生成凭证

① 在存货核算系统中，执行“业务核算”|“正常单据记账”命令，对本笔业务采购入库单进行记账。

② 在存货核算系统中，执行“财务核算”|“生成凭证”命令，对采购入库单(报销记账)生成如下凭证：

借：原材料——温控器　　　　6 200

　　贷：在途物资　　　　6 200

第二种情况：采购运费发票后到。

1 月 10 日，收到上海顺途物流公司开具的运费发票一张，发票上载明运费 500 元，增值税税率为 9%，系 1 月 6 日向天翼采购 304 不锈钢板材业务产生的运费。财务部门将该笔运费计入 304 不锈钢板材入库成本。

该笔业务前期已办理入库、收到供应商发票并完成结算，当下又收到运费发票，需要利用费用折扣结算功能将该笔运费计入成本。

1. 补充物流公司供应商信息

① 在企业应用平台的“基础设置”中，执行“基础档案”|“客商信息”|“供应商档案”命令，进入“增加供应商档案”窗口。

② 单击“增加”按钮，输入供应商编码为“003”、供应商名称为“上海顺途物流公司”、供应商简称为“顺途”、税号为“910211150001029722”、开户银行为“工行上海分行”、账号为“02111222290”、税率为“9”、供应商属性为“服务”、分管部门为“采购部”、专管业务员为“王曼”。

③ 单击“保存”按钮。

2. 输入运费采购专用发票

略。

3. 进行费用折扣结算

① 在采购管理系统中，执行“采购结算”|“费用折扣结算”命令，进入“费用折扣结算”窗口。

② 单击“查询”按钮，打开“条件输入”对话框，单击“确定”按钮返回。

③ 单击“入库”按钮，进入“入库单选择”窗口，选择 1 月 6 日 304 不锈钢板材的入库单，单击“确定”按钮返回。单击“发票”按钮，进入“发票选择”窗口，选择 1 月 10 日的运费采购专用发票，单击“确定”按钮返回。

④ 选择费用分摊方式为“按数量”，如图 9-23 所示。单击“分摊”按钮，再单击“结算”按钮，系统弹出“结算成功”信息提示框，单击“确定”按钮返回。

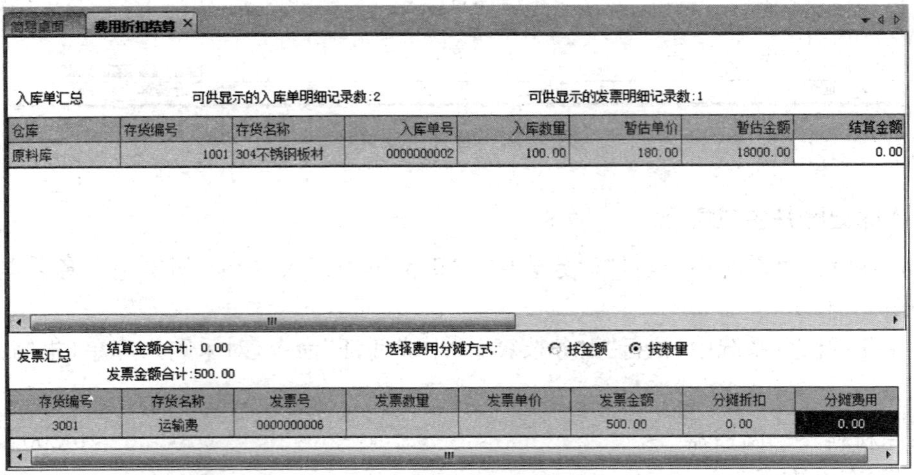

图 9-23　费用折扣结算

4. 结算成本处理及入库调整

① 在存货核算系统中，执行“业务核算”|“结算成本处理”命令，打开“暂估处理查询”对话框，选择仓库为“原料库”，单击“确定”按钮，进入“结算成本处理”窗口。

② 选中要结算的单据，单击“暂估”按钮，系统弹出“暂估处理完成”信息提示框，单击“确定”按钮返回。

③ 在存货核算系统中，执行“财务核算”|“生成凭证”，选择“入库调整单”制单，生成如下凭证：

借：原材料——不锈钢板材　　500

　贷：在途物资　　500

④ 在存货核算系统中，执行“账表”|“账簿”|“明细账”命令，打开“明细账查询”对话框，选择仓库为“原料库”、存货编码为“1001 304 不锈钢板材”，单击“确定”按钮，进入“明细账”窗口，如图 9-24 所示。从图中可见，1 月 10 日，304 不锈钢板材的结存单价由 180 元调整到 181.25 元。

记账日期:	2024年 月	日	凭证号	摘要 凭证摘要	收发类别	收入 数量	单价	金额	发出 数量	单价	金额	结存 数量	单价	金额
				期初结存								300.00	180.00	54,000.00
2024-01-06	1	6	转 1	采购入库单	采购入库	100.00	180.00	18,000.00				400.00	180.00	72,000.00
2024-01-10	1	10	转 7	0000000000000004	采购入库			500.00				400.00	181.25	72,500.00
				1月合计		100.00		18,500.00	0.00		0.00	400.00	181.25	72,500.00
				本年累计		100.00		18,500.00	0.00		0.00			

图 9-24　明细账查询

5. 审核运费专用发票并制单

根据运费专用发票制单生成如下凭证：

借：在途物资　　500

　应交税费——应交增值税——进项税额　　45

　贷：应付账款——应付货款　　545

任务 4　采购溢余短缺处理

任务下达

以账套主管 701 于美琪的身份进行采购溢余短缺业务处理。

任务解析

在企业的采购业务中，由于运输、装卸等原因，采购的货物会发生短缺毁损，应根据不同情况进行相应的账务处理。

对采购入库单与采购发票进行结算时，如果入库单上的存货数量与发票上的存货数量不一致，即发生了存货的溢余或短缺。

若入库数量大于发票数量，需要在发票的附加栏“合理损耗数量”“非合理损耗数量”“非合理损耗金额”中输入溢余数量、溢余金额，且数量、金额均为负数。系统把多余数量按赠品处理，结果是降低了入库货物的单价。

若入库数量小于发票数量，那么还要分析是合理损耗还是非合理损耗。经分析，如果确定其为合理损耗，则直接计入采购成本，即相应提高入库货物的单位成本；如果确定为非合理损耗，则根据事先定义的非合理损耗类型正确进行核算及处理。结算时，在发票的附加栏“合理损耗数量”“非合理损耗数量”“非合理损耗金额”中输入短缺数量、短缺金额，数量、金额均为正数。

总之，采购结算时，入库货物的发票数量＝结算数量＋合理损耗数量＋非合理损耗数量。

任务指引

1 月 12 日，向鸿飞订购 1 000 个手柄，无税单价 8 元，需求日期为 2024 年 1 月 15 日；双方商定如果在到货后 15 日之内付款可享受 1%折扣，45 天之内付款可享受 0.5%折扣。

1 月 15 日，收到鸿飞发来的手柄以及发票，发票载明手柄 1 000 个，无税单价 8 元，增值税税率为 13%。在验收入库原料时发现破损 50 个，实际入库 950 个。经确认，属于合理损耗。财务部确认本次入库成本。

1 月 18 日，本公司以电汇向鸿飞支付了扣除现金折扣 90.4 元之后的 8 949.6 元货款。

1. 录入采购订单并审核

① 在采购管理系统中，执行“采购订货”|“采购订单”命令，进入“采购订单”窗口。

② 单击“增加”按钮，填制采购订单，注意在订单中输入付款条件。

2. 参照采购订单生成入库单并审核

① 1 月 15 日，在库存管理系统中，执行“入库业务”|“采购入库单”命令，进入“采购入库单”窗口。

② 单击“生单”按钮，参照采购订单生成采购入库单，补充输入仓库，修改入库数量为“950”。

③ 单击“审核”按钮，审核采购入库单。

3. 参照采购订单生成采购专用发票

略。

4. 进行手工采购结算

① 执行“采购结算”|“手工结算”命令，进入“手工结算”窗口。

② 单击“选单”按钮，打开“结算选单”窗口。单击“查询”按钮，打开“查询条件选择”对话框，单击“确定”按钮，返回“结算选单”窗口。

③ 选择要结算的入库单和专用发票，单击“确定”按钮，返回“手工结算”窗口。

④ 在采购发票“合理损耗”一栏输入合理损耗数量“50”，如图 9-25 所示。

⑤ 单击“结算”按钮，系统进行结算处理，完成后系统弹出“完成结算！”信息提示框，单击“确定”按钮返回。

⑥ 执行“采购入库”|“采购入库单”命令，进入“采购入库单”窗口。单击“→|”按钮，查看手柄单价已自动修改为 8.42 元。

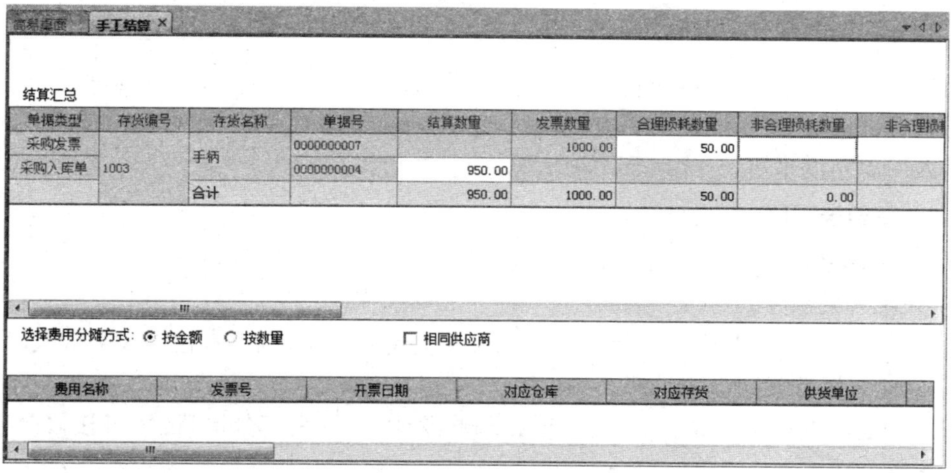

图 9-25　输入合理损耗数量

5. 审核发票，确认应付

略。

6. 采购入库记账并生成凭证

略。

7. 付款结算（考虑现金折扣）

① 1 月 18 日，在应付款管理系统中，录入付款单，付款单金额为 8 949.6 元（＝9 040－90.4）。

② 单击“审核”按钮，生成付款凭证。

③ 在“收付款单录入”界面，单击“核销”按钮，在“单据核销”窗口中自动显示可享受折扣“90.4”，在“本次结算”栏输入“8 949.6”，如图 9-26 所示。

④ 单击“保存”按钮。

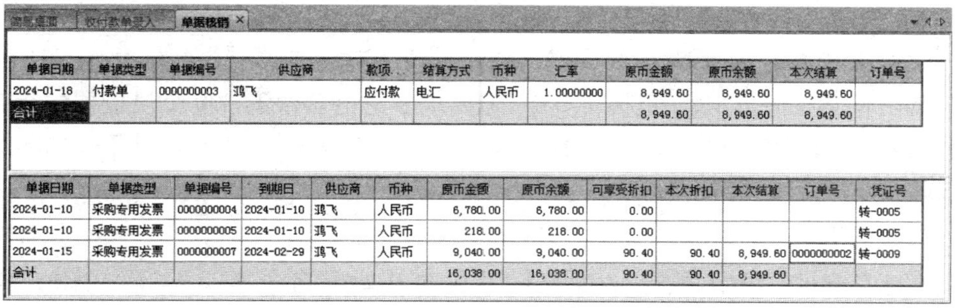

图 9-26　考虑现金折扣的核销

任务 5　采购退货业务处理

任务下达

以账套主管 701 于美琪的身份进行采购退货业务处理。

任务解析

由于材料质量不合格、企业转产等原因，企业可能发生退货业务。针对退货业务发生的不同时机，系统采用了不同的解决方法。

从入库单角度来看，分为以下两种情况。

1. 入库单未记账

已经录入采购入库单，但尚未记入存货明细账。这时又分三种情况：

① 未录入采购发票。

如果是全部退货，则可删除采购入库单；如果是部分退货，则可直接修改采购入库单。

② 已录入采购发票但未结算。

如果是全部退货，可删除采购入库单和采购发票；如果是部分退货，可直接修改采购入库单和采购发票。

③ 已经录入采购发票并执行了采购结算。

若结算后的发票没有付款，此时可取消采购结算，再删除或修改采购入库单和采购发票；若结算后的发票已付款，则必须录入退货单。

2. 入库单已记账

此时无论是否录入采购发票、采购发票是否结算、结算后的采购发票是否付款，都必须录入退货单。

从采购发票的角度来看，分为以下两种情况：

① 采购发票未付款。

当入库单尚未记账时，可直接删除采购入库单和采购发票，已结算的采购发票需先取消结算再删除。当入库单已经记账时，必须录入退货单。

② 采购发票已付款。

此时无论入库单是否记账，都必须录入退货单。

任务指引

1 月 20 日，仓库反映本月 10 日向鸿飞公司采购的温控器有 100 个存在质量问题，经双方协商，对方同意按原价 15 元退回 100 个，但要求菲尼电器付清 300 个温控器的货款。供应商开具红字专用发票一张，发票载明温控器 100 个，无税单价 15 元。财务部以转账支票(票号 9220)形式支付货款。

1. 办理退货出库

① 在库存管理系统中，执行“入库业务”|“采购入库单”命令，进入“采购入库单”窗口。

② 单击“增加”按钮，选中“红字”单选按钮，选择“1002 温控器”，输入数量为“－100”，单击“保存”按钮，再单击“审核”按钮。

2. 收到红字专用发票进行采购结算

① 在采购管理系统中，执行“采购发票”|“红字专用采购发票”命令，进入“专用发票(红字)”窗口。

② 参照红字采购入库单生成红字专用发票，修改原币单价为“15”，单击“保存”按钮。

③ 单击“结算”按钮，对红字入库单和红字专用发票进行自动结算。

3. 审核红字发票并制单

略。

4. 在存货核算系统中对红字入库单记账并生成凭证

略。

5. 支付货款核销应付

① 1 月 20 日，在应付款管理系统中，录入付款单，付款单金额为 5 085 元(=15×300×1.13)。

② 单击“审核”按钮，生成付款凭证。

③ 在“收付款单录入”界面，单击“核销”按钮，在“单据核销”窗口中找到 1 月 10 日采购专用发票，在“本次结算”栏输入“5 085”。

④ 单击“保存”按钮，原币余额为“1 695”，如图 9-27 所示。

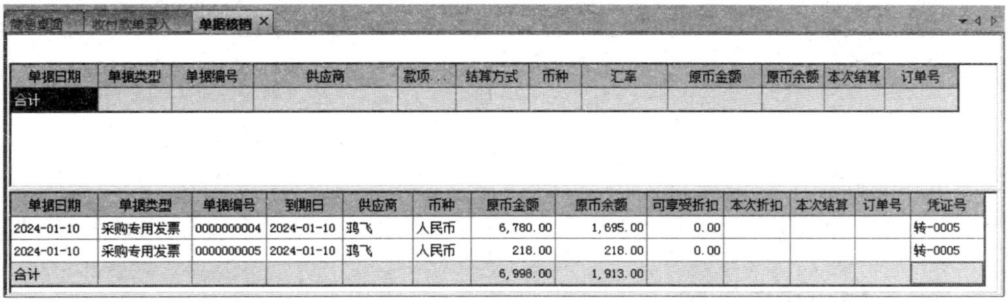

单据日期	单据类型	单据编号	供应商	款项...	结算方式	币种	汇率	原币金额	原币余额	本次结算	订单号
合计											

单据日期	单据类型	单据编号	到期日	供应商	币种	原币金额	原币余额	可享受折扣	本次折扣	本次结算	订单号	凭证号
2024-01-10	采购专用发票	0000000004	2024-01-10	鸿飞	人民币	6,780.00	1,695.00	0.00				转-0005
2024-01-10	采购专用发票	0000000005	2024-01-10	鸿飞	人民币	218.00	218.00	0.00				转-0005
合计						6,998.00	1,913.00					

图 9-27　核销合格温控器的货款

任务 6　预付款处理

任务下达

以账套主管 701 于美琪的身份进行预付款业务处理。

任务解析

预付款是向供应商支付的一种预付性质的货款，同样用付款单进行记录。企业对外付款时需要明确该笔款项是结算供应商货款，还是提前支付供应商的预付款，或者是支付供应商其他费用。用友 U8 用款项类型来区别不同的款项用途。在应付款管理系统录入付款单时，需要指定款项用途。如果一笔付款包含不同用途的款项，则需要在表体记录中分行显示。

任务指引

1 月 20 日，向天翼公司电汇 10 000 元作为预付不锈钢板材新品的订金。

① 执行“付款单据处理”|“付款单据录入”命令，进入“收付款单录入”窗口。

② 单击“增加”按钮，选择供应商为“天翼”、结算方式为“电汇”，输入金额为“10 000”、摘要为“预付新品订金”；在表体第 1 行选择款项类型为“预付款”，单击“保存”按钮，如图 9-

28 所示。

③ 单击“审核”按钮，生成如下付款凭证：

借：预付账款　　10 000

　贷：银行存款——工行存款——人民币户　　10 000

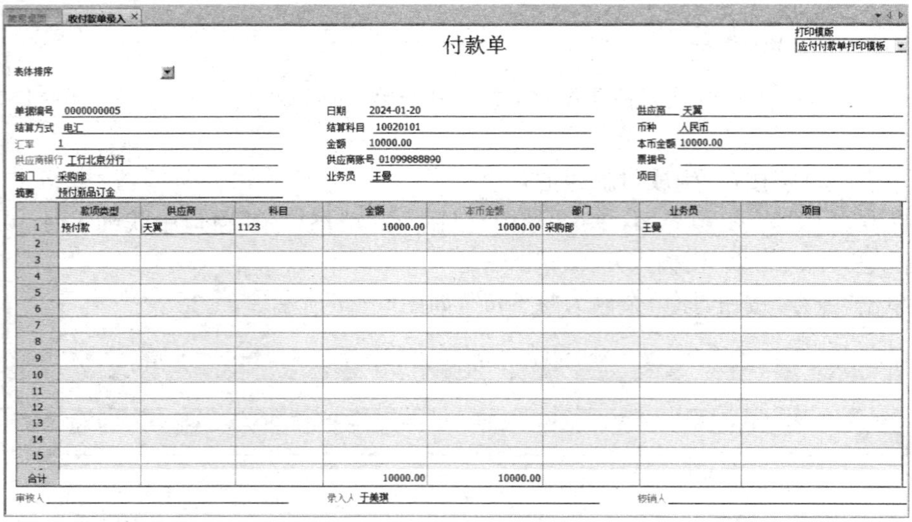

图 9-28　录入预付款性质的付款单

任务 7　签发银行承兑汇票

任务下达

以账套主管 701 于美琪的身份签发银行承兑汇票。

任务解析

企业实际签发银行承兑汇票或商业承兑汇票时，需要在应付款管理系统的票据管理中录入票据，票据保存后会自动生成一张付款单，该付款单可以用来与应付单据进行核销，冲减供应商应付账款。

任务指引

1 月 22 日，向天翼公司签发银行承兑汇票一张，用于支付 1 月 6 日部分货款。票号为 2121，票面金额为 20 000 元，到期日为 2024 年 1 月 31 日。

① 在应付款管理系统中，执行“票据管理”命令，打开“查询条件选择”对话框，单击“确定”按钮，进入“票据管理”窗口。

② 单击“增加”按钮，进入“应付票据”窗口。

③ 选择票据类型为“银行承兑汇票”，在“票据编号”栏录入“2121”，选择结算方式为“银行承兑汇票”，在“收到日期”与“出票日期”栏录入“2024-01-22”，在“到期日”栏录入“2024-01-31”，在录入“北京天翼不锈钢有限公司”“出票人账号”栏录入“110432577778”，在“收款人”栏录入“北京天翼不锈钢有限公司”，在“金额”栏录入“20 000”，如图 9-29 所示。

应付票据

打印模版组 30657 商业汇票打印模版

商业汇票

银行名称　　票据类型 银行承兑汇票

方向 付款　票据编号 2121　结算方式 银行承兑汇票

收到日期 2024-01-22　出票日期 2024-01-22　到期日 2024-01-31

出票人 北京菲尼电器有限公司　出票人账号 110432577178　付款人银行 中国工商银行昌平支行

收款人 北京天翼不锈钢有限公司　收款人账号 01099888890　收款人开户银行 工行北京分行

币种 人民币　金额 20000.00　票面利率 0.00000000

汇率 1.000000　付款行行号　付款行地址

背书人　背书金额　备注

业务员 王曼　部门 采购部　票据摘要

交易合同号码　制单人 于美琪

	处理方式	处理日期	贴现银行	被背书人	贴现率	利息	费用	处理金额
1								
2								
3								
4								
5								
6								
合计								

图 9-29　填制商业汇票

④ 单击“保存”按钮。

提醒

- 保存一张商业承兑汇票后，系统会自动生成一张付款单。这张付款单还需经过审核之后才能生成记账凭证。
- 由票据生成的付款单不能修改。

⑤ 在应付款管理系统中，执行“付款单据处理”|“付款单据审核”命令，对银行承兑汇票生成的付款单进行审核。

⑥ 在应付款管理系统中，执行“制单处理”命令，选择“收付款单制单”，生成转账凭证。

借：应付账款——应付货款　　20 000

　贷：应付票据　　20 000

提醒

如果在应付款管理系统初始设置中设置了结算方式“银行承兑汇票”对应的结算科目为“2201 应付票据”，则生成凭证时该科目自动带入。

任务 8　核销处理

任务下达

以账套主管 701 于美琪的身份进行核销处理。

任务解析

1. 核销方法

用友 U8 提供自动核销和手工核销两种方式。自动核销可对多个供应商进行核销处理；手工核销时一次只能显示一个供应商的单据记录且一次只能对一种收付款单类型进行核销。

2. 核销规则

如果付款单的金额等于应付单据的金额，则付款单与应付单据完全核销；如果付款单的金额小于应付单据的金额，那么只能核销部分应付款；如果付款单的金额大于应付单据的金额，全部核销完成后，余额可留作后续核销；如果事前预付了一部分货款，也可以使用预付款核销应付款。

任务指引

1 月 22 日，用对天翼公司 20 000 元付款核销部分期初应付款。

① 在应付款管理系统中，执行"核销处理"|"手工核销"命令，打开"核销条件"对话框，选择供应商为"天翼"，单击"确定"按钮进入"单据核销"窗口。

② 在 2023 年 10 月 25 日采购专用发票"本次结算"栏输入"20 000"，单击"保存"按钮。关闭返回。

任务 9　转账处理

任务下达

以账套主管 701 于美琪的身份进行转账业务处理。

任务解析

转账处理包括以下几种类型。

1. 应付冲应收

应付冲应收是指用某供应商的应付款冲抵某客户的应收款项。系统通过应付冲应收功能将应付款业务在供应商和客户之间进行转账，可以实现应付业务的调整，解决应付债务与应收债权的冲抵。

2. 应付冲应付

应付冲应付是指将一家供应商的应付款转到另一家供应商中。通过应付冲应付功能可将应付款业务在供应商之间进行转入、转出，实现应付业务的调整，解决应付款业务在不同供应商之间入错户或合并户问题。

3. 预付冲应付

预付冲应付是指处理供应商的预付款和该供应商应付欠款的转账核销业务，即某一个供应商有预付款时，可用该供应商的一笔预付款冲其一笔应付款。

4. 红票对冲

红票对冲可实现某供应商的红字应付单与其蓝字应付单、付款单与收款单之间的冲抵。

例如，当发生退票时，用红字发票对冲蓝字发票。红票对冲通常可以分为系统自动冲销和手工冲销两种处理方式。自动冲销可同时对多个供应商依据红票对冲规则进行红票对冲，提高红票对冲的效率；手工冲销可对一个供应商进行红票对冲，并自行选择红票对冲的单据，提高红票对冲的灵活性。

任务指引

1. 预付冲应付

1 月 25 日，用向天翼公司的预付款 10 000 元冲销 2023 年 10 月 25 日部分应付款。

① 执行“转账”|“预付冲应付”命令，打开“预付冲应付”对话框。

② 选择供应商为“天翼”，单击“过滤”按钮，系统显示未核销完成的付款单列表，在第 1 行付款单的“转账金额”栏输入“10 000”，如图 9-30 所示。

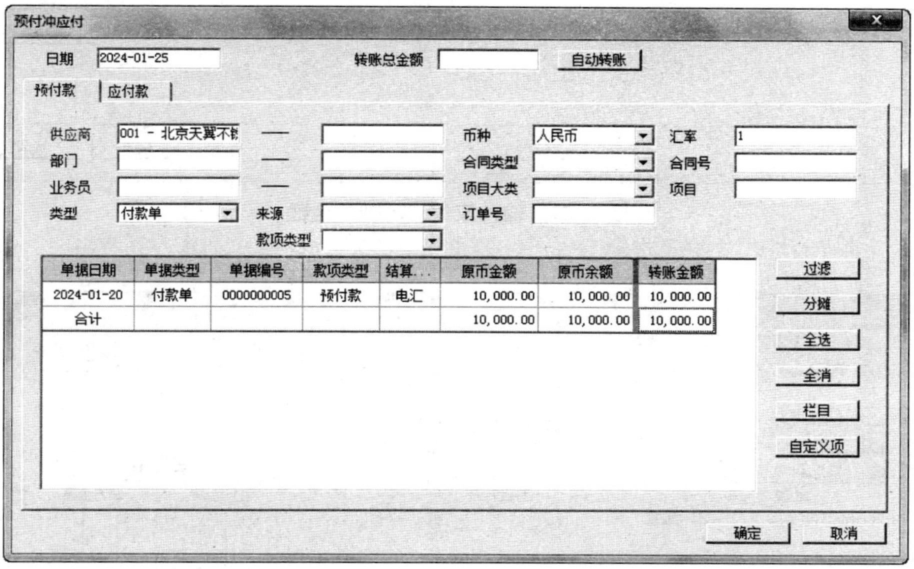

图 9-30　输入预付款的转账金额

③ 单击“应付款”选项卡，再单击“过滤”按钮，系统显示未核销完的应付单据。在采购专用发票的“转账金额”栏输入“10 000”，如图 9-31 所示。

④ 单击“确定”按钮，系统弹出“是否立即制单”信息提示框，单击“是”按钮，生成转账凭证，如图 9-32 所示。

提醒

- 每一笔应付款的转账金额不能大于其余额。
- 应付款的转账金额合计应该等于预付款的转账金额合计。

2. 红票对冲

1 月 25 日，用鸿飞公司退货开来的红字专用发票冲掉购货时开具的蓝字发票，金额为 1 695 元。

① 执行“转账”|“红票对冲”|“手工对冲”命令，打开“红票对冲条件”对话框。

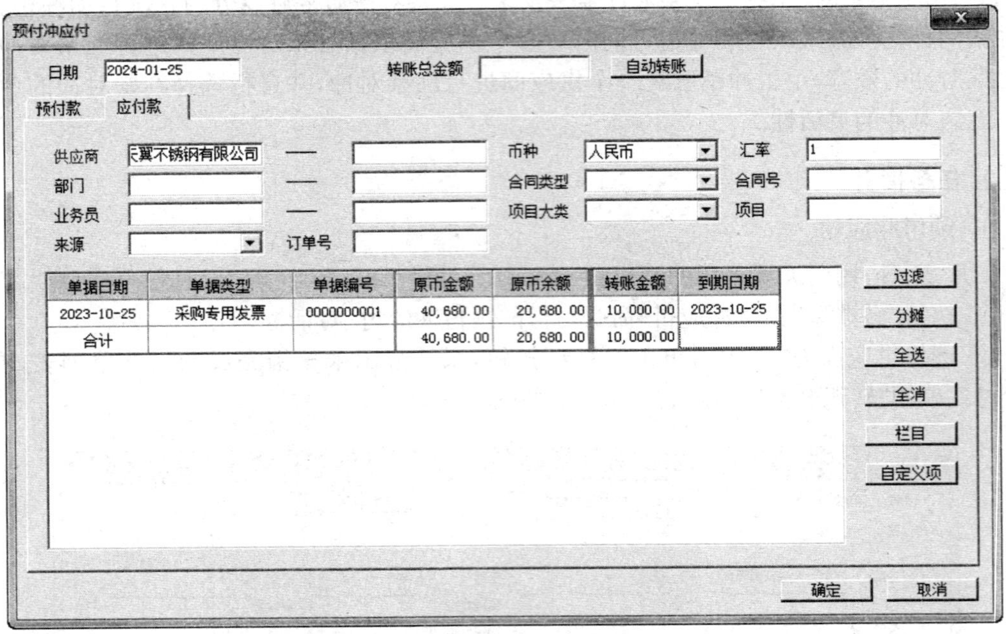

图 9-31　输入应付款的转账金额

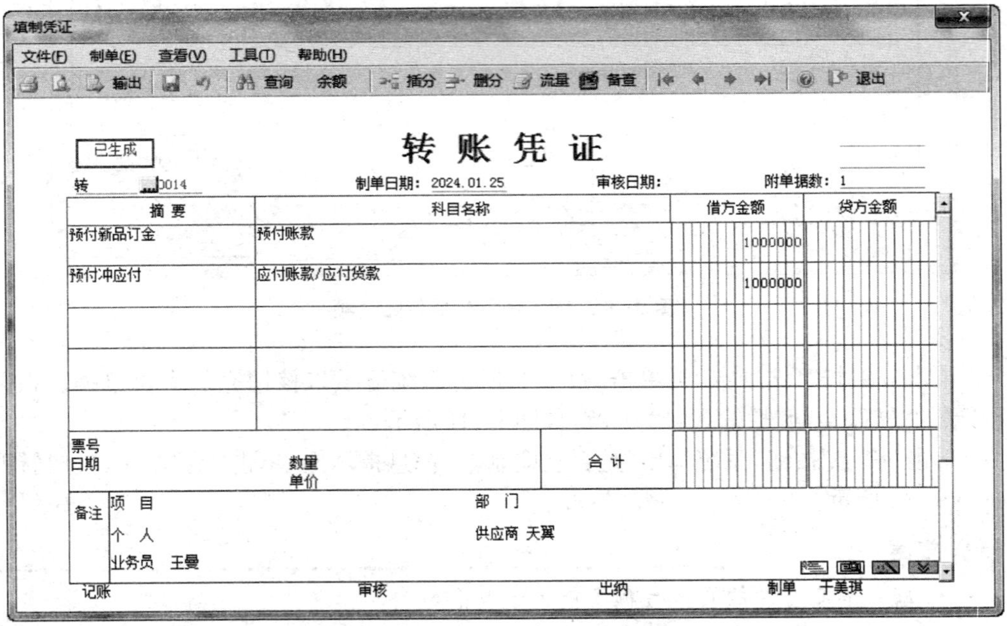

图 9-32　预付冲应付生成凭证

② 选择供应商为“鸿飞”，单击“确定”按钮，进入“红票对冲”窗口。

③ 在窗口下方对应的采购专用发票的“对冲金额”栏输入“1 695”，如图 9-33 所示，单击“保存”按钮。

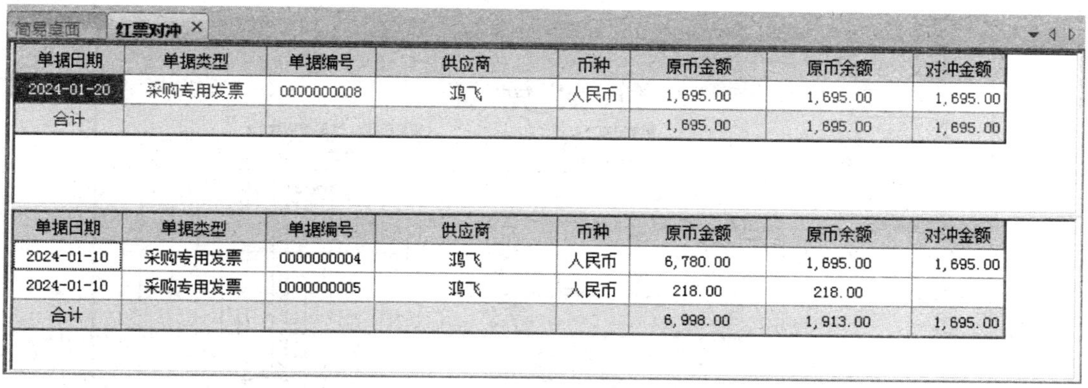

单据日期	单据类型	单据编号	供应商	币种	原币金额	原币余额	对冲金额
2024-01-20	采购专用发票	0000000008	鸿飞	人民币	1,695.00	1,695.00	1,695.00
合计					1,695.00	1,695.00	1,695.00

单据日期	单据类型	单据编号	供应商	币种	原币金额	原币余额	对冲金额
2024-01-10	采购专用发票	0000000004	鸿飞	人民币	6,780.00	1,695.00	1,695.00
2024-01-10	采购专用发票	0000000005	鸿飞	人民币	218.00	218.00	
合计					6,998.00	1,913.00	1,695.00

图 9-33　转账处理—红票对冲

任务 *10*　票据结算

任务下达

以账套主管 701 于美琪的身份进行票据结算处理。

任务解析

在应付款管理系统的票据管理中,可以对已签发的票据进行计息、贴现、转出、结算、背书等处理。

任务指引

1 月 31 日,将 1 月 22 日向天翼公司签发的银行承兑汇票进行结算。

① 在应付款管理系统中,执行“票据管理”命令,打开“查询条件选择”对话框。

② 单击“确定”按钮,进入“票据管理”窗口。

③ 选中向天翼签发并承兑的银行承兑汇票(票号 2121)。

④ 单击“结算”按钮,打开“票据结算”对话框。

⑤ 修改结算日期为“2024-01-31”,录入结算金额为“20 000”,在“结算科目”栏录入“10020101”,或单击“结算科目”栏的参照按钮,选择“10020101 人民币户”,如图 9-34 所示。

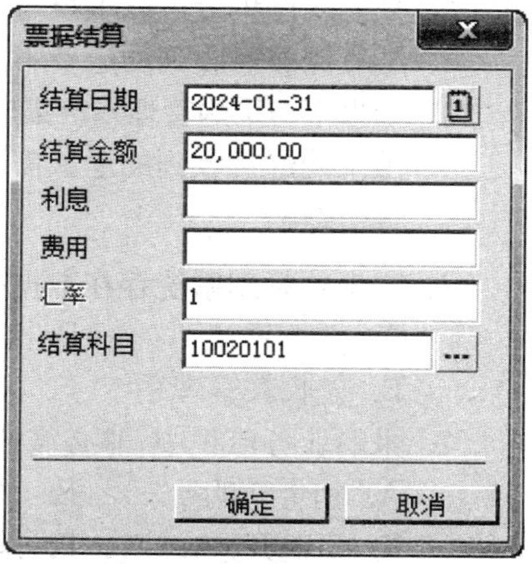

图 9-34　票据结算

⑥ 单击“确定”按钮,系统弹出“是否立即制单”信息提示框,单击“是”按钮,生成付款凭证,如图 9-35 所示。

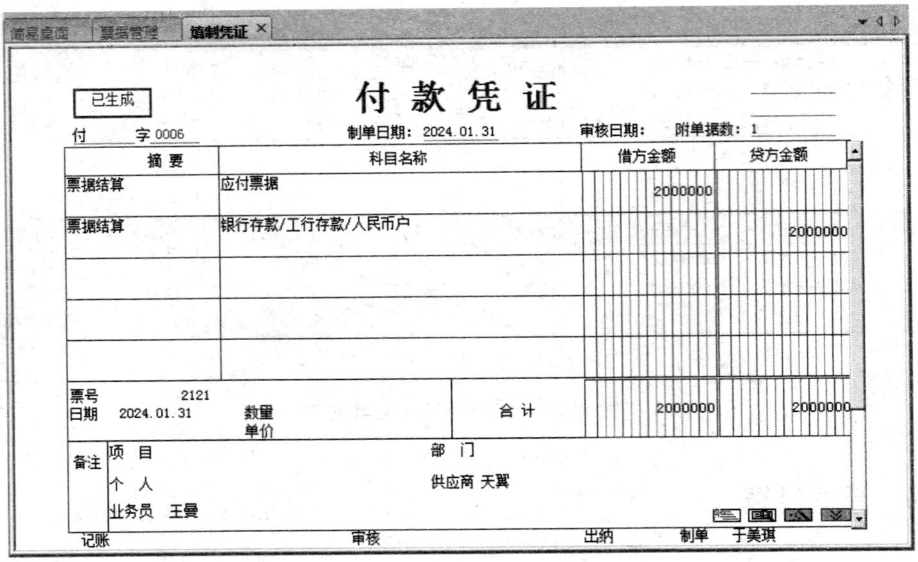

图 9-35　生成票据结算凭证

闯　关

在线测试

一、判断题

1. 采购结算一旦完成不能撤销。（　　）
2. 采购入库单上可以不填写单价。（　　）
3. 结算完成后收到的运费不能再计入采购成本。（　　）
4. 如果不与采购管理系统集成应用，就可以在应付款管理系统中录入采购发票。（　　）
5. 因采购退货收到的退款需要在应收款管理系统中录入收款单。（　　）

二、选择题

1. 与采购管理系统存在数据关联的系统是（　　）。
   A. 总账系统　B. 销售管理系统　C. 库存管理系统　D. 存货核算系统
   E. 应收款管理系统　F. 应付款管理系统
2. 采购业务流程中，非必需的环节是（　　）。
   A. 销售请购　B. 采购订货　C. 采购到货　D. 采购入库
   E. 采购开票　F. 采购结算
3. 在应付款管理系统中，新增一张商业汇票后生成（　　）。
   A. 应付单　B. 预付单　C. 付款单　D. 发票
4. 在应付款管理系统中，转账业务包括（　　）。
   A. 应付冲应付　B. 预付冲应付　C. 应付冲应收　D. 红票对冲
5. 在应付款管理系统中，对应付款管理系统生成的凭证可以进行（　　）。
   A. 修改　B. 删除　C. 审核　D. 记账
   E. 冲销

三、思考题

1. 核销的含义是什么？
2. 如何理解红字回冲单和蓝字回冲单？
3. 应付款管理系统生成了哪些凭证传递给总账系统？
4. 采购运费是如何计入采购成本的？
5. 采购现付与普通采购有何区别？

四、实操题

1. 请设置结算方式“银行承兑汇票”的自动科目为“2201 应付票据”。
2. 请进行应付款管理系统月末结账。

项目10

销售与应收款管理

知识目标：

1. 了解销售管理系统的功能。
2. 熟悉普通销售业务的处理流程。
3. 了解委托代销、分期收款、直运等业务类型。
4. 了解应收款管理系统的功能。
5. 了解坏账处理的相关内容。

技能目标：

1. 掌握普通销售业务全流程业务环节处理。
2. 掌握委托代销、分期收款、直运业务处理。
3. 掌握预收款业务处理。
4. 掌握收款及核销处理。
5. 掌握各类转账业务处理。

项目背景

与采购业务相比，销售业务是直接为企业带来收入的关键业务环节，销售业务类型也较采购业务类型更为丰富。销售成本的核算与所选择的存货核算方法和销售成本核算方法有关。如果大家通过项目 9 的学习对业务流程已经建立了一定认知，那么对销售与应收款管理的业务流程也会触类旁通。

基本知识

10.1 认识销售管理系统

10.1.1 销售管理系统的主要功能

1. 销售管理系统初始化设置

销售管理系统初始化设置包括设置销售管理系统业务处理所需要的各种业务选项、基础档案信息及销售期初数据。

2. 销售业务管理

销售业务管理主要处理销售报价、销售订货、销售发货、销售开票、销售调拨、销售退回、发货折扣、委托代销、零售等业务，并根据审核后的发票或发货单自动生成销售出库单，处理随同货物销售所发生的各种代垫费用，以及在货物销售过程中发生的各种销售支出。

在销售管理系统中，可以处理普通销售、委托代销、直运、分期收款销售、销售调拨及零售等业务类型。

3. 销售账簿及销售分析

销售管理系统提供各种销售明细账、销售明细表及各种统计表，还提供各种销售分析及综合查询统计分析。

10.1.2 支持的销售业务类型

销售业务分为普通销售业务、分期收款销售业务、委托代销业务、直运业务和零售业务。最为常见的是普通销售业务。

1. 普通销售业务

普通销售业务模式适用于大多数企业的日常销售业务。它与其他系统一起，提供对销售报价、销售订货、销售发货、销售出库、销售开票、销售收款结算、结转销售成本全过程的处理。用户也可以根据企业的实际业务应用，结合本系统对销售流程进行灵活配置。

普通销售业务按照发货和开票的先后顺序，可分为先发货后开票和开票直接发货两种。

2. 分期收款销售业务

分期收款销售业务类似于委托代销业务，货物提前发给客户，分期收回货款，收入与成本按照收款情况分期确定。分期收款销售的特点是一次发货，当时不确定收入，分次确定收入，在确定收入的同时配比性地结转成本。

3. 委托代销业务

委托代销业务是企业将商品委托他人进行销售但商品所有权仍归本企业的销售方式。委托代销商品销售后，受托方与企业进行结算，并开具正式的销售发票，形成销售收入，商品所有权转移。

4. 直运业务

直运业务是产品无须入库即可完成的购销业务。它由供应商直接将商品发给企业的客户，结算时由购销双方分别与企业结算，企业赚取购销间的差价。

5. 零售业务

零售业务是处理商业企业将商品销售给零售客户的销售业务。如果企业有零售业务，相应的销售票据应按日汇总数据，然后通过零售日报进行处理。这种业务常见于商场、超市及企业的各零售店。

10.1.3 销售收款的几种类型

按照收款时间与销售出库的先后，收款结算分为3种情况：在销售货物之前收款称为预收；开具发票的同时收款称为现结；开具发票之后收款称为赊销。3种情况下的处理略有不同。

1. 预收

采用预收方式时，在应收款管理系统中填制收款单，款项类型指定为预收款。该预收款未来可以用来核销应收款。

预收货款时，对收款单审核制单，生成的凭证如下：

借：银行存款
　　贷：预收账款

用预收款冲销应收款后，生成的凭证如下：

借：预收账款
　　贷：应收账款

2. 现结

采用现结方式时，在“销售专用发票”界面直接单击“现结”按钮，填写结算方式和金额。现结发票审核制单生成的凭证如下：

借：银行存款
　　贷：主营业务收入
　　　　应交税费——应交增值税——销项税额

3. 赊销

采用赊销方式时，对销售专用发票审核后生成的凭证如下：

借：应收账款
　　贷：主营业务收入
　　　　应交税费——应交增值税——销项税额

收到客户货款时，在应收款管理系统中填制收款单，审核后生成的凭证如下：

借：银行存款
　　贷：应收账款

10.2 认识应收款管理系统

10.2.1 应收款管理系统的主要功能

应收款管理系统主要实现对企业与客户往来账款进行核算与管理。在应收款管理系统中以销售发票、其他应收单等原始单据为依据，记录销售业务及其他业务形成的应收款项，处理应收款项的收款、核销等情况，并提供票据处理的功能。

1. 应收款管理系统初始化设置

应收款管理系统初始化设置包括系统参数设置、基础信息设置和期初数据录入。

2. 应收单据处理

应收单据处理包括应收单据录入和应收单据审核。

(1) 应收单据录入

应收单据包括销售发票和其他应收单，是确认应收账款的主要依据。销售发票是企业向客户销售产品的证明，其他应收单用于记录销售货物之外所发生的各种其他应收款项。如果应收款管理系统和销售管理系统集成应用，那么销售发票在销售管理系统中录入，在应收款管理系统中仅进行审核。

(2) 应收单据审核

单据审核是在单据保存后对单据的正确性进行审核确认。单据输入后必须经过审核才能进行制单。审核人和制单人可以是同一个人。

3. 收款单据处理

收款单据处理包括收款单据录入和收款单据审核。

(1) 收款单据录入

应收款管理系统的收款单用来记录企业所收到的客户款项，款项性质包括应收款、预收款、其他费用等。其中，应收、预收性质的收款单将与发票、应收单、付款单进行核销处理。

应收款管理系统的付款单用来记录发生销售退货时，企业开具的退付给客户的款项。该付款单可与应收、预收性质的收款单、红字应收单、红字发票进行核销处理。

(2) 收款单据审核

只有审核后的单据才允许进行核销、制单等处理。

4. 核销处理

单据核销的主要作用是解决收回客户款项核销该客户应收款的处理，建立收款与应收款的核销记录，监督应收款及时核销，加强往来款项的管理。

5. 票据管理

票据管理主要对银行承兑汇票和商业承兑汇票进行管理。当用户收到银行承兑汇票或商业承兑汇票时，应将该汇票在应收款管理系统的票据管理中录入。系统会自动根据票据生成一张收款单，用户可以对收款单进行查询，并可以与应收单据进行核销勾对，冲减客户应收账款。在票据管理中，还可以对该票据进行计息、贴现、转出、结算、背书等处理。

6. 转账处理

转账处理是指对在日常业务处理中经常发生的应收冲应付、应收冲应收、预收冲应收及红票对冲的业务处理。

7. 坏账处理

所谓坏账，是指购货方因某种原因不能付款，造成货款不能收回的信用风险。坏账处理就是对坏账采取的措施，主要包括计提坏账准备、坏账发生、坏账收回、生成输出催款单等。

8. 信息查询和统计分析

信息查询和统计分析是指用户对信息的查询以及在各种查询结果的基础上所进行的各项分析。一般查询包括单据查询、凭证查询及账款查询等。统计分析包括欠款分析、账龄分析、综合分析及收款预测分析等，以便用户及时发现问题，加强对往来款项动态的监督管理。

(1) 凭证查询

通过凭证查询可以查看、修改、删除、冲销应收款管理系统传递到总账系统中的凭证。同时，还可查询凭证对应的原始单据。

(2) 单据查询

单据查询包括对发票、应收单及结算单的查询。既可以查询已经审核的各类型应收单据的收款情况、结余情况，也可以查询结算单的使用情况。

(3) 业务账表查询

可以进行业务总账、业务明细账、业务余额表和对账单的查询，并可以实现总账、明细账、单据之间的联查。

通过业务账表查询可以查看客户、客户分类、地区分类、部门、业务员、客户总公司、主管业务员、主管部门在一定期间所发生的应收、收款及余额情况。

(4) 业务账表分析

业务账表分析是应收款管理系统的一项重要功能，对于资金往来比较频繁、业务量和业务金额比较大的企业，业务账表分析功能能更好地满足企业的需要。业务账表分析功能主要包括应收账款的账龄分析、收款账龄分析、欠款分析、收款预测等。

9. 期末处理

期末处理指用户在月末进行的结算汇兑损益及月末结账工作。如果企业有外币往来，则在月末需要计算外币单据的汇兑损益并对其进行相应的处理；如果当月业务已全部处理完毕，则需要执行月末结账处理，只有月末结账后，才可以开始下月的工作。月末处理主要包括汇兑损益结算和月末结账。

10.2.2 应收款管理系统与其他系统的主要关系

对客户应收款项核算和管理的程度不同，其系统功能、接口、操作流程等均不相同。在此以在应收款管理系统核算客户往来款项为例，介绍应收款管理系统与其他系统的主要关系，如图 10-1 所示。

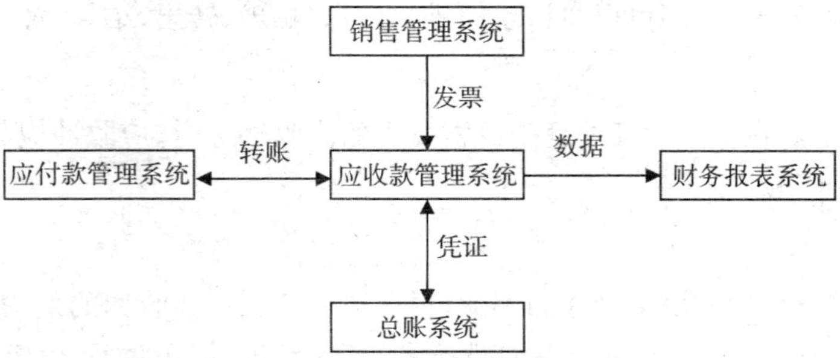

图 10-1 应收款管理系统与其他系统的主要关系

10.2.3 企业应收款管理系统的应用方案

与项目 9 企业应付款管理系统的应用方案相似，从应收款管理的角度，企业可能的应用方案有以下 3 种：

① 如果企业只购买了总账系统，那么利用总账系统中的客户往来辅助核算管理应收款项。

② 如果企业配置了总账系统＋应收款管理系统，那么在应收款管理系统中核算供应商往来款项。

③ 如果企业选购了总账系统、应收款管理系统和销售管理系统，那么开具的销售发票在销售管理系统中录入，在应收款管理系统中对销售发票进行审核和制单处理。

实训任务

提醒

请以系统管理员的身份在系统管理中引入“供应链初始化”账套。

任务 1　先发货后开票的普通销售业务

任务下达

以账套主管 701 于美琪的身份进行先发货后开票普通销售业务处理。

任务解析

本例是先发货后开票的普通销售业务，业务流程如图 10-2 所示。

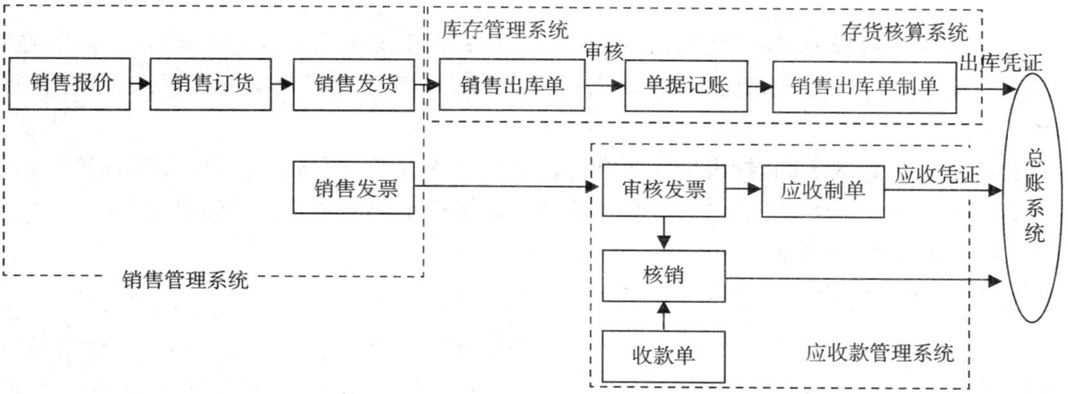

图 10-2　先发货后开票业务模式的业务流程

1. 销售报价

销售报价，即企业向客户提供货品、规格、价格、结算方式等信息，双方达成协议后，销售报价单可以转为有效力的销售合同或销售订单。企业可以针对不同客户、不同存货、不同批量提出不同的报价、折扣率。在销售业务流程中，销售报价环节是可省略的。

2. 销售订货

销售订货处理是指企业与客户签订销售合同，在销售管理系统中体现为销售订单。若客户经常采购某产品或客户是本企业的经销商，则销售部门无须经过报价环节即可输入销售订单；如果前面已有对客户的报价，则也可以参照报价单生成销售订单。在销售业务流程中,订货环节也是可选的。

已审核未关闭的销售订单可以参照生成销售发货单或销售发票。

3. 销售发货

当客户订单交期来临时,相关人员应根据订单进行发货。销售发货是企业执行与客户签订的销售合同或销售订单,将货物发给客户的行为,是销售业务的执行阶段。除了根据销售订单发货外,销售管理系统也有直接发货的功能,即无须事先录入销售订单随时可以将产品发给客户。在销售业务流程中,销售发货处理是必需的。

先发货后开票模式中发货单由销售部门根据销售订单填制或手工输入,客户通过发货单取得货物所有权。发货单审核后,可以生成销售发票和销售出库单。开票直接发货模式中发货单由销售发票自动生成,发货单只做浏览,不能进行修改、删除、弃审等操作,但可以关闭、打开;销售出库单根据自动生成的发货单生成。

参照订单发货时,一张订单可多次发货,多张订单也可一次发货。如果不设置超订量发货控制,可以超销售订单数量发货。

4. 销售开票

销售开票是在销售过程中企业给客户开具销售发票及其所附清单的过程。它是销售收入确定、销售成本计算、应交销售税金确定和应收账款确定的依据,是销售业务的必要环节。

销售发票既可以直接填制,也可以参照销售订单或销售发货单生成。参照发货单开票时,既可以多张发货单汇总开票,也可以一张发货单拆单生成多张销售发票。

5. 销售出库

销售出库是销售业务处理的必要环节,在库存管理系统中用于存货出库数量核算,在存货核算系统中用于存货出库成本核算(如果存货核算系统中销售成本的核算选择依据销售出库单)。

根据参数设置的不同,销售出库单既可以在销售管理系统生成,也可以在库存管理系统生成。如果由销售管理系统生成出库单,只能一次销售全部出库;而由库存管理系统生成销售出库单,可实现一次销售分次出库。

6. 出库成本核算

销售出库(开票)之后,要进行出库成本的确定。对于用先进先出、后进先出、移动平均、个别计价这 4 种计价方式计价的存货,在存货核算系统进行单据记账时进行出库成本核算;而用全月平均、计划价/售价法计价的存货在期末处理时进行出库成本核算。

7. 应收款确定及收款处理

及时进行应收款确定及收款处理是财务核算工作的基本要求,由应收款管理系统完成。应收款管理系统主要完成对由经营业务转入的应收款项的处理,提供各项应收款项的相关信息,以明确应收款款项来源,有效掌握收款核销情况,提供适时的催款依据,提高资金周转率。

任务指引

2024 年 1 月 2 日,唯品预购买全钢热水壶 200 把,向销售部询价,销售部报价为 120 元(无税单价)。

该客户确认订购数量及价格，要求当日发货。

1 月 2 日，销售部从成品库发货，并开具专用销售发票一张。财务部门确认收入结转成本。

1 月 5 日，财务部收到唯品电汇货款，共计 30 000 元，余款作为预收款。

1. 销售报价

① 在销售管理系统中，执行“销售报价”|“销售报价单”命令，进入“销售报价单”窗口。

② 单击“增加”按钮，输入报价日期为“2024-01-02”、销售类型为“批发”、客户简称为“唯品”，在表体中选择货物名称为“2001 全钢热水壶”，输入数量为“200”、无税单价为“120”。

③ 单击“保存”按钮，再单击“审核”按钮，保存并审核报价单，如图 10-3 所示。

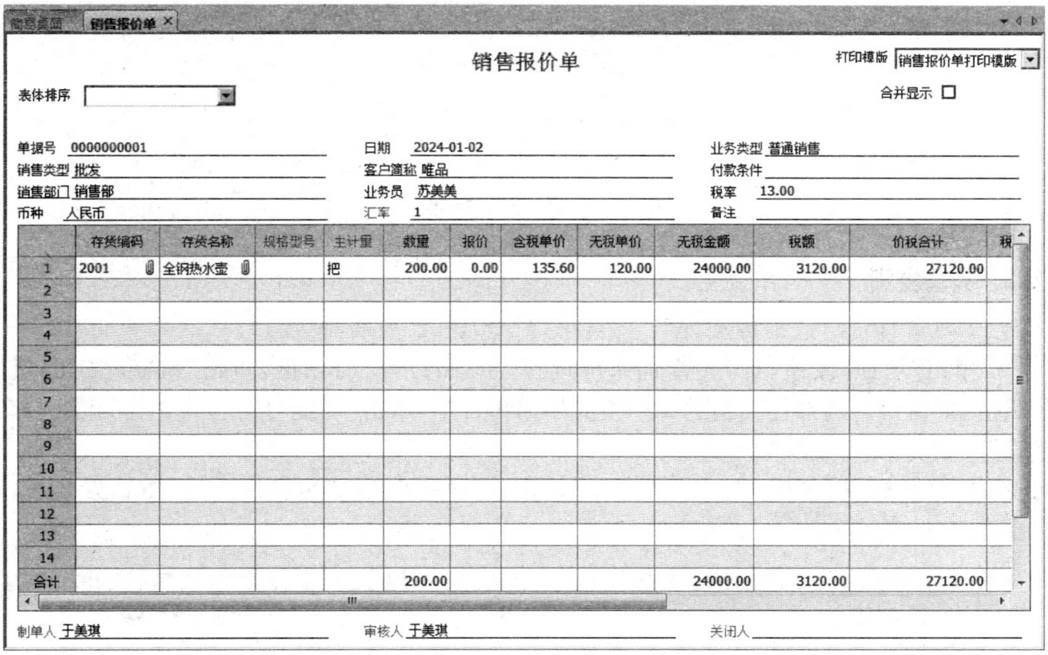
销售报价单

打印模版 销售报价单打印模版

表体排序

合并显示

单据号 0000000001　日期 2024-01-02　业务类型 普通销售

销售类型 批发　客户简称 唯品　付款条件

销售部门 销售部　业务员 苏美美　税率 13.00

币种 人民币　汇率 1　备注

	存货编码	存货名称	规格型号	主计量	数量	报价	含税单价	无税单价	无税金额	税额	价税合计	税
1	2001	全钢热水壶		把	200.00	0.00	135.60	120.00	24000.00	3120.00	27120.00	
2												
3												
4												
5												
6												
7												
8												
9												
10												
11												
12												
13												
14												
合计					200.00				24000.00	3120.00	27120.00	

制单人 于美琪　审核人 于美琪　关闭人

图 10-3　销售报价单

提醒

在“设置”|“销售选项”中，可以设置报价是否含税，系统默认报价含税。

2. 销售订货

① 执行“销售订货”|“销售订单”命令，进入“销售订单”窗口。

② 单击“增加”按钮，再单击“生单”按钮右侧的下三角按钮，从列表中选择“报价”，打开“查询条件选择—订单参照报价单”对话框。

③ 单击“确定”按钮，进入“参照生单”窗口，选择任务指引 1 中录入的报价单，从下边窗口中选择要参照的记录行，单击“确定”按钮，将报价单的相关信息带入销售订单。

④ 修改销售订单表体中第 1 行末“预发货日期”为“2024-01-02”。

⑤ 单击“保存”按钮，再单击“审核”按钮，保存并审核销售订单，如图 10-4 所示。

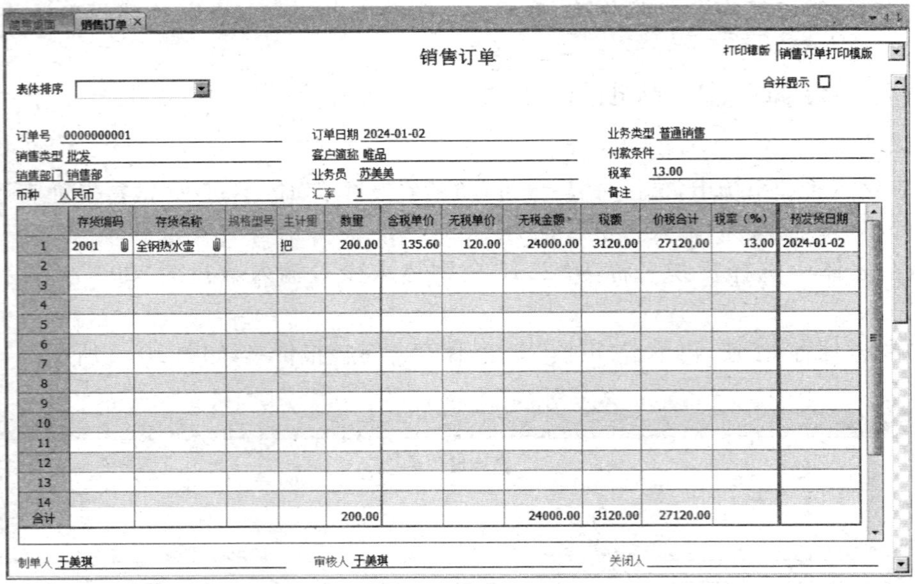
简易桌面 销售订单

销售订单

打印模版 销售订单打印模版

表体排序

合并显示

订单号 0000000001　订单日期 2024-01-02　业务类型 普通销售

销售类型 批发　客户简称 唯品　付款条件

销售部门 销售部　业务员 苏美美　税率 13.00

币种 人民币　汇率 1　备注

	存货编码	存货名称	规格型号	主计量	数量	含税单价	无税单价	无税金额	税额	价税合计	税率（%）	预发货日期
1	2001	全钢热水壶		把	200.00	135.60	120.00	24000.00	3120.00	27120.00	13.00	2024-01-02
2												
3												
4												
5												
6												
7												
8												
9												
10												
11												
12												
13												
14												
合计					200.00			24000.00	3120.00	27120.00		

制单人 于美琪　审核人 于美琪　关闭人

图 10-4　销售订单

3. 销售发货

① 1 月 2 日，执行“销售发货”|“发货单”命令，进入“发货单”窗口。

② 单击“增加”按钮，打开“查询条件选择—参照订单”对话框，单击“确定”按钮，进入“参照生单”窗口。选择任务指引 2 中生成的销售订单，单击“确定”按钮，将销售订单的相关信息带入发货单。

③ 选择仓库为“成品库”，单击“保存”按钮，再单击“审核”按钮，保存并审核发货单，如图 10-5 所示。

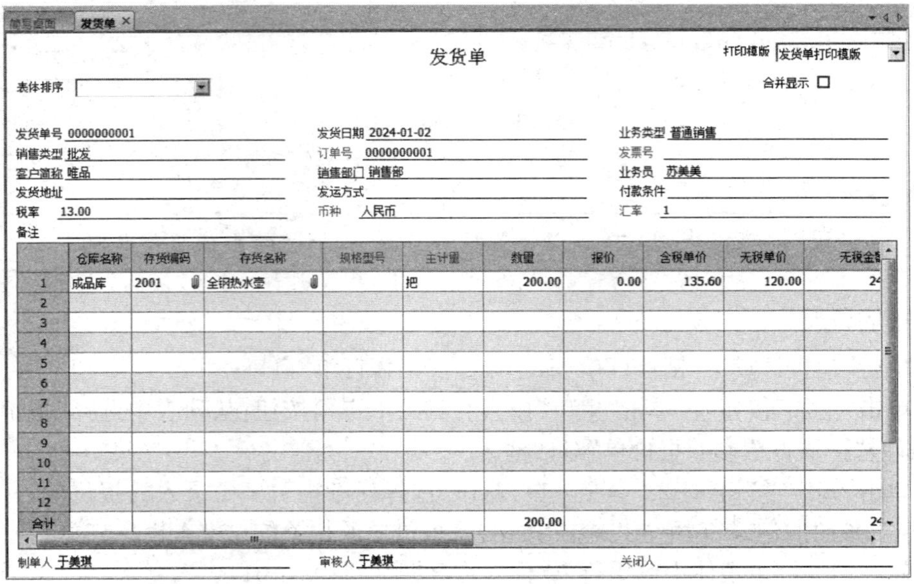
简易桌面 发货单

发货单

打印模版 发货单打印模版

表体排序

合并显示

发货单号 0000000001　发货日期 2024-01-02　业务类型 普通销售

销售类型 批发　订单号 0000000001　发票号

客户简称 唯品　销售部门 销售部　业务员 苏美美

发货地址　发运方式　付款条件

税率 13.00　币种 人民币　汇率 1

备注

	仓库名称	存货编码	存货名称	规格型号	主计量	数量	报价	含税单价	无税单价	无税金额
1	成品库	2001	全钢热水壶		把	200.00	0.00	135.60	120.00	24
2										
3										
4										
5										
6										
7										
8										
9										
10										
11										
12										
合计						200.00				24

制单人 于美琪　审核人 于美琪　关闭人

图 10-5　发货单

4. 销售开票

① 执行“销售开票”|“销售专用发票”命令，进入“销售专用发票”窗口。

② 单击“增加”按钮，打开“查询条件选择—发票参照发货单”对话框，单击“确定”按钮，进入“参照生单”窗口。

③ 选择要参照的发货单，单击“确定”按钮，将发货单的相关信息带入销售专用发票。

④ 单击“保存”按钮，再单击“复核”按钮，复核销售专用发票，如图 10-6 所示。

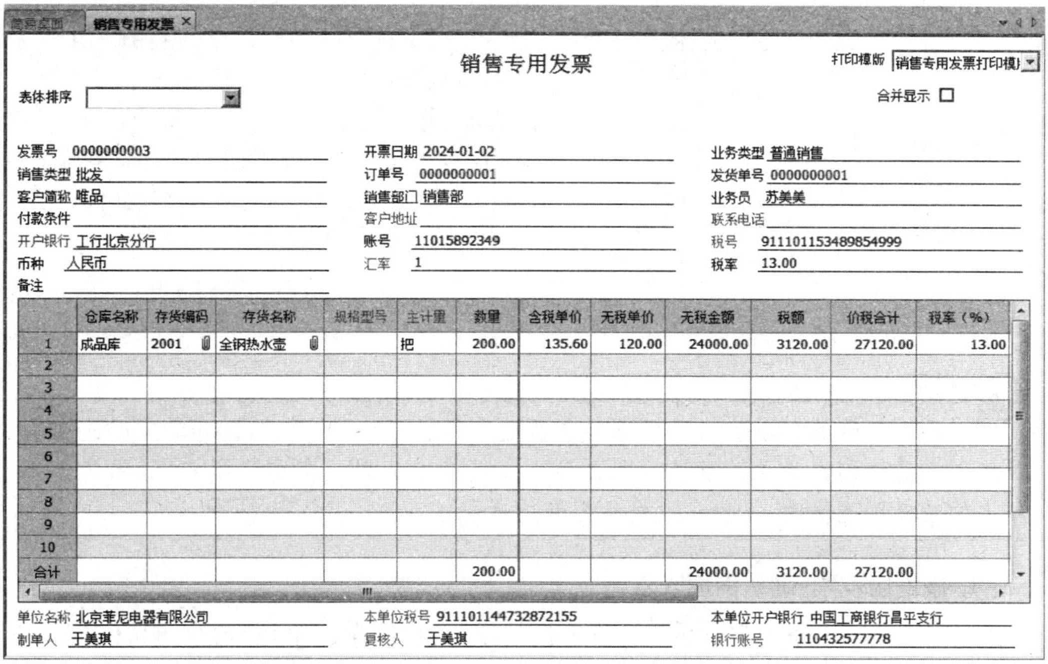

销售专用发票

打印模版 销售专用发票打印模版

表体排序　　合并显示 □

发票号 0000000003　开票日期 2024-01-02　业务类型 普通销售

销售类型 批发　订单号 0000000001　发货单号 0000000001

客户简称 唯品　销售部门 销售部　业务员 苏美美

付款条件　客户地址　联系电话

开户银行 工行北京分行　账号 11015892349　税号 911101153489854999

币种 人民币　汇率 1　税率 13.00

备注

	仓库名称	存货编码	存货名称	规格型号	主计量	数量	含税单价	无税单价	无税金额	税额	价税合计	税率（%）
1	成品库	2001	全钢热水壶		把	200.00	135.60	120.00	24000.00	3120.00	27120.00	13.00
2												
3												
4												
5												
6												
7												
8												
9												
10												
合计						200.00			24000.00	3120.00	27120.00	

单位名称 北京菲尼电器有限公司　本单位税号 911101144732872155　本单位开户银行 中国工商银行昌平支行

制单人 于美琪　复核人 于美琪　银行账号 110432577778

图 10-6　销售专用发票

提醒

• 销售发票既可参照订单或发货单生成，也可直接填制。本例在销售管理系统的选项设置中已设置新增发票默认参照发货，因此新增发票时默认参照发货单。

• 既可选择多张发货单开具一张销售发票，也可以一张发货单分次开票。分次开票时注意参照发货单生成发票时要修改发票上的数量。

5. 销售出库

① 在库存管理系统中，执行“出库业务”|“销售出库单”命令，进入“销售出库单”窗口。

② 单击“➡|”按钮，找到根据发货单生成的销售出库单，单击“审核”按钮，系统弹出“该单据审核成功！”信息提示框，单击“确定”按钮，如图 10-7 所示。

③ 关闭返回。

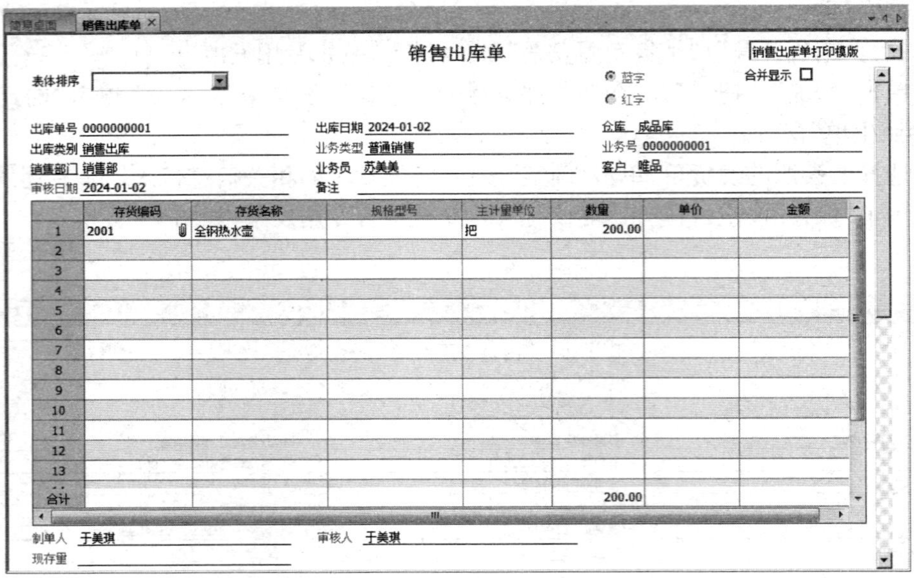

图 10-7　销售出库

提醒

本例在销售管理系统的选项设置中已选中“销售生成出库单”复选框，因此在销售管理系统填制发货单并审核后即自动生成销售出库单。在这种模式下，销售出库单上的数量不能修改，只能一次发货全部出库。

6. 审核销售发票，确认销售收入

① 在应收款管理系统中，执行“应收单据处理”|“应收单据审核”命令，打开“应收单查询条件”对话框，单击“确定”按钮，进入“应收单据列表”窗口。

② 选择要审核的单据，单击“审核”按钮，系统弹出“审核结果”信息提示框，单击“确定”按钮返回。

③ 执行“制单处理”命令，打开“制单查询”对话框，选中“发票制单”复选框，单击“确定”按钮，进入“销售发票制单”窗口。

④ 选择凭证类别为“转账凭证”，在工具栏中单击“全选”按钮，选择窗口中的所有单据，单击“制单”按钮，屏幕上出现根据发票生成的转账凭证。

⑤ 修改制单日期，补充输入主营业务收入科目辅助核算项目“全钢热水壶”，单击“保存”按钮，凭证左上角显示“已生成”红字标记，表示已将凭证传递到总账系统，如图 10-8 所示。

提醒

主营业务收入科目设置了项目辅助核算，需要将光标定位在主营业务收入分录行，鼠标指针下移至“备注”区，待鼠标指针的形状变为笔状时双击，弹出“项目辅助核算”输入框，选择项目名称为“全钢热水壶”，否则凭证无法保存。

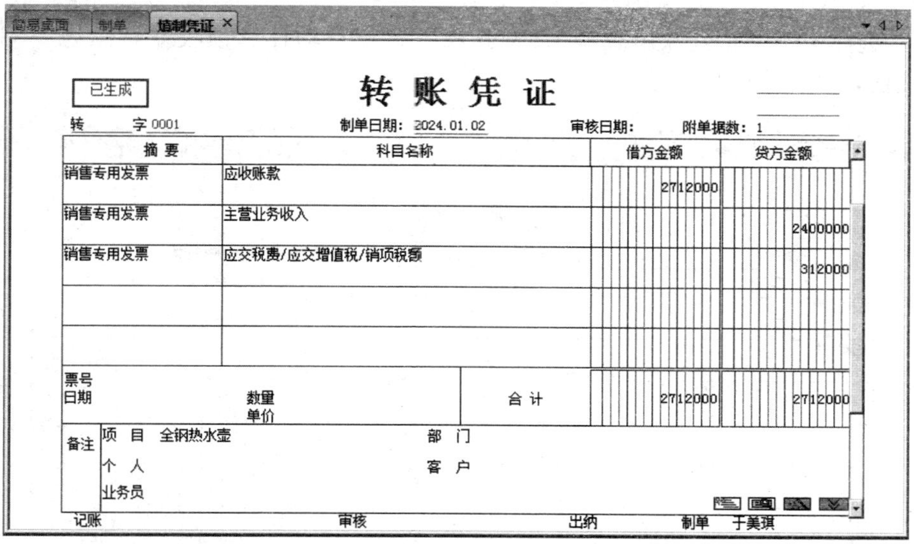

简易桌面 | 制单 | 填制凭证

已生成

转 账 凭 证

转 字 0001 制单日期：2024.01.02 审核日期： 附单据数：1

摘要	科目名称	借方金额	贷方金额
销售专用发票	应收账款	2712000	
销售专用发票	主营业务收入		2400000
销售专用发票	应交税费/应交增值税/销项税额		312000
票号 日期	数量 单价 合计	2712000	2712000

备注 项 目 全钢热水壶 部 门

个 人 客 户

业务员

记账 审核 出纳 制单 于美琪

图 10-8 根据发票生成确认收入凭证

7. 记存货明细账，结转销售成本

① 进入存货核算系统，执行“业务核算”|“正常单据记账”命令，打开“查询条件选择”对话框，单击“确定”按钮，进入“正常单据记账”窗口。

② 单击需要记账的单据前的“选择”栏，出现“Y”标记，或单击工具栏的“全选”按钮，选择所有单据，然后单击工具栏中的“记账”按钮。

③ 系统开始进行单据记账，记账完成后，单据不在窗口中显示。

④ 执行“财务核算”|“生成凭证”命令，进入“生成凭证”窗口。

⑤ 单击“选择”按钮，打开“查询条件”对话框，选择“销售专用发票”，单击“确定”按钮，进入“选择单据”窗口。

⑥ 选择需要生成凭证的单据或在工具栏中单击“全选”按钮，然后单击“确定”按钮，进入“生成凭证”窗口。

⑦ 选择凭证类别为“转 转账凭证”，单击“生成”按钮，系统显示生成的转账凭证。

⑧ 补充输入主营业务成本和库存商品科目辅助核算项目“全钢热水壶”，单击“保存”按钮，凭证左上角显示“已生成”红字标记，表示已将凭证传递到总账系统，如图 10-9 所示。

提醒

在存货核算系统的选项设置中本企业选择了销售成本核算方式按销售发票，即企业根据开具的销售发票进行销售成本结转。另一种销售成本核算方式是按销售出库单。

8. 收款结算，核销应收

① 1 月 15 日，在应收款管理系统中，执行“收款单据处理”|“收款单据录入”命令，进入“收付款单录入”窗口。

② 单击“增加”按钮，选择客户为“唯品”、结算方式为“电汇”，输入结算科目为

"10020101 人民币户"、金额为"30 000"。在表体第 1 行"应收款"类型的金额处输入"27 120"，选择表体第 2 行款项类型为"预收款"，系统自动计算预收款金额为 2 880，单击"保存"按钮，如图 10-10 所示。

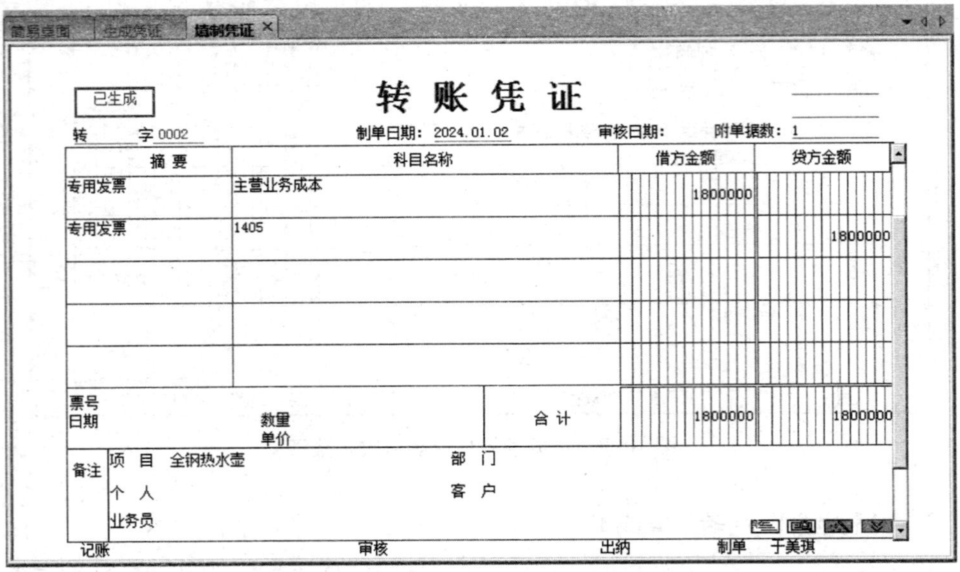

图 10-9　结转成本凭证

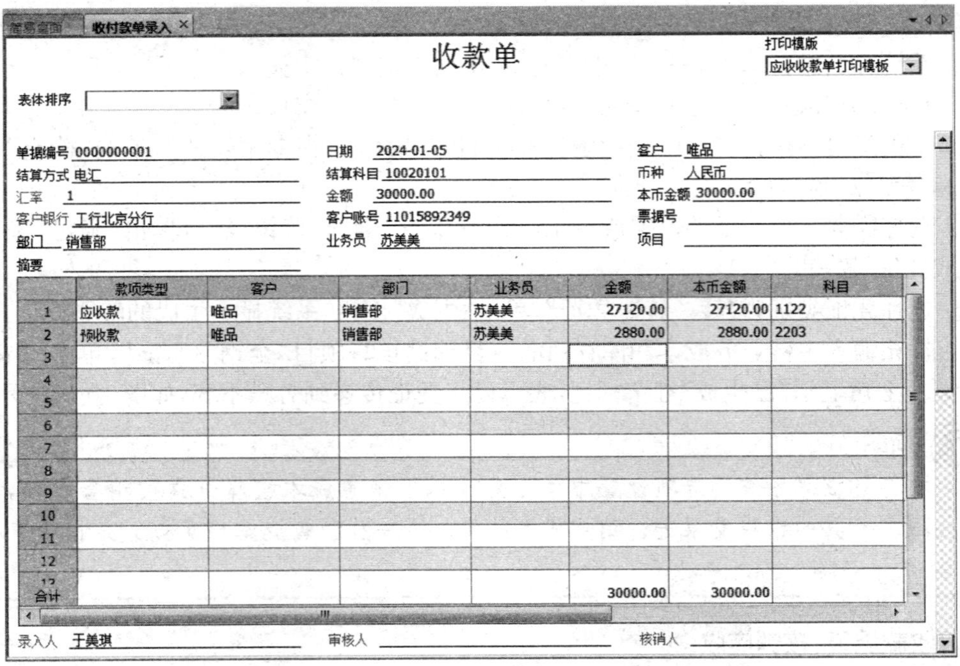

图 10-10　收款单

提醒

收款单上的金额可以等于应收、大于应收或小于应收。收款单金额等于应收金额即完全核销；收款单金额大于应收金额，多出部分需要选择为预收款项性质，预收款将来可以抵销应收款；收款单金额小于应收余额，只能核销部分应收。

③ 单击“审核”按钮，系统弹出“是否立即制单?”信息提示框，单击“是”按钮，保存收款凭证，如图 10-11 所示。

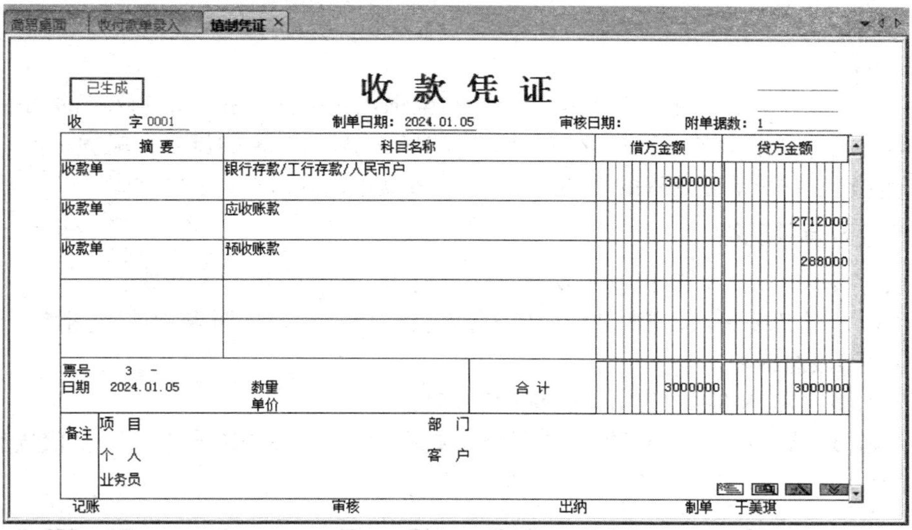

图 10-11　根据收款单生成的收款凭证

④ 关闭“填制凭证”窗口，在“收付款单录入”界面单击“核销”按钮，打开“核销条件”对话框，单击“确定”按钮，进入“单据核销”窗口。窗口上方显示客户唯品的收款情况，窗口下方显示其应收情况，在 1 月 2 日销售专用发票“本次结算”栏输入“27120”，如图 10-12 所示。

单据日期	单据类型	单据编号	客户	款项类型	结算方式	币种	汇率	原币金额	原币余额	本次结算金额	订单号
2024-01-05	收款单	0000000001	唯品	应收款	电汇	人民币	1.00000000	27,120.00	27,120.00	27,120.00	
2024-01-05	收款单	0000000001	唯品	预收款	电汇	人民币	1.00000000	2,880.00	2,880.00		
合计								30,000.00	30,000.00	27,120.00	

单据日期	单据类型	单据编号	到期日	客户	币种	原币金额	原币余额	可享受折扣	本次折扣	本次结算	订单号	凭证号
2023-10-20	销售专用发票	0000000001	2023-10-20	唯品	人民币	226,000.00	226,000.00	0.00				
2024-01-02	销售专用发票	0000000003	2024-01-02	唯品	人民币	27,120.00	27,120.00	0.00	0.00	27,120.00	0000000001	转-0001
合计						253,120.00	253,120.00	0.00		27,120.00		

图 10-12　核销应收

⑤ 单击“保存”按钮，核销完成的单据不再在窗口中显示。

任务 2　先开票后发货(开票直接发货)的普通销售业务

任务下达

以账套主管 701 于美琪的身份进行先开票后发货的普通销售业务处理。

任务解析

与先发货后开票普通销售业务不同，先开票后发货的普通销售业务是以开票为业务起点，开票后发货单和出库单自动生成，出库单需要库管部门审核确认。

任务指引

1 月 8 日，鲁阳公司派采购员到本公司订购全钢热水壶 100 把，双方议定的无税单价为 120 元，本公司开具销售专用发票，对方当即以转账支票付讫，采购员当日提货。

本笔业务为先开票后发货的普通销售业务，收款结算为现结。

1. 销售开票并现结

① 执行“销售开票”|“销售专用发票”命令，进入“销售专用发票”窗口。

② 单击“增加”按钮，系统自动弹出“查询条件选择—发票参照发货单”对话框，单击“取消”按钮，关闭该对话框。

③ 手工输入发票各项内容，单击“保存”按钮。

④ 单击“现结”按钮，打开“现结”对话框，选择结算方式为“转账支票”，全额支付，如图 10-13 所示。

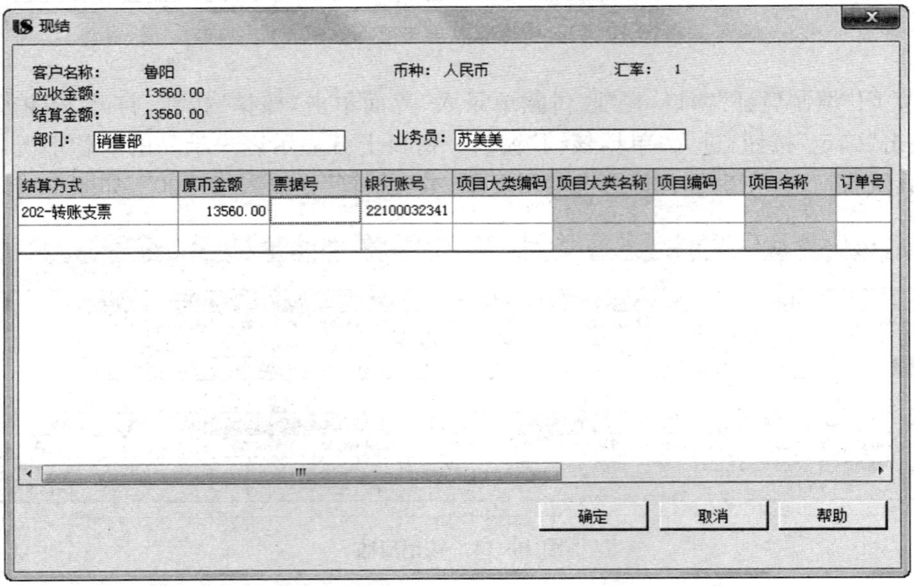

图 10-13　现结

⑤ 单击“确定”按钮，发票左上角自动显示“现结”标志。

⑥ 单击“复核”按钮，如图 10-14 所示。

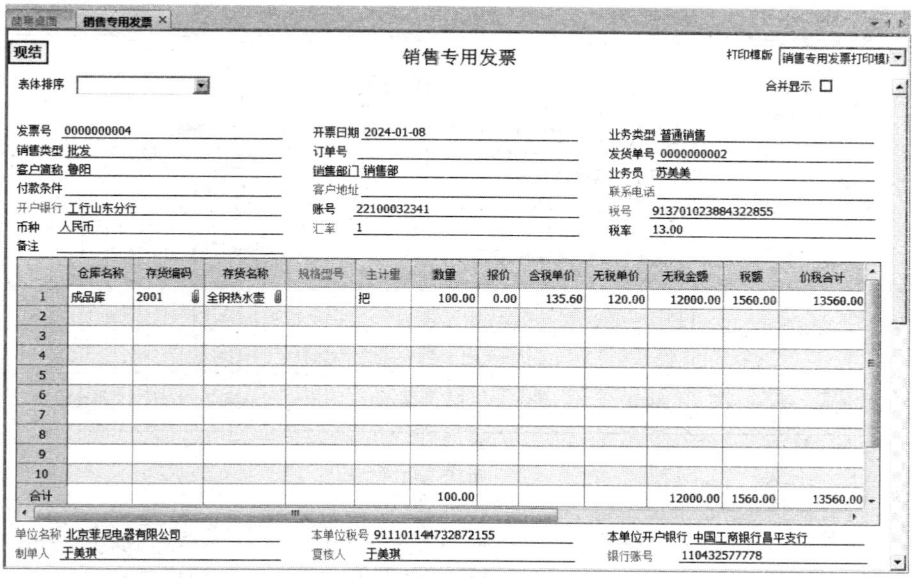

图 10-14 销售专用发票

2. 查看销售发货单

① 执行“销售发货”|“发货单”命令，进入“发货单”窗口。

② 单击“→|”按钮，找到根据复核后的销售专用发票自动生成的销售发货单，该发货单为已审核状态。

3. 查看并审核销售出库单

① 在库存管理系统中，执行“出库业务”|“销售出库单”命令，进入“销售出库单”窗口。

② 单击“→|”按钮，找到根据复核后的销售专用发票自动生成的销售出库单。

③ 单击“审核”按钮，审核销售出库单。关闭当前窗口返回。

4. 审核现结发票并制单

① 在应收款管理系统中，执行“应收单据处理”|“应收单据审核”命令，打开“应收单查询条件”对话框。

② 选中“包含已现结发票”复选框，单击“确定”按钮，进入“单据处理”窗口。

③ 选中要审核的单据，单击“审核”按钮，审核成功。关闭当前窗口返回。

④ 执行“制单处理”命令，系统自动打开“制单查询”对话框，选择“现结制单”，单击“确定”按钮，进入“制单”窗口。

⑤ 单击“制单”按钮，补充主营业务收入核算项目为“全钢热水壶”，单击“保存”按钮，如图 10-15 所示。

提醒

根据销售专用发票生成的发货单信息不能修改，发货单日期为操作业务日期。如果需要与发票日期相同，则登录企业应用平台的日期应该与发票日期相同，否则发货单日期不同于发票日期。其他由系统自动生成的单据或凭证日期也是如此。

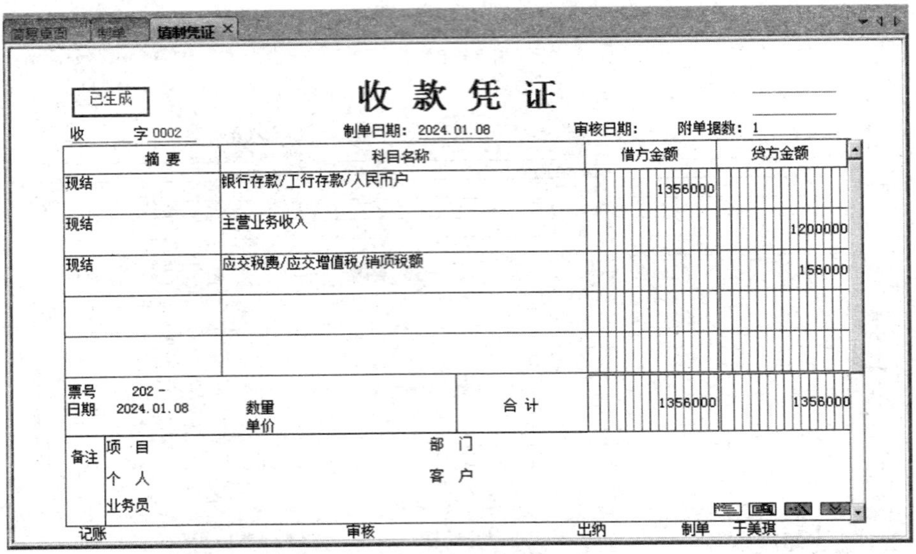

图 10-15　现结制单

5. 登记存货明细账，结转销售成本

略。

任务 3　代垫费用处理

任务下达

以账套主管 701 于美琪的身份进行代垫费用处理。

任务解析

代垫费用是指在销售业务中，随货物销售所发生的（如运杂费、保险费等）暂时代垫、将来需向对方单位收取的费用项目。代垫费用实际上形成了用户对客户的应收款，代垫费用的收款核销由应收款管理系统来处理，销售管理系统仅对代垫费用的发生情况进行登记。

代垫费用处理的业务流程如图 10-16 所示。

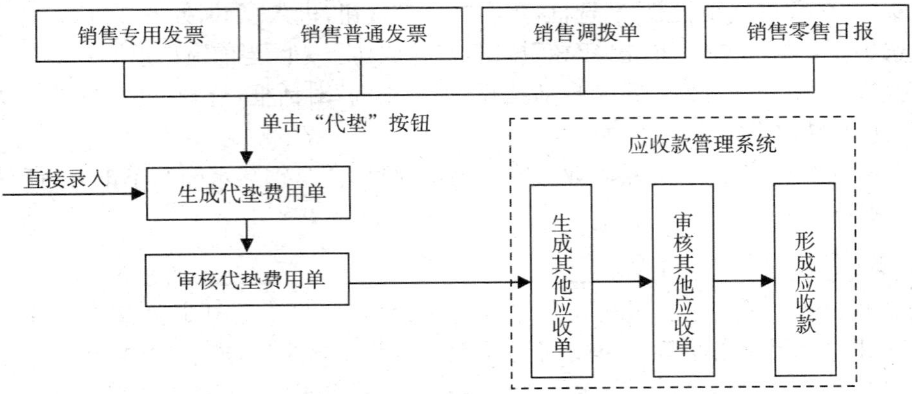

图 10-16　代垫费用处理的业务流程

任务指引

1月8日，销售部在向鲁阳公司销售商品的过程中用现金代垫一笔运输费200元。客户尚未支付该笔款项。

1. 设置费用项目

① 在企业应用平台的“基础设置”中，执行“基础档案”|“业务”|“费用项目分类”命令，进入“费用项目分类”窗口，增加项目分类“1 代垫费用”。

② 执行“业务”|“费用项目”命令，进入“费用项目”窗口，增加“01 运输费”并保存。

2. 填制并审核代垫费用单

① 在销售管理系统中，执行“代垫费用”|“代垫费用单”命令，进入“代垫费用单”窗口。

② 单击“增加”按钮，输入代垫日期为“2024-01-08”、客户简称为“鲁阳”、费用项目为“运输费”、代垫金额为“200”，保存并审核，如图10-17所示。

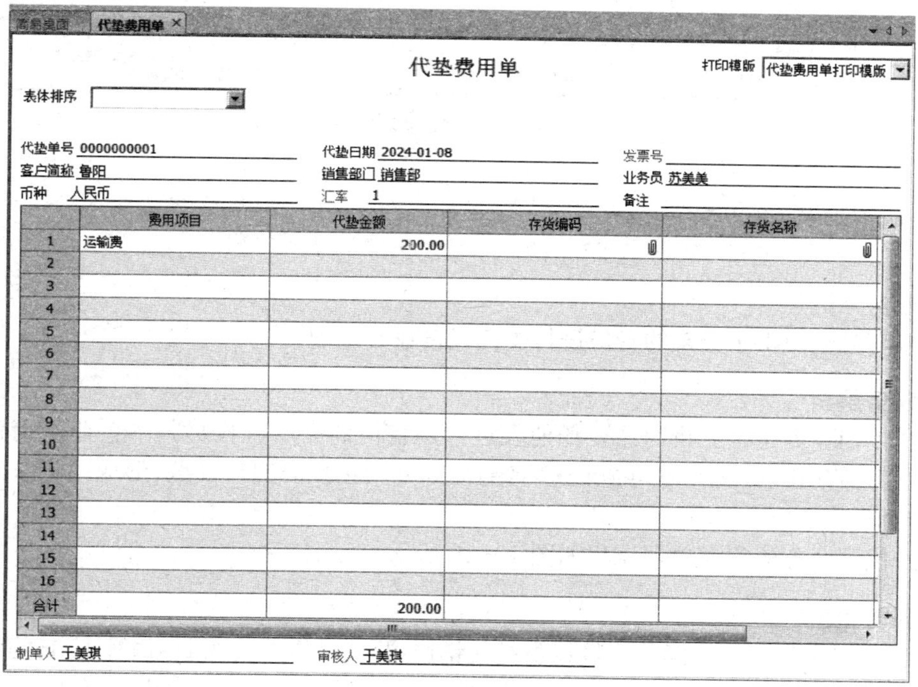
代垫费用单

打印模版 代垫费用单打印模版

表体排序

代垫单号 0000000001　代垫日期 2024-01-08　发票号

客户简称 鲁阳　销售部门 销售部　业务员 苏美美

币种 人民币　汇率 1　备注

	费用项目	代垫金额	存货编码	存货名称
1	运输费	200.00		
2				
3				
4				
5				
6				
7				
8				
9				
10				
11				
12				
13				
14				
15				
16				
合计		200.00		

制单人 于美琪　审核人 于美琪

图10-17　代垫费用单

3. 审核代垫费用单并确认应收

① 在应收款管理系统中，执行“应收单据处理”|“应收单据审核”命令，打开“应收单查询条件”对话框，单击“确定”按钮，进入“应收单据列表”窗口。

② 选中要审核的其他应收单，单击“审核”按钮，对代垫费用单形成的其他应收单进行审核。

③ 执行“制单处理”命令，打开“制单查询”对话框，选择“应收单制单”，单击“确定”按钮，进入“应收单制单”窗口。

④ 选择要制单的单据，选择凭证类型为“付　付款凭证”，单击“制单”按钮，生成一张付

款凭证，输入贷方科目为“1001”，单击“保存”按钮，如图 10-18 所示。

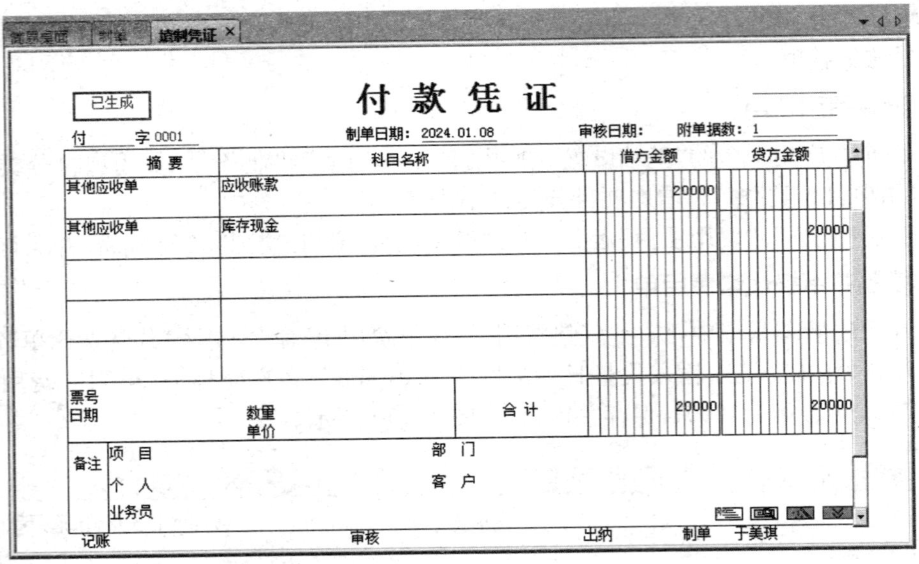

图 10-18　代垫费用制单

任务 4　委托代销业务

任务下达

以账套主管 701 于美琪的身份进行委托代销业务处理。

任务解析

委托代销业务是企业将商品委托他人进行销售但商品所有权仍归本企业的销售方式。委托代销商品销售后，受托方与企业进行结算，并开具正式的销售发票，形成销售收入，商品所有权转移。

委托代销业务流程和单据流程如图 10-19 所示。

任务指引

1 月 8 日，销售部与银泰公司签订委托代销协议，代销方式为买断，每月 15 日为结算日。委托代为销售养生煮茶壶 100 把，双方协议无税单价为每把 190 元，货物从成品仓库发出。

1 月 15 日，收到银泰公司的委托代销清单一张，结算 30 把，立即开具销售专用发票给银泰公司。同日，业务部门将该业务所涉及的出库单及销售发票交给财务部门，财务部门据此结转收入及成本。

1. 委托代销订货

① 在销售管理系统中，执行“销售订货”|“销售订单”命令，进入“销售订单”窗口。

② 单击“增加”按钮，选择业务类型为“委托代销”，填写其他内容，单击“保存”按钮。

③ 单击“审核”按钮，审核委托代销订单。

2. 委托代销发货处理

① 在销售管理系统中，执行“委托代销”|“委托代销发货单”命令，进入“委托代销发货

单”窗口。

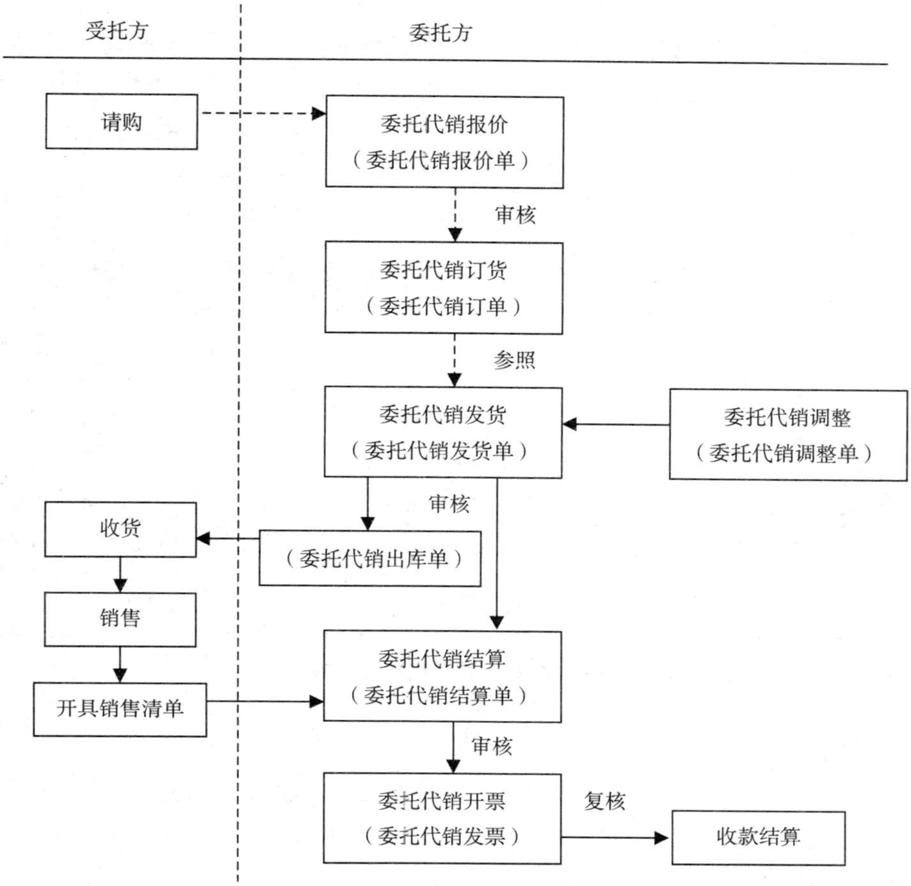

图 10-19 委托代销业务流程及单据流程

② 单击“增加”按钮，打开“查询条件选择—参照订单”对话框，单击“确定”按钮，进入“参照生单”窗口。

③ 选中要参照的委托代销订单，单击“确定”按钮，将订单的相关信息带入委托代销发货单。

④ 补充输入仓库名称为“成品库”，单击“保存”按钮，保存委托代销发货单。

⑤ 单击“审核”按钮，审核委托代销发货单，如图 10-20 所示。

3. 委托代销出库处理

在库存管理系统中，执行“出库业务”|“销售出库单”命令，审核销售出库单。

4. 委托代销出库记账并生成凭证

① 在存货核算系统中，执行“业务核算”|“发出商品记账”命令，对委托代销发货单进行记账处理。

② 在存货核算系统中，执行“财务核算”|“生成凭证”命令，对委托代销发货单生成如下凭证：

借：发出商品　　15 000
　贷：库存商品　　15 000

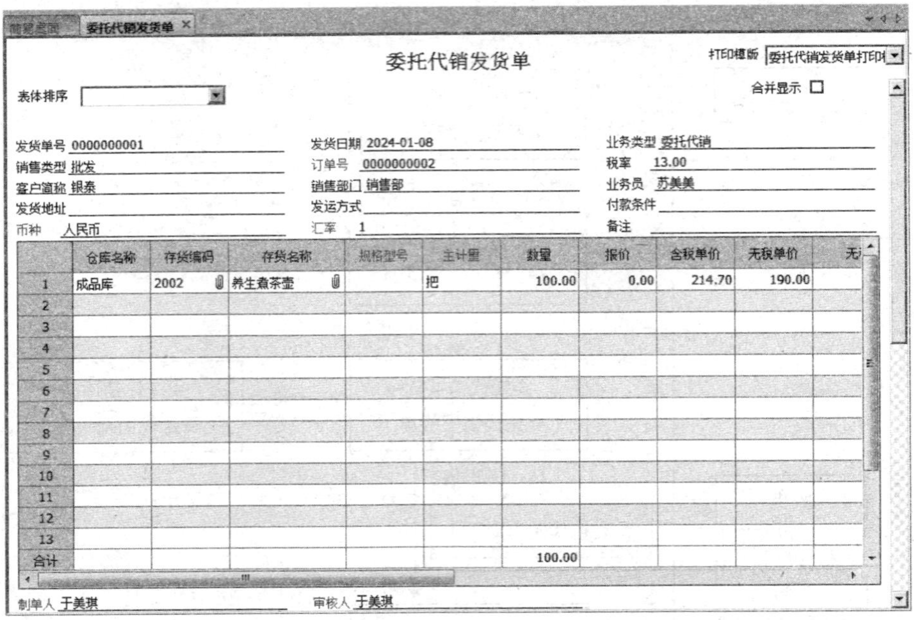

图 10-20　委托代销发货单

5．委托代销结算

① 1 月 15 日，在销售管理系统中，执行“委托代销”|“委托代销结算单”命令，参照委托代销发货单生成委托代销结算单，修改委托代销结算数量为“30”，单击“保存”按钮。

② 单击“审核”按钮，打开“请选择发票类型”对话框，选中“专用发票”单选按钮，如图 10-21 所示，单击“确定”按钮，生成销售专用发票。

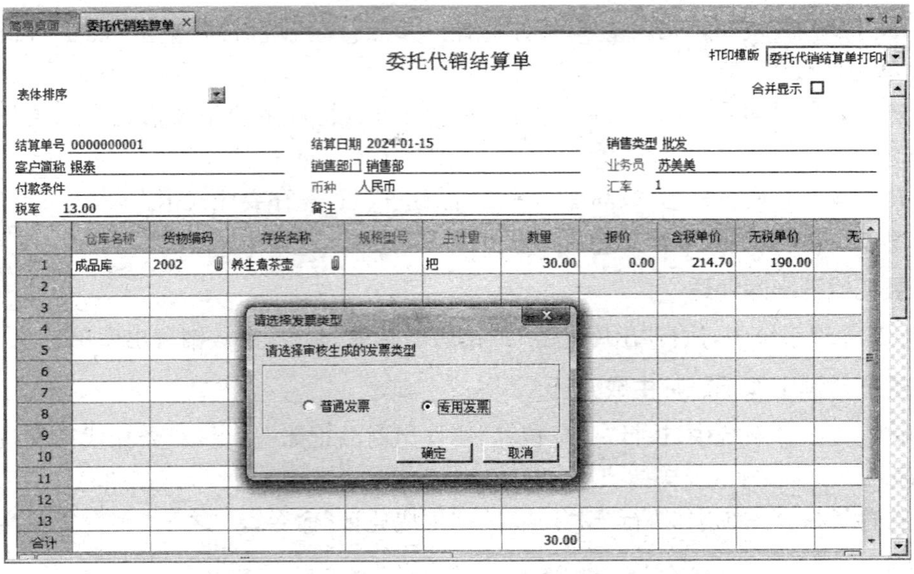

图 10-21　审核委托代销结算单生成专用发票

6. 对销售专用发票进行复核

① 在销售管理系统中，执行“销售开票”|“销售专用发票”命令，进入“销售专用发票”窗口。

② 单击“➜|”按钮，找到根据委托代销结算单生成的销售发票。

③ 单击“复核”按钮，对销售专用发票进行复核。

提醒

- 委托代销结算单审核后，由系统自动生成相应的销售发票。
- 系统可根据委托代销结算单生成普通发票或专用发票两种类型的发票。

7. 审核销售发票确认收入

① 在应收款管理系统中，执行“应收单据处理”|“应收单据审核”命令，对销售专用发票进行审核。

② 在应收款管理系统中，执行“制单处理”命令，对销售发票制单，生成如下凭证：

借：应收账款　　6 441
　贷：主营业务收入　　5 700
　　应交税费——应交增值税——销项税额　　741

8. 发出商品记账结转销售成本

① 在存货核算系统中，执行“业务核算”|“发出商品记账”命令，对委托代销销售专用发票进行记账。

② 在存货核算系统中，执行“财务核算”|“生成凭证”命令，对委托代销发出商品专用发票生成如下凭证：

借：主营业务成本　　4 500
　贷：发出商品　　4 500

9. 委托代销相关账表查询

① 在销售管理系统中，执行“报表”|“统计表”|“委托代销统计表”命令，查询委托代销统计情况。

② 在库存管理系统中，执行“报表”|“库存账”|“委托代销备查簿”命令，查询委托代销备查簿。

任务5 零售业务

任务下达

以账套主管701于美琪的身份进行零售业务处理。

任务解析

零售业务是处理商业企业将商品销售给零售客户的销售业务。如果用户有零售业务，则相应的销售票据是按日汇总数据，然后通过零售日报进行处理。这种业务常见于商场、超市及企业的各零售店。

零售业务的业务处理流程如图 10-22 所示。

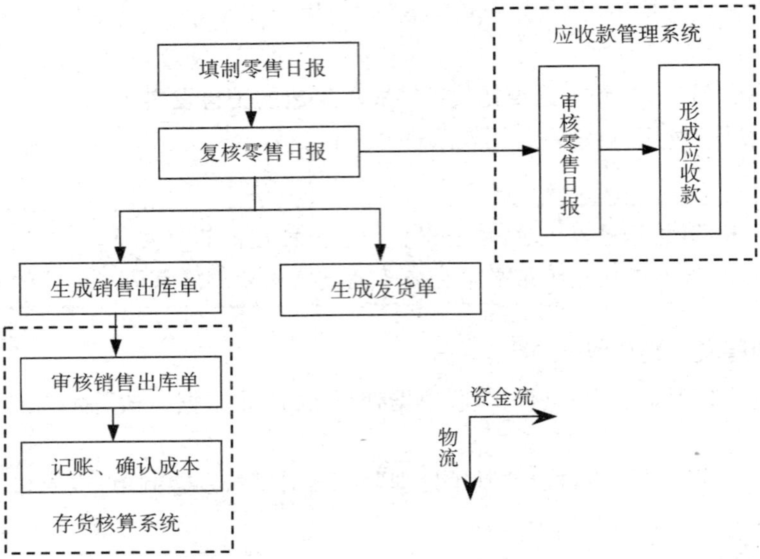

图 10-22　零售业务的业务处理流程

任务指引

1 月 20 日，菲尼电器设于场内的门市部向散户销售了 15 把全钢热水壶，无税单价为 120 元；8 把养生煮茶壶，无税单价为 200 元。现金收讫。

1. 增设客户档案

① 在企业应用平台的“基础设置”中，执行“基础档案”|“客商信息”|“客户分类”命令，增加客户分类“3 散户”。

② 执行“基础档案”|“客商信息”|“客户分类”命令，增加客户档案“005 零散客户”。

2. 设置销售选项“有零售日报业务”

在销售管理系统中，执行“设置”|“销售选项”命令，打开“销售选项”对话框，选中“有零售日报业务”复选框，单击“确定”按钮返回。

3. 填制零售日报、现结并复核

① 在销售管理系统中，执行“零售日报”|“零售日报”命令，进入“零售日报”窗口。

② 单击“增加”按钮，选择销售类型为“零售”、客户为“零散客户”，填写其他各项内容，单击“保存”按钮。

③ 单击“现结”按钮，打开“现结”对话框，选择结算方式为“现金结算”，输入金额为“3842”，单击“确定”按钮。

④ 单击“复核”按钮，如图 10-23 所示。

4. 审核零售日报确认收入

① 在应收款管理系统中，执行“应收单据处理”|“应收单据审核”命令，对已现结发票进行审核。

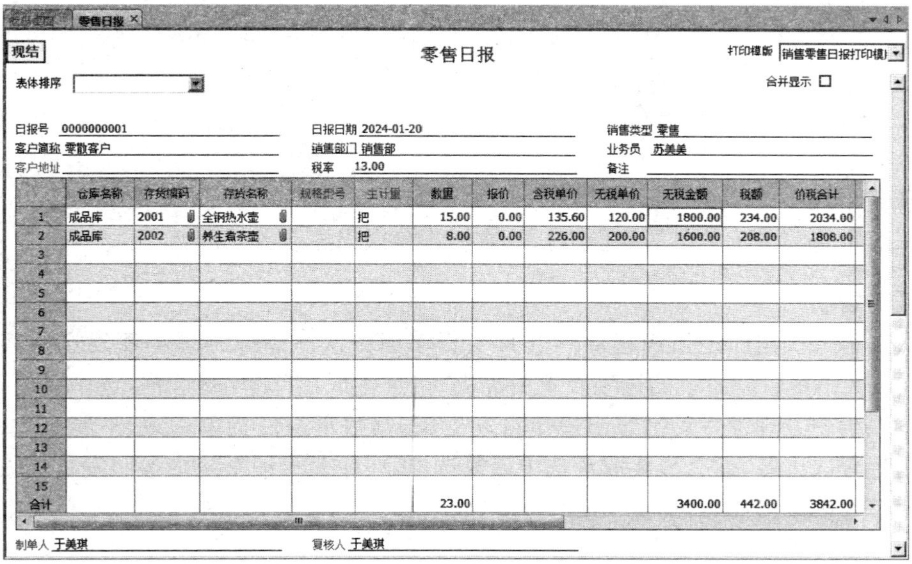

图 10-23　零售日报

② 执行“制单处理”命令，选择“现结制单”。在“制单”窗口中的主营业务收入所在行，单击“插分”按钮，输入科目代码为“6001”、项目为“全钢热水壶”、金额为“1 800”；在另外一个主营业务收入所在行，选择项目名称为“养生煮茶壶”，输入金额为“1 600”，单击“保存”按钮，如图 10-24 所示。

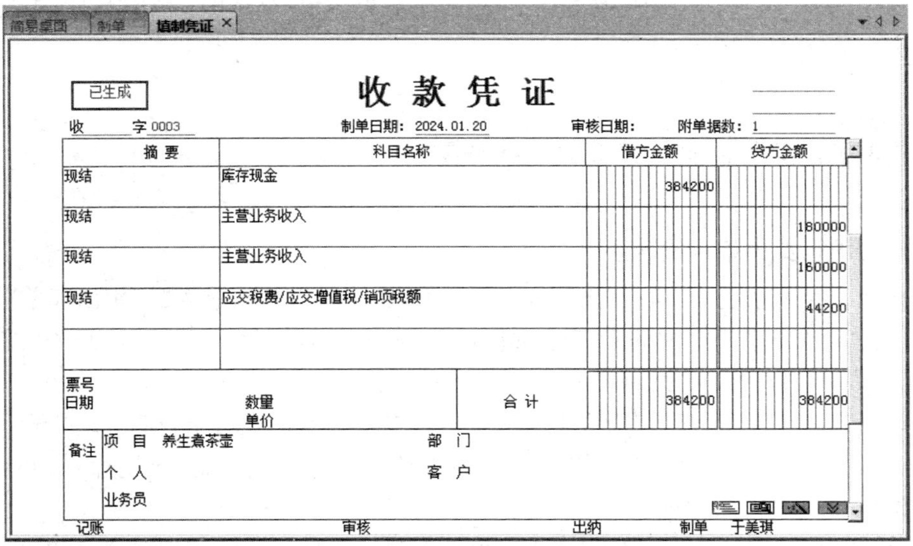

图 10-24　零售日报生成凭证

5. 审核销售出库单

略。

6. 记账结转成本

略。

任务 6　一次销售分次出库

任务下达

以账套主管 701 于美琪的身份进行一次销售分次出库业务处理。

任务解析

一次销售分次出库是指销售部门开具发货单但分次从仓库办理出库发送给客户的业务。用友 U8 销售管理系统的选项设置中提供“销售生成出库单”复选框，选中该复选框，在销售管理系统中办理发货后销售出库单自动生成，其数量与发货单一致，不能修改；如果需要一次销售分次出库，那么需要取消选中该复选框，在库存管理系统中参照发货单人工生成销售出库单并修改出库数量。

任务指引

1 月 20 日，销售部向唯品出售全钢热水壶 500 把，无税单价为 120 元；养生煮茶壶 200 把，无税单价为 200 元。开具销售专用发票。

当日，客户先办理了 500 把全钢热水壶提货。

1. 设置销售选项

① 在销售管理系统中，执行“设置”|“销售选项”命令，进入“销售选项”对话框。

② 在“业务控制”选项卡中，取消选中“销售生成出库单”复选框，单击“确定”按钮返回。

2. 填制销售发货单并审核

略。

3. 根据销售发货单开具销售专用发票并复核

略。

4. 根据销售发货单开具销售出库单

① 在库存管理系统中，执行“出库业务”|“销售出库单”命令，进入“销售出库单”窗口。

② 单击“生单”按钮右侧的下三角按钮展开列表，选择“销售生单”，打开“查询条件选择—销售发货单列表”对话框。

③ 单击“确定”按钮，进入“销售生单”窗口，选择要参照的发货单，窗口下方显示发货单表体内容，只选中“全钢热水壶”表体记录，单击“确定”按钮，返回“销售出库单”界面，单击“保存”按钮，生成销售出库单。

④ 单击“审核”按钮，系统弹出“该单据审核成功！”信息提示框，单击“确定”按钮返回。

5. 审核销售发票确认收入

略。

6. 单据记账结转成本

略。

提醒

请以系统管理员的身份在系统管理中引入“销售管理”账套。

任务 7　预收款处理

任务下达

以账套主管 701 于美琪的身份进行预收款业务处理。

任务解析

预收款是向客户收取的一种预收性质的款项，同样用收款单进行记录。企业收款时需要明确该笔款项是收取的客户的预付款，还是应向客户收取的应收款，或者是应向客户收取的其他费用。用友 U8 用款项类型来区别不同的用途。在应收款管理系统中录入收款单时，需要指定款项用途。如果一笔收款包含不同用途的款项，需要在表体记录中分行显示。

任务指引

1 月 22 日，收到银泰电汇 10 000 元，作为预定养生壶新品的订金。

① 在应收款管理系统中，执行“收款单据处理”|“收款单据录入”命令，进入“收付款单录入”窗口，单击“增加”按钮，选择客户为“银泰”、结算方式为“电汇”、结算科目为“10020101 人民币户”，输入金额为“10 000”、摘要为“订金”。

② 在表体中，修改第 1 行款项类型为“预收款”，单击“保存”按钮，如图 10-25 所示。

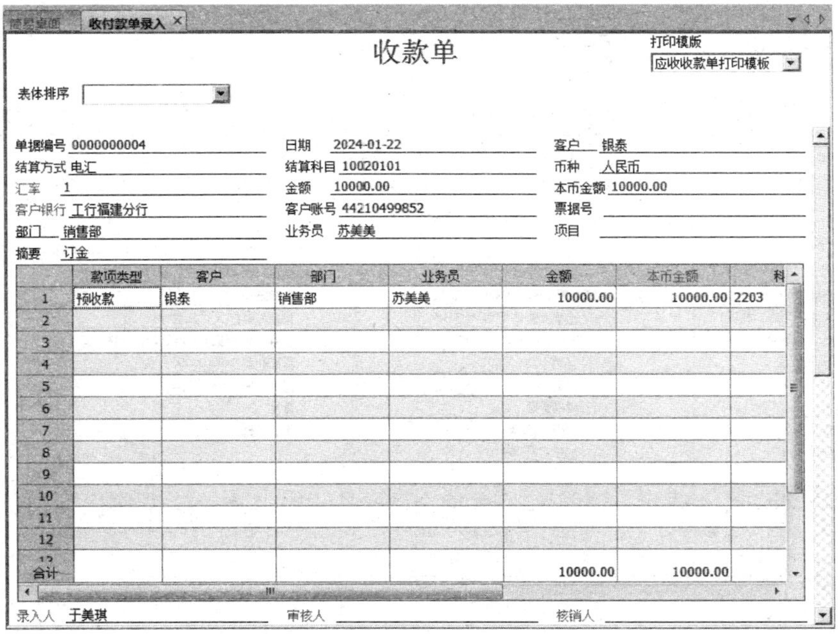

图 10-25　预收订金

③ 单击“审核”按钮，系统弹出“是否立即制单?”信息提示框，单击“是”按钮，生成的收款凭证如下：

借:银行存款——工行存款——人民币户　　10 000

　贷:预收账款　　10 000

任务 8　收到商业承兑汇票

任务下达

以账套主管 701 于美琪的身份填制商业承兑汇票。

任务解析

企业收到银行承兑汇票或商业承兑汇票时,需要在应收款管理系统的“票据管理”中录入票据,票据保存后会自动生成一张收款单,该收款单可以用来与应收单据进行核销,冲减客户应收账款。

任务指引

1 月 22 日,收到唯品签发的商业承兑汇票一张,票号为 2172,票面金额为 100 000 元,到期日为 2024 年 1 月 31 日。

① 在应收款管理系统中,执行“票据管理”命令,打开“查询条件选择”对话框,单击“确定”按钮,进入“票据管理”窗口。

② 单击“增加”按钮,进入“应收票据”窗口。

③ 票据类型选择“商业承兑汇票”,在“票据编号”栏录入“2172”,结算方式选择“商业承兑汇票”,在“收到日期”与“出票日期”栏录入“2024-01-22”,在“到期日”栏录入“2024-01-31”,在“出票人”栏录入“北京唯品贸易城”,收款人账号录入“110432577778”,在“金额”栏录入“100 000”,如图 10-26 所示。

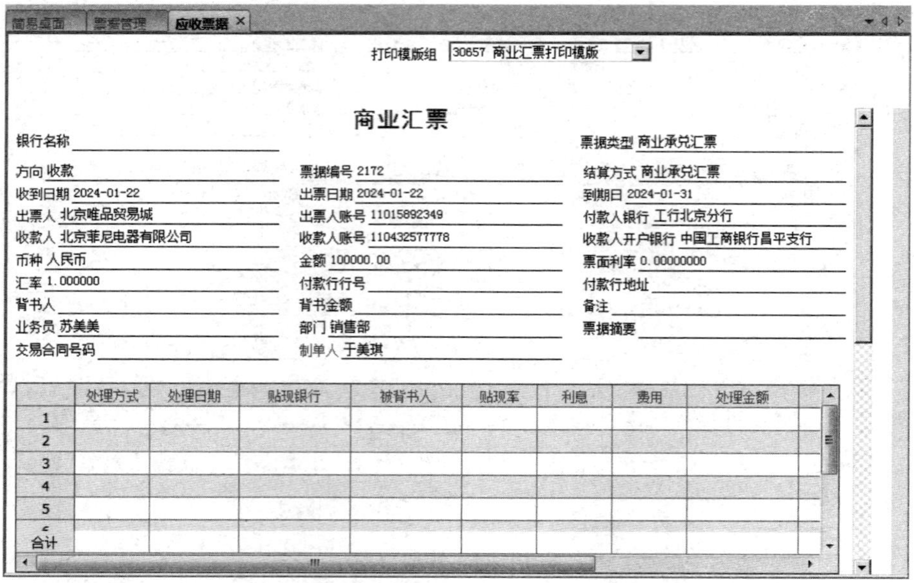

图 10-26　填制商业承兑汇票

④ 单击“保存”按钮。

提醒

• 保存一张商业承兑汇票后，系统会自动生成一张收款单。这张收款单还需经过审核之后才能生成记账凭证。

• 由票据生成的收款单不能修改。

⑤ 在应收款管理系统中，执行“收款单据处理”|“收款单据审核”命令，对商业承兑汇票生成的收款单进行审核。

⑥ 在应收款管理系统中，执行“制单处理”命令，选择“收付款单制单”，生成如下凭证：

借：应收票据　　100 000

　　贷：应收账款　　100000

提醒

如果在应收款管理系统初始化设置中设置了结算方式商业承兑汇票对应的结算科目为1121应收票据，则生成凭证时该科目自动带入。

任务9　核销处理

任务下达

以账套主管701于美琪的身份进行核销处理。

任务解析

1. 核销方法

用友U8提供自动核销和手工核销两种方式。自动核销可对多个客户进行核销处理；手工核销时一次只能显示一个客户的单据记录，且一次只能对一种收付款单类型进行核销。

2. 核销规则

如果收款单的金额等于应收单据的金额，则收款单与应收单据完全核销；如果收款单的金额小于应收单据的金额，那么只能核销部分应收；如果收款单的金额大于应收单据的金额，则全部核销完成后，余额可留作后续核销；如果事前预收了一部分货款，也可以使用预收款核销应收款。

任务指引

1月22日，用唯品的100 000元核销期初部分应收款。

① 在应收款管理系统中，执行“核销处理”|“手工核销”命令，打开“核销条件”对话框。选择客户为“唯品”，单击“确定”按钮，进入“单据核销”窗口。

② 在2023年10月20日销售专用发票“本次结算”栏输入“100 000”，如图10-27所示，单击“保存”按钮。关闭返回。

单据日期	单据类型	单据编号	客户	款项类型	结算方式	币种	汇率	原币金额	原币余额	本次结算金额	订单号
2024-01-05	收款单	0000000001	唯品	预收款	电汇	人民币	1.00000000	2,880.00	2,880.00		
2024-01-22	收款单	0000000005	唯品	应收款	商业承...	人民币	1.00000000	100,000.00	100,000.00	100,000.00	
合计								102,880.00	102,880.00	100,000.00	

单据日期	单据类型	单据编号	到期日	客户	币种	原币金额	原币余额	可享受折扣	本次折扣	本次结算	订单号	凭证号
2023-10-20	销售专用发票	0000000001	2023-10-20	唯品	人民币	226,000.00	226,000.00	0.00	0.00	100,000.00		
2024-01-20	销售专用发票	0000000006	2024-01-20	唯品	人民币	113,000.00	113,000.00	0.00				转-0008
合计						339,000.00	339,000.00	0.00		100,000.00		

图 10-27　手工核销

任务 *10*　转账处理

任务下达

以账套主管 701 于美琪的身份进行预收冲应收业务处理。

任务解析

转账处理包括以下 4 种类型。

1. 应收冲应付

应收冲应付是指用某客户的应收款冲抵某供应商的应付款项。系统通过应收冲应付功能将应收款业务在客户和供应商之间进行转账，从而实现应收业务的调整，解决应收债权与应付债务的冲抵。

2. 应收冲应收

应收冲应收是指将一家客户的应收款转到另一家客户中。通过应收冲应收功能可将应收款业务在客商之间进行转入、转出，从而实现应收业务的调整，解决应收款业务在不同客商之间入错户或合并户问题。

3. 预收冲应收

预收冲应收是指处理客户的预收款和该客户应收欠款的转账核销业务，即某一个客户有预收款时，可用该客户的一笔预收款冲其一笔应收款。

4. 红票对冲

红票对冲可实现某客户的红字应收单与蓝字应收单、收款单与付款单之间的冲抵。例如，当发生退票时，用红字发票对冲蓝字发票。红票对冲通常可以分为系统自动冲销和手工冲销两种处理方式。自动冲销可同时对多个客户依据红票对冲规则进行红票对冲，从而提高红票对冲的效率；手工冲销可对一个客户进行红票对冲，并自行选择红票对冲的单据，从而提高红票对冲的灵活性。

任务指引

1 月 22 日，用银泰公司的预收款冲抵其应收欠款 6 441 元。

任务指引

① 在应收款管理系统中，执行“转账”|“预收冲应收”命令，进入“预收冲应收”窗口。

② 输入日期为“2024-01-22”。

③ 单击“预收款”选项卡，选择客户为“银泰”，单击“过滤”按钮，系统列出该客户的预收款，输入转账金额为“6 441”，如图10-28所示。

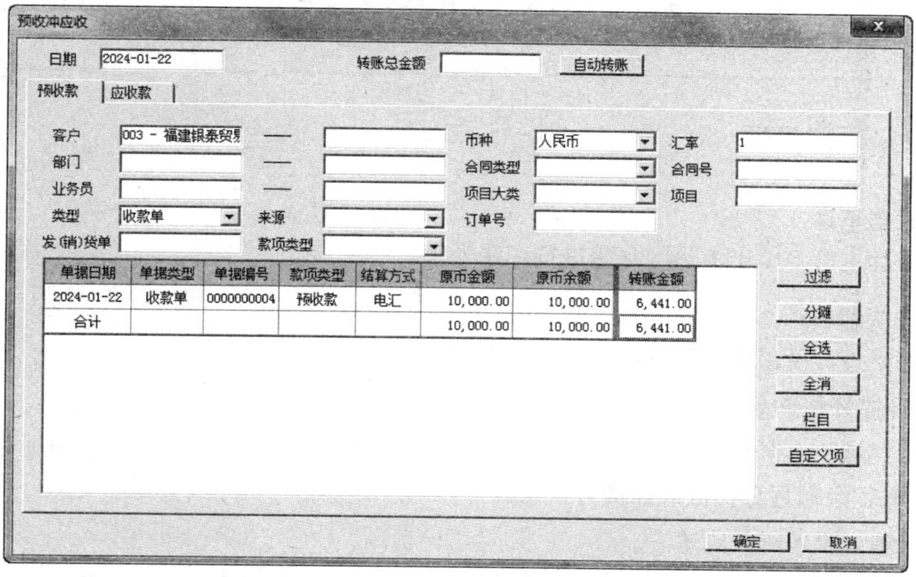

图10-28 选择预收款转账金额

④ 单击“应收款”选项卡，再单击“过滤”按钮，系统列出该客户的应收款，输入单据日期为“2024-01-15”、金额为“6 441”。

⑤ 单击“确定”按钮，系统弹出“是否立即制单?”信息提示框。

⑥ 单击“是”按钮，生成凭证，如图10-29所示。

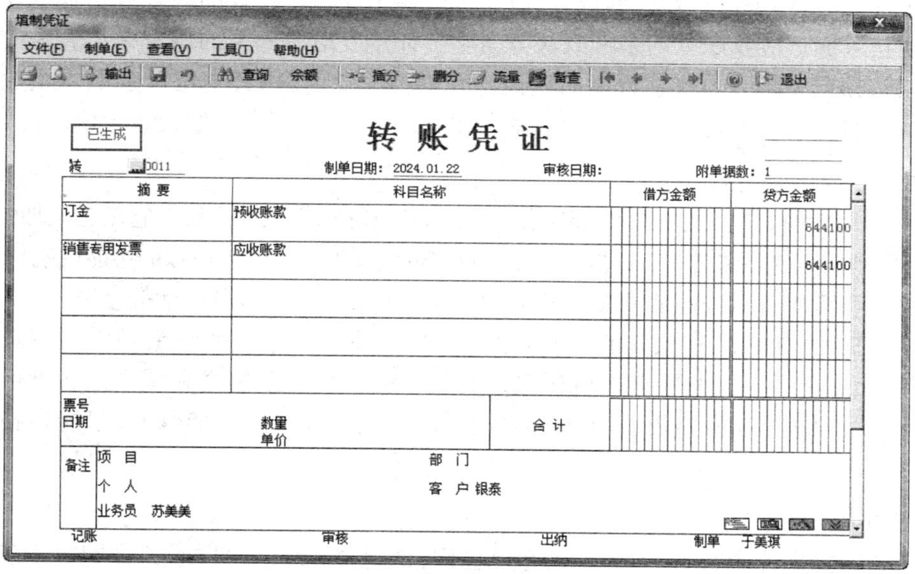

图10-29 预收冲应收生成凭证

提醒

- 每一笔应收款的转账金额不能大于其余额。
- 应收款的转账金额合计应该等于预收款的转账金额合计。
- 在初始设置时，如将应收科目和预收科目设置为同一科目，将无法通过预收冲应收功能生成凭证。

任务 11　坏账处理

任务下达

以账套主管 701 于美琪的身份进行坏账处理。

任务解析

坏账处理涉及以下几个方面。

1. 计提坏账准备

计提坏账准备的方法主要包括备抵法和直接转销法。备抵法又分为销售收入百分比法、应收账款余额百分比法和账龄分析法。

(1) 销售收入百分比法

由系统自动算出当年销售收入总额，并根据计提比率计算出本次计提金额。

初次计提时，如果没有预先的设置，则应先进行初始设置。设置的内容包括提取比率和坏账准备期初余额。销售总额的默认值为本会计年度发票总额，企业可以根据实际情况进行修改，但计提比率不能在此修改，只能在初始设置中修改。

(2) 应收账款余额百分比法

由系统自动算出当年应收账款余额，并根据计提比率计算出本次计提金额。

初次计提时，如果没有预先的设置，应先进行初始设置。设置的内容包括提取比率和坏账准备期初余额。应收账款的余额默认值为本会计年度最后一天的所有未结算完的发票和应收单据余额之和减去预收款数额的差值。有外币账户时，用其本位币余额。企业可以根据实际情况对默认值进行修改。计提比率在此不能修改，只能在初始设置中修改。

(3) 账龄分析法

账龄分析法是根据应收账款入账时间的长短来估计坏账损失的方法。它是企业加强应收账款回收与管理的重要方法之一。一般说来，账款拖欠的时间越长，发生坏账的可能性就越大。

系统自动算出各区间应收账款余额，并根据计提比率计算出本次计提金额。

初次计提时，如果没有预先的设置，应先进行初始设置。各区间余额由系统自动生成（由本会计年度最后一天的所有未结算完的发票和应收单据余额之和减去预收款数额的差值），企业也可以根据实际情况对其进行修改。但计提比率在此不能修改，只能在初始设置中修改。

2. 坏账发生

发生坏账损失业务时，一般需输入客户名称、日期（发生坏账日期，该日期应晚于已经记账的日期，早于当前业务日期）、业务员（业务员编号或业务员名称）及部门（部门编号或部门名称,如果不输入部门,表示选择所有的部门)等。

3. 坏账收回

处理坏账收回业务时,一般需输入客户名称、收回坏账日期(如果不输入日期,则系统默认为当前业务日期,输入的日期应晚于已经记账日期,早于当前业务日期)、收回的金额、业务员编号或名称、部门编号或名称、所需币种、结算单号(系统将调出该客户所有未经过处理的并且金额等于收回金额的收款单,可选择该次收回业务所形成的收款单)。

4. 生成输出催款单

催款单是对客户或本单位职工的欠款进行催还的单据。催款单用于设置有辅助核算的应收账款和其他应收款的科目中。

任务指引

1. 坏账发生

1 月 31 日,确认唯品剩余期初所欠货款无法收回,作为坏账处理。

① 在应收款管理系统中,执行"坏账处理"|"坏账发生"命令,打开"坏账发生"对话框。

② 选择客户为"唯品",单击"确定"按钮,进入"坏账发生单据明细"窗口,系统列出该客户所有未核销的应收单据。

③ 在 2023 年 10 月 20 日"本次发生坏账金额"栏输入"126 000",如图 10-30 所示。

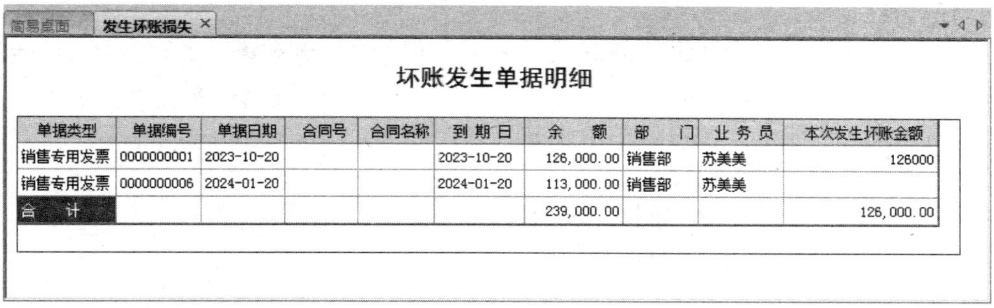

单据类型	单据编号	单据日期	合同号	合同名称	到期日	余额	部门	业务员	本次发生坏账金额
销售专用发票	0000000001	2023-10-20			2023-10-20	126,000.00	销售部	苏美美	126000
销售专用发票	0000000006	2024-01-20			2024-01-20	113,000.00	销售部	苏美美	
合计						239,000.00			126,000.00

图 10-30 坏账发生

④ 单击"确认"按钮,系统弹出"是否立即制单?"信息提示框,单击"是"按钮,生成如下凭证:

借:坏账准备 126 000
　　贷:应收账款 126 000

2. 计提坏账准备

1 月 31 日,计提坏账准备。

① 在应收款管理系统中,执行"坏账处理"|"计提坏账准备"命令,进入"应收账款百分比法"窗口,如图 10-31 所示。

② 单击"确认"按钮,系统弹出"是否立即制单?"信息提示框,单击"是"按钮,生成如下凭证:

借:信用减值损失 128 152.41
　　贷:坏账准备 128 152.41

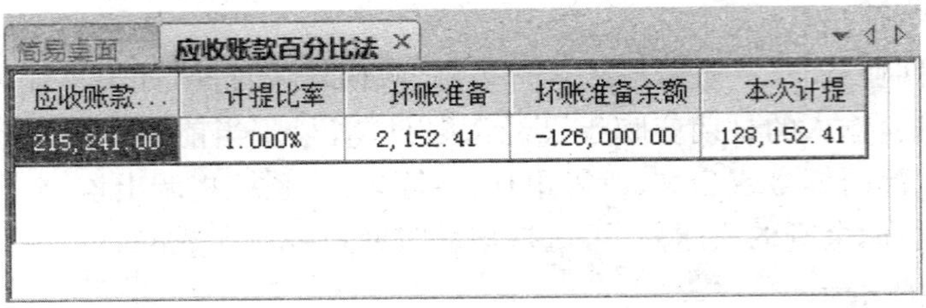

应收账款...	计提比率	坏账准备	坏账准备余额	本次计提
215,241.00	1.000%	2,152.41	-126,000.00	128,152.41

图 10-31　计提坏账准备

任务 *12*　票据结算

任务下达

以账套主管 701 于美琪的身份进行票据结算处理。

任务解析

在应收款管理系统的“票据管理”中，可以对已收到的票据进行计息、贴现、转出、结算、背书等处理。

任务指引

1 月 31 日，将 1 月 22 日收到的商业承兑汇票进行结算。

① 在应收款管理系统中，执行“票据管理”命令，打开“查询条件选择”对话框。

② 单击“确定”按钮，进入“票据管理”窗口。

③ 单击选中唯品签发并承兑的商业承兑汇票（票号为 2172）。

④ 单击“结算”按钮，打开“票据结算”对话框。

⑤ 修改结算日期为“2024-01-31”，录入结算金额为“100 000”，在“结算科目”栏录入“10020101”，或单击“结算科目”栏的参照按钮，选择“10020101 人民币户”，如图 10-32 所示。

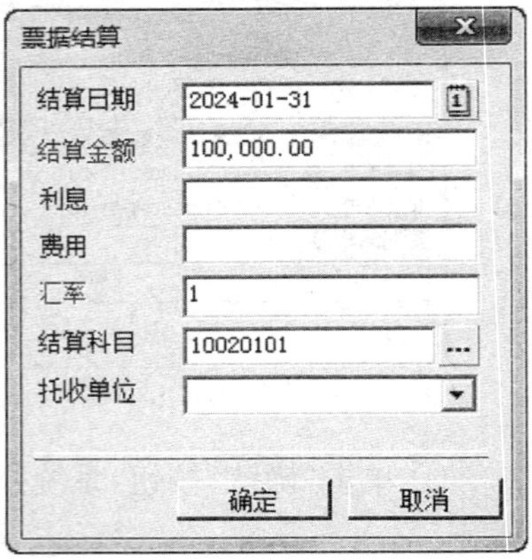

图 10-32　票据结算

⑥ 单击“确定”按钮，系统弹出“是否立即制单?”信息提示框，单击“是”按钮，生成如下收款凭证：

借：银行存款——工行存款——人民币户　　10 000

　贷：应收票据　　10 000

任务 *13*　信息查询和统计分析

任务下达

以账套主管 701 于美琪的身份进行应收账龄分析。

任务解析

账龄分析是指企业对应收账款、其他应收款按账龄长短进行分类，便于分析其可回收性，加强对应收款项的管理。

任务指引

设置账龄区间并进行应收账龄分析。

账期内账龄区间及逾期账龄区间如表 10-1 所示。

表 10-1　账龄区间及逾期账龄区间

序号	起止天数	总天数
01	1～30 天	30 天
02	31～60 天	60 天
03	61～90 天	90 天
04	91 天以上	

① 在应收款管理系统中，执行“设置”|“初始设置”命令，进入“初始设置”窗口，选择“账期内账龄区间设置”，按资料进行账期内账龄区间设置。

② 执行“账表管理”|“统计分析”|“应收账龄分析”命令，打开“查询条件选择—应收账龄分析”对话框，单击“确定”按钮，进入“应收账龄分析”窗口，如图 10-33 所示。

客户		本币余额	账期内		1-30		31-60		61-90		91以上	
编号	名称		本币金额	%	本币金额	%	本币金额	%	本币金额	%	本币金额	%
001	北京唯品贸易城	113,000.00			113,000.00	100.00						
002	山东鲁阳经贸有限公司	108,680.00			200.00	0.18			108,480.00	99.82		
数量					2				1			
金额		221,680.00			113,200.00	51.06			108,480.00	48.94		

图 10-33　应收账龄分析

闯　关

在线测试

一、判断题

1. 可以设置在销售管理系统生成出库单或者在库存管理系统生成出库单。（　　）

2. 可以一次发货分次开票，也可以一次发货多次出库。（　　）

3. 如果应收款管理系统和销售管理系统一起启用，则销售发票的输入和审核都在应收款管理系统完成。（　　）

4. 一张收款单可以核销多笔应收，也可以转为预收。（　　）

5. 应收票据保存后自动生成一张应收单。（　　）

二、选择题

1. 销售流程中，可选的环节是（　　）。
   A. 销售报价　　B. 销售订货　　C. 销售发货　　D. 销售开票
   E. 销售出库
2. 销售管理系统支持的业务类型是（　　）。
   A. 开票直接发货　　B. 一次销售分次出库
   C. 委托代销　　D. 分期收款
3. 销售过程中为客户代垫的运费的处理方式是（　　）。
   A. 应收单　　B. 销售发票　　C. 代垫费用单　　D. 销售支出单
4. 和应收款管理系统存在数据关联的系统是（　　）。
   A. 总账系统　　B. 销售管理系统　　C. 库存管理系统　　D. 存货核算系统
   E. 应付款管理系统
5. 应收单据包括（　　）。
   A. 应收单　　B. 销售发票　　C. 收款单　　D. 商业汇票

三、思考题

1. 销售管理系统的功能有哪些？
2. 简述普通销售业务的处理流程。
3. 简述委托代销业务、现收业务、分期收款销售业务的处理流程。
4. 应收款管理系统有哪两种应用模式？
5. 菲尼电器是在哪个节点确认收入和结转成本的？

四、操作题

1. 核销处理错误可以取消吗？试一试。
2. 应收款管理系统生成的凭证可以删除吗？试一试。

项目11 库存管理与存货核算

知识目标：

1. 了解库存管理系统的功能及其与其他系统的数据关系。
2. 了解存货核算系统的功能及其与其他系统的数据关系。
3. 阐述材料领用的业务流程。
4. 阐述产品入库的业务流程。

技能目标：

1. 掌握材料领用、产品入库的业务处理。
2. 掌握其他入库、其他出库的业务处理。
3. 掌握利用出入库调整单调整存货价格的业务处理。
4. 掌握暂估入库业务的处理。

项目背景

除购销业务外，存货管理也是企业一项重要的日常工作。存货管理涉及存货的保管和核算。在用友 U8 中分别对应两个系统：在库存管理系统中主要负责办理存货出入库业务，对存货库存数量进行管理和控制；在存货核算系统中主要负责存货成本核算。

基本知识

11.1 认识库存管理系统

11.1.1 库存管理系统的主要功能

库存管理系统的主要功能是办理存货出入库业务，对存货的出入库数量进行管理，具体是对各种入库业务进行单据的填制和审核。库存管理系统中的审核具有多层含义，既可表示通常意义上的审核，也可用单据是否审核代表实物的出入库行为，即在入库单上的所有存货均办理了入库手续后，对入库单进行审核。

1. 入库业务处理

库存管理系统的入库业务主要包括以下几类。

(1) 采购入库

采购业务员将采购回来的存货交到仓库时，仓库保管员对其所购存货进行验收确定，填制采购入库单。采购入库单生成的方式有3种：参照采购订单、参照采购到货单、直接填制。采购入库单的审核相当于仓库保管员对采购的实际到货情况进行质量、数量的检验和签收。

(2) 产成品入库

产成品入库单是管理工业企业的产成品入库、退回业务的单据。

工业企业对原材料及半成品进行一系列的加工后，形成可销售的商品，然后验收入库。只有工业企业才有产成品入库单，商业企业没有此单据。

(3) 其他入库

其他入库是指除了采购入库、产成品入库之外的其他入库，如调拨入库、盘盈入库、组装拆卸入库、形态转换入库等业务形成的入库单。

需要注意的是，调拨入库、盘盈入库、组装拆卸入库、形态转换入库等业务可以自动形成相应的入库单，除此之外的其他入库单由用户填制。

2. 出库业务处理

库存管理系统的出库业务主要包括以下几类。

(1) 销售出库

如果没有启用销售管理系统，则销售出库单需要手工增加。

如果启用了销售管理系统，则在销售管理系统中填制的销售发票、发货单、销售调拨单、零售日报，经复核后均可以参照生成销售出库单。根据选项设置，销售出库单既可以在库存管理系统填制、生成，也可以在销售管理系统生成后传递到库存管理系统，再由库存管理系统进行审核。

(2) 材料出库

材料出库单是工业企业领用材料时所填制的出库单据，也是进行日常业务处理和记账的主要原始单据之一。只有工业企业才有材料出库单，商业企业没有此单据。

(3) 其他出库

其他出库指除销售出库、材料出库之外的其他出库业务，如维修、办公耗用、调拨出库、盘亏出库、组装拆卸出库、形态转换出库等。

需要注意的是，调拨出库、盘盈出库、组装出库、拆卸出库、形态转换出库等业务可以自动形成相应的出库单，除此之外的其他出库单由用户填制。

3. 盘点业务

库存管理系统提供了盘点单，用来定期对仓库中的存货进行盘点。存货盘点报告表是证明企业存货盘盈、盘亏和毁损并据以调整存货实存数的书面凭证，经企业领导批准后，即可作为原始凭证入账。

4. 调拨业务

仓库维修或不同部门之间调货都会涉及调拨业务。在库存管理系统中，发生调拨时需要填写调拨单。在调拨单上，如果转出部门和转入部门不同，则表示部门之间的调拨业务；

如果转出部门和转入部门相同，但转出仓库和转入仓库不同，则表示仓库之间的转库业务。

5. 组装拆卸业务

组装是指将多个散件组装成一个配套件。拆卸是指将一个配套件拆卸成多个散件。配套件和散件之间是一对多的关系。当客户急需配套件而配套件现存量不够时，需要及时组装以满足需求；反之，当客户需要某种散件而企业只有配套件时，又需要将配套件拆卸以出售某些散件。

6. 库存控制

库存管理系统支持批次跟踪、保质期管理、委托代销商品管理、不合格品管理、现存量（可用量）管理、安全库存管理，对超储、短缺、呆滞积压、超额领料等情况进行报警。

7. 库存账簿及统计分析

库存管理系统可以提供出入库流水账、库存台账、受托代销商品备查簿、委托代销商品备查簿、呆滞积压存货备查簿供用户查询，同时提供各种统计汇总表。

11.1.2 库存管理系统与其他系统的主要关系

库存管理系统既可以和采购管理系统、销售管理系统、存货核算系统集成使用，也可以单独使用。在集成应用模式下，库存管理系统与其他系统的主要关系如图11-1所示。

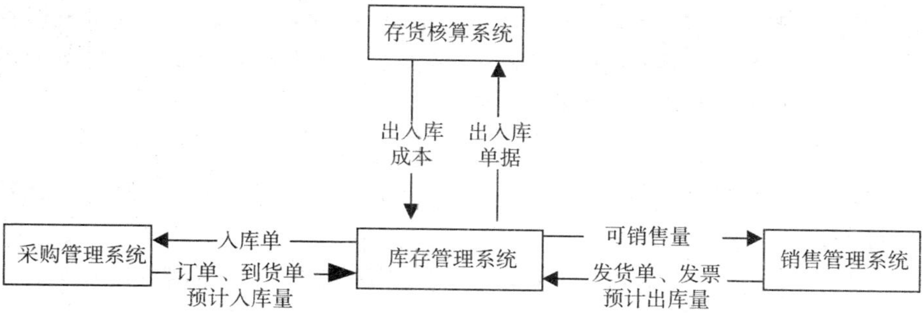

图11-1 库存管理系统与其他系统的主要关系

11.2 认识存货核算系统

11.2.1 存货核算系统的主要功能

存货核算系统主要针对企业存货的收发存业务进行核算，掌握存货的耗用情况，及时准确地把各类存货成本归集到各成本项目和成本对象上，为企业的成本核算提供基础数据。

存货核算系统的主要功能包括存货出入库成本的核算、暂估入库业务处理、出入库成本的调整、存货跌价准备的处理等。

1. 入库业务处理

入库业务包括采购入库、产成品入库和其他入库。

采购入库单在库存管理系统中录入，在存货核算系统中可以修改采购入库单上的入库金额，采购入库单上数量的修改只能在该单据填制的系统中进行。

产成品入库单在填制时一般只填写数量，单价与金额既可以通过修改产成品入库单直接填入，也可以由存货核算系统的产成品成本分配功能自动计算填入。

大部分其他入库单都是由相关业务直接生成的，如果与库存管理系统集成使用，可以通过修改其他入库单的操作对盘盈入库业务生成的其他入库单的单价进行输入或修改。

2. 出库业务处理

出库单据包括销售出库、材料出库和其他出库。在存货核算系统修改出库单据上的单价或金额。

3. 单据记账

单据记账是将所输入的各种出入库单据记入存货明细账、差异明细账、受托代销商品明细账等。单据记账应注意以下几点：

① 无单价的入库单据不能记账，因此记账前应对暂估入库的成本、产成品入库单的成本进行确认或修改。

② 各个仓库的单据应该按照时间顺序记账。

③ 已记账单据不能修改和删除。如果发现已记账单据有错误，则在本月未结账状态下可以取消记账；如果已记账单据已生成凭证，就不能取消记账，除非先删除相关凭证。

4. 调整业务

出入库单据记账后，如果发现单据金额录入错误，则通常采用修改方式进行调整。但如果遇到暂估入库后发生零出库业务等原因所造成的出库成本不准确或库存数量为零而仍有库存金额的情况，就需要利用调整单据进行调整。

5. 暂估业务

存货核算系统中对采购暂估入库业务提供了月初回冲、单到回冲、单到补差 3 种处理方式，暂估处理方式一旦选择不可修改。

对于采购业务，如果当月货到票未到，那么月末需要根据经验数据暂估入账。待发票到达，需要在存货核算系统中进行暂估结算处理。

6. 生成凭证

在存货核算系统中，可以将各种出入库单据中涉及存货增减和价值变动的单据生成凭证传递到总账系统。

对比较规范的业务，在存货核算系统初始化设置中可以事先设置好凭证上的存货科目和对方科目，系统将自动采用这些科目生成相应的出入库凭证并传送到总账系统。

生成凭证操作一般由在总账系统中有填制凭证权限的操作员来完成。

7. 综合查询

存货核算系统中提供了存货明细账、总账、出入库流水账、入库汇总表、出库汇总表、差异（差价）分摊表、收发存汇总表、存货周转率分析表、入库成本分析表、暂估材料余额分析表等多种分析统计账表。

在查询过程中，应注意查询条件输入的准确性、灵活性。

8. 月末处理

存货核算系统的月末处理工作包括期末处理和结账两部分。

(1) 期末处理

在存货核算系统日常业务全部完成后，进行期末处理。系统自动计算全月平均单价及本会计月出库成本，自动计算差异率(差价率)及本会计月的分摊差异、差价，并对已完成日常业务的仓库、部门做处理标志。

(2) 月末结账

存货核算系统期末处理完成后，就可以进行月末结账。如果是集成应用模式，则必须在采购管理系统、销售管理系统、库存管理系统全部结账后，存货核算系统才能结账。

(3) 与总账系统对账

为保证业务与财务数据的一致性，需要进行对账，即将存货核算系统记录的存货明细账数据与总账系统存货科目和差异科目的结存金额和数量进行核对。

11.2.2 存货核算系统与其他系统的主要关系

存货核算系统与其他系统的主要关系如图 11-2 所示。

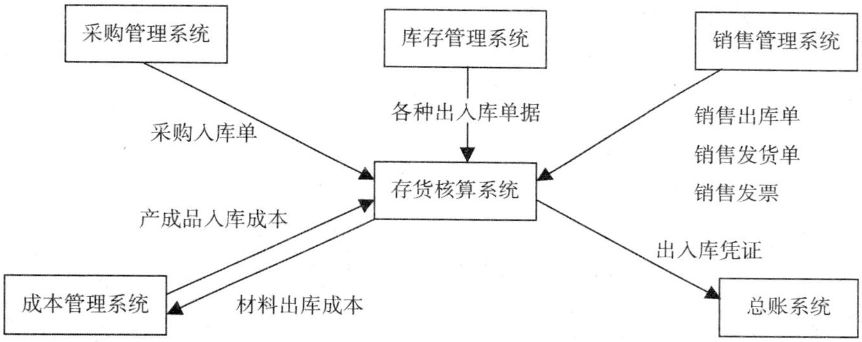

图 11-2 存货核算系统与其他系统的主要关系

存货核算系统可对采购管理系统生成的采购入库单进行记账，对采购暂估入库单进行暂估报销处理。存货核算系统可对库存管理系统生成的各种出入库单据进行记账核算。企业发生的正常销售业务的销售成本可以在存货核算系统根据所选的计价方法自动计算；企业发生分期收款业务和委托代销业务时，存货核算系统可以对销售管理系统生成的发货单和发票进行记账并确认成本。在存货核算系统，进行了出入库成本记账的单据可以生成一系列的物流凭证传入总账系统，实现财务和业务的一体化。成本管理系统可以将存货核算系统中材料出库单的出库成本自动读取出来，作为成本核算时的材料成本；成本管理系统完成成本计算后，存货核算系统可以从成本管理系统读取其计算的产成品成本并且分配到未记账的产成品入库单中，作为产成品入库单的入库成本。

11.2.3 企业存货核算系统的应用方案

存货核算系统既可以和采购管理系统、销售管理系统、库存管理系统集成使用，也可以只与库存管理系统联合使用，还可以单独使用。

1. 集成应用

当存货核算系统与采购管理系统、销售管理系统、库存管理系统集成使用时，在库存管理系统中录入采购入库单，在销售管理系统中录入发货单，审核后自动生成销售出库单或在库存管理系统中参照销售订单或发货单生成销售出库单，传递到存货核算系统。在存货核算系统中，对各种出入库单据进行记账，并生成出入库凭证。

2. 与库存管理系统联合使用

当存货核算系统与库存管理系统联合使用时，在库存管理系统中录入各种出入库单据，并进行审核，在存货核算系统中对各种出入库单据记账，生成凭证。

3. 独立应用

如果存货核算系统单独使用，那么所有的出入库单据均由存货核算系统填制。

实训任务

任务 1　产成品入库业务

提醒

以系统管理员的身份在系统管理中引入“供应链初始化”账套。

任务下达

以账套主管 701 于美琪的身份进行产成品入库业务处理。

任务解析

生产完工办理产成品入库时一般无法确定产成品的成本，因此在填制产成品入库单时，可以只填写数量，不填写单价和金额。

产成品入库的业务流程如图 11-3 所示。

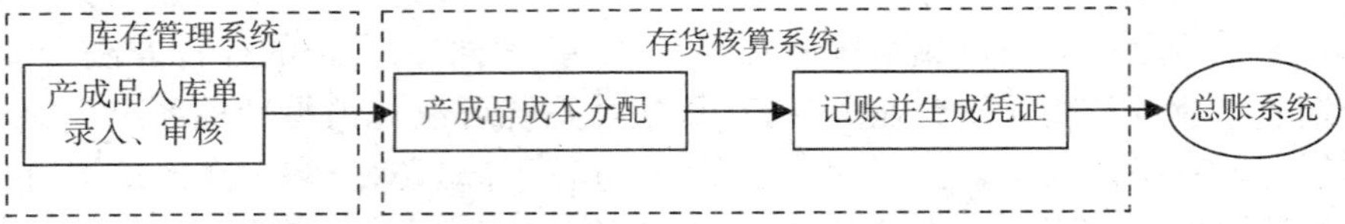

图 11-3　产成品入库的业务流程

任务指引

1 月 3 日，生产部完工 2 000 把全钢热水壶，入成品库。

1 月 5 日，生产部完工 1 400 把全钢热水壶，入成品库。

财务部汇总本月完工产品成本，其中全钢热水壶的总成本为 400 000 元，立即做成本分配，记账生成凭证。

1. 办理产成品入库

① 在库存管理系统中，执行“入库业务”|“产成品入库单”命令，进入“产成品入库单”窗口。

② 单击“增加”按钮，输入入库日期为“2024-01-03”，选择仓库为“成品库”、入库类别为“产成品入库”、部门为“生产部”。

③ 选择产品编码为“2001 全钢热水壶”，输入数量为“2000”。

④ 单击“保存”按钮。

⑤ 单击“审核”按钮，完成对该单据的审核，如图11-4所示。

⑥ 用同样的方法输入第2张产成品入库单。

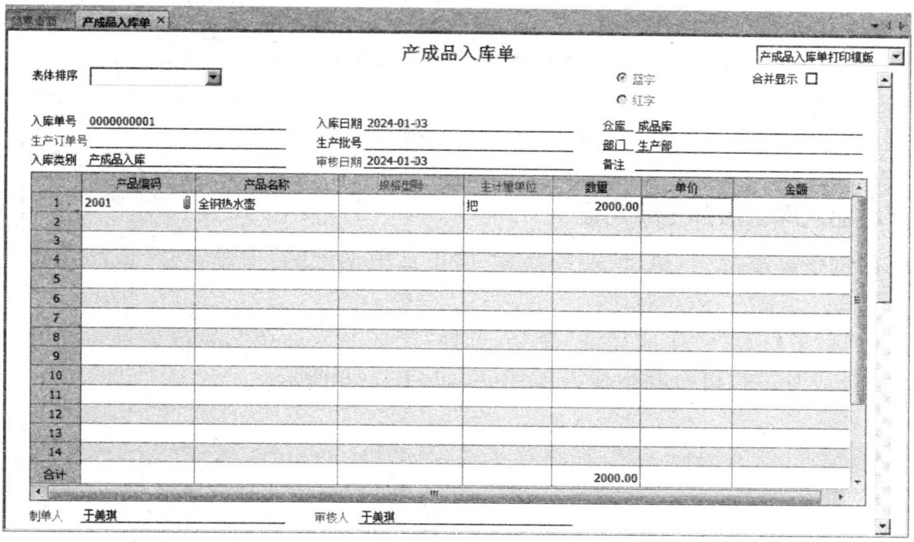

图11-4　填制并审核产成品入库单

提醒

产成品入库单上无须填写单价，待产成品成本分配后会自动写入。

2. 入库成本核算

① 在存货核算系统中，执行“业务核算”|“产成品成本分配”命令，进入“产成品成本分配表”窗口。

② 单击“查询”按钮，打开“产成品成本分配表查询”对话框，选择仓库为“成品库”，单击“确定”按钮，系统将符合条件的记录带入产成品成本分配表。

③ 在“2001 全钢热水壶”记录行“金额”栏输入“400000”。

④ 单击“分配”按钮，系统弹出“分配操作顺利完成！”信息提示框，如图11-5所示，单击“确定”按钮返回。

⑤ 执行“日常业务”|“产成品入库单”命令，进入“产成品入库单”窗口，可查看入库存货单价为117.65元。

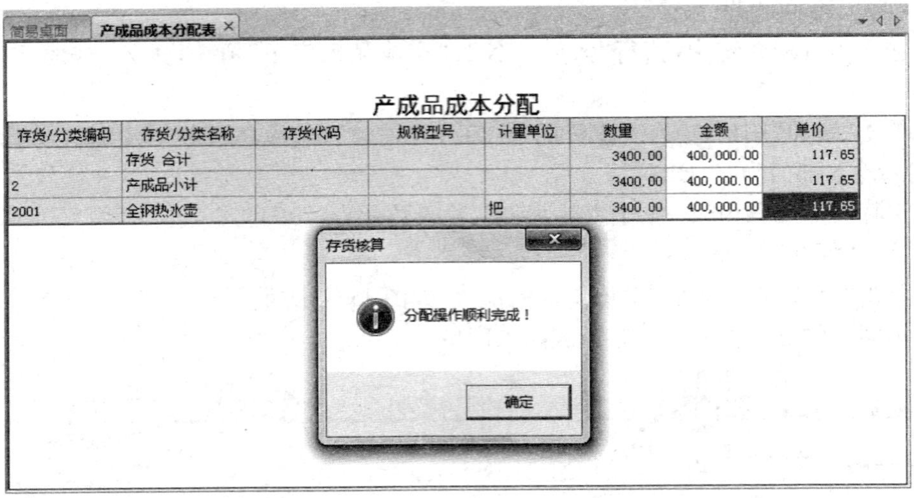

图 11-5　产成品成本分配

3. 产成品入库记账并生成凭证

① 在存货核算系统中，执行“业务核算”|“正常单据记账”命令，对产成品入库单进行记账处理。

② 执行“财务核算”|“生成凭证”命令，选择“产成品入库单”，生成凭证。在“生成凭证”界面，单击“合成”按钮，可合并生成入库凭证，如图 11-6 所示。

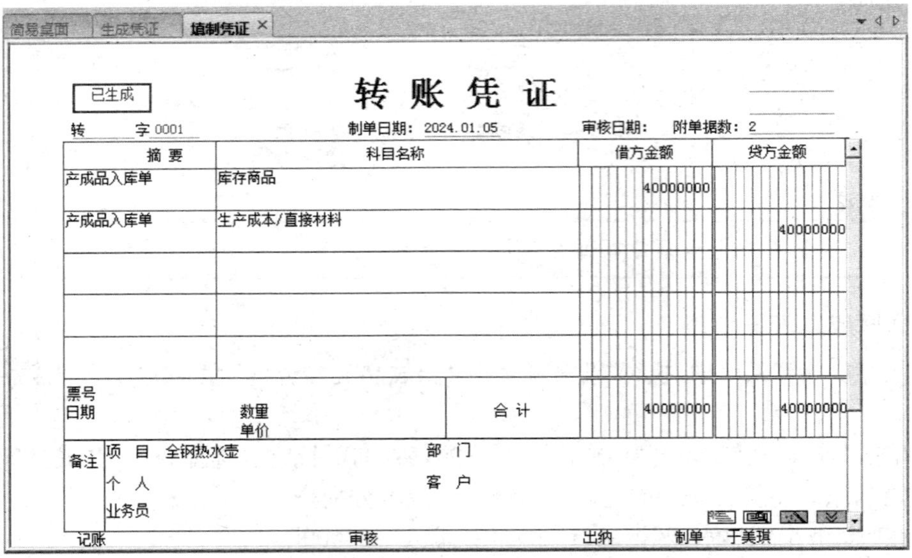

图 11-6　产成品入库单生成凭证

提醒

“生产成本——直接材料”为项目核算科目，本业务项目为“计算机”。

任务 2 材料领用出库

任务下达

以账套主管 701 于美琪的身份进行材料领用出库处理。

任务解析

材料领用出库业务处理流程如图 11-7 所示。

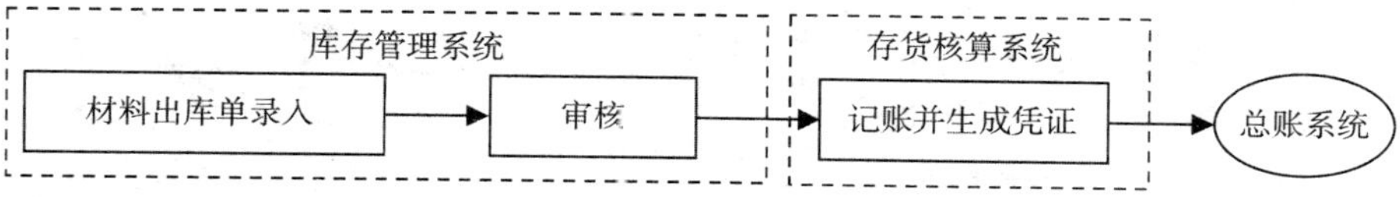

图 11-7 材料领用出库业务处理流程

任务指引

1 月 10 日，生产部从原料库领用温控器、底座各 600 个，用于生产全钢热水壶。仓库办理相关手续，登记台账。财务部门登记材料明细账，生成领料凭证。

1. 办理领料出库

① 在库存管理系统中，执行“出库业务”|“材料出库单”命令，进入“材料出库单”窗口。

② 单击“增加”按钮，填写出库日期为“2024-01-10”，选择仓库为“原料库”、出库类别为“材料领用出库”、部门为“生产部”。

③ 选择“1002 温控器”，输入数量为“600”；选择“1004 底座”，输入数量为“600”。

④ 单击“保存”按钮，再单击“审核”按钮，如图 11-8 所示。

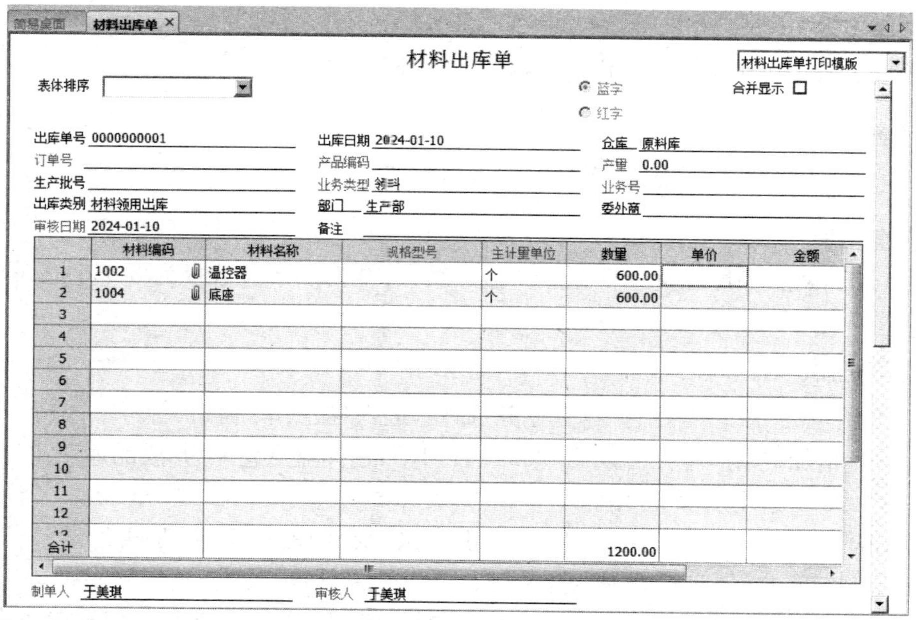

图 11-8 材料出库单

2. 记账并生成凭证

① 在存货核算系统中，执行“业务核算”|“正常单据记账”命令，对材料出库单进行记账。

② 执行“财务核算”|“生成凭证”命令，选择材料出库单生成凭证，如图 11-9 所示。

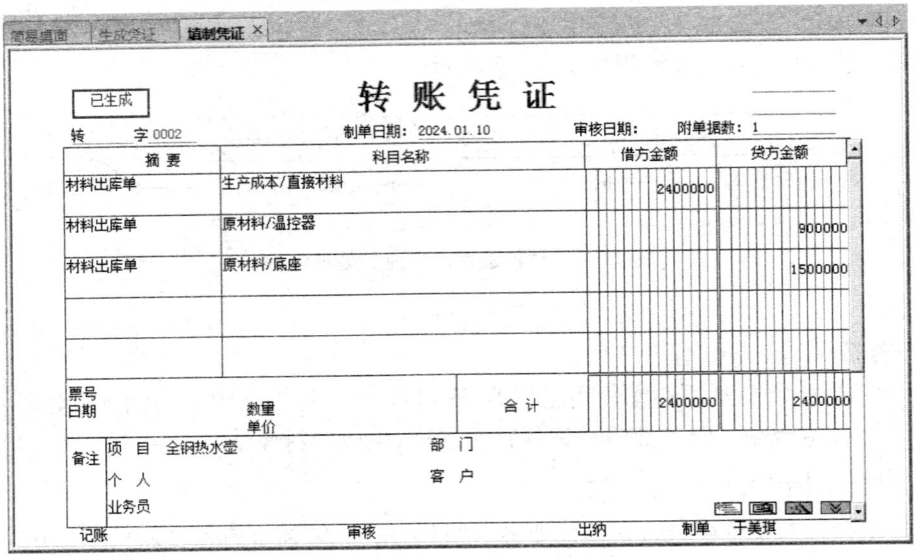

图 11-9 材料出库单生成凭证

任务 3 盘点业务

任务下达

以账套主管 701 于美琪的身份进行盘点业务处理。

任务解析

用友 U8 提供两种盘点方法：按仓库盘点和按批次盘点。

任务指引

1 月 15 日，对成品库存货进行盘点。盘点结果：全钢热水壶数量为 8 050 把；养生煮茶壶数量为 705 把。

1. 填制盘点单并审核

① 在库存管理系统中，执行“盘点业务”命令，进入“盘点单”窗口。

② 单击“增加”按钮，输入日期为“2024-01-15”，选择盘点仓库为“成品库”、出库类别为“其他出库”、入库类别为“其他入库”。

③ 单击“盘库”按钮，系统弹出“盘库将删除未保存的所有记录，是否继续？”信息提示框，单击“是”按钮，打开“盘点处理”对话框。

④ 选择“按仓库盘点”，单击“确认”按钮，系统自动将成品库现有存货列示在表体中。

⑤ 输入全钢热水壶盘点数量为“8 050”、养生煮茶壶盘点数量为“705”，单击“保存”

按钮。

⑥ 单击“审核”按钮，系统弹出“该单据审核成功!”信息提示框，单击“确定”按钮返回，如图 11-10 所示。

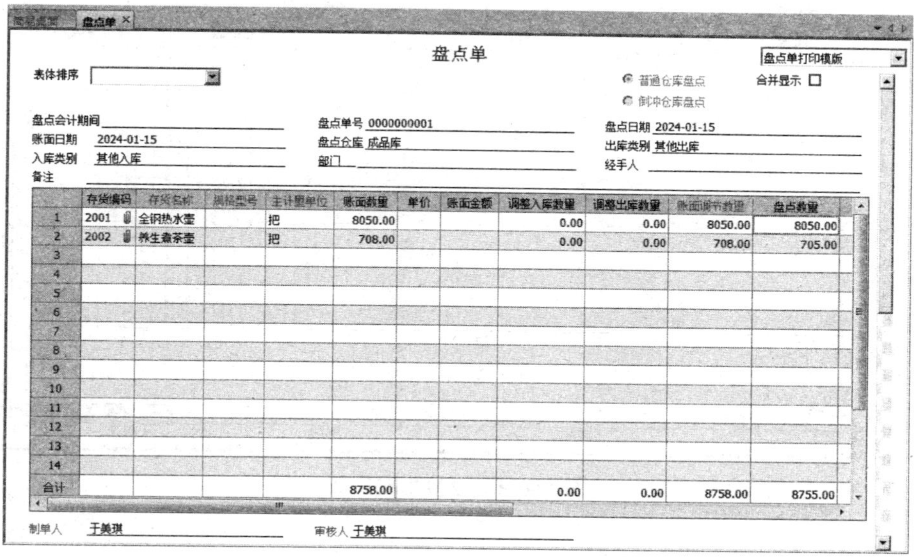

	存货编码	存货名称	规格型号	主计量单位	账面数量	单价	账面金额	调整入库数量	调整出库数量	账面调节数量	盘点数量
1	2001	全钢热水壶		把	8050.00			0.00	0.00	8050.00	8050.00
2	2002	养生煮茶壶		把	708.00			0.00	0.00	708.00	705.00
3											
4											
5											
6											
7											
8											
9											
10											
11											
12											
13											
14											
合计					8758.00			0.00	0.00	8758.00	8755.00

图 11-10　盘点单

提醒

- 盘点单审核后，系统自动生成相应的其他入库单和其他出库单。
- 单击“盘库”按钮，表示选择盘点仓库中所有的存货进行盘点；单击“选择”按钮，表示按存货分类批量选择存货进行盘点。
- 盘点单记账后，不能再取消记账。

2. 盘点后续处理

① 在库存管理系统中，执行“出库业务”|“其他出库单”命令，进入“其他出库单”窗口。单击“➡|”按钮，找到根据盘点单生成的其他出库单，单击“审核”按钮，对其他出库单进行审核。

② 在存货核算系统中，执行“业务核算”|“正常单据记账”命令，对其他出库单进行记账。

③ 在存货核算系统中，执行“财务核算”|“生成凭证”命令，对其他入库单生成凭证，如图 11-11 所示。

任务 4　其他出库

任务下达

以账套主管 701 于美琪的身份进行其他出库业务处理。

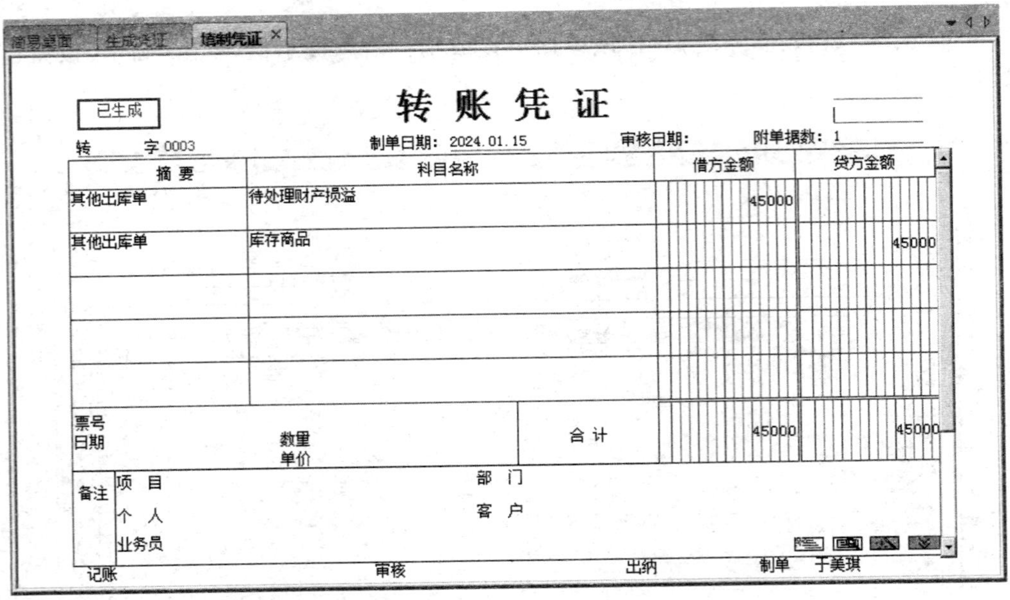

已生成

转 账 凭 证

转 字 0003　　制单日期：2024.01.15　　审核日期：　　附单据数：1

摘要	科目名称	借方金额	贷方金额
其他出库单	待处理财产损溢	45000	
其他出库单	库存商品		45000
票号 日期	数量 单价	合计 45000	45000

备注　项目　　部门

　　　个人　　客户

　　　业务员

记账　　审核　　出纳　　制单 于美琪

图 11-11　盘亏生成凭证

任务解析

其他出库指除销售出库、材料出库之外的其他出库业务。用友 U8 中的其他出库单分为两种：一种是根据相关业务自动生成，如调拨出库、盘亏出库、组装拆卸出库、形态转换出库、不合格品记录等业务均自动生成其他出库单；另一种是手工填制其他出库单，如对外捐赠、发放职工福利等。

任务指引

1 月 15 日，企管部领用 100 把养生煮茶壶捐助给鹤童养老院（不考虑增值税）

1. 填制其他出库单并审核

① 在库存管理系统中，执行“出库业务”|“其他出库单”命令，进入“其他出库单”窗口。

② 单击“增加”按钮，填写出库日期为“2024-01-15”，选择仓库为“成品库”、出库类别为“其他出库”、部门为“企管部”，备注“捐助鹤童养老院”。

③ 选择“2002 养生煮茶壶”，输入数量为“100”，单击“保存”按钮。

④ 单击“审核”按钮。

2. 记账并生成凭证

① 在存货核算系统中对，执行“业务核算”|“正常单据记账”命令，对其他出库单进行记账。

② 执行“财务核算”|“生成凭证”命令，选择其他出库单，生成如下凭证：

借：营业外支出　　15 000

　贷：库存商品　　15 000

任务 5　成本调整

任务下达

以账套主管 701 于美琪的身份进行入库成本调整处理。

任务解析

成本调整包括入库成本调整和出库成本调整，只能调整当月存货的出入库成本，并且只调整存货的金额，不调整存货的数量。

出入库调整单保存即记账，因此已保存的单据不可修改、删除。

任务指引

1 月 20 日，将本月入库的全钢热水壶成本增加 2 000 元。

① 在存货核算系统中，执行“日常业务”|“入库调整单”命令，进入“入库调整单”窗口。

② 单击“增加”按钮，选择仓库为“成品库”，输入日期为“2024-01-20”，选择收发类别为“产成品入库”、部门为“生产部”。

③ 选择“2001 全钢热水壶”，金额输入“2 000”。

④ 单击“保存”按钮。

⑤ 单击“记账”按钮，如图 11-12 所示。

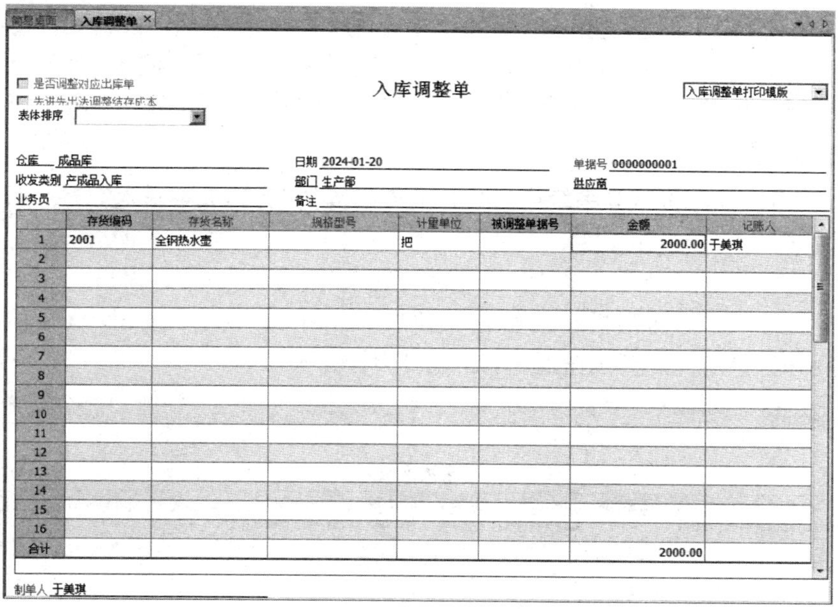
简易桌面　入库调整单

入库调整单

是否调整对应出库单
先进先出法调整结存成本
表体排序
入库调整单打印模版

仓库 成品库　日期 2024-01-20　单据号 0000000001
收发类别 产成品入库　部门 生产部　供应商
业务员　备注

	存货编码	存货名称	规格型号	计量单位	被调整单据号	金额	记账人
1	2001	全钢热水壶		把		2000.00	于美琪
2							
3							
4							
5							
6							
7							
8							
9							
10							
11							
12							
13							
14							
15							
16							
合计						2000.00	

制单人 于美琪

图 11-12　入库调整单

提醒

入库调整单是对存货的入库成本进行调整的单据，既可针对单据进行调整，也可针对存货进行调整。

⑥ 执行“财务核算”|“生成凭证”命令，选中“入库调整单”，生成如下凭证：

借：库存商品　　2 000

　　贷：生产成品——直接材料　　2 000

⑦ 查询相关账簿。执行“账表”|“分析表”|“入库成本分析”命令，查看“全钢热水壶”的入库成本从“400 000”变为“402 000”。

任务 6　暂估入库处理

任务下达

以账套主管 701 于美琪的身份进行暂估入库处理。

任务解析

暂估入库处理分为两个时点：第一个时点是货到票未到，月末需要办理暂估入库；第二个时点是票到，需要办理暂估入库报销。在采购管理系统中已经介绍了暂估入库报销处理，本例介绍暂估入库办理。

任务指引

1 月 20 日，向天翼公司采购 304 不锈钢板材 100 张，入原料库。1 月 30 日，仍未收到供应商开具的采购发票，估价 180 元/张，进行暂估记账处理。

1. 办理入库

1 月 20 日，在库存管理系统中，执行“入库业务”|“采购入库单”命令，进入“采购入库单”窗口，填制采购入库单并审核。采购入库单的存货单价不填。

2. 暂估成本录入

① 1 月 30 日，在存货核算系统中，执行“业务核算”|“暂估成本录入”命令，打开“查询条件选择”对话框。

② 选择仓库为“原料库”，单击“确定”按钮，进入“暂估成本录入”窗口。

③ 补充录入 304 不锈钢板材的暂估单价“180”，单击“保存”按钮，系统弹出“保存成功！”信息提示框，单击“确定”按钮返回，如图 11-13 所示。

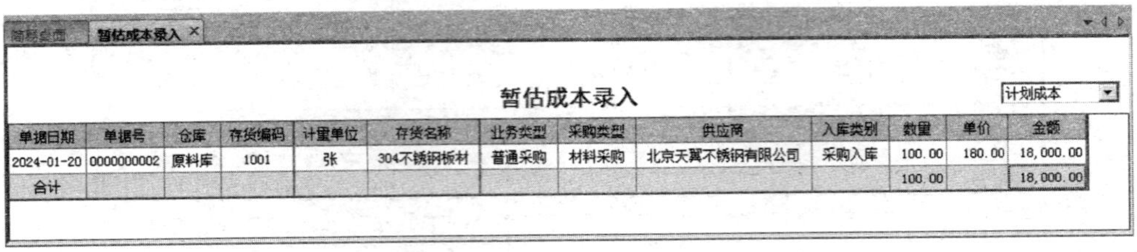

单据日期	单据号	仓库	存货编码	计量单位	存货名称	业务类型	采购类型	供应商	入库类别	数量	单价	金额
2024-01-20	0000000002	原料库	1001	张	304不锈钢板材	普通采购	材料采购	北京天翼不锈钢有限公司	采购入库	100.00	180.00	18,000.00
合计										100.00		18,000.00

图 11-13　暂估成本录入

提醒

如果需要将有暂估价的单据一并查询出来，则“包括已有暂估金额的单据”处必须为“是”。

3. 暂估入库记账并生成凭证

① 在存货核算系统中，执行“业务核算”|“正常单据记账”命令，对暂估入库采购入库单进行记账处理。

② 在存货核算系统中，执行“财务核算”|“生成凭证”命令，对采购入库单（暂估记账）生成凭证，如图 11-14 所示。

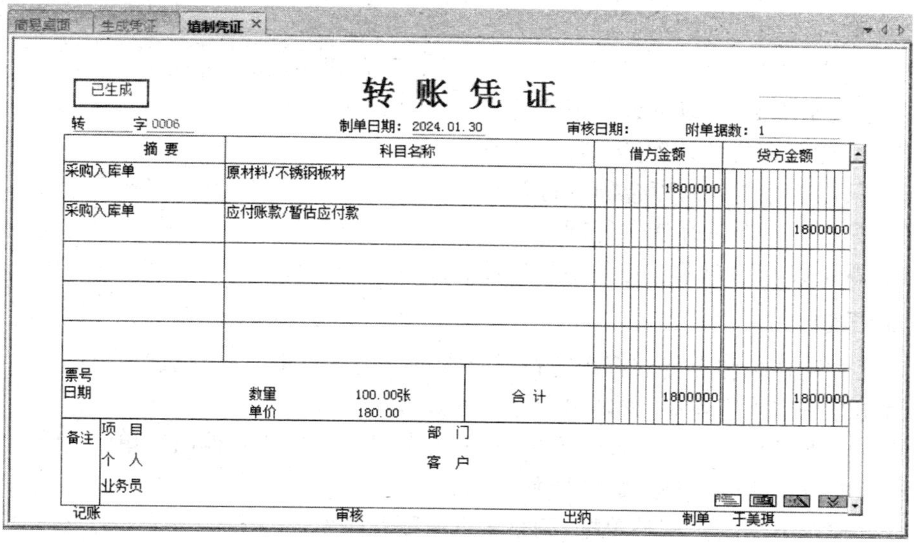
简易桌面 生成凭证 填制凭证

已生成

转账凭证

转 字 0006 制单日期：2024.01.30 审核日期： 附单据数：1

摘要	科目名称	借方金额	贷方金额
采购入库单	原材料/不锈钢板材	1800000	
采购入库单	应付账款/暂估应付款		1800000
票号 日期	数量 100.00张 单价 180.00	合计 1800000	1800000

备注 项目 部门 个人 客户 业务员

记账 审核 出纳 制单 于美琪

图 11-14 暂估入库单生成凭证

闯关

在线测试

一、判断题

1. 产成品入库单上的单价在产成品成本分配后能自动写入。 （ ）
2. 盘盈生成的入库单不能删除。 （ ）
3. 无单价的入库单据不能记账。 （ ）
4. 已记账单据在未生成凭证前可以取消记账。 （ ）
5. 存货核算系统中的出入库调整单既可调整数量，也可以调整单价。 （ ）

二、选择题

1. 库存管理系统选项设置中选中“允许超发货单出库”复选框，发货单数量为 100 个，存货档案上“出库超额上限”为 1，则根据该发货单生成销售出库单时，最多可以出库（ ）个。

A. 100 B. 101 C. 200 D. 300

2. 库存管理系统和采购管理系统集成使用时，库存管理系统可以参照生成采购入库单的单据是（ ）。

A. 采购请购单 B. 未审核的采购订单
C. 采购发票 D. 采购到货单

3. 关于组装拆卸，以下说法正确的是（　　）。
   A. 组装是指将多个散件组装成一个配套件的过程
   B. 拆卸是指将一个配套件拆卸成多个散件的过程
   C. 配套件是由多个存货组成，但又可以拆开销售的存货
   D. 配套件和散件之间是一对多的关系，在产品结构中设置两者的关系
4. 其他入库是指除采购业务、产成品入库之外的其他入库业务，包括（　　）。
   A. 调拨入库　　B. 盘盈入库
   C. 组装拆卸入库　　D. 形态转换入库
5. 关于入库调整单，以下说法正确的有（　　）。
   A. 只能对存货的入库数量进行调整
   B. 只能对存货的入库金额进行调整
   C. 只能针对当月存货进行调整
   D. 既可以针对单据进行调整，也可以针对存货进行调整

三、思考题

1. 库存管理系统和存货核算系统在存货管理上的各自重点是什么？
2. 简述产成品入库业务、材料出库业务的处理流程。
3. 哪些业务可自动形成其他入库单，哪些业务可自动形成其他出库单？
4. 盘点的方法有哪几种？需注意什么问题？
5. 什么情况下需用到调整单据，调整单据有哪几种？

四、实操题

1. 试一试进行存货核算系统与总账系统对账，如果不平，找出原因，直至平衡。
2. 什么情况下在存货核算系统中可以恢复记账？请验证。